高等院校“十三五”规划教材
经管专业基础课

ECONOMY

管理学实用教程

主　编◎杨荣明
副主编◎王　丹　张　汀　苏　飞

MANAGEMENT

北京师范大学出版集团
BEIJING NORMAL UNIVERSITY PUBLISHING GROUP
安徽大学出版社

图书在版编目(CIP)数据

管理学实用教程 / 杨荣明主编. —合肥:安徽大学出版社，2018. 2

ISBN 978-7-5664-1512-7

Ⅰ. ①管… Ⅱ. ①杨… Ⅲ. ①管理学－高等学校－教材 Ⅳ. ①C93

中国版本图书馆 CIP 数据核字(2017)第 301183 号

管理学实用教程

杨荣明　主编

出版发行: 北京师范大学出版集团
安 徽 大 学 出 版 社
(安徽省合肥市肥西路 3 号 邮编 230039)
www. bnupg. com. cn
www. ahupress. com. cn

印　　刷: 合肥远东印务有限责任公司
经　　销: 全国新华书店
开　　本: 184mm×260mm
印　　张: 25
字　　数: 505 千字
版　　次: 2018 年 2 月第 1 版
印　　次: 2018 年 2 月第 1 次印刷
定　　价: 69.00 元

ISBN 978-7-5664-1512-7

策划编辑:朱丽琴　姚　宁　　**装帧设计**:李　军
责任编辑:朱丽琴　姚　宁　　**美术编辑**:李　军
责任印制:陈　如

前　言

《管理学实用教程》是安徽省高等院校质量工程项目精品课程——“管理学”的建设成果之一，同时也是安徽省高等院校十三五规划的精品教材。

如今，“管理学”课程教材琳琅满目，名称、体例、内容各具特色。有些教材侧重理论体系，使理论教学得以有效延伸；有些教材偏向工具与方法，使得各种工具和方法运用愈发具体；有些教材注重案例分析，使得各类案例解析更加精细。《管理学实用教程》是在总结各类教材成功经验的基础上，借鉴其合理的、科学的部分，依据应用型本科院校专业培养的目标定位，同时结合编者近十几年的“管理学”教学经验而编成的。

《管理学实用教程》的主要特色有如下三条：

第一，教材注重体系完整、科学。管理学体系有理论体系、课程体系和应用体系三种，无论是哪一种体系，本教材都是完整的、科学的。这就满足了不同层次的教学的需要。

第二，教材注重继承和创新。教材的继承性体现在它继承了传统理论和主流学派的理论，同时积极关注时代的进步、管理理论的发展和最新的学术动态，契合中国特色社会主义新时代的背景和要求。这就确保了教材理论的科学性、方法的指导性和教学的可靠性。

第三，教材注重实用与教学。教材的实用性体现在它突出了管理理论实用性教学、大学生管理理念和管理能力培养，以及新时代对大学生“三创”理念、思维和能力的教学。同时，教材采用信息技术手段，将课程资源分类集成，为“管理学”课程教学改革和移动教学奠定了基础。

随着全球经济的大融合和信息时代的发展，当代管理实践活动日新月异，管理理论和方法也在不断丰富和发展。由于编者理论水平和管理实践有限，在借鉴和学习的基础上编写的《管理学实用教程》难免存在各种问题和错误，望广大师生和读者多提宝贵意见和建议。

杨荣明

2017 年 11 月

目　录

第一篇　管理理论篇

第二篇　管理环境篇

第三篇　管理职能篇

第四篇　管理应用篇

第一篇
管理理论篇

第一章
管理与管理学

教学目标

1. 理解管理的内涵、职能、特征及作用。
2. 认识和理解管理者及其技能。
3. 理解管理学的学科性质、研究对象以及管理学的产生和发展。

课程导读

海尔的历程

当我们瞩目今天海尔的巨人形象时，似乎很难将它与30多年前那个市场凋敝、人心涣散、企业亏空147万元及600多名员工嗷嗷待哺的青岛电冰箱总厂联系起来，但事实确是如此。

海尔创立于1984年，自1985年引进德国利勃海尔冰箱生产技术后，正式生产电冰箱。经过30年创业创新，海尔从一家资不抵债、濒临倒闭的集体小厂发展成为全球白色家电第一品牌。海尔始终坚持锐意进取，不断求新求变，积极拓展创新。

海尔的起步和发展同步于中国经济改革起步和发展的时期。海尔经历了从计划经济向市场经济的转变，从生产单一品种向多样品种方面发展，从产品生产到资本经营再到品牌运营，从单一企业向"舰队模式"（海尔集团）方向发展，经历过股份制改革之后接受社会股东的监督，等等。总之，海尔经历了品牌战略、多元化战略、国际化战略和全球品牌战略四个发展阶段。

海尔发展历程中存在着诸多外部和内部的不利因素，它是如何克服重重困难、解决各种复杂问题的呢？综合各方面因素分析可见，先进的管理理念、鲜明的管理模式和独具一格的管理文化就是海尔最为主要的发展经验。

导读：

1. 案例的启示：海尔向管理求生存，向管理要效益；海尔通过科学管理创建了品牌和市场，通过科学管理获得了发展和壮大。

2. 什么是管理？怎样管理？

3. 谁来管理？管理者应当具备哪些技能？

第一节 管理

一、管理的含义

（一）管理的概念

人类社会有史以来的社会实践活动都是管理中的活动。两个人以上的活动都可以称为集体活动。集体活动必须有一个共同一致的目标，以共同一致的行动来实现其目标，因而在这个集体活动中必然要有人指挥、协调和沟通，以及利用相应的环境和资源等，这些就形成管理。

人们从不同的视角和不同的背景出发，对管理有着不同的认识和理解。从字面上看，管理可以简单地理解为"管辖"和"处理"，即对一定范围内的资源及事务过程进行安排和处理。对此，中外学者有着许多不同的见解和定义，这些定义可以归纳为功能定义法和逻辑定义法两种类型。

功能定义法主要从管理的基本作用和管理的基本功能这一角度来把握管理的内涵，具有代表性的有以下三位管理学学者。

科学管理之父泰罗给管理下的定义是："管理就是确切地知道你要别人去干什么，并他用最好的方法去干。"

法国著名管理学家亨利·法约尔(Henri Fayol)等人把管理定义为："管理就是实行计划、组织、协调、指挥和控制。"

美国著名管理学者1978年诺贝尔经济学奖金获得者赫伯特·西蒙(Herbert·A. Simon)认为："管理就是决策，它贯穿于管理活动的全过程。"

逻辑定义法主要从管理的基本环节和逻辑过程这一角度来把握管理的内涵，具有代表性的有以下三位管理学学者。

美国著名管理学者哈罗德·孔茨(Harold Koonts)认为："管理是一种在正式组织团体中通过别人，并同别人一道去完成工作的技能；一种在正式组织团体中创造一种环境，使人们能为达到团队的目标，既作为个人又互相协作去完成工作的技能；一种消除完成工作中的障碍的技能；一种能以最高效率切实达到目标的技能。"

斯蒂芬·P.罗宾斯对于管理的定义是:“管理是指同别人一起,或通过别人使活动完成得更有效的过程。”

美国学者R.M.霍德盖茨在《美国经营者管理概论》一书中认为:管理就是通过其他人来完成工作。

此外,中国管理学学者也有许多关于管理的定义。

杨文士关于管理的定义是:“管理是指一定组织中的管理者,通过实施计划、组织、领导、控制等职能来协调他人的活动,使别人同自己一起实现既定目标的活动过程。”

周三多关于管理的定义是:“管理是指组织中的如下活动或过程:通过信息获取、决策、计划、组织、领导、控制和创新等职能的发挥来分配、协调包括人力资源在内的一切可以调用的资源,以实现单独的个人无法实现的目标。”

我国的一些文献或教科书也给管理下了一些定义,如:

“管理就是指由专门机构和人员进行的控制人和组织的行为使之趋向预定目标的技术、科学和活动”。

“管理是管理者为使客观事物的存在和发展合乎一定的目的而采用相应的方式所进行的活动。”

可见,人们从不同的研究角度和研究背景,对于管理就有着不同的理解。综上所述,众多的管理定义主要是对管理的过程或职能的表述侧重各有区别。

综上所述,我们将管理的含义表述为:管理是指在组织中管理者通过决策、计划、组织、领导、控制和创新等职能工作,尽可能合理而有效地利用组织所拥有的资源,以实现组织目标的过程。

(二)管理的含义

管理定义的多样性反映了人们对管理的不同理解和管理学家们不同的研究重点。认识角度和侧重点不同,对于管理的定义就不同。在总体上,人们对管理本质的认识还是相通的。依据对管理本质的共同认识,从管理的概念、管理实践和管理理论研究的结果可以看出,管理具有以下几个方面的含义。

第一,管理是一项“组织的集体活动”。任何组织活动都是有多人参与的集体活动。集体活动最大的特点就是有目的、有计划、有分工、有协作,统一指挥、统一纪律。管理活动的实质就是在集体活动中协调各种关系。

第二,管理的核心是“实现组织目标”。管理的主要目的是有效实现组织目标。组织目标是组织内全体成员共同努力的方向,是管理功能的集中体现。一个组织原本就是为实现某种目标而组成的各种资源的综合系统,因而整个组织的管理活动就是围绕实现组织目标而开展的。管理离开了组织目标,就像一艘没有航标的船一样永远也不会到达“理想的彼岸”。

第三,管理的职能是“决策、计划、组织、领导、控制和创新”。管理活动的实施是通过

“决策、计划、组织、领导、控制和创新”等职能来进行的，这些职能是所有类型的管理人员在管理实践中都要履行的管理职能，这反映出管理活动的功能和过程。

第四，管理的对象是“资源”。管理就是指把组织所拥有的各种资源（例如人力、财力、物力、信息、技术、知识等）有机地结合起来，使其和谐化、同步化。所以，管理活动就要围绕着组织的目标，协调各种资源的相互关系，使组织活动更加有效。

第五，管理的原则是“合理而有效”。管理活动追求的是合理利用各种资源，有效利用各种资源，做到以最小成本和费用的消耗来实现最大收益或成果。因此，管理的基本原则就是“合理而有效”。

第六，管理的特征是“动态的过程”。任何管理目标都不是在瞬间即可实现的。任何组织管理活动都要经历目标的确立、工作计划的制定与执行、各种资源的协调和各部门的协作过程。这个过程涉及计划、组织、指挥、协调、控制等一系列活动，需要一个相当长的时间。可见，管理就是一个在组织中、在一段时间内对组织活动的不断运用职能的过程。

第七，管理活动的主体是“管理者”。在组织中所有的管理行为要靠管理者去实施，所有的管理目标要靠管理者来实现。而管理者实施管理行为的受作用一方即管理对象，对于管理的有效性以及组织目标的最终实现，具有重要的影响作用。管理对象中人是最核心、最关键、最活跃的要素，所有的组织资源都要以人为中心。管理者不仅要对人进行管理，而且要管理组织活动的全过程。

二、管理的基本特征

（一）管理的自然属性和社会属性

从本质上看，管理具有两重性，一是与生产力相联系的自然属性，二是与生产关系、社会文化相联系的社会属性。

1. 管理具有自然属性

人类社会的任何活动都需要管理，这是由人类的共同劳动的社会化性质决定的。管理的自然属性就是由共同劳动的社会化性质决定的，与生产力相联系的，不以人们的意志为转移的，也不以社会制度不同而改变的一种客观存在的性质。

管理过程就是对人、财、物、信息、时间等资源进行组合、协调和利用的过程，其中包括着许多客观的、不因社会制度和社会文化的不同而变化的规律。

2. 管理具有社会属性

管理的社会属性是由共同劳动所采取的社会结合方式的性质决定的，是与生产关系直接相联系的，是由维护社会生产关系和实现社会生产这一目的决定的一种性质。管理的社会属性本质上就是“为谁管理”的问题。在漫长的人类历史长河中，管理历来都是为统治者实现社会生产目的服务的，因此管理的社会性就必然是体现维护生产关系上。

需要注意的是，管理的自然属性和社会属性是两位一体的，我们不能把它们截然分开。我国的许多管理学学者把管理的自然属性称为管理的一般职能，把管理的社会属性称为管理的特殊职能。按照这种含义，管理的一般职能与特殊职能总是结合在一起的，在管理的基本职能中体现出来，并一起发挥作用。例如，管理的基本职能之一是领导职能，而针对不同的情况采用合理的领导方式以提高效率是管理的一般职能。

管理是人类的社会活动，人都生存在一定的生产关系下和一定的社会文化中，必然要受到生产关系的制约和社会文化的影响。我们要正确认识管理的两重性，一方面要学习、借鉴发达国家先进的管理经验和方法，以便迅速地提高我国的管理水平；另一方面要考虑我们自己的国情，建立具有中国特色的管理方法体系。

（二）管理的科学性和艺术性

从管理的方法论方面看，管理的特征是既具有科学性，又具有艺术性。

1. 管理的科学性

管理学是一门方法论科学。管理活动是错综复杂的，管理者作为管理活动的主体，需要具有广泛的知识和经验，这样才能对活动进行有效管理。

管理的科学性是指它以反映客观规律的管理理论和方法为指导的一整套分析问题、解决问题的科学的方法论。管理学发展到今天，已经形成了系统而完整的理论体系。

管理的科学性体现在管理者对事物进行观察以后做出的科学分析和判断，这种判断具有抽象性，并且可以条理化为系统的知识体系，具有规范化和合理化的特点。首先，管理的科学性表现在它极大地推动和促进了生产的发展和管理实践的发展。其次，管理学的许多内容可以提炼为科学知识体系。由此可见，管理的内容本身就可以发展为科学知识体系，这也充分证明了管理的科学性。

2. 管理的艺术性

管理学是一门应用性科学。管理的艺术性是指管理理论和管理方法在管理实践中与管理环境、管理对象、管理过程相结合应用中体现出来的艺术性。

科学反映不了全部的管理行为，而管理科学无法反映的管理内容和管理行为，人们称之为管理的艺术性。管理的艺术性可以有多种表现，首先表现为管理需要凭借人的直觉经验和洞察力。其次，在管理过程中有些问题在客观上是难以精确并量化的，无法用数学模式去规范化，也没有现成的程序可以效仿。

美国著名管理学者哈罗德·孔茨（Harold Koonts）指出："最富有成效的艺术总是以它所依据的科学的理解为基础。因此，科学与艺术不是相互排斥的，而是相互补充的。"不注重管理的科学性，管理的艺术性就表现为随意性；相反，不注重管理的艺术性，管理的科学性就会变成僵硬的教条。管理的科学性来源于实践，管理的艺术性要结合具体情况并在实践中体现出来，两者是统一的。

管理既具有科学性，又具有艺术性，完美的管理应当走科学性与艺术性结合的道路。

三、管理的地位与作用

(一)管理的地位

1. 管理是一种生产力

人类有史以来的每一个进步和成就几乎都是在管理过程中获得的，诸如中国万里长城、京杭大运河、都江堰水利工程，埃及金字塔，英国工业革命，等等。由此可见，管理是人类社会进步和发展的前提。直到 20 世纪初管理理论诞生后，人类社会才真正进入了管理时代，管理才真正成为生产力的重要部分。

管理作为生产力，表现在通过管理者的预见性及合理的计划、组织及协调，可以完成分散的个人无法完成的生产作业，可以以较少的资源耗费获取高收益的物质财富。大多数生产企业，特别是较大的工程项目，如修铁路、挖运河、筑大坝，以及现代工业生产，如炼钢、制造汽车等，只有通过许多人协作劳动才能完成，而协作劳动离开统一的指挥根本无法进行。正如美国著名的管理学家孔茨所说："管理工作是一切有组织的协作所不可缺少的。"

通常人们认为，生产力的构成要素只包括劳动者、劳动对象和劳动手段三个物质要素。随着人类社会经济的发展，越来越多的事实已经证明管理也是生产力的要素，它和科学技术一起被当代人们普遍承认是生产力的两大非物质要素。科学技术只有体现在三大物质要素之中，才能成为现实的生产力。管理则体现在三大物质要素之外，是对三大物质要素的组织。

2. 管理是现代社会进步的物质力量

管理是社会进步的一个不可忽视的物质力量，是实现现代化的关键因素。18 世纪英国依靠技术进步首先完成了产业革命，成为当时世界第一强国。然而到了 20 世纪，美国逐渐超过英国成为西方各国的盟主。战后，许多英国专家小组为学习工业方面的经验去美国访问，他们了解到，英国在技术和工艺方面并不比美国落后很多，而生产率水平与美国有显著差距的主要原因是，英国的组织和管理水平比美国要低很多。美国之所以能够取胜，与其说是依靠技术装备，不如说是依靠较高的管理水平。到 20 世纪七八十年代，日本的经济发展迅速，他们横扫英国的摩托业，超越美国和德国的汽车生产，抢夺瑞士的钟表市场，打击美国在钢铁、造船、电子产品上的传统优势。无论是日本还是美国的专家都一致认为这其中原因是日本成功地建立了特殊的管理体系。

当代人们普遍认为，先进的科学技术和先进的管理科学是推动现代社会发展的"两个车轮”，缺一不可，这一点已为许多国家发展经验所证明。大家知道，科学技术进一步决定了社会生产力水平，从而推动了社会发展的进程。但是，没有先进的管理水平和相应的管理科学的发展，先进的科学技术是无法得到充分的发挥的，而且还有可能会阻碍社会生产力的提高。还有学者认为，管理是现代社会文明发展的三大支柱之一，它与科学和技术三足鼎立。国外的社会学者一般认为，19 世纪时经济学家特别受欢迎，而 20 世纪 40 年代后却是管理人才的天下了。这些都表明管理在现代社会的发展中具有很重要的地位和起着很大的作用。

中国自十一届三中全会至今，经历了近四十年的改革和开放，国民经济和社会发展取得了令世人瞩目的辉煌成就。但是，我们在生产技术、管理水平等许多方面仍然落后于发达国家，尤其是我们的管理水平和管理能力等与发达国家的差距更不容忽视。

随着我国管理学知识、理论的普及和高等教学水平的大幅提升，特别是 20 世纪 90 年代中后期关于“中国式管理”和“管理中国化”概念的提出，引发了管理学理论与“中国特色”相结合的实践探索和理论研究热潮。当前，包括我国在内的许多发展中国家面临着如何实现工业化和避免“中等收入陷阱”、自然资源综合开发利用和资源环境保护、产业升级和产业结构调整、产能过剩和寻求新的经济增长点等课题。所以，要想促进经济和社会发展和进步，增强管理能力、提高管理水平、促进管理创新是我国的当务之急。

（二）管理的作用

人及其集体活动都需要管理。因为集体中每个成员的行动方向并不一定相同，甚至可能互相抵触，即使目标一致，由于没有整体的整合，也无法达成总体的目标，因此需要管理。随着人类的进步和经济的发展，管理所起的作用越来越大。

罗伯特·麦克纳马拉（Robert Strange McNamara），美国政治家，美国共和党人，曾任美国国防部长（1961－1968 年）和世界银行行长（1968－1981 年），他是美国历史上的重要人物。他曾说过：美国经济的世界领先地位三分靠技术、七分靠管理。

管理的作用犹如组织的神经系统。众所周知，离开了神经系统的联络、指挥和控制，有机体便无法在复杂变化的环境中生存发展。对于整个社会来说其道理也一样。以经济管理为例，它面对的是分工精细、协作广泛、变化节奏快、活动连续并要严格保持资源的合理比例的一个有机整体，显然，若没有科学的管理，分工协作就难以实现，资源比例和变化节奏更无法保证，社会生产必然陷入一片混乱。管理有方的组织，像沃尔玛公司、丰田汽车公司、摩托罗拉公司、西门子公司都赢得了顾客的忠诚，获得了增长；而那些管理不善的组织，如英国巴林银行、日本住友银行、王安计算机公司、三株口服液公司、巨人集团等，他们的顾客在减少，年收入在下降，甚至生存受到威胁。美国银行在 1973 年出版的《小企业通讯员》中写道：“归根到底，90％以上的企业破产是由于管理上的无能与缺乏经验。”

管理知识总的来讲是来源于经验的，这个经验包括直接经验和间接经验，直接经验是主管人员在管理实践中获得的，而间接经验则是主管人员通过各种方式学习他人经验获得的。主管人员要提高自己的管理能力，关键就在于把这两种经验有机地结合起来，而管理学的学习正是获得他人的成功经验的最有效、最迅速的途径。用较短的时间掌握必要的管理基本理论和方法，然后在实践中因地制宜地运用这些知识来指导自己的工作，与过去那种完全凭权威、凭直觉和自己摸索出零散经验进行管理的方式相比，往往能够获得事半功倍的效果。

管理在现代社会的发展中起着极为重要的作用，可以归结为以下三个方面。

第一，维持组织的存在。由于组织是由很多个人和部门构成的，各部门和个人都有自身特殊的利益和目标，且个人的目标和组织的整体目标并不天然的一致，有时甚至相反，因而难免发生诸如个人与部门利益之间、个人利益之间、部门利益与组织整体利益之间的冲突。目标冲突必然导致行为冲突，如果不进行有效的化解，冲突的结果将导致组织产生生存危机。管理就是将个人或部门利益与组织利益有机地结合起来，使个人和部门在实现组织目标的行动中同时实现自身的利益。

第二，提高组织效率。组织效率是指组织活动达到组织目标的有效性。管理就是通过种种手段和途径使组织内各部门、各个人的行为协调起来，以最低的成本、最快的速度实现组织目标。任何组织都有自己的目标，实现目标要耗费一定的资源。

第三，整体推动作用。管理是一种思想、一种观念和意识，如果一个组织的大部分人掌握了这种思想或观念，则每个人都可以在其所处的岗位上发挥作用，从而对整个组织的整体发展起到推动作用。

第二节　管理者

一、管理者的含义

通常，一个组织的活动可以划分为作业活动和管理活动，相应地按组织成员在组织中的地位和作用不同，我们可将组织中的成员分成两种类型：操作者和管理者。操作者(Operatives)是直接从事某项工作或任务，不对他人工作进行监督的人，如汽车装配线上的装配工人、麦当劳店中烹制汉堡包的厨师、机动车管理办公室中为你办理驾驶执照更换业务的办事员等。

美国管理学大师彼得·德鲁克(Peter F. Drucker)对管理人员做过这样的定义：在一个现代组织里，每个知识工作者如果能够由于他们的职位和知识，对组织负有贡献的责任，因而能够实质性地影响该组织经营以及达成成果的能力者，即为管理人员。这个定义强调作为管理人员首要的标志是对组织目标负有贡献的责任，而不是权力；其次是对组织成果形成有贡献，而不是拥有下属。综上分析可见，管理者是指组织中行使管理职能,承担管理责任,指挥、协调他人完成具体任务的人员。管理者的知识和能力直接影响其工作绩效,其工作绩效的好坏直接关系到组织的成败兴衰。

管理者的管理对象不仅有作业者,还有组织活动以及组织所拥有的各种资源。接受管理者管理的人员就是作业者。作业者是指在组织中直接从事具体的业务活动,且不承担对他人工作监督职责的人员,他们的任务就是做好组织分派的具体操作性工作。

管理者与作业者的根本差异就是看其是否指挥、协调他人完成工作。作业者只从事具体的操作性活动,即只是从事作业活动;而管理者是从事管理活动、指挥他人更好地执行作业活动的人,他们的任务是设计和维护一个环境,使其中的人员更顺利地完成各自的目标任务,进而有效地实现组织的预期目标。

二、管理者类型

为了更加深入地了解管理者,我们需要对管理者进行分类,一般是按纵向的管理层次和横向的管理领域两个标准来分类。

(一)按纵向的管理层次分类

组织中的管理者按纵向的管理层次可分为基层管理者、中层管理者和高层管理者三个层次。

基层管理者(First—level Manager),也叫"一线管理者"(First-line Manager),是组织中处于最低层次的管理者,他们管辖的仅仅是作业人员而不涉及其他管理者,其主要职责是给下属作业人员分派具体工作任务,直接指挥和监督现场作业活动,保证各项任务的有效完成。如在制造工厂中,基层管理者可能被称为领班。

中层管理者(Middle Manager),是指处于高层管理人员和基层管理人员之间的一个或若干个中间层次的管理人员。他们的主要职责是贯彻执行高层管理人员制定的重大决策,向更高层的管理者报告工作,给所管辖的基层管理人员分派任务,并监督和协调基层管理人员完成他们的工作。当今,大公司组织结构变革的一个明显趋势是管理层次减少,对中层管理的需求量减少。正如美国管理学家阿伦·肯尼迪和特伦斯·迪尔所指出的:中层管理阶层是20世纪公司生活的一个创造,对于未来的公司来说,这是一个过时的职业。中层管理者通常举例有部门或办事处主任、项目经理、单位主管、地区经理、系主任、主教或部门经理。

高层管理者(Top Manager)是指对整个组织的管理负有全面责任,并引导组织与环境相互作用的人。他们的主要职责是制定组织的总目标、总战略,掌握组织的大政方针并评价整个组织绩效。高层管理人员在与组织外界交往中,往往代表组织,并以"官方"的身份出现。高层管理者通常有诸如总裁、副总裁、总监、总经理、首席执行官或者董事会主席、校长等头衔。

值得注意的是,不论是哪个层次的管理者,其所从事的都是管理活动,所行使的都是计划、组织、领导和控制等基本管理职能。高层管理者在计划、组织和控制职能上用的时间和花费的精力比较多，而基层管理者在领导职能上占用的时间和精力比较多，中层管理者居于两者之间。管理者的纵向管理层次如图1-1所示：

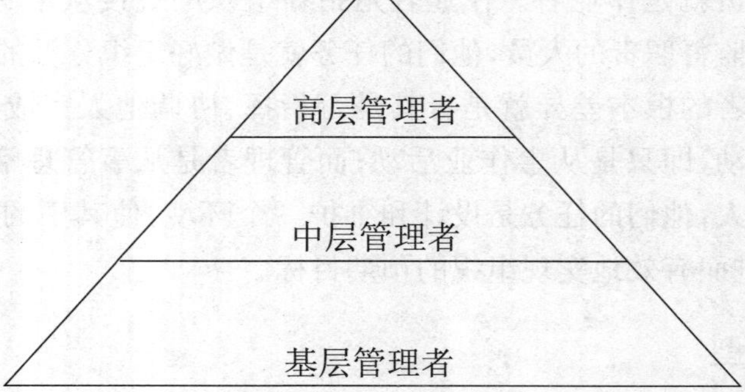

图1-1 管理者的纵向管理层次

（二）按横向管理领域分类

管理者按横向的管理领域可划分为综合管理者和职能管理者。

综合管理者是指负责某一个组织的整体或组织中某个部门整体的全面活动的管理者。综合管理者应当具备的主要能力是大局观念、决策能力、合作能力和监控能力。

职能管理者，也叫“专业管理者”，是指负责组织中某种特定职能、某些特定专业方面的管理活动的管理者。职能管理者应当具备的基本能力是专业技术能力、协作能力和自我管理和提升能力。

对现代组织来说，随着组织规模的不断扩大和环境的日益复杂，管理活动和业务活动的分工也变得日益重要，这将需要更多不同类型、不同专业领域的专业管理者。

三、管理者的角色与技能

（一）管理者的角色

管理者角色分析法是由加拿大管理学家亨利·明茨伯格（Henry Mintzberg）在20世纪70年代初提出来的。这种方法是通过对管理者实际工作的直接观察而归纳出管理者实际承担的工作任务。管理职能分析法是运用逻辑学分析来管理工作的，而管理者角色分析法则是依据对管理实践的观察描述来分析管理工作的。

20世纪60年代末，管理学家亨利·明茨伯格对五位经理的工作进行了仔细研究，他的发现向长期以来对管理者工作所持的看法提出了挑战。在此之前流行的观点认为管理者是深思熟虑的思考者，在做决策之前，他们总是仔细地和系统地处理信息。而亨利·明茨伯格发现。他所观察到的经理们几乎都陷入大量变化的、无模式的和短期的活动中，几乎没有时间静下心来思考，因为他们的工作经常被打断，有半数的管理活动的持续时间少于9分钟。亨利在大量观察的基础上，提出了管理者究竟在做什么的分类纲要。亨利·明茨伯格的结论是从定义管理者开始叙述他的理论的。他把管理者定义为主管一个组织或单位的下属人员。管理者对主管的组织或单位拥有正式的权威，正式权威带来社会地位，社会地位导致了人与人之间的多种关系，这种关系带来获得信息的捷径，而这些获得便于管理者做出决策。因此，管理者的工作可以用十种观察得到的角色来描述。管理者的正式权威和地位产生了三种人际关系的角色，人际关系角色又导致三种信息的角色的产生，而这方面的角色又使得管理者能够发挥四种决策的角色。管理者虽然扮演着十种不同的角色，但都是高度相关的角色。

亨利·明茨伯格得出的结论是：管理者扮演着十种不同的、却又是高度相关的角色。十种角色分别是：挂名首脑、领导者、联系者、监督者、传播者、发言人、企业家、混乱驾驭者、资源分配者和谈判者。

从以上定义可知十种关系可从以下三方面来论述。

1. 人际关系角色

人际关系角色主要是指管理者在与人发生各种联系时所担当的角色。这类角色以人为中心，以交往、领导、联络为手段，大致可分为三个主要角色。

(1)挂名首脑角色。

管理者的正式权威产生的社会地位使其成为组织的象征。另外，他们必须履行许多法律性的或社会性的例行义务。例如，签署法律文件(如合同、协议)，出面接待前来观光的贵宾或邀请重要客商共进午餐等。这些涉及人际关系的活动，有些只是例行公事，与重要的信息处理或重大的决策毫无关系，但是它们在使一个组织顺利地发挥作用方面还是很重要的，因而是管理者不可忽视的。

(2)领导者角色。

管理者作为一个组织或单位的首长，要负责对该组织或单位的人员进行激励和指导，包括对下属人员的选用、训练、评价、报酬、提升、表扬、批评等。他在这些方面的行为构成领导者的角色。领导者角色的重要目的是把组织成员的个人需求同组织目标结合起来。领导者角色的发挥取决于管理者的正式权威与领导才能。正式权威赋予管理者很大的潜在权力，领导才能则决定他实际上会行使多大的权力。

(3)联络者角色。

管理者除了与下属联系之外，还要与其上级和外界联系，充当联络者的角色。管理者通过各种正式的和非正式的渠道建立和维持与外界的联系。例如，参加外界的各种会议，参加各种社会活动和公共事务，与其他组织的管理者互相访问等。建立联系的目的是为了获得信息、交流信息以及正确地做出决策。

以上三种角色作用的结果引起信息的流动，从而使管理者成为组织的信息中心。管理者也就担负起第二类角色，即信息角色。

2. 信息角色

信息角色主要是指管理者在获取、处理和传递各种信息资源时所起的作用。这类角色以信息沟通为中心,以信息的收集、加工和传播为手段,大致可分为以下三个不同的角色。

(1)监听角色。

管理者担负着获取各种与组织发展有关的信息的使命。管理者在收集信息时可以运用一切可以利用的渠道和手段,包括个人的社会关系和联系网络。管理者发挥监听作用而收集到的信息,大部分是以口头方式传递的,免不了会听到一些虚假的、失真的消息,这是值得管理者注意的。管理者寻求和获取各种特定的信息,其中许多是及时的,能便于透彻地了解组织与环境。管理者成为组织内部和外部信息的神经中枢。管理者的监听特征活动有:阅读期刊和报告,保持私人接触等,有些领导者都是有社会关系的,通过私下交谈接触可能得到很多正式渠道无法得知的信息。

(2)传播者角色。

传播者角色是指管理者把收集到的信息,经过必要的处理和筛选,然后传递给组织内部的有关人员或部门。管理者传播的信息可分为两种:一种是有关事实的信息,即将从外部人员或下级那里获得的信息传递给组织的其他成员;另一种是有关价值标准的信息,传播信息的目的是使下属了解情况,引导他们制定决策和处理日常工作,同时也是为了继续从下属那里得到更新的、为自己急需的信息。管理者的传播特征活动有:举行信息交流会,用打电话的方式传达信息等。

(3)发言人角色。

管理者的信息传播角色面向组织内部,而其发言人角色则面向外部,即把组织的信息透露或公布给外界。发言人角色是指向外界发布有关组织的计划、政策、行动、结果等信息。管理者的发言人角色作为组织所在产业方面的专家,一般把信息传递给两种人:一种是对组织有着重要影响的人,如董事会、股东等;另一种是组织之外的公众,如新闻媒体等。管理者必须向这两种人传播有关组织的计划、政策和成果的信息,并使他们感到满意。

这三个角色是以信息沟通为中心,但是信息只有作为决策的依据时,才能对组织的发展起积极作用。因此,管理者在管理中的决定性作用体现在出色地完成决策角色上。

3. 决策角色

决策角色是指管理者在管理过程中对一系列重大的或突发的问题做出决定并付诸实施所起的作用。管理者在管理中的决定性作用就体现在出色地完成决策角色上。这类角色以决策为中心,以推动变革、排除故障、分配资源和谈判为手段,大致可分为以下四个角色。

(1)企业家角色。

企业家角色是指管理者在职权范围内充当组织变革的发起者与设计者。作为企业家,管理者总是力图改善组织或单位的现状,使之适应不断变化的环境。他会不断地寻求各种问题和机会,当机会出现时,如果他认为有必要采取行动改进组织目前的状况,他就会制定一个发展规划,或亲自挂帅,或授权给得力的助手去办。优秀的管理者的手中都持有一份需要他亲自掌管的发展规划清单,这些规划分别处在不同的发展阶段,有的在草拟中,有的正在进行,有的处在寻找机会的状态。作为企业家这一角色的特征活动有:制定战略、检查会议决定的执行、开发新项目等。

(2)故障排除者角色。

管理者不仅是组织变革的倡导者,也是意外事件的排除者。管理者必须花大量的时间去应付各种压力,例如,当组织面临重大的意外的动乱时,如工人罢工、某个客户破产、供应商不能履行合同等,这些意外的发生往往是管理者无法预料的,再高明的管理者也无法预料意外事件的发生,也不可能准确预见他所采取行动带来的后果。这些意外事件的发生,并不是因为管理者的低能致使。

(3)资源分配者角色。

管理者的资源分配角色就是负责分配组织的各种资源,包括三个方面。第一,安排自己的时间。管理者的时间本身就是组织的最宝贵的资源之一,更重要的是,管理者的时间安排也是对组织各项活动重要性的一种暗示。第二,安排工作,即决定要做什么事、谁去做、通过什么机构去做等。这类决策实际上是安排下属的工作,这是一种重要的资源分配形式。第三,对重大决定的实施进行事先审批。保有这种权力,管理者就能把各项决策互相联系起来,并在资源有限的情况下选用最好的方案。

这一角色的特征活动就是批准所有重要的组织决策。例如,调度、授权、从事涉及预算的各种活动和安排下属的工作(决定要做什么、谁去做以及通过什么机构去做)等。管理者作为资源分配者负责人力物质和金融资源的责任。

(4)谈判者角色。

当管理者为自己组织的利益与其他团体议价和商定和成交条件时,他们就是在扮演谈判者的角色。管理者要花费相当多的时间从事谈判活动,可以说谈判是管理者生活方式的重要部分。因为管理者是挂名首脑,他的参加能增加谈判的可信性。更重要的是,只有管理者才有权调配组织的资源,而且只有他才掌握谈判所必需的信息。

上述十种角色分析实际上是管理者在管理中所起的十种作用,也是管理者在进行管理活动时的身份和特征,每种角色都占有管理者一定的时间和注意力。认识好这十种角色,管理者就可以根据他个人的价值观、个性和风格,根据他在组织中的地位和担任的职务、他所在组织的类型和行业特性及他所处的环境,合理确定各种角色在自己管理工作中所占的时间比例,从而使管理工作卓有成效。

大量的后续研究试图检验亨利·明茨伯格的角色理论的有效性,研究涉及不同的组织和组织的不同层次。研究证明这一事实,即不论何种组织和组织的哪一层次管理者扮演着相似的角色,只是侧重点随层次变化的,特别是传播者、挂名首脑、谈判者、联络者和发言者对高层管理者是十分重要的。管理者的角色分析如表 1-1 所示：

表 1-1　管理者的角色分析

技能	角色	管理特征	管理活动
人际关系方面	挂名首脑	象征性的首脑，必须履行许多法律性的或社会性的例行义务。	迎接来访者，签署法律文件。
	领导者	负责激励和动员下属，负责人员配备，具有培训和交往的职责。	实际上从事所有的有下级参与的活动。
	联络者	维护自行发展起来的外部接触和联络网络，向人们提供恩惠和信息。	发感谢信，从事外部委员会的工作，从事其他有外部人员参加的活动。
信息传递方面	监听者	寻求和获取各种特定信息（其中，许多是即时的），以便透彻地了解组织与环境。	阅读期刊和报告，保持私人接触，作为组织内部和外部信息的神经中枢。
	传播者	将从外部人员和下级那里获得的信息传递给组织的其他成员，有些是关于事实的信息，有些是解释和综合组织有影响人物的各种价值观点。	举行信息交流会，用打电话的方式传达信息。
	发言人	向外界发布有关组织的计划、政策、行动、结果等信息，作为组织所在产业方面的专家。	举行董事会议，向媒体发布信息。
决策制定方面	企业家	寻求组织和环境中的机会，制定"改进方案"以发起变革，监督某些方案的策划。	制定战略，检查会议决议、执行情况，开发项目。
	故障排除者	当组织面临重大的、意外的动乱时，负责采取补救行动。	制定战略，检查陷入混乱和危机的时期。
	资源分配者	负责分配组织的各种资源，事实上是批准所有重要的组织决策。	调度，咨询，授权，从事涉及预算的各种活动和安排下级的工作。
	谈判者	在主要的谈判中作为组织的代表。	参与工会进行合同谈判。

（二）管理者的技能要求

管理者在执行着管理的六项职能，同时也在扮演着一定的管理角色，但要做好管理工作，管理者还需要掌握多种技能。技能是来源于知识、信息、时间和资质的特殊能力。根据美国管理学家罗伯特·卡茨（Robert Katz）的研究，管理人员应该具备的技能包括技术技能、人际技能和概念技能三种。

1. 技术技能

技术技能（Technical Skill）是指运用某一种特定领域的专业技术和专业知识的能力。例如，外科医生、教师、工程师和音乐家都在他们各自不同的领域内具有技术技能，在公司里员工掌握产品加工技能、会计核算技能、营销技能等。对于管理者来说，虽然没有必要使自己成为精通某一领域技能的专家，但仍要掌握一定的技术技能，否则就很难与他所主管的组织内的专业技术人员进行有效地沟通，从而也就无法对他所管辖的业务范围内的各项工作进行具体地指导。技术技能可以通过教育、培训和学习等途径来获得和掌握，专业知识掌握得越多，技术技能的水平一般就越高。

2. 人际技能

人际技能(Human Skill)是指在组织中与其他个体或群体中的他人友好合作的能力，即与处理人际关系有关的技能或者说是与组织内外的人打交道的能力，包括理解、激励他人并与他人共事的能力。

对于一个组织而言，在不同层次和领域，管理者可能分别需要处理与上层管理者、同级管理者以及下属的人际关系，要学会说服上级领导，学会与其他部门的同事紧密合作，同时掌握激励和诱导下属的积极性和创造性的能力以及正确指导和指挥组织成员开展工作的能力。因为管理者直接面对作业者，而掌握人际技能的管理者懂得如何沟通、激励、领导和激发积极性与产生信任，这一点尤为重要。对成功的管理事业而言，与不同类型的人相处愉快并交换信息的能力是不可缺少的。正如一位专家所评价的，“在许多公司，一个管理者失败的原因不是他没有技术技能，而是没有人际技能。”

人际技能就是与组织单位中上下左右的人打交道的能力，包括联络、处理、和协调组织内外人际关系的能力，激励和诱导组织内工作人员的积极性和创造性的能力，正确指导和指挥组织开展工作的能力等。人际技能对各个层次的管理者是同等重要的。

与技术技能不同的是，决定一个人人际技能水平高低的因素不仅仅是他掌握的书本知识，更重要的是个人的性格。从这一意义上讲，一个人能否成为成功的管理者，其先天性格是一个关键因素。这一点给我们的启示是：我们在进行管理者分工和确定管理集体结构时，应该考虑不同管理工作对性格的特殊要求，以提高管理者的管理效率。

3. 概念技能

概念技能(Conceptual Skill)是指管理者认识、概念化抽象和复杂动态问题的能力，即是指分析、判断问题并做出正确决策的能力。概念技能又称为决策技能，也称为思维技能。具体地说，概念技能包括感知和发现环境中的机会与威胁的能力，理解事物的相互关联性并找出关键影响因素的能力，以及权衡不同方案的优劣和内在风险的能力等。显然，任何管理者都会面临一些混乱而复杂的环境，而管理者应能看到组织的全貌和整体，并认清各种因素之间的相互联系，如组织与外部环境是怎样互动的，组织内部各部分是怎样相互作用的，经过分析、判断、抽象、概括、抓住问题实质，并做出正确的决策。

概念技能体现的是管理者的抽象思维能力，主要是对组织的战略性问题进行分析、判断和决策的能力。概念技能与一个人的知识、经验和胆略有关，它所需要的知识基础相当广泛，不仅仅限于专业知识。例如，张瑞敏当年在海尔大抓质量，曾面对全工厂一次砸掉在当时可以卖出去的不合格冰箱共 76 台，这种胆略和魄力被认为是高水平概念技能的表现。然而，概念技能的提高是一个渐进的、缓慢的、潜移默化的过程。

运用概念技能,管理者必须把组织视为一个整体,理解组织中各部分之间的关系,并设想组织如何适应它广泛的环境。

以上三种管理技能对处于不同层次的管理人员的具体要求是不同的。技术技能对于基层管理者最重要,对于中层管理者较重要,对于高层管理着较不重要。人际技能对于各种层次管理的重要性大体相同。概念技能对于高层管理者最重要,对于中层管理者较重要,对于基层管理者较不重要,如图 1-2 所示。

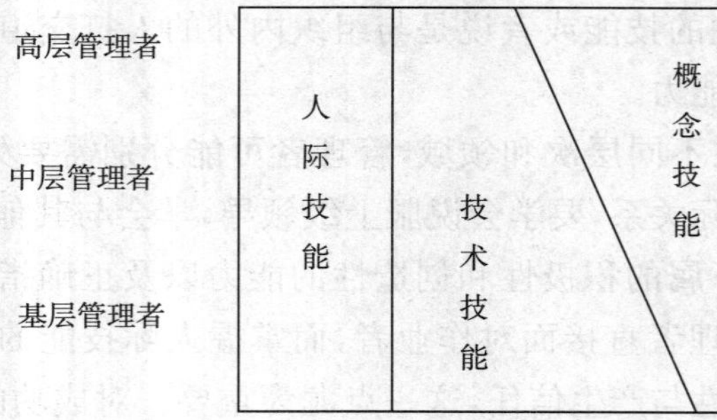

图 1-2　管理人员层次及其基本技能对应关系

四、有效的管理者与成功的管理者

(一)有效的管理者

有效的管理者是指拥有优秀和忠实的下属及高绩效团队的管理者。这样的管理者须满足两种标准:一是使工作在量和质上都达到很高的绩效标准;二是使其下属具有满足感、成就感和奉献精神。

(二)成功的管理者

成功的管理者是指在组织中相对快速地获得提升的管理者。对这类管理者的界定只有一个标准:晋升的速度。

弗雷德·卢桑斯(Fred Luthans)通过对管理者主要从事的四种管理活动进行分析和研究,发现不同类型的管理者在企业管理活动的内容的侧重点不同,并直接影响管理者的工作绩效。弗雷德·卢桑斯研究的管理者的活动主要是四个方面。一是传统管理:决策,计划和控制。二是沟通:交流例行信息和处理文书工作。三是人力资源管理:激励,惩罚,协调,人员配备和培训。四是社交:社会活动,政治活动和对外交往活动。

研究发现,管理者分配在这四种不同管理活动上的时间或精力是有很大差异的。一般的管理者花费 32%的时间从事传统管理活动;花费 20%的时间从事人力资源管理活动;花费 19%的时间从事社交活动;花费 29%的时间从事沟通活动。

成功的管理者对于这四种活动的时间分配有很大不同。他们花费 13%的时间从事传统管理活动;花费 11%的时间从事人力资源管理活动;花费 48%的时间从事社交活动；花费28%的时间从事沟通活动。

有效的管理者花费19%的时间从事传统管理活动；花费26%的时间从事人力资源管理活动；花费11%的时间从事社交活动；花费44%的时间从事沟通活动。

可以看出，一般的管理者对传统管理方面最为关注，所用时间或精力也最多；成功的管理者把主要时间或精力集中在社交活动上；有效的管理者把主要时间或精力用于沟通方面。成功的管理者与有效的管理者在管理风格上也有显著区别，主要体现在：维护社交活动对成功的管理者贡献最大，从事人力资源管理活动相对贡献较小；对于有效的管理者，沟通相对贡献最大，维护社交活动的贡献相对最小。这说明：社交和施展政治技巧对于管理者在组织中的晋升起着十分重要的作用。

第三节　管理学

一、管理学的研究对象

管理学是系统研究管理活动的基本规律和一般方法的科学。管理学是适应现代社会化大生产的需要而产生的，它的目的是研究在现有的条件下，如何通过合理的配置资源要素和组织活动过程，以实现组织目标。

管理学是指将各种管理工作中普遍适用的规律、原理和方法作为研究对象，以指导管理活动的科学，是一门综合性、交叉性的应用科学。

具体说来，管理学的研究对象有以下三个方面。

第一，从管理的实践出发研究管理思想和管理理论的发展史。

管理学从管理的实践出发，着重研究管理实践、管理思想和管理理论形成、演变和发展的历史趋势及其规律。

第二，从生产力、生产关系和上层建筑三个方面研究管理学。

在生产力方面，管理学主要研究生产力诸要素之间的关系，即合理组织生产力的问题；研究如何合理配置组织中的人、财、物，使各要素充分发挥作用的问题；研究如何根据组织目标要求以及社会的需要，合理地使用各种资源，从而求得最佳的经济效益和社会效益的问题。

在生产关系方面，管理学主要研究如何正确处理组织中人与人之间的相互关系的问题；研究如何建立和完善组织机构以及各种管理体制等问题；研究如何激励组织内成员的问题，从而最大限度地调动各方面的积极性和创造性，为实现组织目标而服务。

在上层建筑方面，管理学主要研究如何使组织内部环境与其外部环境相适应的问题；研究如何使组织的规章制度与社会的政治、经济、法律、道德等上层建筑保持一致的问题,从而维持正常的生产关系,促进生产力的发展。

第三,从管理者出发研究管理过程。

管理学着重研究管理活动中有哪些职能;执行各项职能过程中应遵循哪些原理,采用哪些方法、程序、技术;执行这些职能涉及组织中的哪些要素;执行职能过程中会遇到哪些障碍、阻力以及如何克服这些障碍、阻力等。

二、管理学的研究方法

(一)管理学研究的一般方法

1. 唯物辩证法

唯物辩证法是研究和学习管理学的总的方法论指导。首先,管理学产生于实践,是管理实践经验的科学总结和理论概括,学习研究管理学必须坚持实事求是的态度,深入管理实践,进行调查研究。其次,用联系的、发展的观点认识和研究管理活动和管理过程,用全面的、历史的眼光观察和分析管理问题,重视管理学的历史、现状及其发展趋势研究。

2. 系统方法

系统是指由相互作用和相互依存的若干组成部分结合成的、具有特定功能的有机整体。从管理的角度看,系统有两层含义:一是指系统是一种实体;二是指系统是一种方法或手段。用系统的观点来分析、研究和学习管理活动和管理理论,就是将管理过程、管理职能、管理技术和方法作为相互关联的系统,用整体观点、开放的与相对封闭的观点、信息反馈的观点、分级观点、等效观点等系统论的基本观点来分析和研究管理问题,研究管理过程和管理职能。

3. 理论联系实际的方法

理论联系实际的方法,在管理学的学习和研究中也可以称为案例研究法。通过案例的调查与分析,带着问题学习,边学习边实践,有助于提高学习者运用管理的基本理论和方法去发现问题、分析问题和解决问题的能力。

理论联系实际还意味着学习和研究管理学要从实际出发,具体问题具体分析。一方面,我们要以科学的态度学习和吸取发达国家成功的管理经验和先进的管理理论;另一方面,我们要避免教条主义,不能盲目照抄照搬。尤其是要从我国的国情出发,分析我们的社会制度、生产力发展水平、自然条件,以及民族习惯和传统的特征及其与西方国家的差异,有选择地进行学习和吸收,结合我国经济和社会发展的需要进行取舍和改造。只有这样,才能用科学的管理理论指导我国的管理实践活动,有效提高我国企业的管理水平,建设和发展具有中国特色的管理学。

4. 数理分析方法

数理分析方法就是建立在数学和系统论、信息论与控制论等科学基础之上的一系列数量分析和决策方法，诸如线性规划、投入产出分析、排队论和博弈论等。当今，数理分析方法在管理科学研究中的应用越来越广泛，现代管理丛林中的管理科学学派就是以这类方法为主要研究方法的一个学派。其主要特点有：一是模型化。在一系列假设前提下，运用数理逻辑分析，就拟解决的问题建立起一定的数学模型。二是客观性强。在使用这些方法时，除假设条件和数量分析方法的选择之外，在建立模型和进行推导的过程中，基本上不受人为因素的因素，其结论具有较强的客观性。因此，合理应用数理分析法可以提高管理的科学性和决策的准确程度。

值得注意的是，首先，虽然数理分析方法在建模以后的推导和分析中不受人们的主观偏好的影响，但是，在复杂的环境中进行前提条件的假设和分析方法的选择却不能不受人的主观因素的影响；其次，由于管理环境的错综复杂与多变，许多因素是难以量化的，那么，以包含有限变量的模型来反映或表现客观现实，不免会出现差异和问题，如果差异很大，无疑会影响数量分析结论的可信度；再次，数理分析方法的应用对管理人员的素质和专业化水平要求较高，因而其应用范围和应用程度也存在一定的局限。所以，管理中的定量分析必须同其他分析方法结合起来使用。

（二）管理学研究的基本方法

1. 归纳法

归纳法是一种从典型到一般的研究方法，即通过对客观存在的一系列典型事物或经验进行观察，分析其特点、变化规律，进而分析事物之间的因果关系，从中找出事物变化发展的一般规律。

2. 试验法

试验法就是人为地把试验对象分为两组，一组为试验组，另一组为对照组。

3. 演绎方法

对于较为复杂的管理问题，管理学家往往从某种概念出发，或从某种统计规律出发，也可能在实证研究的基础上，用归纳法找出一般的规律性，并加以简化，形成某种理论依据，并以此作为建模的出发点，构建起能反映某种逻辑关系的模型。

4. 管理权变方法

权变方法是指由于管理环境和条件不断变化，管理没有一成不变的方法和技术。

三、管理学与其他学科的关系

由于管理学既是一门基础学科，又是一门应用学科，因此，很多学科都对管理学的发展做出了重要贡献。管理学涉及的相关学科很多，主要有以下学科：

（一）哲学

哲学探究的是事物的本质，特别是价值和伦理。它是对各学科具有指导意义的哲学科学，同样是管理学产生和发展的思想理论基础。

(二)社会学

管理学在小组动态、正式组织理论、官僚模式、权威、信息沟通、权力与矛盾等研究领域得到了社会学方法的有益贡献。

(三)经济学

经济学通过他们在预测和决策方面的工作对管理学做出了大量贡献。他们在优化资源分配方面为管理者提供了有效改进内部投入决策和调整外部条件的方法。经济学给管理者提供了许多有用的概念和工具，如不变成本和可变成本、机会成本、边际成本、边际效用、弹性系数等。

(四)数学与统计学

数学与统计学对管理决策做出了贡献。数量方法对管理和决策所做的贡献包括：不确定性与风险、评价系统、排队论、线性规划等数量决策技术。

(五)计算机科学与控制论

计算机科学与控制论的产生和发展对管理学产生了重大影响。控制论中的反馈原理，为管理学中的决策科学化提供了做出正确决策的基础。反馈原理也为管理现代化，特别是管理决策中模型与模拟的应用提供了理论基础。

(六)心理学

今日的管理者面对的是多元的顾客和多样的员工，心理学的研究可以帮助管理者更了解改变中的顾客和员工。心理学的课程也让管理者更清楚地掌握激励、领导、信赖、招募员工、绩效考核和训练的方法。

(七)生理学

生理学是被忽视的一个已经并继续为管理做出贡献的领域。其研究成果已用于工作设计和分析焦急与紧张的原因。另一个潜在贡献领域是组织心理医药学，即用药物在工作环境中影响人们的行为，其效用表现为改善了安全保障和缺勤率。

(八)工程学

早期的管理工作，特别是在 20 世纪初的 20 多年中，集中于提高工效、工作的设计与业绩的优化，这时期主要是工业工程做出的贡献。工程师们在改善环境、提高人的能力方面做出了重大贡献。

（九）人类学

研究文化如何影响人们的行为是人类学对管理做出的重要贡献。个人价值系统会影响人们的士气、工作态度和行为，可以帮助我们学习人类及其行为。人类学家有关文化和环境的研究，可以帮助管理者更了解不同国家的员工在价值、态度和行为上的根本差异。

此外，管理学还与管理思想史、市场营销学、财务管理学、伦理学等众多学科有着密不可分的关系。

四、管理学的产生与发展

系统的管理理论最先产生于西方国家，这些管理理论的产生经历了一个由萌芽到观念再到思想及形成理论的漫长的发展过程。18 世纪产业革命以前，管理思想处于一种萌芽状态，仅仅以观念的形式存在于人类的管理实践之中。

（一）管理学的萌芽

19 世纪末 20 世纪初的科学管理理论的出现，是管理学形成的标志。管理学形成以前又可以分成两个阶段，即：

1. 早期管理实践与管理思想阶段

从有了人类集体劳动开始到 18 世纪是早期管理实践与管理思想阶段。在这一阶段，人类仅仅为了谋求生存而进行各种活动，虽然在管理上提出某些见解，但尚未认识到管理本身的重要性和必要性。

2. 管理产生的萌芽阶段

从 18 世纪到 19 世纪末是管理产生的萌芽阶段。在这一阶段，人们有意地观察和分析管理活动，并对管理活动在组织中所起的作用有了一定的认识，但还未形成较系统的管理理论。

（二）管理学的形成

1. 古典管理理论阶段

从 20 世纪初泰罗科学管理理论出现后到 20 世纪 30 年代行为科学理论出现前是古典管理理论阶段。在这个阶段出现的主要的管理理论有：科学管理理论、一般管理理论和行政组织理论等。

2. 新古典管理理论阶段

20 世纪 30 年代到 20 世纪 60 年代是新古典管理理论阶段，主要是行为科学理论的形成和发展。在这段时间里，管理学经历了两个阶段，即人际关系学说产生和发展和行为科学理论的形成和发展。

3. 现代管理理论阶段

从 20 世纪 60 年代到现在是现代管理理论阶段。这种阶段划分方法基本上可以把握住管理学的产生、形成和发展的全过程，做到历史与逻辑的统一。这个阶段主要有现代各学派管理理论和当代管理理论的新发展。

（三）管理学展望

1. 未来管理理论的发展方向

（1）对系统理论的重视。

（2）现代组织结构的发展。

（3）对组织中的人性、行为的研究。

（4）对于变动或革新的管理日益注意。

2. 未来管理组织的发展

技术的革新促使现代组织结构发生较大改变。对未来管理组织的发展，有人作出如下预测：未来的组织将面临波涛汹涌的变化，它们必须不断地进行改变和调整；未来的组织将日益庞大和复杂；部门的划分将会更细，各部门的专业化程度也将越高，将会有较高的独立性和自主权，并将会作为一个独立的部门对外开放。

3. 未来组织活动范围的变化

未来的组织目标将会日益增多。将来的重点将是满足其中的若干项目标，而并非使其中某一目标达到最佳结果。未来组织活动的范围已不会是仅局限于本地区、本国家，而是整个世界。组织不仅要同地区内、国家内的其他同类组织竞争，而且要和国外的同类组织竞争。因此，组织活动的范围必将扩大，要面对整个世界，为全人类提供自己的优质产品和服务。

4. 未来管理方法的改变

随着未来管理理论的成熟和发展以及组织形式和组织内容的改变，管理方法也必然随之改变。未来的管理将更重视计划的作用，特别是长远计划的作用。制定计划要有预见性，并且要求有整体计划。未来的管理将更加重视管理信息的作用，并且将更多地利用和完善管理信息系统为组织活动服务。未来的管理方法的最大改变在于进行自主管理。

5. 未来组织在用人方面的趋势

科学技术的发展对组织活动有重大影响，由此组织在用人方面也会发生重大改变。科学家和专业人员的人数将增加，他们的作用也将得到充分发挥。由于年轻人容易接受新思想，敢于创新，他们是组织必须依靠的基本力量。同时，为保证组织能有足够的各类人才，使他们安心为组织目标而努力，组织应重视培养和发挥青年人的作用。

6. 管理专业化趋势

今天的管理已走向专业化趋势。管理专业与别的专业不同，尤其与法律、医学等专业不同，因为管理专业往往不能硬性地应用于各种环境。但管理之所以趋向于专业化，也正是因为管理已具备了向法律、医学所具备的主要条件。管理已经具备了一定的坚实的知识基础。尽管一些主管人员没有获得像法律、医学专业人员那样的合格证书，但由于管理有一套组织方法，足以监督和管理各级主管人员进行各自的管理工作，也就不一定仿照这些专业，发合格证书来核定他可否从事管理工作。

本章小结

管理就是通过决策、计划、组织、领导、控制和创新等多项工作，尽可能合理而有效地利用组织所拥有的资源，以实现组织目标的过程。管理既有自然属性也有社会属性，既有科学性的一面也有艺术性的要求。

管理本身就是一种经济资源，作为“第三生产力”在社会发挥作用。管理在现代社会的发展中起到极为重要的作用：其一，管理可以维持组织的存在；其二，管理可以提高组织的效率；其三，管理具有整体推动作用。

管理者是指组织中行使管理职能，承担管理责任，指挥、协调他人完成具体任务的人员，其工作绩效的好坏直接关系到组织的成败兴衰。

有效的管理者是指拥有优秀和忠实的下属及高绩效团队的管理者。成功的管理者是指在组织中相对快速地获得提升的管理者。

管理学是以各种管理工作中普遍适用的规律、原理和方法作为研究对象的，以指导管理活动的科学。

思考与理解

1. 简述管理的职能的主要内容。
2. 简述管理者及其能力要求。
3. 管理学的研究对象是什么？其主要内容有哪些？
4. 试述管理学的学科性质及其地位。
5. 如何认识和理解管理学的发展历程。
6. 主要概念：

管理、管理者、管理学。

第二章 管理理论的演进

教学目标

1. 了解管理理论的发展和演进过程，理清管理理论的演进脉络。
2. 认识古典管理理论、人际关系学说的主要内容和贡献。
3. 理解行为科学的主要内容及其意义。
4. 认识并理解现当代管理理论主要学派的主要内容。

课程导读

30 年成为世界百强的历程

2017 年 7 月 21 日，2017 年《世界 500 强》正式公布，中国的华为正式挺进前 100，排名第 83。其实，华为同所有成功的公司一样，也有曲折的发展历程。

1987 年，任正非与几个志同道合的人以凑来的 2.4 万元资本注册了华为技术有限公司。在非洲、中东、俄罗斯，在西方大公司看不上的盐碱地上，华为人忍常人之所不能，在很窄的夹缝中锻炼了能力，提高了管理水平。越是跨国企业躲的地方，越能看到华为人的踪迹和忙碌的背影。爱立信不加班，华为加班！思科不加班，华为加班！诺基亚不加班，华为加班！

任正非曾说："水和空气是世界上最温柔的东西，但是一旦在高压下从一个小孔中喷出来，就可以用于切割钢板。可见力出一孔，其威力之大。"华为着眼长远的发展，不追求低价、抄袭，而是踏踏实实地搞研发。当过去的通讯产业巨擘摩托罗拉、阿尔卡特朗讯、诺基亚、西门子等都面临衰退危机时，华为却在年年成长。

华为没有上市，而是把 98.6%的股权开放给员工，创办人任正非只拥有公司 1.4%的股权。华为所挣的每一分钱都是大家的，都是合伙人的，而且每年所赚取的净利，几乎是百分之百分配给股东。若以一名在华为工作 10 年绩效优良的资深主管为例，他的配股可达 40 万股，该年光是股利就将近人民币 120 万，这个数字甚至比许多外商公司的高级经理人拿的分红还要高。华为可以做到不上市、不融资就有如此业绩，因为它融的是员工的心，这才是未来企业的真正出路。

（依据新浪财经《历史性一刻！华为再次沸腾了全中国！》编辑）

导读：

1. 华为有什么样的目标、怎样发展的？在同行业中华为的成就如何？

2. 任正非的“力出一孔”是什么理念？他是怎样落实的？

3. 华为是怎样凝心聚力的？体现了哪些管理思想和管理理论？

人类开始进行有效的管理活动，已有数千年的历史，但从管理实践到形成一套比较完整的理论，是一段漫长的历史发展过程。回顾管理学的形成与发展，了解管理先驱者们对管理实践和理论所作的贡献，以及管理活动的演变和历史，这对每个学习管理学的人来说都是必要的。

一般来说，管理学形成之前可分成两个阶段：古代管理思想阶段（从有了人类集体劳动开始到 18 世纪）和近代管理思想阶段（从 18 世纪到 19 世纪末）。

管理学形成后又分为四个阶段：古典管理理论阶段（20 世纪初到 20 世纪 30 年代）、人际关系学说（20 世纪 30 年代到 20 世纪 60 年代）、现代管理理论阶段（20 世纪 60 年代到 20 世纪 80 年代，主要指管理理论丛林阶段）和现代管理理论的最新发展阶段（20 世纪 90 年代至今）。

第一节 古典管理理论

资本主义经历了简单协作、手工制造和机器大工业三个阶段。18 世纪到 19 世纪的工业革命，是资本主义的机器大工业代替以手工技术为基础的工场手工业的革命，既是生产技术上的又是生产关系的重大变革，促使以机器为主的现代意义上的工厂制度成为现实。而工厂制度的发展，引起了人们对管理的关注。随着工业革命以及工厂制度的发展，工厂以及公司的管理越来越突出。许多理论家特别是经济学家，在其著作中越来越多地谈到有关管理方面的问题。这一时期的著作大体上有两类：一类偏重于理论的研究，即关于管理职能和原则的研究；另一类偏重于管理技术和方法的研究。

一、泰罗的科学管理思想

（一）科学管理理论的诞生

科学管理理论产生于 19 世纪末 20 世纪初，是随着资本主义工业的发展而逐渐形成和发展起来的。

科学管理理论诞生于20世纪初期的美国，与美国当时的经济、社会、文化的发展状况密切相关。按照美国经济学家罗斯托的经济成长五阶段理论，人类社会的发展经历了传统阶段、起飞前阶段、起飞阶段、成熟阶段和高消费阶段。科学管理理论形成的时代正是美国处于起飞阶段的时期。在这一时期，社会出现持续的增长，在主要成长部门有可能通过革新创造或者通过利用新的资源形成很高的成长率，并带动社会经济中的其他方面扩充能量。由于在经济起飞时期，几乎整个经济都在快速地增长，从而使具有经济现代化观念的人战胜坚持传统社会观念的人，在社会和文化等方面取得胜利。起飞阶段所迸发出来的强大刺激力量，既可以表现为工业革命的形式，也可能是技术革新的形式，还可能是管理方式改变的形式。当年，正是因起飞阶段的经济发展需要，科学管理理论破土而出。

1911年，弗雷德里克·温斯勒·泰罗(Frederick Winslow Taylor)发表了《科学管理原理》。这本书阐述了科学管理理论——应用科学方法确定从事一项工作的“最佳方法”，其内容很快被世界范围内的管理者们普遍接受，从而确立了他作为科学管理之父的地位。科学管理研究的是那些能够最大限度地提高工人劳动生产率的手段，它代表了一种20世纪以来一直在使用的工作(作业)设计模式。

泰罗的大部分工作生涯是在宾夕法尼亚州的米德韦尔和伯利恒钢铁公司度过的。作为一位有着清教徒背景的机械工程师，泰罗始终对工人的低效率感到震惊。他相信工人的生产率只达到应有水平的1/3，即绝大多数工人在“磨洋工”。于是，他从1880年开始在车间里试验用科学方法来纠正这种状况。他花了20年的时间，以极大的热情寻求从事每一项工作的“最佳方法”。泰罗重点展开以科学方法取代经验方法的研究，首先从工时研究入手来治理“磨洋工”。

(二)科学管理理论的基本假设

泰罗力图寻求在工人和管理当局双方掀起一场思想革命，并寻求提高生产率的指导方针。在这里，理解科学管理理论的基本假设是很重要的。

造成劳资矛盾的主要原因是社会资源没有得到充分利用。泰罗认识到了劳资矛盾的存在，但他认为如果能通过科学管理将社会资源充分利用，并使劳资双方都能得到利益，那么劳资矛盾就可以得到解决。

经济人假设指出：人是以追求物质利益为目的的，都希望以尽可能少的付出获得最大限度的收获，并且为此可以不择手段。因此，只要能使工人得到经济利益，他们愿意配合管理者挖掘出他们自身最大的潜能。

单个人是可以取得最大效率的，但集体的行为反而导致效率下降(这一假设决定了泰罗对工会的反对态度)。科学管理是使单个人发挥最大效率的有效方法。

基于上述三个基本假设，科学管理理论强调：

第一，效率至上。管理的中心问题是提高劳动生产率。

第二，为了谋求最高的工作效率可以采取任何必要的方法。例如，在各项工作中要挑选第一流的工人，在作业过程中要求工人掌握标准化的操作方法，使用标准化的工具、机器和材料，作业环境也是标准化的，不用考虑人性的特点。

第三，劳资双方应该共同协作。为追求效率，最高管理人员和工人都要展现最大的精神革命，在工作中要互相协作，共同努力(当然是站在资方立场上的)。

(三)科学管理的主要内容

基本假设奠定了科学管理的基础。概括起来，科学管理的具体内容可划分为三个方面：作业管理、组织管理和管理哲学。

1. 作业管理

作业管理是科学管理最具特色的部分和主要内容，它由一系列的科学方法组成。

(1)工作定额原理。它是建立在动作-工时研究的基础之上的，目的是为工人制定合理的日工作量。这一原理为开发科学方法、代替老的经验方法奠定了基础。

(2)标准化原理。制定并使工人掌握标准化的、科学的操作方法，包括标准化的工具、机器和材料以及标准化的作业环境，就是所谓的“标准化原理”。泰罗认为工人提高劳动生产率的潜力是巨大的。挖掘工人潜力的方法应该是把工人多年积累的经验和技巧归纳整理并结合起来，通过分析比较找出其中具有共性和规律性的东西，并将其标准化(1914 年福特发明流水线生产)。用这一方法对工人的工作方法、使用的工具、劳动和休息时间等进行合理搭配，同时对机器安排、环境因素等进行改进，消除各种不合理因素，把最好的因素结合起来，这就可以提高生产率。泰罗将其视为管理当局的首要职责。

(3)制定培训工人的科学方法。泰罗认为为了挖掘工人的最大潜力，必须做到人尽其才，或者说，对某一项工作必须找到最适宜做这项工作的人，同时还要最大程度地挖掘最适宜做这个工作的人的最大潜力，这就有可能达到最高效率。因此，管理者对任何一项工作必须要挑选“第一流的工人”，即适合于其作业而又愿意努力干活的人。泰罗认为培训工人成为“第一流的工人”是领导方面的职责，企业管理当局的责任在于为职工安排最合适的作业，培训他成为第一流的工人，使其能力与作业相配合。至于“高的日作业定额”，泰罗是以“第一流工人能在不损害其健康的情况下，维持很长年限的速度，能使他更加愉快而健壮的速度”为标准的。所谓“第一流速度”，不是以突击活动或持续紧张为基础，而是以工人能长期维持的正常速度为基础的。

(4)刺激性工资制度。泰罗于 1895 年提出了刺激性工资制度，这一制度包含两个要点：一是通过工时研究和分析，制定一个作业的定额或标准，这样就把定额的制定从以估计和经验为依据改变为以科学为依据；二是采用差别计件制。

2. 组织管理

(1)职能化原理。它包括把计划职能与执行职能分开，变经验工作法为科学工作法；

实行职能工长制。经验工作法是指每个工人用什么方法操作、使用什么工具都根据他自己的(或师傅等人)的经验来决定。泰罗主张明确划分计划职能与执行职能,由专门计划部门指定标准化的操作方法、工具和定额,拟订计划并发布指示和命令,并进行有效的控制,而现场工人则从事执行职能,按照计划部门制定的操作方法和指示,使用标准工具从事实际作业,不得自行改变计划。职能工长制是指将管理的工作予以细分,使每个管理者只承担一种管理职能。泰罗认为职能工长制具有三个优点:其一,对管理者的培训较少;其二,管理者责任明确,因而可以提高效率;其三,由于计划部门的作用,车间现场的职能工长只需进行指挥监督。实行职能工长制后,非熟练技术工人也可以从事较复杂的工作,从而可以降低整个企业的生产费用。这一思想当时并没有得到推广,但却为以后职能部门的建立和管理的专业化提供了参考。

(2)例外原则。高级管理人员应把例行的一般日常事务授权下级管理人员去做,自己只保留对例外事项的决定和监督权。这种管理控制原理以后发展成为管理上的分权化原则和实行事业部制的管理体制(1920 年小斯隆对通用汽车公司进行改组,采用了集中政策控制下的分权制——事业部制,成为大型企业普遍采用的典型的组织结构模式)。

3. 管理哲学

与其说科学管理是一些原理和原则组成的管理理论,不如说科学管理是一种改变人们对管理实践重新审视的管理哲学。科学管理不是计件工作制,不是工时研究,不是职能工长制,不是谈到科学管理时一般人所想到的任何方法。它们都不是科学管理,只是科学管理的有益的辅助手段。泰罗说:"科学管理在实质上包含着要求任何一个工人进行一场全面的心理革命,即要求他们在对待工作、同伴和雇主的义务上进行一种全面的心理革命。此外,科学管理也要求工长、监工、企业所有人、董事会进行一场全面的心理革命,要求他们在对管理部门的同事、对他们的工人和所有日常问题的责任上进行一场全面的心理革命。没有双方的这种心理革命,科学管理就不能存在","他们会看到,当他们双方不再相互敌视,而是肩并肩地向同一方向迈进时,通过他们的共同努力所创造出的剩余额将多得简直令人目瞪口呆以致工人工资有大大增加的充分余地,制造商的利润也会大大增加。这就是伟大的心理革命的开始,是实现科学管理的第一步,科学管理的常规特征是协调而不是不和"。但是,科学管理中没有任何一点慈善的内容,任何一种管理措施如果含有慈善因素,则一定失败,慈善因素在任何管理措施中都没有地位。

(四)科学管理理论的评价

1. 对科学管理理论的评价

第一,它冲破了百多年沿袭下来的传统的、落后的经验管理办法,将科学引进了管理领域,并且创立了一套具体的科学管理方法来代替单凭个人经验进行作业和管理的旧方法。

第二,由于采用了科学的管理方法和科学的操作程序,生产效率提高了二三倍,推动了生产的发展，适应了资本主义经济在这个时期发展的需要。这是管理理论上的进步，也为管理实践开创了新局面。

第三，由于管理职能与执行职能的分离，企业中开始有一些人专门从事管理工作，这就使管理理论的创立和发展有了实践基础。

第四，泰罗把工人看作会说话的机器，只能按照管理人员的决定、命令进行劳动，在体力和技能上受最大限度的压榨。他把人看作纯粹的“经济人”。

2. 科学管理理论的历史贡献

科学管理理论的提出，标志着管理作为一门科学已经形成。科学管理理论对人类的发展和进步做出了杰出的贡献。

(1)科学管理理论所追求的主要目的是提高企业的生产效率。

(2)科学的方法是提高企业生产效率的基本特征。

3. 科学管理理论的历史缺陷

科学管理理论的历史缺陷：在泰罗的科学管理理论的形成发展过程中，另有一大批有志于科学管理理论的追随者们也做出了积极的贡献，诸如卡尔·乔治·巴思、亨利·劳伦斯·甘特、弗兰克·吉尔布雷斯夫妇、哈林顿·埃默森等。泰罗的管理方法极大地提高了企业的生产效率，在20世纪初的美国和西欧地区受到了普遍欢迎。但是泰罗的管理理论也具有一定的局限性，他的研究视野主要集中在企业生产方法及现场监督上。具体可以概括为：

(1)科学管理理论强调的重点是企业内部和生产方法。

(2)工人生产的积极性和主动性并没有得到实质性发挥。

二、法约尔的一般管理理论

与科学管理同时代的另一批思想家也在思考着管理问题，不过他们关注的焦点是整个组织，我们称这些人为一般管理理论家。在解释管理者的工作是什么，以及有效的管理由哪些要素构成方面，他们做出了重要贡献。他们与科学管理思想家一起被称为古典理论家，其中杰出代表是亨利·法约尔(Henri Fayol)和马克斯·韦伯(Max Weber)。

(一)《工业管理与一般管理》

法约尔的职业生涯是在法国一家大型矿业冶金公司度过的，并在该公司担任总经理达30年(1888—1918)之久。他接受总经理职位时该企业正处于破产的边缘，当他退休时这家企业的财务状况已无懈可击。因具有长期从事高层管理工作的背景(泰罗是从工人的地位开始研究工作的，而法约尔却是从总经理的地位开始的)，他对全面管理工作(所有管理者的活动)有着深刻的体会和了解。人们一般认为法约尔是第一个概括和阐述一般管理理论的管理学家，其管理思想主要凝结于《工业管理与一般管理》(1916)

这部经典性著作中。

1. 管理职能的提出和五大管理职能

法约尔认为经营与管理是两个不同概念。经营是引导一个组织趋向于一个目标。经营包含六种活动：技术活动（生产），商业活动（交换活动），财务活动（资金的筹集、控制和使用），安全活动（财务与人身的安全），会计活动（计账算账，成本核算和统计），管理活动（行政管理）。

法约尔指出，人们对前五种活动了解较多，但对管理活动知之甚少。管理是有别于前五种活动的一种活动。在以上六种活动中，前五种活动都不负责制定企业的总经营计划，不负责建立社会组织、协调各方面的力量和行动，这些重要职能属于管理的范畴。管理活动处于以上活动的核心地位，即企业本身需要管理，同样其他五项活动也需要管理。而且，管理职能具有一般性，是适用于工商企业、政府甚至家庭中所有涉及人的管理的一种共同的活动。他还认为，管理具有可概念化、可理论化、可传授的特点，应该大力发展管理教育。

法约尔的主要贡献在于提出了关于管理的五大要素或五大职能的观点和思想。管理的五大职能包括：计划（探索未来，制定行动计划）、组织（建立企业物质和社会的双重结构）、指挥（使人发挥作用）、协调（连接、联合、调动所有的活动及力量）和控制（注意是否一切都已按已制定的规章和下达的命令进行）。这一思想已成为认识管理职能和管理过程的一般性的理论框架。

法约尔这种把行政管理作为一个单独的职能分离出来并进行分析，是他对管理理论总体的独特新颖的补充。职能分析这种方法，为高级管理问题的全面的现代化解决方法的发展铺平了道路。

2. 管理的十四项原则

为了使管理者能很好地履行各种管理职能，法约尔提出了管理的十四项一般原则。

(1)劳动分工原则：劳动分工属于自然规律。劳动分工不只适用于技术工作，也适用于管理工作，应该通过分工来提高管理工作的效率。

(2)权力与责任原则：有权力的地方，就有责任。责任是权力的孪生物，是权力的当然结果和必要补充，权力与责任必须相符。贯彻权力与责任相符的原则，就应该设立有效的奖励和惩罚制度。

(3)纪律原则：法约尔认为纪律应包括两个方面，即企业与下属人员之间的协定和人们对这个协定的态度及其对协定遵守的情况。法约尔认为纪律是一个企业兴旺发达的关键，没有纪律，任何一个企业都不能兴旺繁荣。

(4)统一指挥原则：一个下级人员只能接受一个上级的命令。如果两个领导人同时对同一个人或同一件事行使他们的权力，就会出现混乱。在任何情况下，都不会有适应双重指挥的社会组织。

(5)统一领导原则：法约尔认为，对于力求达到同一目的的全部活动，只能有一个领导和一项计划。统一领导原则是指一个下级只能有一个直接上级，它与统一指挥原则不同，统一指挥原则是指一个下级只能接受一个上级的指令。这两个原则之间既有区别又有联系。统一领导原则讲的是组织机构设置的问题，即在设置组织机构的时候，一个下级不能有两个直接上级。而统一指挥原则讲的是组织机构设置以后运转的问题，即当组织机构建立起来以后，在运转的过程中，一个下级不能同时接受两个上级的指令。

(6)个人利益服从整体利益原则：法约尔认为这是一些人们都十分明白清楚的原则，但是，往往无知、贪婪、自私、懒惰以及人类的一切冲动总是使人为了个人利益而忘掉整体利益。为了能坚持这个原则，法约尔认为，成功的办法是：一是领导人的坚定性和好的榜样；二是尽可能签订公平的协定；三是认真地监督。

(7)人员的报酬原则：法约尔认为，人员报酬首先取决于不受雇主的意愿和所属人员的才能，如生活费用的高低、可雇人员的多少、业务的一般状况、企业的经济地位等，然后再看人员的才能，最后看采用的报酬方式。人员的报酬首先要考虑的是维持职工的最低生活消费和企业的基本经营状况，这是确定人员报酬的一个基本出发点。在此基础上，企业再考虑根据职工的劳动贡献来决定采用适当的报酬方式。对于各种报酬方式，法约尔认为不管采用什么报酬方式，都应该能做到以下几点：一是它能保证报酬公平；二是它能奖励努力和激发热情；三是它不应导致超过合理限度的过多的报酬。

(8)集中的原则：法约尔指的是组织的权力集中与分散的问题。法约尔认为，集中或分散的问题是一个简单的尺度问题，问题在于找到适合该企业的最适度。在小型企业，上级领导者可以直接把命令传到下层人员，所以权力就相对比较集中；而在大型企业里，在高层领导者与基层人员之间，还有许多中间环节，因此，权力就比较分散。按照法约尔的观点，影响一个企业是集中还是分散的因素有两个：一个是领导者的权力；另一个是领导者对发挥下级人员积极性的态度。“如果领导人的才能、精力、智慧、经验、理解速度……允许他扩大活动范围，他则可以大大加强集中，把其助手作用降低为普通执行人的作用。相反，如果他愿意一方面保留全面领导的特权，一方面更多地采用协作者的经验、意见和建议，那么可以实行广泛的权力分散。所有提高部下作用的重要性的做法就是分散，降低这种作用的重要性的做法则是集中。”

(9)等级制度原则：等级制度就是从最高权力机构直到低层管理人员的领导系列，而贯彻等级制度原则就是要在组织中建立这样一个不中断的等级链。这个等级链说明了两个方面的问题：一是它表明了组织中各个环节之间的权力关系，通过这个等级链，组织中的成员就可以明确谁可以对谁下指令，谁应该对谁负责；二是这个等级链表明了组织中信息传递的路线，即在一个正式组织中，信息是按照组织的等级系列来传递的。贯彻等级制度原则有利于组织加强统一指挥原则，保证组织内信息联系的畅通。但是，一个组织如果严格地按照等级系列进行信息的沟通，则可能由于信息沟通的路线太长而使得信息联系的时间长，同时容易造成信息在传递的过程中失真。

(10)秩序原则：法约尔所指的秩序原则包括物品的秩序原则和人的社会秩序原则。

对于物品的秩序原则,他认为,每一件物品都有一个最适合它存放的地方,坚持物品的秩序原则就是要使每一件物品都放在它应该放的地方。对于人的社会秩序原则,他认为,每个人都有他的长处和短处,贯彻社会秩序原则就是要确定最适合每个人能力发挥的工作岗位,然后使每个人都在最能使自己的能力得到发挥的岗位上工作。为了能贯彻社会的秩序原则,法约尔认为首先要对企业的社会需要与资源有确切的了解,并保持两者之间经常的平衡;同时,要注意消除任人唯亲、偏爱徇私、野心奢望和无知等弊病。

(11)公平原则:法约尔把公平与公道区分开来。他说:"公道是实现已订立的协定。但这些协定不能什么都预测到,要经常地说明它,补充其不足之处。为了鼓励其所属人员能全心全意和无限忠诚地执行他的职责,应该以善意来对待他。公平就是由善意与公道产生的。"贯彻公道原则就是要按已定的协定办。但是,在未来的执行过程中可能会因为各种因素的变化使得原来制定的"公道"的协定变成"不公道"的协定,这样一来,即使严格贯彻"公道"原则,也会使职工的努力得不到公平的对待,从而不能充分地调动职工的劳动积极性。因此,在管理中要贯彻"公平"原则。所谓"公平"原则就是"公道"原则加上善意地对待职工,也就是说在贯彻"公道"原则的基础上,还要根据实际情况对职工的劳动表现进行"善意"的评价。当然,在贯彻"公平"原则时,还要求管理者不能忽视任何原则,不能忘掉总体利益。

(12)人员的稳定原则:法约尔认为,一个人要适应他的新职位,并做到能很好地完成他的工作,这需要时间,这就是人员的稳定原则。按照人员的稳定原则,要使一个人的能力得到充分的发挥,就要使他在一个工作岗位上相对稳定地工作一段时间,使他能有一段时间来熟悉自己的工作,了解自己的工作环境,并取得别人对自己的信任。但是人员的稳定是相对的而不是绝对的,年老、疾病、退休、死亡等都会造成企业中人员的流动,即人员的流动是绝对的。因此,企业就要掌握人员的稳定和流动的合适的度,以利于企业中成员的能力得到充分的发挥。像其他所有的原则一样,人员稳定的原则也是一个尺度问题。

(13)首创精神:法约尔认为,想出一个计划并保证其成功是一个聪明人最大的快乐之一,也是人类活动最有力的刺激物之一。这种发明与执行的可能性就是人们所说的首创精神,建议与执行的自主性也都属于首创精神。法约尔认为人的自我实现需求的满足是激励人们的工作热情和工作积极性的最有力的刺激因素。对于领导者来说,他需要极有分寸地并有某种勇气来激发和支持大家的首创精神。当然,纪律原则、统一指挥原则和统一领导原则等的贯彻,会使得组织中人们的首创精神的发挥受到限制。

(14)团结协作原则:人们往往由于管理能力的不足,或者由于自私自利,或者由于追求个人的利益等而忘记了组织的团结。为了加强组织的团结,法约尔特别提出在组织中要禁止滥用书面联系,因为他认为在处理一个业务问题时,用当面口述要比书面快,并且简单得多。另外,一些冲突、误会可以在交谈中得到解决。由此得出,每当可能出现问题时，应直接联系，这样更迅速、更清楚，并且更融洽。

这些原则至今仍有重要的实践指导意义。但法约尔强调指出，这些原则全部是尺度问题，是灵活的而不是死板的和绝对的，管理的实质在于懂得如何运用他们。管理是一门艺术，必须考虑各种可变因素的影响，而且需要智慧、经验、判断和注意尺度。

（二）一般管理理论的主要观点

法约尔在企业组织理论方面的主要观点包括以下三点。

1. 组织应完成的管理任务与职责

法约尔认为组织一个企业就是为企业经营提供必要的原料、设备、资本和人员，具体而言包括：物质的组织和建立组织机构、制定规章制度、招募与配备训练员工等。管理部门的责任就是设法使人员和物质的组织符合企业的目标、资源条件和有关的要求。

2. 金字塔形的等级系列

组织从最高管理层到最低管理层的直线权力形成了一个等级系列。其中，每一级向上级报告并接受其命令，向下一级发布命令并接受报告。为了加强信息传递，及时处理问题，法约尔还设计了一种“法约尔桥”。“法约尔桥”是指在管理机构中，最高一级到最低一级应该建立关系明确的职权等级系列，这既是执行权力的线路，也是信息传递的渠道，一般情况下不要轻易地违反它。但在特殊情况下，为了克服由于统一指挥而产生的信息传递延误，由法国企业家法约尔设计出一种“跳板”，也叫“法约尔桥”（Fayol Bridge），如图 2-1 所示。

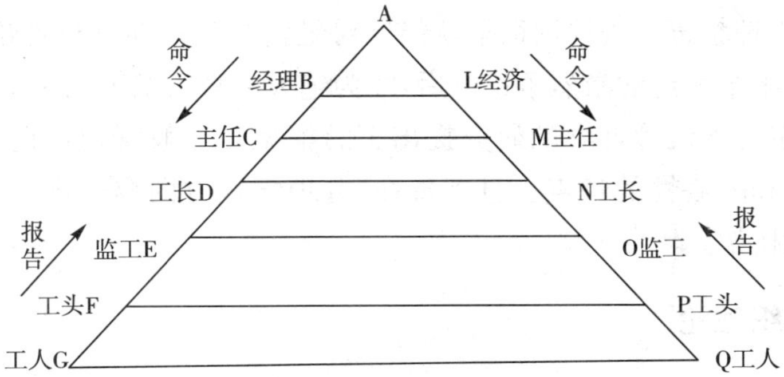

图 2-1 法约尔桥示意图

法约尔“跳板”的提出，为组织的跨部门沟通提供了一条捷径。但是，这条捷径不是什么时候都行得通。正如法约尔所说，阶梯各级的某种主观能动性存在，使得跳板会消失，即 FP 之间的直接联系会中断，此时，等级线路就恢复原样，整个效率会降低。法约尔认为主要有两个原因使得跳板消失：其一，总体利益和部门利益的冲突使得人们只关注后者，从而孤立自己的部门，除了等级路线外，其他什么也不知道；其二，怕负责任和领导能力的不足。其实，法约尔跳板说明了管理效率和等级制度（秩序）之间存在相关性，很多时候都表现为两者的冲突，只有少数能做到两者的协调，即保证效率的同时又维护了秩序。

3. 设置参谋机构

法约尔主张设置参谋机构来协助直接领导人员。但参谋机构只接受总经理的命令,只对领导负责,不能向下级发布命令他们不去处理日常事务,他们的主要任务是探索更好的工作方法,发现企业条件的变化,以及关心企业的长期发展问题。这是一种与泰罗的职能制不同的直线——参谋组织结构。

(三)一般管理理论的贡献

法约尔提出的一般管理原则与职能实际上奠定了以后在 20 世纪 50 年代兴起的管理过程研究的基本理论基础,许多管理论着在某种程度上可直接追溯到一般管理理论的研究。法约尔提出一般管理理论迄今已近百年,但经久不衰,至今仍有相当大的影响力,对现代管理也仍然具有现实的指导意义。

首先,法约尔把管理同经营分开来,首次提出"管理职能"概念,更加体现了管理的独立性和专业性,这对管理者正确理解自己的特殊职业含义很重要。

第二,法约尔提出的十四条原则,至今仍然是规范现代管理活动的重要准则。

第三,管理理论的普遍性意义在于澄清了高层管理中的混乱思想,给高层管理者提出了应注意的方面。法约尔的理论起着承上启下的作用,他的管理理论处于泰罗和韦伯之间,是出自企业管理或工业管理,但落脚于普遍性的一般管理。法约尔是从企业管理出发,抽象出管理的一般性原则和要素。

第四,倡导管理教育。法约尔很早就倡导对经营管理活动进行理论分析,这一主张在经历了差不多半个世纪的激烈争论以后,才为绝大多数组织理论家所接受。

第五,法约尔对现代管理学的研究提出了总框架。一般管理理论对管理内涵的概括体现了全局性和战略性的特点。直到现在,管理学教材内容安排在很大程度上都基本遵循他的理论构架。

三、行政组织理论

马克斯·韦伯(Max Weber,1864—1920)的研究领域属于历史-哲学范畴,他是德国的一位社会学家和哲学家,也是一位享誉世界的思想家,德国著名古典管理理论学家,他的代表作是《社会组织与经济组织理论》。由于他在行政组织理论上的伟大贡献,被后人尊称为"组织理论之父"。

在 20 世纪早期,韦伯发展了一种权威结构理论,并依据权威关系来描述组织活动。他描述了一种他称之为官僚行政组织的理想组织模式,这是一种体现劳动分工原则、有着明确定义的等级和详细的规则与制度以及非个人关系的组织模式。这一理论对工业化以来各种不同类型组织产生了广泛而深远的影响,成为现代大型组织采用的一种组织管理模式。

韦伯的官僚制(或科层制)理论,是其庞大的政治社会思想的一个有机组成部分。他认为任何组织的存在都是靠权威来维持的,而合法的权威主要有三种类型:一是基于习俗惯例的传统权威;二是基于领袖个人超凡魅力的超人权威;三是基于理性法规的法理型权威。他指出每一种权威各有其理想的组织,而官僚制则是法理权威最适宜的组织形式。

韦伯的组织理论又被称为“官僚制”(在德语中无贬义色彩)或“科层制”,其理论的核心内容主要有以下三个方面。

(一)权威的类型与基础

韦伯认为任何组织都必须以某种形式的权威(权力)作为基础,才能变混乱为有秩序,进而实现其目标。他从历史的角度,考察了不同类型的权力,认为存在三种纯粹形态的合法权力(或被社会接受的权力):

第一,超凡权力,是基于对发命令的人超凡的神圣(如耶稣基督)或非凡的个性特征如英雄主义或模范品质的崇拜,并表现为一种先知与信徒关系。

第二,传统权力。传统权力要求服从命令,其依据是对古老传统的不可侵犯性和按传统执行权力的人的正统性的信念,主要表现为一种君主—臣民关系。权力的所有者可以通过让人得到恩惠或失去宠幸以及对臣民进行保护而实施管理。臣民对权力拥有者保持服从和尊敬。

第三,法定权力,即理性—法律(法理)的权力,这是一种对法律确定的职位或地位的权力的服从。法理权力要求服从命令,是因为人们都知道发命令的人是按法律原则和条款办事的,这一类型主要依靠外在于个人的、科学合理的理性权力实现管理。

在这三种纯粹形态的权力中,传统权力的效率最差,因为其领导人不是按能力挑选的,其管理单纯是为保存过去的传统而行事。超凡权力则过于带感情色彩,并非是理性的,依据的不是规章制度而是神圣的启示。所以,这两种权力都不宜作为理想的行政组织的基础,只有法定权力才能作为行政组织的基础。

(二)官僚制的特征

1. 劳动分工

工作应当分解为简单的、例行的和明确的任务。

2. 职权等级

职位应按等级来组织,每个下级应接受上级的控制和监督。换言之,按照不同职位权力的大小,确定成员在组织中的地位,形成有序的等级系统。

3. 正式选拔

所有组织成员都是依据经过培训、教育或正式考核所取得的技术资格选拔的,即根据技术资格挑选组织成员。

4..正式的规则制度

为了确保一贯性和全体雇员的活动，管理者必须倚重正式的组织规则。换言之，管理人员根据法律制度赋予的权力处于拥有权力的地位，原则上所有的人都服从制度规定，而不是服从于某个人。

5. 非人格化

规定和控制的实施具有一致性，避免掺杂个性和雇员的个人偏好。换言之，管理人员在实施管理时，每个管理人员负责特定的工作，拥有执行自己职能所必要的权力，权力要受到严格限制，服从有关部门章程和制度的规定。

6. 职业定向

管理者是职业化的官员而不是他所管理单位的所有者，他们领取固定工资并在组织中追求他们职业生涯上的成就。换言之，管理者的职务就是他的职业，他有固定报酬，有按才干晋升的机会。

（三）行政组织理论的评价

韦伯管理理论的贡献在于提出了理想的行政组织体系理论。

官僚制是一种完全的、理性设计的组织，理性人扮演着特定的角色，执行着特定的行动。这种组织设计适合了工业化以来大型企业组织的需要。大型组织规模大、分工细、层次多，因而需要高度统一、准确、连续、稳定的秩序保证。相较之下，早期传统组织过分依赖个人和裙带关系、人身依附关系，采用任意的、主观的、多变的管理方式，显然不适合大型企业组织管理的要求。

韦伯主张，为了实现一个组织的目标，要把组织的全部活动划分为各种基本的作业，作为公务分配给组织的各个成员。各种公职与职位是按照职权的等级原则组织起来的，每一职位有明文规定的权利与义务，形成一个指挥体系或阶层体系。组织中人员的任用完全根据职务上的要求，通过正式考试或教育训练来实行。管理人员有固定的薪金和明文规定的升迁制度，是一种“职业的”管理人员，而且必须严格遵守组织规定的规则和纪律。这种理想的行政组织体系能提高员工的工作效率，在精确性、稳定性、纪律性和可靠性方面优于其他组织体系。

官僚制的组织形式比其他行政管理系统的效率高，它使其规定与程序非人格化，因此能在决策中取得高度的可预测性，从而最终在集约效率和业务范围方面占有优势，并且可能运用于所有各种行政任务。由此可见，中性合理-合法（法理型）的行政规定是韦伯理想形式的核心所在。

韦伯的理想行政组织机构管理体系的特征有如下几个特征：把全部活动分解为各种具体的任务，将这些任务分配给组织中的各个成员或职位；按照一定的权力等级将组织中的各种职务和职位形成责权分明、层层控制的指挥体系；通过正式考试或教育训练，公正地选拔组织成员，使之与相应的职务相称；除了按规定必须通过选举产生的公职外，官员是上级委任而不是选举产生的；组织内部的管理人员不是他所管理单位的所有者，而只是其中的工作人员；组织中成员之间的关系是一种不受个人情感影响的关系，完全以理性准则为指导；实行管理人员专职化；管理人员必须严格遵守组织中规定的规则和纪律。

韦伯关于官僚制的著作在20世纪四五十年代之前基本上没有得到美国的承认。他同法约尔一样，不得不等到文化条件使得人们需要从行政管理理论的角度来考虑问题时才得到承认。由于组织规模的增大和复杂性的增加，人们开始探索行政管理的理论，他们在探索过程中发现了韦伯和他的官僚制的理想。

第二节 行为科学理论

古典管理理论在提高生产率方面具有重要作用，然而由于它片面强调对人进行严格的控制和动作的规范，把人当成机器来使用，缺少对人的情感、需求等因素的关注，因而引起了工人的强烈不满。行为科学理论的产生与当时独特的社会背景密不可分。到了20世纪20年代，随着工人自我意识的不断觉醒以及人们收入水平的不断提高，单纯的金钱刺激所起的作用开始下降。在这种背景下，许多学者开始从心理学、社会学等角度研究组织中关于人的问题，由此产生了行为科学理论。

行为科学理论阶段是从20世纪30年代到20世纪60年代，主要指行为科学理论的形成和发展。行为科学学派在其发展前期（20世纪20—40年代）被称为人际关系学说，这个学派在第二个时期则被称为行为科学学说，在20世纪50年代初期开始受到欢迎。

一、人际关系学说（Human Relations）

（一）霍桑实验

行为科学作为一种管理理论，前期是人际关系学说，最初始于20世纪20年代末30年代初梅奥组织的霍桑实验。该理论关注管理过程中“人”的作用，认为通过激发组织成员的积极性、主动性和创造性，可以有效提高工作效率，获得组织发展动力。该理论的形成标志着管理理论由古典管理理论阶段进入到了一个重视人、关注人、以人为本的全新阶段。

阅读资料

乔治·埃尔顿·梅奥（George Elton Mayo，1880—1949），美国哈佛大学心理学家、管理学家，美国艺术与科学院院士，早期的行为科学即人际关系学说的创始人。他出生在澳大利亚的阿得雷德，20 岁时在澳大利亚阿福雷德大学取得逻辑学和哲学硕士学位，应聘至昆士兰大学讲授逻辑学、伦理学和哲学，后赴苏格兰爱丁堡研究精神病理学，对精神上的不正常现象进行分析，之后成为澳大利亚心理疗法的创始人。1922 年，梅奥移居美国，在宾夕法尼亚大学沃顿管理学院任教。其间，梅奥曾从心理学角度解释产业工人的行为，认为影响因素是多重的，没有一个单独的要素能够起决定性作用，这成为他后来将组织归纳为社会系统的理论基础。1923 年，梅奥在费城附近一家纺织厂就车间工作条件对工人的流动率、生产率的影响进行实验研究。1926 年，梅奥进入哈佛大学工商管理学院专事工业研究，以后一直在哈佛大学工作直到退休。

尽管梅奥从事过不同的职业，但使他闻名于世的还是他对霍桑实验所做的贡献。梅奥的主要著作有《工业文明的人类问题》(1933 年)和《工业文明的社会问题》(1945 年)。

1924 年，梅奥在美国西方电气公司的芝加哥附近的霍桑工厂进行了长达 8 年的试验。试验最初是试图通过改善工作条件与环境等外在因素，找到提高劳动生产率的途径，目的是根据科学管理原理，探讨工作环境对劳动生产率的影响。

从 1924 年到 1932 年，梅奥和一些研究人员先后进行了四个阶段的试验：照明试验、继电器装配工人福利待遇试验、大规模访谈试验和绕线工作人员群体小组试验。试验结果出乎意料：工作条件和福利待遇(照明度强弱、休息时间长短、福利待遇增减等)无论变化与否，试验组和非试验组的产量都表现出了上升势头；在大规模访谈试验中，工作人员畅所欲言，充分发表了自己的意见和不满，提出了自己的建议，无形中促进了生产效率的提升；即使工厂对生产人员实行了计件工资管理，生产人员的生产效率也会受到生产小组其他人员的影响，与小组内其他人员建立并保持了一种默契，并未充分发挥自己的生产能力，取得最高的生产效率。

1927 年，梅奥主持并修正了试验的研究方向，将试验由最初对工作条件和工作环境等外在因素进行研究，转到了对员工内部心理表现进行研究，最后取得了一系列全新的研究结果。

(二)人际关系学说的主要内容

霍桑试验的研究结果否定了传统管理理论对于人的假设，表明了工人不是被动的、孤立的个体，他们的行为不仅仅受工资的刺激，影响生产效率的最重要因素不是待遇和工作条件，而是工作中的人际关系。据此，梅奥等人从以下三方面提出了自己的观点。

1. 工人是“社会人”而不是“经济人”

梅奥认为，人们的行为并不单纯出自追求金钱的动机，还有社会和心理方面的需要，即追求人与人之间的友情、安全感、归属感和受人尊敬等，而后者更为重要。因此，不能单纯从技术和物质条件着眼，而必须首先从社会心理方面考虑合理的组织与管理。

2. 企业中存在着非正式组织

企业中除了存在着古典管理理论所研究的为了实现企业目标而明确规定各成员相互关系和职责范围的正式组织之外，还存在着非正式组织。这种非正式组织的作用在于维护其成员的共同利益，使之免受其内部个别成员的疏忽或外部人员的干涉所造成的损失。为此，非正式组织中有自己的核心人物和领袖，有大家共同遵循的观念、价值标准、行为准则和道德规范等。

梅奥指出，非正式组织与正式组织有重大差别。在正式组织中，以效率逻辑为其行为规范；而在非正式组织中，则以感情逻辑为其行为规范。如果管理人员只是根据效率逻辑来管理，而忽略工人的感情逻辑，必然会引起冲突，影响企业生产率的提高和目标的实现。因此，管理当局必须重视非正式组织的作用，注意在正式组织的效率逻辑与非正式组织的感情逻辑之间保持平衡，以便管理人员与工人之间能够充分协作。

3. 新的领导能力在于提高工人的满意度

在决定劳动生产率的诸因素中，置于首位的因素是工人的满意度，而生产条件、工资报酬只是第二位的。职工的满意度越高，其士气就越高，产生的效率就越高。高的满意度来源于工人个人需求的有效满足，不仅包括物质需求，还包括精神需求。

（三）人际关系学说的评价

霍桑试验对古典管理理论进行了大胆的突破，第一次把管理研究的重点从工作和物的因素上转到人的因素上来，不仅在理论上对古典管理理论作了修正和补充，开辟了管理研究的新理论，还为现代行为科学发展奠定了基础，并对管理实践产生了深远的影响。人际关系理论认为雇员满意的重要性，即一个满意的工人一定会是一个富有效率的工人。

人际关系学说的主要贡献包括以下几个方面。

1. 人才是企业发展的动力之源

人、财、物是企业经营管理必不可少的三大要素，而人力又是其中最为活跃、最富于创造力的因素。即使有最先进的技术设备和最完备的物质资料，没有了人的准确而全力的投入，所有的一切将毫无意义。对于人的有效管理不仅是高效利用现有物质资源的前提，而且是一切创新的最基本条件。尤其是在高科技迅猛发展的现代社会，创新是企业生存和发展的唯一途径，而创新是人才的专利，优秀的人才是企业最重要的资产。谁更有效地开发和利用了人力资源，谁就有可能在日益激烈的市场竞争中立于不败之地。

2. 有效沟通是管理的艺术方法

管理是讲究艺术的，对人的管理更是如此，新一代的管理者更应认识到这一点。那种高谈阔论、教训下属、以自我为中心的领导方式已不适用了。早在霍桑访谈试验中，梅奥已注意到亲善的沟通方式不仅可以了解到员工的需求，还可以改善上下级之间的关系，从而使员工更加自愿地努力工作。倾听是一种有效的沟通方式。具有成熟智慧的管理者会认为倾听别人的意见比表现自己渊博的知识更重要，他要善于帮助和启发他人表达出自己的思想和感情，不主动发表自己的观点，善于聆听别人的意见，激发他们创造性的思维，这样不仅可以使员工增强对管理者的信任感，还可以使管理者从中获取有用的信息，更有效地组织工作。适时地赞誉别人也是管理中极为有效的手段。

3. 侧重从“个人”行为规律的角度来研究人在社会和心理方面需要的满足

人际关系学说侧重从“个人”的行为规律的角度来研究人在社会和心理方面需求的满足，主要研究组织中个人的行为规律，通过对个人行为规律的认识来探讨如何使个人在社会和心理方面得到满足，从而发挥员工的积极性和主动性，以提高工作效率。

梅奥的人际关系学说把组织当作一个包括个人、非正式的群体、群体间关系以及正式组织结构的一个社会系统，从而把管理学的研究进一步扩展到人际行为的新领域。在人际关系学说的推动下，越来越多的社会学家、心理学家和人类学家积极参与到管理学理论的研究中。

二、行为科学(Behavioral Science)

1949 年在美国芝加哥召开的一次跨学科会议上，有学者首先提出“行为科学”这一名称。1953 年正式把这门综合性学科定名为“行为科学”。行为科学的产生年代大致与泰罗等人的科学管理相同，但正式形成以至被命名则是 1949 年在美国芝加哥大学召开的一次有哲学家、精神病学家、心理学家和社会学家参加的会议上。

在人际关系学说的基础上，更多的学者加入到对人性的探索之中，并形成了行为科学理论。其代表人物有：亚伯拉罕·马斯洛(Abraham Maslow)、弗雷德里克·赫茨伯格(Frederick Herzberg)、道格拉斯·麦格雷戈(Douglas McCregor)、威廉·大内(William Ouch)等。

马斯洛这位人道主义心理学家，从理论上提出了人类需要的五个层次，它们依次是：生理需要、安全需要、社会需要、尊重需要和自我实现的需要。需要中上一层次的每一步必须得到满足后，下一层次的需要才会被激活。

美国心理学家赫茨伯格在 1966 年《工作和人的性质》一书中首次提出激励因素——保健因素理论。他把企业中有关的因素分为满意和不满意两类。满意因素可以使人得到满足，它属于激励因素，这是适合人成长的心理因素。不满意因素是指缺乏这些因素时容易产生不满和消极的情绪，即保健因素。赫茨伯格在对激励因素和保健因素作出分析以后得出，激励是促进人的积极性不断提高的因素，从而最终提高企业的生产效率和效益。

麦格雷戈则提出了关于人性的两套系统性假设——X 理论和 Y 理论。前者提出了关于人性的一种消极观点:假设人们缺乏雄心壮志,不喜欢工作,可避责任,以及需要在严格的监督下才能有效工作;后者则提出了一种积极的观点:假设人们能够自我表现管理,愿意承担责任,以及把工作看作像休息和玩一样。

威廉·大内的Z理论认为一切企业的成功都离不开信任、敏感和亲密,因此他主张以坦白、开放和沟通作为基本的原则来实行民主管理。

行为科学既是管理理论的发展又是管理实践的总结,它的产生和发展使企业管理者重新认识到员工的地位,即员工已经不是一般意义上的与资本、土地等相同的生产要素,而是具有相当意义的主动因素。所以,行为科学对管理理论及管理实践都具有重大贡献。其主要内容和历史贡献具体体现在以下几个方面。

第一,"社会人"假定。行为科学认为古典管理理论学者的"经济人"模式太简单化,肯定了人的复杂性。按照社会人的假定,员工不是各自独立存在的,而是作为一个群体的一员,是有所归属的"社会人"。"社会人"固然有追求金钱等物质利益的动机和需求,但他不仅仅如此,他在工作、生活中还有友情、安全、尊重和归属等需求。因此,对人的管理不应仅仅从其经济动机的一个方面去考虑,调动人的积极性有时使用非物质的方式、非经济的方法可能更有效。

第二,有关需求、动机和激励问题的研究。行为科学认为,提高效率的关键在于提高士气。要提高士气就要研究人的行为动机,而动机源于人们本身存在的各种需要。若根据人们的需求和动机进行激励,就能够通过提高士气而达到提高效率的目的。行为科学理论对激励过程和激励模式进行了科学分析和概括,提出了一系列激励理论。对激励的研究将人提升到所有管理对象中最重要的地位,并引发了许多全新的管理观念与管理方法。

第三,关于领导和领导行为的理论。行为科学对领导问题做了深入的研究,发现领导是一个通过应用影响力主动影响下属的复杂的动态行为过程。行为科学提出了领导特质理论、领导行为理论和领导权变理论等三种广义的领导理论。

第四,关于企业群体行为(作业组合)的研究。行为科学认为,作业组合是由共同持有的某些准则的员工所组成的集合体,他们为实现组合体的目标而努力工作。因此,探索作业组合的构成、特征与工作,分析作业组合的积极效应,就成为行为科学对管理理论另一个重大贡献。这些研究主要包括:群体动力,信息交流,群体与成员的相互关系,人与人的互动关系等。

此外,行为科学还提出了试验、抽样调查、案例研究等检验早期管理理论的方法,大大丰富了早期管理学的理论体系。

第三节 现代管理理论

哈罗德·孔茨(Horold Koontz)在1961年12月的《管理学会杂志》中指出,管理理论已出现一种“众说纷纭，莫衷一是”的乱局，管理理论还处在一个不成熟的青春期。孔茨把各种管理理论分成六个主要学派：管理过程学派、人类行为学派、经验或案例学派、社会系统学派、决策理论学派、数学学派。

决策理论学派代表人物赫伯特·西蒙(Herbert Alexander Simon，1916—2001)对“管理丛林”持不同看法，他在1980年发表的《再论管理理论的丛林》一书中提出：管理理论已经至少有十一个学派而不是1961年提到的六个学派。这些学派有：管理过程学派，群体行为学派，经验或案例学派，权变理论学派，决策理论学派，管理科学(数学)学派，经验或案例学派，管理者工作学派、社会技术学派，经营管理理论学派。

一、现代管理理论学派

(一)管理过程学派

管理过程学派，又叫“管理职能学派”、“经营管理学派”，是当代管理理论的主要流派之一，主要致力于研究和说明“管理人员做些什么和如何做好这些工作”，侧重说明管理工作实务。该学派的创始人是法约尔，当代最著名的代表人物是哈罗德·孔茨。管理过程学派吸收其他管理学家的思想和主张，不断丰富各项管理职能的内容，具有广泛的影响。

该学派的主要观点是：管理是一个过程，即让别人或同别人一起实现既定目标的过程。管理是由一系列基本职能所组成的独特过程，如计划、组织、协调、指挥和控制等。该学派注重把管理理论和管理者的职能和工作过程联系起来，目的在于分析过程，从理论上加以概括，确定一些管理的基本原理、原则和职能。由于过程是相同的，从而使实现这一过程的原理与原则具有普遍适用性。

管理过程学派的主要特点是将管理理论同管理人员所执行的管理职能，也就是管理人员所从事的工作联系起来。他们认为，无论组织的性质多么不同(如经济组织、政府组织、宗教组织和军事组织等)，组织所处的环境有多么不同，管理人员所从事的管理职能却是相同的，管理活动的过程就是管理的职能逐步展开和实现的过程。因此，管理过程学派把管理的职能作为研究的对象，他们先把管理的工作划分为若干职能，然后对这些职能进行研究，阐明每项职能的性质、特点和重要性，论述实现这些职能的原则和方法。管理过程学派认为，应用这种方法就可以把管理工作的主要方面加以理论概括并建立起系统的管理理论，用以指导管理的实践。

(二)社会系统学派

社会系统学派的代表人物是美国著名的管理学家切斯特·巴纳德(C. D. Baranard，1886—1961)。1938年，他在《经理人的职能》这本著作中，对组织和管理理论的一系列基本问题都提出了与传统组织和管理理论完全不同的观点。他认为组织是一个复杂的社会系统，应从社会学的观点来分析和研究管理的问题。由于他把各类组织都作为协作的社会系统来研究，后人把由他开创的管理理论体系称作社会系统学派。

社会系统学派的主要内容可以归纳为以下几个方面。

第一，组织是一个是由个人组成的协作系统。组织是两个或两个以上的人所组成的协作系统，管理者应在这个系统中处于相互联系的中心，并致力于获得有效协作所必需的协调。因此，经理人员要招募和选择那些能为组织目标的实现而做出最好贡献并能协调地工作在一起的人员。个人只有在一定的相互作用的社会关系下，同他人协作才能发挥作用。

第二，组织协作系统的三个基本要素。作为正式组织的协作系统，不管这个协作系统是组织中的各个部门子系统，还是由许多子系统组成的整个协作组织，要实现一个共同目标，就必须协作。因此，一个协作系统必须具备的协作要素是：共同的目标、协作的意愿、信息交流。

第三，诱因大于或等于贡献。当组织给予个人的报酬大于或等于个人为组织所做出的贡献时，个人才有可能愿意为组织目标的实现做出个人的努力和贡献。为了使组织的成员能为组织目标的实现做出贡献，巴纳德认为应该采用“维持”的方法，包括“诱因”方案的维持和“威慑”方案的维持。“诱因”方案的维持是指采用各种报酬奖励的方式来鼓励组织成员为组织目标的实现做出他们的贡献，“威慑”方案的维持是指采用监督、控制、检验、教育和训练的方法来促使组织成员为组织目标的实现做出他们的贡献。

第四，经理人员的作用就是在一个正式组织中充当系统运转的中心，并对组织成员的活动进行协调，指导组织的运转，实现组织的目标。根据组织的要素，巴纳德认为，经理人员的主要职能有三个方面：一是提供信息交流的体系；二是促成必要的个人努力；三是提出和制定目标。

（三）决策理论学派

决策理论学派是在第二次世界大战之后发展起来的一个新兴的管理学派。

决策理论学派的主要代表人物是曾获 1978 年度诺贝尔经济学奖金的赫伯特·西蒙。西蒙虽然是决策学派的代表人物，但他的许多思想是从巴纳德中吸取来的。西蒙发展了巴纳德的社会系统学派，并提出了决策理论，建立了决策理论学派，形成了一门有关决策过程、准则、类型及方法的较完整的理论体系，他的主要著作有《管理行为》、《组织》、《管理决策的新科学》等。其理论要点归纳如下：

第一，决策贯穿管理的全过程，它是管理的核心。西蒙指出组织中经理人员的重要职能就是做决策。他认为，任何作业开始之前都要先做决策，制定计划就是决策，组织、领导和控制也都离不开决策。

第二，决策是一个过程。西蒙对决策的程序、准则、程序化决策和非程序化决策的异同及其决策技术等作了分析。西蒙提出决策过程包括四个阶段：搜集情况阶段、拟定计划阶段、选定计划阶段、评价计划阶段。这四个阶段中的每一个阶段本身就是一个复杂的决策过程。

第三,在决策标准上,用“令人满意”的准则代替“最优化”准则。以往的管理学家往往把人看成是以“绝对的理性”为指导,按“最优化”准则行动的“理性人”。而西蒙认为事实上这是做不到的,应该用“管理人”假设代替“理性人”假设,“管理人”不考虑一切可能的复杂情况,只考虑与问题有关的情况,采用“令人满意”的决策准则,从而可以做出令人满意的决策。

(四)经验或案例学派

经验主义学派又称为经理主义学派,以向大企业的经理提供管理企业当代的经验和科学方法为目标。它研究实际管理工作者的管理经验教训和企业管理的实际经验,强调用比较的方法来研究和概括管理经验的管理学派。该学派的创始人是彼得·德鲁克(Peter F. Drucker),代表人物有欧内斯特·戴尔,艾尔弗雷德·斯隆等。

经验主义学派认为管理学就是研究管理经验,认为通过对管理人员在个别情况下成功的和失败的经验教训的研究,会使人们懂得在将来相应的情况下如何运用有效的方法解决管理问题。因此,这个学派的学者把对管理理论的研究放在对实际管理工作者的管理经验教训的研究上,强调从企业管理的实际经验而不是从一般原理出发来进行研究,强调用比较的方法来研究和概括管理经验。

管理科学学派理论的研究内容,主要涉及以下几方面的管理问题。

第一,管理应侧重于实际应用,而不是纯粹理论的研究。

第二,管理者的任务是了解本机构的特殊目的和使命,使工作富有活力并使职工有成就感。

第三,实行目标管理的管理方法。德鲁克理论对管理学的最大贡献是他提出的任务(或目标)决定管理思想,并据此提出目标管理法。目标管理在当今仍是运用最多的管理方法。

经验主义学派由于强调经验而无法形成有效的原理和原则,无法形成统一完整的管理理论,管理者可以依靠自己的经验,而无经验的初学者则无所适从。而且,过去所依赖的经验未必能运用到将来的管理中。

孔茨曾指出:“没有人能否认对过去的管理经验或过去的管理工作‘是怎样做的’进行分析的重要性。未来情况与过去完全相同是不可能的。确实,过多地依赖于过去的经验,依赖历史上已经解决的那些问题的原始素材,肯定是危险的。其理由很简单,一种在过去认为是正确的方法,可能远不适合于未来情况。”这段话说明,由于组织环境一直处于变化之中,过分地依赖未经提炼的实践经验和历史来解决管理问题是无法满足需要的。

（五）权变学派

在 20 世纪 70 年代的美国，社会不安、经济动荡和政治骚动达到了空前的严重程度，石油危机对西方社会产生了深远的影响，企业所处的环境很不确定。以往的管理理论，如科学管理理论、行为科学理论等，主要侧重于研究加强企业内部组织的管理，大多都在追求普遍适用的、最合理的模式与原则，而这些管理理论在解决企业面临瞬息万变的外部环境时又显得无能为力。正是在这种情况下，人们不再相信管理会有一种最好的行事方式，而是必须随机制宜地处理管理问题，于是形成一种管理取决于所处环境状况的理论，即权变理论，“权变”的意思就是权宜应变。

弗雷德·卢桑斯（Fred Luthans）是美国尼勃拉斯加大学的教授，曾担任美国管理学会主席，他是权变学派的主要代表人物。

权变理论认为，在企业管理中要根据企业所处的内外条件随机应变，没有什么一成不变、普遍适用的“最好的”管理理论和方法。该学派是从系统观点来考察问题的，它的理论核心就是通过组织的各子系统内部和各子系统之间的相互联系，以及组织和它所处的环境之间的联系，来确定各种变数的关系类型和结构类型。它强调在管理中要根据组织所处的内外部条件随机应变，针对不同的具体条件寻求不同的且最合适的管理模式、方案或方法。其代表人物有卢桑斯、菲德勒、豪斯等人。卢桑斯在 1976 年出版的《管理导论：一种权变学》一书中系统地概括了权变管理理论，主要观点有以下几个方面。

第一，权变管理理论就是要把环境对管理的作用具体化，并使管理理论与管理实践紧密地联系起来。

第二，环境是自变量，而管理的观念和技术是因变量。这就是说，如果在某种环境条件下，对于更快地达到目标来说，就要采用某种管理原理、方法和技术。例如，如果在经济衰退时期，企业在供过于求的市场中经营，采用集权的组织结构就可能更快达到组织目标；如果在经济繁荣时期，企业在供不应求的市场中经营，那么采用分权的组织结构可能会更好一些。

第三，权变管理理论研究的核心内容是环境变量与管理变量之间的函数关系，即权变关系。环境可分为外部环境和内部环境。外部环境又可以分为两种：一种是由社会、技术、经济和政治、法律等所组成；另一种是由供应者、顾客、竞争者、雇员、股东等组成。内部环境基本上是正式组织系统，它的各个变量与外部环境各变量之间是相互关联的。

权变理论学派同经验主义学派有密切的关系，但又有所不同。经验主义学派的研究重点是各个企业的实际管理经验，是个别事例的具体解决办法，然后才在比较研究的基础上做些概括；而权变理论学派的重点则在通过大量事例的研究和概括，把各种各样的情况归纳为几个基本类型，并给每一类型找出一种模型。所以，权变学派强调权变关系是两个或更多可变因数之间的函数关系，权变管理依据环境自变数和管理思想及管理技术因变数之间的函数关系，来确定对当时当地最有效的管理方法。

权变学派带有根本性的缺陷就是没有统一的概念和标准。虽然权变学派的学者们采取案例研究的方法，通过对大量案例的分析，从中概括出若干基本类型，试图为各种类型确认一种理想的管理模式，但却始终得不出统一的概念和标准。

（六）管理科学学派

管理科学学派，又称计量管理学派、数量学派，也可称之为运筹学。也有人把计量管理学派与运筹学看成是统一语，这是因为该学派正式成立始于 1939 年由美国曼彻斯特大学教授布莱克特领导的运筹学小组。

管理科学学派认为，解决复杂系统的管理决策问题，可以用电子计算机作为工具，寻求最佳计划方案，以达到企业的目标。管理科学其实就是管理中的一种数量分析方法，它主要用于解决能以数量表现的管理问题，其作用在于通过管理科学的方法，减少决策中的风险，提高决策的质量，保证投入的资源能发挥最大的经济效益。

从管理科学的名称看来，它似乎是关于管理的科学。其实，它主要不是探求有关管理的原理和原则，而是依据科学的方法和客观的事实来解决管理问题，并且要求按照最优化的标准为管理者提供决策方案，设法把科学的原理、方法和工具应用于管理过程，侧重于追求经济和技术上的合理性。

管理科学学派的主要优点有以下几个方面。

第一，它使复杂的、大型的问题有可能分解为较小的部分，更便于诊断、处理。

第二，它主张制作与分析模式必须重视细节并遵循逻辑程序，这样就把决策置于系统研究的基础上，增进决策的科学性。

第三，它有助于管理人员估价不同的可能选择，如果明确各种方案包含的风险与机会，便更有可能作出正确的选择。

管理科学的实质是泰罗的科学管理的继续与发展，因为他们都力图抛弃凭经验和主观判断来进行管理，而提倡采用科学的方法，探求最有效的工作方法或最优方案，从而达到最高的工作效率，以最短的时间和最小的支出得到最大的效果。不同的是，管理科学的研究已经突破了操作方法、作业研究的范围，而向整个组织的所有活动方面扩展，要求进行整体性的管理。由于现代科学技术的发展，一系列的科学理论和方法被引进到管理领域。因此，管理科学可以说是现代的科学管理。其基本特征是：以系统的观点，运用数学、统计学的方法和电子计算机技术，为现代管理决策提供科学的依据，解决各项生产、经营问题。埃尔伍德·斯潘赛·伯法是西方管理科学学派的代表人物之一。

基于管理科学的特征，大多数管理学家认为管理科学只是一种有效的管理方法，而不是一种管理学派，它仅适用于解决特定的管理问题。

二、现代管理理论的新发展

20 世纪 90 年代以来，随着科学技术迅猛发展，世界企业开始掀起新一轮的管理变革浪潮。随着知识产业,特别是高科技产业的发展,知识经济的时代已经来临,许多传统的管理模式和管理理念已不能满足新环境的需要,促使新的管理理念和管理模式诞生,如市场环境变化的影响、技术进步的影响和环境资源的影响等。

市场环境变化的影响:随着信息技术的日新月异、电子商务模式的发展以及消费者生活水平和文化修养的不断提高,越来越多的消费知识密度较高的产品和服务成为市场的新常态。企业面临的市场必将是产品、信息和服务综合消费的主体。

技术进步的影响:20 世纪最后 20 年的科学技术的成就层出不穷,尤其是互联网技术的成熟和人工智能的飞速发展,知识更新速度大大加快。企业提供给消费者的产品和服务中技术含量快速提升,从而大幅提高了企业生产经营和管理的复杂性。

环境资源的影响:环境资源如能源、土地原材料等由于在过去的发展中没有得到应有的保护而变得更加紧张。知识经济时代的知识呈指数式增长,这就给国家和企业提出了利用丰富的知识来减少对有限资源的过分利用的问题。

现代管理理论在当今信息时代的新发展,人们又称之为当代管理理论。

(一)知识管理(Knowledge Management)

知识管理是网路新经济时代的新兴管理思潮与方法。

知识管理是指在组织中建构一个量化与质化的知识系统,让组织中的资讯与知识,透过获得、创造、分享、整合、记录、存取、更新、创新等过程,不断地回馈到知识系统内,形成永不间断的累积个人与组织的知识成为组织智慧的循环,在企业组织中成为管理与应用的智慧资本,有助于企业做出正确的决策,以回应市场的变迁。

一般来说,知识管理是一种漫长的经营策略,带给企业的好处为:一是创造企业新竞争价值;二是增加企业利润;三是降低企业成本;四是提高企业效率;五是建立企业新文化。

(二)学习型组织(Learning Organization)

学习型组织是指通过培养整个组织的学习氛围和创新思维方式,充分发挥员工的主动性和创造力,而建立起来的有机的、高度柔性化的、变频的、符合人性的、可持续发展的学习组织。

学习型组织最初的构想源于美国麻省理工大学佛瑞斯特教授,这一概念主要来自于管理学者彼得·圣吉。彼得·圣吉是学习型组织理论的奠基人,他用了近十年的时间对数千家企业进行研究和案例分析,于 1990 年完成其代表作《第五项修炼——学习型组织的艺术与实务》。他指出现代企业所欠缺的就是系统思考的能力。圣吉认为,在新的经济背景下,企业要持续发展必须增强企业的整体能力,提高整体素质。也就是说,企业的发展不能再只靠福特、斯隆、沃森那样伟大的领导者一夫当关、运筹帷幄、指挥全局，未来真正出色的企业将是能够设法使各阶层人员全心投入并有能力不断学习的组织——学习型组织。那么，怎样才能塑造出学习型组织呢？圣吉提出了以下五项修炼。

第一项修炼，自我超越。自我超越是学习型组织的精神基础，就是要不断理清加深个人真正的愿望，而后集中精力培养耐性并客观观察现实。

第二项修炼，改善心智模式。由于各人心智模式的不同，所以不同的人对同一事物产生了不同的看法。

第三项修炼，建立共同愿景。企业是以个人为单元的，但如果企业所有员工有了一个共同的目标就能发挥每个人的力量。

第四项修炼，团队学习。团队学习可以使个人的力量通过集体发挥作用，避免无效工作以及矛盾和冲突。

第五项修炼，系统思考。系统思考就是根据组织系统之间相互关系，思考有效安排和改善系统运作方式。这是一种工作方式，也是一种管理方式，更是一种思维方式。

学习型组织的主要特点有：一是工作学习化，学习工作化；二是强调个人学习基础上的组织学习；三是强调产生变革的学习；四是通过学习推陈出新。

《第五项修炼》提供了一套使传统企业转变成学习型企业的方法，使企业通过学习提升整体运作群体智力和持续的创新能力，以保证组织能够持续稳定地发展。

（三）企业再造（Enterprise Reengineering）

企业再造也译为“公司再造”、“流程再造”，它是 1993 年开始在美国出现的关于企业经营管理方式的一种新的理论和方法。所谓“再造”，简单地说就是以工作流程为中心，重新设计企业的经营、管理及运用方式。按照该理论的创始人原美国麻省理工学院教授迈克·哈默与詹姆斯·钱皮的定义，是指“为了飞跃性地改善成本、质量、服务、速度等重大的现代企业的运营基准，对工作流程进行根本性重新思考并彻底改革”，也就是说，“从头改变、重新设计”。为了能够适应新的世界竞争环境，企业必须摒弃已成惯例的运营模式和工作方法，以工作流程为中心，重新设计企业的经营、管理和运营方式。

自亚当·斯密（Adam Smith）提出劳动分工理论以后，200 多年来的组织理论和生产实践都是按照劳动专业化的方向发展的。无论是“管理科学”，还是以后的“管理理论丛林”，在这些管理理论的指导下，企业都基于劳动分工理论建立了金字塔式的组织结构。但是，随着企业经营环境的变化，这种部门明确的专业化分工组织结构已经越来越不适应企业生存和发展的需要。1993 年，哈默与钱皮在长期研究的基础上，合作编写了《再造企业——管理革命的宣扬》，该书总结了过去几十年来世界成功企业的经验，阐明了生产流程、组织流程在企业竞争中的作用，提出了应对市场变化的新方法——企业流程再造。1995 年，钱皮又出版了《再造管理》。随后，“企业再造”、“流程再造”成为世界管理理论、实践界的热门话题。从此，在管理理论的殿堂中，一种崭新的管理理论又诞生了。

(四)虚拟组织(Virtual Organization)

虚拟组织也称动态联盟,一般是由两个或两个以上独立的公司组成的临时的合作伙伴关系,是一种共享技术、分担费用、联合开发、建立在信息网络基础上的组织形式,不具法人资格,也没有固定的组织层次和内部命令系统,是一种开放的组织结构。因此,虚拟组织可以在拥有充分信息的条件下,从众多的组织中通过竞争招标或自由选择等方式精选出合作伙伴,迅速形成各专业领域中的独特优势,实现对外部资源的整合利用,从而以强大的结构成本优势和机动性,完成单个企业难以承担的市场功能,如产品开发、生产和销售。

虚拟组织既能发挥联盟内各个合作伙伴的优势,又能最大限度地降低失败所带来的风险,所以虚拟组织有着强大的生命力和适应能力。

(五)第五代管理(Fifth Generation Management)

1991年,查尔斯·M·萨维奇在《第五代管理》一书中提出了突破工业时代严格的等级制和例行程序,实现"知识网络化"管理。萨维奇在《第五代管理》中解释了企业管理的不同阶段:第一代,以所有权作为组织劳动力、资源和技术的小业主管理;第二代,建立了严格的等级制;第三代,在继承发展严格的等级体系的同时,引入了矩阵组织;第四代,更完善地建立起严格的金字塔式的等级制度以及更有效地运用矩阵管理方式,同时利用计算机技术加强水平方向和垂直方向不同职能部门的接触;第五代,知识网络。

第五代管理的组织基础是知识的网络化,在管理上更注重人的作用和人际沟通。企业经营并行网络化,可以同时进行一项和多项工作。组织结构更依赖小组和团队的活动,管理层次大为减少。

第五代管理是知识经济时代的管理,与工业经济时代的管理有重大区别。但是,由于知识经济还是一个尚未成型的经济形态,第五代管理也是一个有待深入研究、不断完善的理论体系。

本章小结

古典管理理论:科学管理理论产生于19世纪末20世纪初,是随着资本主义工业的发展而逐渐形成和发展起来的,主要有科学管理理论、一般管理理论和行政组织理论。

行为科学学派在其发展前期被称为"人际关系学说",在第二个时期则被称为行为科学学说。

现代管理理论:管理过程学派、社会系统学派、经验或案例学派、权变理论学派、决策理论学派、管理科学(数学)学派。

当代管理理论的新发展:知识管理、学习型组织、企业再造、虚拟组织、第五代管理。

思考与理解

1. 如何理解科学管理理论的历史地位和作用？

2. 如何理解一般管理理论的历史地位和作用？

3. 如何理解行政组织理论的历史地位和作用？

4. 人际关系学说的历史贡献表现在哪些方面？它有什么样的作用？

5. 简述权变学派的主要观点、研究方法和缺陷。

6. 主要概念：

科学管理理论、一般管理理论、行政组织理论、霍桑实验、人际关系学说、行为科学、知识管理、学习型组织、企业再造、虚拟组织。

第二篇
管理环境篇

第三章 管理环境

教学目标

1. 理解组织环境的概念、组织环境的分类以及组织环境分析的意义。
2. 认识组织环境分析的主要内容。
3. 认识并掌握组织环境分析的主要工具。

课程导读

2010 年 3 月 28 日，浙江吉利集团与福特汽车公司在瑞典正式签署最终股权收购协议，吉利集团出资 18 亿美元，成功收购福特旗下沃尔沃轿车公司 100%的股权，包括知识产权。吉利成为首家海外并购世界级汽车品牌的中国民营车企，希望借此一改生产廉价车的形象，跻身豪华车阵营。吉利董事长李书福称，收购对中国汽车业具有里程碑意义，也为吉利带来新机遇。吉利集团此前一直忙于转型，从生产廉价车的形象转为生产具有附加值的产品。而沃尔沃轿车是全球知名的豪华车品牌，故此次收购或许有助于吉利集团实现转型目标。中国生产基地也成为沃尔沃在全球范围内重要的三大生产支柱之一。2015 年，沃尔沃汽车集团正式启用了位于上海嘉定的中国新研发中心，并为沃尔沃汽车亚太区总部奠基。

回顾吉利收购沃尔沃的历程，2008 年福特宣布考虑出售沃尔沃并在随后发出出售邀约，当时福特方面表示，在目前的竞购中，吉利汽车处于领先地位。同时，福特也表示吉利是收购沃尔沃的优先竞购方，在并购期间获得中国和瑞典两国官方支持。中国政府对吉利此举均持支持态度，并乐观其成。商务部相关负责人就此接受该报采访时强调，商务部将继续鼓励和支持中国企业实施“走出去”战略。吉利早在 2008 年初就开始将所有的利润存起来，为此次收购作资金准备。同时，吉利与众多国内地方政府谈判，通过未来沃尔沃国产项目以及沃尔沃研究所项目落地，以获得地方政府资金的支持。这一落地项目引起了众多地方政府的关注，先后有北京、天津、东莞、大庆、成都、杭州等地方政府与吉利集团洽谈。据悉，大庆市国有资产经营有限公司已经为沃尔沃项目投入30亿人民币资金。吉利收购以及未来运作沃尔沃离不开一批懂汽车产业和国际收购的人才，因此，为此次并购，吉利也在广揽人才，其实早在2007年，吉利就在为并购沃尔沃进行人才储备。李书福通过多年的运作，打造了一个高规格的人才团队，包括尹大庆、赵福全、张芃、袁小林、沈晖、童志远等人。整个并购是一个高度国际收购，为实现收购后对沃尔沃资产最大限度的掌握，吉利还聘请了全球专业的投行、律师行和会计师行，组织了200多人的团队参与谈判。分布全球的顾问公司都拿出最强的团队，确保整个项目的操作严谨、科学、计划、有条理。这些团队花了整整一年的时间做出第一份收购建议书提交给福特。吉利准备非常充分，里面的数据非常详实，奠定了福特跟吉利谈判的基础，同时也赢得了沃尔沃高管的支持。吉利也考虑到沃尔沃工会的态度，吉利明确表示，不会关闭沃尔沃轿车在哥德堡和比利时的工厂，并且沃尔沃轿车将仍然由目前的管理团队领导。沃尔沃目前在哥德堡和比利时的两家工厂会长期保存，这在一定程度上拉近了吉利与沃尔沃汽车工会的关系，最后吉利终于赢得沃尔沃工会的信任。

导读：

1. 试分析吉利收购沃尔沃的外部环境与内部环境。

2. 吉利成功收购沃尔沃有哪些关键因素？

第一节　组织环境

一、组织环境

任何个体和组织的生成和发展都离不开环境，“物竞天择、适者生存”就是这个道理。我们常说的“天时、地利、人和”就是环境。那么什么是管理学所讲的组织环境(Organization Environment)呢？对此学术界一致的观点是：组织环境是指对组织生存和发展可能产生影响的一切力量和条件。这些力量和条件的不断变化，为组织带来各种机遇和挑战。环境就是在一定历史背景下的政治、经济、法律、科技、文化、宗教以及自然等要素的组合和变化。这种要素组合和变化，必然对组织生产和发展产生影响。

当今，我国的重大宏观政策有：节能减排、生态环境保护、产业结构调整、供给侧改革、税收体制改革、“互联网＋”、强化金融监管、“大众创业，万众创新”、农村电子商务等政策以及“一带一路”、中国制造2025、人民币SDR以及亚投行建设，等等。

对组织而言，组织环境可以理解为：

组织环境是一种力量和条件，它既有组织内部的“人和”，也有组织外部的“天时、地利”；组织环境会对组织生存和发展产生影响；组织环境的变化，给组织带来的是机会和威胁。

在多元化社会中，管理者的职责就是在一个复杂的环境中把握环境的变化，将那些具有不同的目标要素有机地整合起来，使其与组织目标趋向一致。

环境直接影响组织的生存和发展，组织环境分析是影响组织绩效的关键，组织环境分析是组织作出科学决策的依据。

组织是与具体环境相互作用、相互依存的系统，如图 3-1 所示。

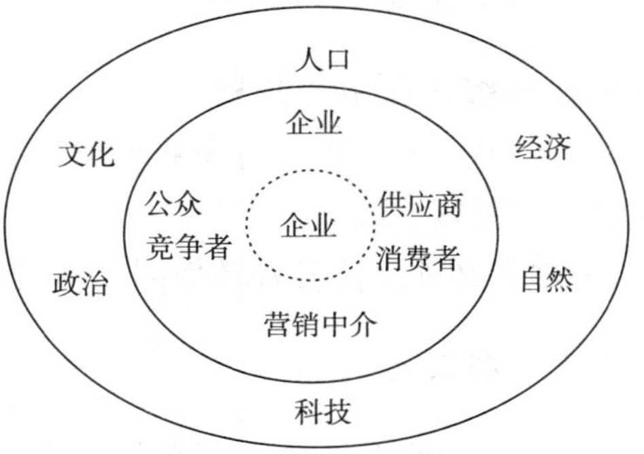

图 3-1 组织及其环境

二、组织环境分析的意义

管理者对环境中各种要素及其变化的感知、理解和把握的水平与质量，以及应对环境要素发生变化的能力，是影响组织绩效的关键。环境分析就是对环境要素变化的信息进行检测、评价，以使组织能够作出科学决策的过程。研究发现，在企业管理中的环境分析与企业利润呈正相关关系。因此，对于管理者而言，组织环境分析对于组织的各项管理活动是必不可少的。组织环境分析的意义体现在以下三个方面。

(一)环境变化给组织带来不确定性

在市场经济条件下，企业所处的环境总是不断变化的，而且变化速度日趋加快，这给组织经营带来了极大的不确定性。不确定性是指影响组织的因素数目和那些因素变化的程度。要使管理工作有成效，管理者必须管理好环境的不确定性。组织环境的不确定性主要可从两个维度来度量：环境的变化程度和环境的复杂程度。

1. 环境的变化程度

环境的变化程度是指不可预见的变化。如果变化能够精确地预见，即使是快速的变化，它也不是管理者必须应付的那种不确定性。如果组织环境要素大幅度改变，则称之为动态环境；如果变化很小，则称之为稳态环境。在稳态环境中或许没有新的竞争者，或许现有竞争对手没有新的技术突破，或许公共压力集团极少有影响组织的活动，等等。

2. 环境的复杂程度

环境的复杂性程度是指组织环境中的要素数量及组织所拥有的与这些要素相关知识的广度。复杂性还可依据一个组织需要掌握的有关自身环境的知识来衡量。因此，对于一个组织而言，与之打交道的企业外各种利益团体（如顾客、供应商、竞争者及政府机构）和企业中利益相关者或权利人（如员工）越少，组织环境中的不确定性就越小。由于环境的不确定性影响着一个组织的成败，因此管理者应尽力将这种不确定性减至最低程度。

（二）管理者行为在一定意义上受环境限制

组织是一个与外界环境保持密切联系的开放的系统。一方面，任何一个组织都被环境所影响，受到环境因素的制约。另一方面，组织对环境影响也会作出反应。“巧妇难为无米之炊”，这句话就说明条件的重要性。

环境的力量是巨大的，管理者必须关注各种环境因素的反应，以适应环境。

（三）组织对环境应当有积极反应

从系统论的观点来看，任何组织都不是独立存在的。组织是一个与外界环境保持密切联系的开放的系统。一方面，任何一个组织都被环境所影响，受到环境因素的制约。周围环境是每个组织生存和发展的土壤，从原材料采购到产品的销售及售后服务，组织都不可避免地与环境进行着物质、能量和信息的交换。另一方面，组织对环境影响也会作出反应。组织对环境的反应一般分为以下三种类型。

1. 适应环境

为了适应环境的不确定性，组织一定会经常对其结构和业务流程进行调整。

2. 影响环境

除了被动适应环境之外，组织还要主动依靠自己或与其他组织合作，以出色工作来努力改变那些给组织带来不良后果的环境要素，以影响环境使得其更好保障和促进组织顺利发展。

3. 更换环境

当组织发展到现有环境已经不能更好保证其更好发展时，组织可以通过选择新的环境来保障其健康成长。

三、环境的分类

企业环境是一个发展变化的多维结构系统。由于研究环境的目的、任务、要求各不相同，因此对环境的划分方法也各不相同：

按企业与环境的性质来划分，环境可以分为战略环境与策略环境；

按企业与环境的关系来划分，环境可以分为直接环境与间接环境；

按时间为坐标，环境可以分为过去环境、当前环境与未来环境；

按空间为坐标，环境可以分为宏观环境、中观环境与微观环境；

按环境对企业的关联度划分，环境可以分为一般环境、行业环境与运营环境；

按企业与环境的关系界限来划分，环境可以分为企业外部环境、企业内部环境；等等。

本书以企业与环境的关系为划分标准，按企业外部环境、企业内部环境来进行阐述和分析。

第二节　外部环境分析

阅读资料

对今天的中国人来说，微信已经是生活的一部分，从聊天、发红包，到打车、购物等，全都能在微信上完成。然而，当年微信进入美国的情境与国内是完全不同的。2012 年，微信以 WeChat 品牌正式进军美国，并在 2014 年联手谷歌，开始拓展美国市场。然而，理想很丰满，现实很骨感。微信除了在进入北美市场的第一个月获得 10 万新用户外，几乎就没什么增长了。同时，大量市场调研显示，北美绝大部分微信用户是中国留学生和在美工作的华人，美国人少得可怜。在美国社交媒体应用程序的市场份额中，Facebook 仍占据半壁江山，紧随其后的是 WhatsApp 和 Twitter。

2014 年 2 月 19 日，Facebook 宣布了一条令市场震撼的消息，以总计 190 亿美元的价格收购 WhatsApp，其中包括 40 亿美元现金以及价值 120 亿美元的 Facebook 股票；还将为 WhatsApp 的创始人及员工提供约价值 30 亿美元的限制股股票，分四年发放。Facebook 收购 WhatsApp 后，瞬间霸占了美国两大使用率最高的社交应用程序。两家在社交网络和即时通讯领域各有所长，整合后既减少了竞争对手，也打开了战略发展的空间。WhatsApp 被高价收购的消息传到中国后，引起业界对同类公司腾讯微信的大讨论。对微信来说，重要的问题是如何在 Facebook＋WhatsApp 的强大压力下寻找市场空间，尤其是在中国以外的海外市场。

任何组织中的管理者在决策时都必须不同程度上要考虑组织外部环境要素和力量，因为组织外部的这些要素和力量的变动，对于管理者来说，他们几乎是无能为力的。管理者必须考虑组织外部社会群体的需要与欲望，也需要考虑外部环境对企业所提出的物质、人力资源、技术和其他各类需要。而这些在某种程度上几乎牵涉到各种管理活动。管理者必须及时发现、评估那些影响企业经营与发展的外部环境要素，并做出恰当的反应。

外部环境是指组织外部的可能影响管理者管理行为，从而影响组织运作的一切力量和因素，主要包括：一般环境、行业环境、国际环境。为应对环境力量变化，管理者必须及时组织变革的方法，以适应不断变化的国内、国际管理环境。

一、一般环境

一般环境(General Environment)是指外部环境中几乎对各类组织都产生影响的比较广泛的力量或因素，是各类组织共同的生存发展空间。如经济发展状况、人口状况、通货膨胀率等几乎对各类组织都同样产生影响。通常，一般环境对组织的影响是长期的、间接的，不影响日常经营。因此，对管理者而言，一般环境对组织产生的机会和威胁比任务环境中的更难以确认、更难及早做出适当的反应。一般地讲，一般环境归纳起来主要包括五个方面：政治环境、法律环境、经济环境、科技环境、社会文化环境。

(一)政治环境

政治环境(Political Environment)包括一个国家的社会政治制度、执政党的性质、政治性团体及政府的方针、政策等。一般认为组织是难以预测政治环境变化的，但是能够分析出某种可能的政治环境变化会给组织带来的影响。

组织必须对政治环境的变化给予充分的关注，因为政治环境对组织的影响往往是根本性的。组织应该提高政策分析能力，及时了解国家所倡导的、允许的或禁止的政策动向。只有这样，才能使组织的活动符合国家和社会的利益，把握有利的时机，赢得政府的支持和保护。例如，我国倡导节能减排的可持续发展方针，一些冶炼等高能耗、高污染企业及早关注了政治环境变化，通过建立自备电厂、启动洁净能源项目，在国家改变对高能耗企业实行优惠电价的政策或环保政策出台时，就已经能够从容应对了。

(二)法律环境

法律环境(Legal Environment)是指与组织有关的社会法制系统及其运行状态。它包括法律规范、司法执法机关、法律意识三大要素。其中，法律规范包括宪法、基本法律、行政法规、地方性法规等；司法执法机关主要有法院、检察院、公安机关及其他各种执法机关，与企业关系较密切的行政执法机关有工商行政管理机关、税务机关、物价机关、计量管理机关、技术质量监督机关、专利机关、环境保护管理机关、政府审计机关等。

法律的强制性决定法律环境对组织的影响具有刚性约束的特征。随着我国社会主义法律体系的日趋完善，与组织有关的法律也越来越多。组织应该加强法制观念，及时了解、熟悉相关法律、法规，保证在合法的基础上从事各项活动。例如，我国从 2008 年 1

月1日起正式实施《劳动法》,引起了中国境内许多内外资企业的高度关注。

(三)经济环境

经济环境(Economic Environment)是指影响企业生存和发展的社会经济状况及国家的经济政策,包括社会经济发展状况、经济体制、经济结构、宏观经济政策等因素。通常衡量经济环境的指标有国内生产总值、就业水平、物价水平、消费支出分配规模、国际收支状况,以及利率、货币供应量、政府支出、汇率等国家货币和财政政策等。经济环境对企业生产经营的影响较为具体,尤其是在目前经济全球化的环境下,世界各国的经济比以往任何时候都更加紧密地联系在一起,经济因素变得更加复杂,给管理者带来了更大的不确定性。例如,2007年美国爆发的次级贷款危机冲击美国股市,导致全球主要股市的暴跌,之后发生的经济衰退和消费者信心削弱也影响了世界各国和组织;2007年以来,中国国内膨胀压力与高成本时代悄然来临,楼市仍疯涨不止,股市牛市与回调交替。强劲的经济增长后,经济环境随时间变化更是难以预测。宏观经济环境的恶化限制了管理者获取企业所需资源的能力,给企业带来威胁。

意识到经济环境对企业影响的重要性,成功的管理者就会密切关注国际、国内和地区范围的经济变化,以便未雨绸缪,及时做出适当的反应。

(四)科技环境

科技环境(Scientific Environment)大体包括社会科技水平、社会科技力量、国家科技体制、国家科技政策和科技立法等基本要素。社会科技水平包括科技研究的领域、科技研究成果门类分布及先进程度和科技成果的推广应用三个方面。社会科技力量是指一个国家或地区的科技研究与开发的实力。科技体制是一个国家社会科技系统的结构、运行方式及其与国民经济其他部门的关系状态的总称,主要包括科技事业与科技人员的社会地位、科技机构的设置原则和运行方式、科技管理制度、科技成果推广渠道等。国家的科技政策和科技立法是国家凭借行政权力和立法权力对科技事业履行管理、指导职能的途径。以上四个要素都会对企业的生产、经营、管理活动等多方面产生影响。

进入知识经济时代以后,科技环境的影响也越来越大。科技环境对企业的影响表现在产品和服务的科技含量的日益提高、生产工具和手段的进步、对劳动者素质和技能的更高要求。企业只有注重科技环境变化,确定好自己的应对策略,才能在竞争中求得生存。

(五)社会文化环境

社会文化环境(Societal and Cultural Environment)包括一个国家或地区的人口状况、结构及其流动与变化,社会阶层,社会中权利结构的形成和变动,居民生活及工作方式的改变,居民教育程度和文化水平、宗教信仰、风俗习惯、审美观念、价值观念等。

社会文化环境对企业的影响不能忽视。组织的成员都来自于社会，组织的活动离不开社会。社会文化教育环境对组织产生影响主要通过作用于组织成员及其他社会成员。成功的管理者不仅要非常了解并能客观的观察、评价和理解企业所处的社会文化环境，而且必须敏锐地识别其变化发展趋势，以此作为制定经营战略的重要依据。

二、行业环境

行业环境也称具体或微观环境，事实上也可以理解为任务环境（Task Environment）。任务环境是指与组织进行日常交流、与实现组织目标直接相关的那部分环境因素。对每一组织而言，任务环境都是不同的，并随条件的改变而改变。一般认为，典型的任务环境包括供应商、顾客、竞争者、战略合作伙伴、政府机构及公共压力集团等其他任务环境因素。其中，最主要的是供应商、顾客、竞争者和战略合作伙伴。

1. 供应商

广义的供应商是指向企业供应企业维持正常生产经营活动所需要的各种要素（人、财、物、信息、技术等）的来源单位。狭义的供应商是为企业提供原材料和零部件的组织。企业与供应商关系的性质基本上和企业与消费者关系的性质相同，只不过双方交换了位置，企业变成了供应商的消费者。

供应商对企业的影响主要在两个方面：一是供应商能否按照企业的需求按时、按质、按量提供各种要素，这决定了生产经营活动能否正常运行；二是供应商的价格谈判能力，决定了企业的生产经营成本并进一步影响企业的利润水平。许多成功的企业总是倾向于选择较少的供应商，并与之精诚合作建立起良好的长期合作的伙伴关系，以便及时获得高质量的、物美价廉的原材料和零部件。

2. 顾客

顾客是指及企业产品或劳务的购买者，包括企业产品或劳务的最终使用者和中间经销商。作为企业产品的接收者，顾客决定了企业的成败。顾客数量、类型的变化，以及顾客口味、需求的变化，都会给企业带来机会或威胁。企业的成功是建立在对顾客需求以及其变化的正确反应之上的。顾客从两方面对企业施加影响，主要表现在：顾客的需求水平决定了企业的市场状况；顾客的价格谈判能力影响了企业的获利水平。

3. 竞争者

广义的竞争者是指与本企业满足相同市场需要的企业，如水、水果、食品都能充饥。狭义的竞争者是指与本企业处于同一行业、提供相同或类似功能产品的企业。因此，从本质上看，竞争者是与特定企业争夺市场或资源的企业。

竞争者之间的对立是管理者需要处理的最具威胁性的一种力量。高度对立的结果往往是价格竞争，而价格的下降则会导致企业利润的降低和获取资源能力的下降。企业面临的竞争者可以划分为：直接竞争者和间接竞争者。直接竞争者主要是同行业中现有的企业。多家企业生产相同或相似的产品，必然会想方设法争夺市场，从而形成竞争关系。企业的主要威胁来自于直接竞争者。间接竞争者包括潜在竞争者和替代品生产者。

4. 战略合作伙伴

虽然在全球范围内，企业间的竞争愈演愈烈，但很多成功的企业却通过合作更容易地达到了企业的既定目标，而非通过竞争。合作往往更容易达成双赢的效果。所以，组织在识别和分析竞争者的同时，也要对战略合作伙伴进行分析。战略合作伙伴就是与本企业具有利害共同性或优势互补性的企业。

应该注意的是，随着内外环境的变化，企业与战略合作伙伴的关系具有可变性和复杂性，即战略合作伙伴有可能变成竞争对手，而竞争对手也可能变为战略合作伙伴；本企业的战略合作伙伴可能同时也是竞争对手的战略合作伙伴。因此，企业对各种类型战略合作伙伴的状况、发展趋势及特点均应进行分析。

5. 政府机构及公共压力集团

除上述因素外，有关政府机构（如行业主管部门、工商机关、税务机关等）在若干方面对企业实行严格的监督。例如，民航总局对飞机是否合格、能否飞行等实行严格监督。同时，管理者必须充分意识到在政治、法律、法规框架内所存在的形形色色的"压力集团"（如金融机构、动物保护等环保组织、企业所在社区机构等）对企业行为的影响。组织必须处理好与这些机构和集团的关系，在它们的监督约束下进行管理活动，否则就可能给企业生产经营活动带来不利的影响。

三、国际环境

（一）全球经济一体化

全球经济一体化是指各国经济相互依赖性逐渐增强，各国经济相关系数逐渐增大，进而产生逐步联合的势态。它的形成与发展是现代科学技术，特别是现代信息技术和交通飞速发展的结果。经济一体化的纽带一般可以从以下四个方面来分析。

（1）国际商务活动：指资本的跨国流动及其增值过程，包括商品资本、金融资本、产业资本以及服务、劳务等国际间的流动和直接投资。

（2）跨国公司：指由两个或两个以上国家的经济实体所组成，并从事生产、销售和其他经营活动的国际性大型企业。

（3）区域经济组织：包括自由贸易区、关税同盟、共同市场等。

（4）国际经济组织及公约体系：包括 WTO、世界银行、国际货币基金组织、世界标准化组织、国际电信联盟、巴黎协定等。

随着经济一体化进程的不断深入，其呈现出以下特征：生产过程国际化；国际贸易范围不断扩大，贸易壁垒不断降低，贸易的范围也在逐步从传统的商品向技术、服务、金融、工业产权等领域扩展；全球性资本市场逐渐形成，国际资本流动频繁等。

(二)国际市场进入模式选择

1. 进入国际市场模式

一般常见的国际市场进入模式包括出口、许可交易、战略联盟和对外直接投资。

出口是国际企业向国际市场销售产品的最简单的方式。

国际许可交易是国内许可方和国外受许可方之间的一种契约协定。

国际战略联盟是指来自不同国家的两个或两个以上的公司参与商务活动的合作性协定。

外国直接投资是企业国际化经营的高级阶段,通常意味着国际企业全部或部分地拥有另一国家的一家公司从事跨国经营活动。

2. 国际市场进入模式选择的影响因素

(1)战略目标。

企业进入国际市场的战略目标是为了开发有潜力的市场并经过长期的努力来取得盈利,所以企业倾向于选择设立合资企业。

(2)企业能力。

企业的资金实力、管理能力、产品与生产技术的先进性及其扩散能力等企业能力也都影响企业选择国际市场进入模式。

(3)当地政府规定。

目标市场国家有其特有的法律制度和政府规定,如公司法、税法、专利法、进出口管理条例等都会影响企业国际市场进入模式的选择。

(4)目标国家及其市场特征。

目标国家的各种资源、市场经销网络与消费者的偏好等影响企业国际市场进入模式的选择。

(5)地理距离与文化差异。

两个国家之间的地理距离与文化差异也将影响企业国际市场进入模式的决策。地理距离影响运输成本,文化差异影响合作过程中的沟通。

(6)投资的政治与金融风险。

一个国家政治制度是否稳定、政府的变动可能导致对外国公司政策的变动,而产生股权投资的政治风险。

(7)风险与控制的权衡。

企业进行国际化经营必须确定监督与控制国外经营的重要性。与控制相关的关键领域包括:产品的质量、价格,广告及其他促销活动,产品销售的市场定位以及售后服务等。

3. 管理国际化的动力

国际化经营是指企业为了寻求更大的市场、寻找更好的资源、追求更多的利润,突破国家界限，向国外发展经营业务，参与国际分工和交换，实现产品交换国际化、生产过程国际化、信息传播与利用国际化及企业组织形态国际化的过程。

促使企业走出国门、从事国际化经营的动力主要体现在：谋求绝对利益和比较利益；优化资源配置；利用产品寿命周期；发挥综合优势；抵御和分散经营风险；寻找更大的成长空间。

（三）国际经营战略

国际经营战略选择是在国际化经营的环境分析的基础之上展开的。国际化经营的环境分析主要是指对东道国的政治、经济、法律、科技、资源、社会机构、文化、教育、宗教、语言以及国际关系、国际法律环境等要素的分析和判断。国际经营战略主要有全球战略、国际战略、多国战略和跨国战略四大类型。

全球战略是指向全世界的市场推销标准化的产品和服务，并在较有利的国家中集中地进行生产经营活动。全球战略关注全球效率的提高，试图采用一切方法来使其的产品获得成本和质量上的最佳定位。它倾向于集中所有的资源、常常是将其集中于母国，以获取存在于每一经营中的规模经济。

国际战略是指企业将其具有价值的产品与技能转移到国外的市场，以创造价值的举措。大部分企业采用国际战略，是将其在母国所开发出的具有差别化产品转移到海外市场，从而创造价值。在这种情况下，企业多把产品开发的职能留在母国，而在东道国建立制造和营销职能。在大多数的国际化企业中，企业总部一般严格地控制产品与市场战略的决策权。

多国战略是指为了满足所在国的市场需求而采用的战略。这种战略与国际战略不同的是，根据不同国家的不同的市场，提供更能满足当地市场需要的产品和服务。相同的是，这种战略不仅将自己国家所开发出的产品和技能转移到国外市场，而且在重要的国家市场上从事生产经营活动。因此，这种战略的成本结构较高。多国战略主要特点是关注国家的差别。

跨国战略是指在全球激烈竞争的情况下，形成以经验为基础的成本效益和区位效益，转移企业内的核心竞争力，同时注意当地市场的需要。为了避免外部市场的竞争压力，母公司与子公司、子公司与子公司的关系是双向的，不仅母公司向子公司提供产品与技术，子公司也可以向母公司提供产品与技术。企业采取这种战略能够运用经验曲线的效应，形成区位效益。

第三节　内部环境分析

在《孙子兵法·谋攻篇》中，孙子说：“故曰：知己知彼，百战不殆；不知彼而知己，一胜一负;不知彼不知己,每战必殆。”作为一个开放的系统,组织从外部环境中吸取资源,再向外输送产品和服务,因此企业应关注外部环境,即“知彼”。但应该注意的是,对组织施加影响的一个重要方面还包括它本身,即内部环境(Internal Environment)。因此,企业还应该“知己”,即进行内部环境分析。

内部环境包括位于组织边界以内的所有环境要素,它是企业经营的基础,直接影响组织的日常运营、生存和发展。通过内部环境分析,组织能够掌握企业历史和目前的状况,明确企业所具有的优势和劣势,扬长避短;通过内部环境分析,有助于企业制定有针对性的战略,有效地利用自身资源,发挥优势,同时避免劣势,或采取积极的态度改进劣势。

一、内部环境分析的内容与方法

(一)内部环境分析的内容

企业内部环境分析的内容包括很多,如组织结构、企业文化、资源条件、价值链、核心能力分析、SWOT 分析等。按照企业的成长过程,企业内部环境分析又分为企业成长阶段分析、企业历史分析和企业现状分析等。我们将按企业成长过程的三个方面展开企业内部环境分析。

企业成长阶段分析就是对企业处于成长阶段模型的具体阶段进行分析,然后制定有针对性的企业发展战略。

企业历史分析包括企业过去的经营战略和目标、组织结构、过去五年财务状况、过去几年的人力资源战略,以及人力资源状况,包括人员的数量及质量等。

企业现状分析包括企业现行的经营战略和目标、企业文化、企业各项规章制度、人力资源状况、财务状况、企业研发能力、设备状况、产品的市场竞争地位、市场营销能力等。

(二)内部环境分析的方法

企业内部环境分析的方法很多,包括企业资源竞争价值分析、比较分析、企业经营力分析、企业经营条件分析、企业内部管理分析、企业内部要素确认、企业能力分析、企业潜力挖掘、企业素质分析、企业业绩分析、企业资源分析、企业自我评价表、企业价格成本分析、企业竞争地位分析、企业面临战略问题分析、企业目前战略运行效果分析、核心竞争力分析、获得成本优势的途径、利益相关者分析、内部要素矩阵及柔性分析、企业生命周期矩阵分析、企业特异能力分析、SWOT 分析、价值链构造与分析、企业活力分析,以及企业内外综合分析等。

一般来说,以上各种各样的分析方法可归纳成两大类:纵向分析和横向比较分析。

纵向分析,即分析企业的各方面职能的历史演化,从而发现企业的哪些方面得到了加强与发展，在哪些方面有所削弱。根据纵向分析的结果，企业在历史分析的基础上对各方面的发展趋势作出预测。

横向比较分析，即将企业的情况与行业平均水平作横向比较。通过横向比较分析，企业可以发现相对于行业平均水平的优势和劣势。这种分析对企业的经营来说更具有实际意义。对某一特定的企业来说，可比较的行业平均指标有：资金利税率、销售利税率、流动资金周转率、劳动生产率等。

二、企业成长阶段分析

企业处于不同的发展阶段，就应该采用不同的发展战略。因此，在进行内部环境分析时，企业首先要分析自己的成长阶段，以确定与企业成长阶段相适应的发展战略。

总体来说，成长阶段模型的研究方法是把企业的成长过程划分为若干阶段，对每个阶段进行研究，并形成一定的模式。许多学者对企业的成长做了不同的阶段划分，并在各自研究成果的基础上提出了不同的成长模型，归纳起来有几十种。其中，著名的有斯坦梅茨的四阶段模型、葛雷纳的企业成长模型、丘吉尔和刘易斯的五阶段模型、爱迪斯的十阶段模型和弗莱姆兹的七阶段理论。这里着重介绍葛雷纳的企业成长模型。

（一）葛雷纳的企业成长模型

哈佛大学教授拉瑞·葛雷纳(Larry E. Greiner)提出的五阶段模型主要描述企业在成长过程中的演变和变革的辩证关系，清晰地解释了企业的成长，进而成为研究企业成长的基础。他利用五个关键性概念(组织年龄、组织规模、演变的各个阶段、变革的各个阶段、产业成长率)建立了组织的发展模型。他提出了两个关键性的概念：演变(Evolution)与变革(Revolution)。“演变”反映企业的平稳成长过程；“变革”反映企业组织的动荡过程。葛雷纳强调组织的成长阶段，把组织成长分为五个阶段：创业阶段、集体化阶段、规范化阶段、精细化阶段和合作阶段。

1. 第一阶段，创业阶段

在创业的初期，企业有一个非常明显的特点，就是更多地依靠创业者的个人创造性和英雄主义。此阶段的重点是强调研发，重视市场，第一重要是怎么把新产品迅速销售出去，企业能迅速成长，因此不需要太复杂的管理和战略，通过创业者本人就可以控制整个团队。在此阶段，企业通过创造而成长。

经过1～3年的发展，随着员工日益增加，企业出现剧烈震荡。企业可能进入一个危险期，即领导危机。企业也更需要一个职业化的管理者来进行科学的指导和管理控制，所以，这个时候要么是创业者成长为职业化的领导，要么他找到一个更职业化的经理人，委派其进行管理控制。这一阶段比较困难的是，创业者需要进行自我变革，要有足够勇气放弃很多东西。同时他会发现，要继续监控发展企业还需要掌握更多的信息，并且有必要制定可行的发展战略。

2. 第二阶段，集体化阶段

集体化是指企业通过很多专业化的经理人去管理若干部门，建立一个管理团队去指导员工工作，引导员工执行决策层的决定，企业通过领导而成长。企业发展到一定程度，又会出现一次震荡，即自立危机，主要原因是员工需要获得自主权，中、基层经理希望增加自主权。由于员工的具体实践及管理层的指导使员工的工作经验和水平不断提升，企业规模扩大以及管理层次增加都会刺激员工对自主权的渴求，从而导致企业发展出现新的鸿沟，因此，企业就需要授权，并建立一个更为规范的管理体系。

3. 第三阶段，规范化阶段

规范化阶段的重点就是授权，通过分权而成长。这一阶段企业在高速成长，产品转向更为广泛的主流市场。随着员工人数迅速膨胀，部门快速分拆，销售地域和网络越来越分散，此时需要更多的授权。但企业经过1～3年的高速发展后，同样又会遇到新的问题，被新的危机所困扰，即控制危机。这个危机需要通过加强控制来解决，依靠过去传统的控制手段并不能解决危机，那用什么样的方法呢？授权过多就会导致自作主张，出现本位主义；控制过多就会出现不协调、合作困难的现象。因此，协调是跨越第三个发展鸿沟的主要手段。

4. 第四阶段，精细化阶段

在精细化阶段中，企业需要通过更规范、更全面的管理体系和管理流程，或者说是更多、更先进的管理信息系统来支撑，通过协调而成长。但官僚主义的出现又会引发新的危机，即繁琐公事程序危机，表现为管理层次过多，决策周期拉长，人员冗余。因此，企业在面对新的鸿沟时，需要加强合作，这时要更多采用项目管理手段，建立很多团队，通过按产品、地域设立适宜的部门和团队以增强市场竞争的快速应变能力。

5. 第五阶段，合作阶段

在这一阶段，企业的规模同归合作成长，迅速壮大，也许已经进入国际市场，成为一个全球性的公司。

在不同的阶段，企业管理的重点、组织结构、高层管理的风格、控制体系和管理人员的报酬重点也有所不同。

（二）不同阶段的企业管理

创业阶段侧重生产和销售，组织结构是非正式的、简单的、灵活而集权的，高层管理人员崇尚个人主义和创业精神，管理控制体系以追求市场结果为导向，这时管理人员的报酬很简单，就是创业者拥有的所有权。

集体化阶段管理的重点是强调经营的效率，组织结构由创业初期的松散结构转变为正规、集权的集中式或职能型结构。指导型风格成为高层管理的普遍特征，控制体系通过建立责任中心和成本中心来实现，管理人员报酬的重点是进行薪金与绩效的挂钩考核。

企业发展到规范化阶段，市场开始快速扩张，组织衍变成一种分布式和以地域为责任中心的结构。高层管理人员通过广泛授权，并采取定期述职报告和利润中心的手段来考核下属机构，此时管理人员的报酬重点是强调个人绩效奖金。

在精细化运作阶段，组织通过重新整合把基层人员分为若干产品组，按产品设立适宜的部门。高层管理者在广泛授权后，又重新开始强调监督，企业的控制体系是通过新型的计划中心、责任中心、利润中心、成本中心和投资中心来组成。管理人员更加融入企业，参与利润分享，并拥有股票期权。企业的经营进入多元产品和跨地区市场，分权的事业部制结构可能更为适宜。组织会越来越庞大，也越来越分散，企业需要有一种整体感，需要员工把自己当成企业的主人，所以我们看到，国外很多公司都是通过股票期权这种长期利益方式来增强员工主人翁意识的。

合作阶段管理的重点是要解决复杂化问题和进行创新，要有小公司思维。当企业进一步发展，不同领域之间的交流与合作，以及资源共享、能力整合、创新力激发问题愈发突出。这样，以强化协作为主旨的各种创新型组织形态便应运而生。组织结构更多强调团队和矩阵式管理，高层管理者的风格是参与式的，与下属共同制定目标，在实施过程中不过多干预。合作的方式一般是充分协商，管理人员报酬的重点是团队奖金。

（三）不同阶段的组织模式

企业成长模型指出，组织变革伴随着企业成长的各个时期，不同成长阶段要求不同的组织模式与之相适应。

企业在专长的时期，组织结构常常是简单、灵活而集权的。

随着员工的增多和组织模式的扩大，企业由创业初期的松散结构转变为正规、集权的职能型结构。

当企业的经营人进入多元产品和跨地区市场时，分权的事业部制结构可能更适宜。

当企业进一步发展而进入集约经营阶段后，不同领域之间的交流与合作，以及资源共享、能力整合、创新能力激发问题愈发突出。这样，以强化协作为主旨的各种创新型组织形态便应运而生。

（四）不同阶段的管理模式

按照管理的控制性和开放程度的不同，可以归纳出成长性企业的四种管理模式，有时还可以互相结合。管理模式和战略并无好坏之分，关键在于是否适合企业自身的发展并且保证战略在各阶段的适应性。

第一阶段的管理模式，可以称之为“以人为本”，仅通过创业者就可驱动企业的发展，体现了最大限度的人性化和自由度。

第二阶段的重心是过程管理，需要有一个规范化的管理体系和业务流程。

在第三和第四阶段，由于管理弹性增加，强调合作与开放，处在这两个阶段的管理模式可以统称为“开放体系模式”。

在第五阶段，更是目前绝大多数中国企业远未达到的境界，就是以目标为导向的管理模式，简称目标管理。

总之，组织在不同成长阶段所适合采取的组织模式、管理模式和战略选择是各不相同的。管理者如果不能在组织步入新的发展阶段之际，及时地、有针对性地变革其组织设计，保持战略的适时性，那就容易引发组织发展的危机。这种危机的解决必须依靠组织结构变革，组织的跳跃式变革与渐进式演进相互交替推动企业的发展。企业需要制定新的战略，进行组织结构变革，以适应不同发展阶段组织管理模式的需要。

三、企业历史分析

企业历史分析是将组织资源状况与以前各年相比，从而找到重大的变化。通常会用到如销售额、资本比率和销售额、雇员比率等财务比率，以及不同活动所需的与资源比例有关的各种重要的变量。这种方法可以解释一些不太明显的变化趋势，促使企业重新评估其主要推动力，并且推动未来应该将企业的主要推动力放在什么地方。另外，企业还可以通过历史分析来考察组织的资源状况，与前几年相比有了哪些重大的变化。历史分析虽然不能直接反应企业的相对资源状况和能力，但有益于企业正确认识自身所发生的变化及对未来可能的影响。

（一）行业历史分析

为了深入了解行业特征及构成这一行业的企业性质，一项重要的工作内容就是对行业发展史进行调查与研究。行业的发展一般需要经过复杂的演变过程。行业的危机、行业结构的变化都与行业的发展和目前的状况相关联。企业在制定战略时，应参考借鉴同行业其他企业成功的历史经验。通过对行业历史的研究可以发现一些令人惊异或不可理解的现象。

（二）企业财务历史分析

企业历史财务报告一般包括公司历史财务状况表和历史财务比率分析表。企业历史财务报告反映出企业历史的资产、债务、成本、收益企业兼并、企业估值等具体项目情况。通过企业历史财务报告分析、评价企业经营水平和财务状况，管理者可以了解企业历史资金流动、使用情况，及时发现存在的问题；通过历史财务报告分析，管理者可以对企业的历史运营情况、企业运营成果和财务状况有比较深入的了解，是正确进行投资、管理决策和制定战略的基础。分析方法见财务管理有关内容。

(三)人力资源历史分析

1. 人力资源成本历史分析

人力资源成本是指为取得和开发人力资源而产生的费用支出,包括人力资源取得成本、使用成本、开发成本和离职成本。通过分析企业各个历史时期取得和开发人力资源的各种成本,管理者可以了解企业成本构成中人工成本所占的比例,预测人力资源成本发展,编写人力资源成本的发展趋势报告,制定企业人力资源战略。

2. 人力资源历史配置状况分析

通过分析企业人力资源历史配置状况,管理者可以了解企业人力资源的发展过程,为制定企业人力资源计划和战略提供决策依据。

(四)企业产品历史分析

1. 企业产品历史质量分析

为了更好地了解产品技术上的演进过程,对产品变化进行简要的历史分析也有必要。分析了解产品的历史,根据产品特点进行初步分类,就可以帮助管理者了解企业生产的优、劣势,制定企业未来业务发展的框架。企业产品历史业务分析,也有助于了解企业文化的历史发展过程。

2. 企业产品历史质量分析

分析采集质量历史数据,为提高产品的质量提供指导,有助于管理者制定企业产品研发与创新战略。

(五)客户历史分析

客户历史分析为制定企业营销战略,以及如何留住老客户、发展新客户提决策略依据。

1. 客户和产品历史交易记录的分析

找到并成交一位新客户需要很大的投入,企业 80%的利润来自 20%的老客户。客户历史分析要根据历史交易记录分析老客户的购买倾向。为提高客户资源的整体价值,管理者在制定企业营销战略时,通过进行客户和产品历史交易记录的分析,可以为产品提供可能客户,为客户推荐产品,帮助企业在老客户中挖掘新的销售机会。

2. 客户流失分析

通过对客户流失历史记录的分析,可以为企业制定营销战略提供帮助。抽取流失客户的行为特征,得到语言模型,对新的客户流失现象进行预警,提示企业采取相应的行动尽力留住即将流失的客户。

四、企业资源和核心能力分析

企业资源的现状及变化趋势,是企业制定总体战略和进行经营领域选择时最根本的制约条件。

(一)企业资源分析

企业资源分为有形资源、无形资源和人力资源。有形资源是指一般在企业财务报表上能够查到的比较容易确认和评估的一类资产,包括企业财力资源、物力资源、市场资源和环境资源等;企业无形资产是指企业不能从市场上直接获得,不能用货币直接度量,也不能直接转化为货币的一类经营资产,包括技术资源、信誉资源、文化资源和商标等;人力资源是指组织成员向组织提供的技能、知识,以及推理和决策能力,又称人力资本。企业资源形成企业的经营结构,是构成企业实力的物质基础。企业能投入到经营活动中的资源是有限的,企业资源分析要从全局来分析并把握企业各种资源的数量、质量、配置等情况的现状、未来需求,以及与理想的差距。

企业是资源的特殊集合体,竞争优势取决于企业的各种资源能否形成一种综合能力,那些与竞争对手相比具有资源的独特性和优越性,并能够与外部环境匹配得当的企业会具有竞争优势。企业资源中满足价值性、稀缺性、不可模仿和替代性标准的资源被称为关键资源,只有基于这些关键资源建立起的竞争优势才是持久的。在进行资源分析的时候,企业还需要特别注意无形资源,如技术资源、信誉资源、文化资源和商标等。另外,在进行企业资源分析的时候,除了要对各种资源要素进行分析外,还应考察各种资源的组合与配置情况,各种资源与目标的差距和利用潜力等内容。

(二)企业能力分析

企业能力分析主要包括以下内容。

1. 企业资源能力分析

企业资源能力包括企业从外部获取资源的能力和从内部积蓄资源的能力。它的强弱将影响企业的发展方向、速度,乃至企业的生存,同时直接决定着企业战略的制定和实施。

企业从外部获取资源的能力取决于以下要素:企业所处的地理位置;企业与资源供应者(包括供应商、金融、科研和情报机构等利益相关者)的关系;资源供应者与企业讨价还价的能力;资源供应者前向一体化趋势;企业供应部门人员素质和效率等。

企业内部资源包括有形资源、无形资源和人力资源。企业积蓄资源的能力涉及企业整体能力和绩效,形成企业的经营结构。企业经营结构必须保证在竞争市场上形成战略优势。

分析企业内部资源的蓄积能力可以从以下几个方面入手:投入产出比率分析(包括各经营领域);净现金流量分析;规模增长分析;企业后向一体化的能力和必要性;商标、专利、商誉分析;职工的忠诚感分析。

2. 生产能力分析

生产能力分析生产是企业进行资源转换的中心环节,有竞争性的生产能力包括加工工艺和流程、生产能力、库存、劳动力质量五个方面的构成要素，其形成必须在数量、质量、成本和时间等方面符合要求。

3. 营销能力分析

从战略角度考虑，营销能力主要包括市场定位的能力、营销组合的有效性和管理能力三个方面的内容。

市场定位的能力直接表现为企业的生产定位的准确性，取决于企业在以下四个方面的能力：市场调查和研究的能力；评价和确定目标市场的能力；把握市场细分标准的能力；占据和保持市场位置的能力。

评价市场营销组合的有效性主要考虑两个问题：是否与目标市场中的有效需求一致；是否与目标市场产品寿命周期一致。

营销管理能力主要是指企业对营销各项工作管理的能力，具体包括营销队伍的建设与培训、营销人员的考核与激励、应收账款管理等一系列工作。

4. 科研与开发能力分析

科研与开发能力是企业的一项十分重要的能力，企业科研与开发能力分析主要包括科研与开发能力分析、科研与开发组合分析、企业科研成果与开发成果分析、科研经费分析等方面。

（三）企业核心能力分析

"企业核心能力"一词是英国哈默教授与美国普拉哈拉德教授首先提出来的。一般来说，企业核心能力是指企业在长期生产经营过程中逐渐积累起来的知识、技能与其他资源相协调并有机结合而形成的经营体系。通俗地讲，企业就像一棵大树，树根就是企业的核心能力，树干就是企业的核心产品，树叶、花、果等就是企业的最终产品。任何企业的优势都是暂时的，而不断创造企业优势的能力才是最宝贵的，这就是企业的核心能力。

企业核心能力是决定企业生存和发展的最根本因素，它是企业持久竞争优势的源泉。积累、保持、运用核心能力是企业生存和发展的根本性战略，也是企业经营管理的永恒目标，如耐克公司的销售和设计能力、戴尔公司的直销能力、海尔集团的市场整合能力、长虹集团的技术吸收创新和低成本扩张能力等。

五、价值链分析

"价值链"(Value Chain Model)的分析方法是由美国哈佛商学院战略管理学家波特(Michael Porter)提出的一种根据企业活动的连续过程来分析企业能力的工具。他认为企业的每项生产经营活动都是其创造价值的经济活动，企业所有的互不相同但又相互联系的生产经营活动，便构成了创造价值的一个动态过程，即价值链。

为了评价企业的能力，波特把企业的生产经营活动分成基本活动和支持性活动两大类。基本活动主要涉及如何将输入有效地转化为输出，它直接和顾客发生各种各样的联系，支持性活动主要体现为内部过程，如图 3-2 所示。

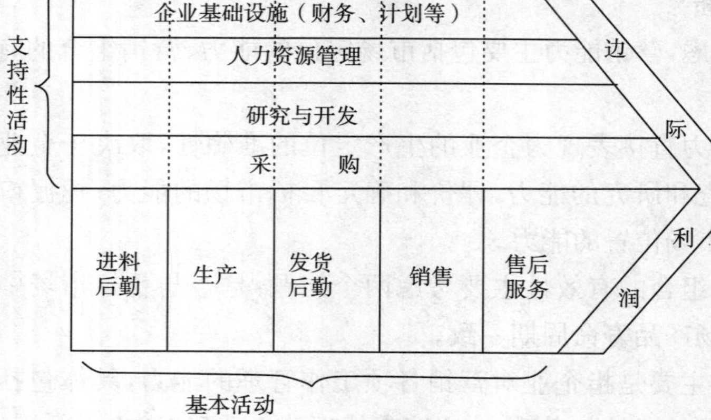

图 3-2　波特的价值链

(一)价值活动的过程

每个企业的每类基本活动和支持性活动都可以由三种活动类型组成，即直接活动、间接活动和质量保证活动。它们在增加企业价值、提高企业竞争力中起着不同的作用，是诊断企业竞争实力的重要手段之一。

1. 直接活动

这是指直接创造价值的活动，如产品设计、产品的机械加工与制造、包装、广告、装配等活动。

2. 间接活动

这是指作用在直接活动之上，使之继续进行的活动，如维修、销售管理、产品开发等活动。间接活动通过直接活动产生作用，在总成本中占有很大的比重，它也在产品差别化上起着重要作用。

3. 质量保证活动

这是指确保其他活动质量的活动，如人力资源管理与开发、生产监督、产品测试与检验、产品的安装与调试、售后服务等活动。质量保证活动在企业的每项活动中都产生作用，影响着其他活动的成本或效能。

(二)基本活动分析

基本活动是指生产经营的实质性活动，一般可细分以下五种功能，而每一种功能又可以根据具体的行业和企业的战略再进一步细分成若干功能。

1. 进料后勤

进料后勤是指与产品的投入品的进货、仓储和分配有关的活动，如原材料的装卸、材料处理、入库控制、盘存、运输及退货等。

2. 生产

生产是指将投入品转换成最终产品的活动过程，如机械加工与制造、工艺调整和测试、装配、包装、设备维修等。

3. 发货后勤

发货后勤是只指与产品的接收、库存、分销有关的活动，如最终产品的入库、接受订单、送货等。

4. 销售

销售是指与促进和引导购买者购买产品有关的活动，如消费者行为研究、报告、定价、销售渠道等。

5. 售后服务

售后服务是指与保持或提高产品价值有关的活动，如安装、产品的调试、培训、修理、零配件的供应等。

但我们应该注意：由于行业不同，每一项基本活动体现出来的竞争优势也有所不同，即任何企业多是创造产品和服务的价值系统的一部分。对于分销商来说，原料的供应与产品的储运是最重要的功能；对于一个从事商业服务功能的企业来说，成品储运是关键要素；对于生产电脑、家电的企业来说，售后服务是最重要的功能。总之，各类基本功能都会在不同程度体现出企业的竞争力。

（三）支持性活动分析

支持性活动是指用以基本活动而且内部之间又相互支持的活动，一般可细分为三种活动，包括企业基础性活动、技术活动、人力资源管理与开发，而每一种活动又可依据行业的不同进一步细分成若干独具特色的活动。支持活动既支持整个价值链的功能，又分别与每项具体的基本功能有着密切的联系。企业的基本功能支持整个价值链的运行。企业要分析自己的内部条件，判断由此产生的竞争优势，首先要确定自己的价值功能，然后识别价值功能的类型，最后构成具有自身特色的价值链。

1. 基础性活动

基础性活动是指企业的组织机构、控制系统及文化等活动。企业的基础性活动与其他的支持活动不同，一般是用来支持整个价值链的运行。在多种经营的企业里，公司总部和经营单位各有自己的基础机构。由于企业高层管理人员能在这些方面发挥重要影响，因此企业高层管理人员往往也被视为基础结构的一部分。基础活动主要包括计划、财务和质量控制及法律服务等。

2. 技术活动

技术活动又称技术研发和设计，是指可以改进企业产品和工序的一系列技术活动。这是一个广义的概念，既包括生产性技术，也包括非生产性技术。企业中每项生产经营活动中都包含着技术，它关系到产品的功能强弱、质量高低和资源的利用效率。这些技术开发活动不仅仅与企业最终产品直接相关，而且支持着企业的全部活动，成为判断企业实力的一个重要标志。

3. 人力资源管理与开发

人力资源管理与开发是指企业员工的招聘、选拔、雇用、培训、提拔、考核、激励和退休等各项管理活动。这些活动支持着企业每项主体活动和支持活动，以及整个价值链。因为所有的活动都是由人来完成的，所以人力资源管理与开发在调动职工生产积极性上起着重要作用，影响着企业的竞争力。

六、企业的核心驱动力

企业核心驱动力又称为“企业战略发动机”和“DNA”。企业的核心驱动力使公司能够形成特色鲜明和连续的战略，从而令竞争者无足轻重。公司业务的某个部分是公司战略的驱动力，该驱动力反过来影响管理人员在考虑公司产品机构、客户、行业细分和市场的地理位置时，如何作出决定。

一般来说，企业的核心驱动力可分为以下几种：产品导向的驱动力、用户/客户导向的驱动力、市场导向的驱动力、技术导向的驱动力、生产能力导向的驱动力、销售或营销方式导向的驱动力、配送方法导向的驱动力、自然资源导向的驱动力、规模或增长导向的驱动力、回报或利润导向的驱动力等。

根据公司自身的优劣势，每个公司强调以公司业务的不同部分作为本企业的战略发动机。国际著名企业顾问米歇尔罗伯特认为，企业可根据自己的产品类型、所在的市场特点、企业资源状况等，选择某一种驱动力作为导向，指导企业资源的投放，并经过长期培养，形成超越对手的竞争力。各种导向都有成功的范例，下面我们详细分析各种不同的企业驱动力。

（一）产品导向的驱动力

一个追求产品导向战略的公司有目的地把它的战略限制在某个单一产品系列上，不断克隆第一代产品。所有将来的产品都是目前产品的改良、延伸，就是产品的外貌、形状和功能也几十年如一日。企业主要注重产品的改进、修饰和提高，目的是使产品越来越好，比竞争对手做得更好；企业在服务方面应注重服务的纵深化和丰富化，捆绑好的产品和服务，使两者相得益彰。例如，可口可乐公司（软饮料）、波音公司（飞机）、米其林公司（轮胎）等，他们认为“谁有最好的产品谁赢”，通过对产品的精益求精，走在了许多竞争对手的前面。

（二）客户导向的驱动力

由于世界制造业的生产能力过剩，大众在基本需求方面的要求越来越高，企业要保持自身优势，必须最大限度地满足客户需要。同时，企业的使命就是为客户创造价值，拥有客户就意味着企业拥有了在市场中继续生存的理由，而拥有并想办法保留客户是企业获得可持续发展的动力源泉。

客户的需求和期望会长期影响企业总体战略的制定、实施、评价等企业战略管理的过程。客户发展战略是企业为有效制定面向客户的长期决策，实现和坚持以客户为中心的经营模式和企业文化、以客户为导向的营销策略所必须恪守的指导思想。

客户导向战略是对企业战略最具影响力的战略思想。企业应比竞争对手更了解用户，把客户置于价值链的顶端，以个性化客户为中心，围绕客户的需求生产产品或服务，满足用户的最终需求。

客户导向战略的方向是服务型模式的企业，以便获取客户的信任，积累用户的忠诚度。这一战略强调的是客户利益，而厂商的利益和战略优势存在于客户之中。

一个追求用户和客户导向战略的公司有目的地把自己的战略限定在预期的客户或用户群上。这种公司要了解客户的需求，用许多不同的产品来满足其需要。例如，强生（医生、护士、病人、母亲）、花花公子（男人用品）。

（三）市场导向的驱动力

市场导向战略就是企业把自己的战略有目的地限定在希望的市场份额或销售方式上。公司制定的以市场为导向的战略计划是在组织目的、能力、资源和它所面临的各种变化的市场机会之间，建立与保持一种可行的适应性管理过程，其目标就是塑造和持续调整公司业务和产品，以期获得目标利润和发展。

这种公司要认清市场的变化，然后提供许多不同的产品以满足需求。例如，美国医院提供给品公司（现为 Allegiance）和迪斯尼的理念（家庭娱乐）。

（四）技术导向的驱动力

技术导向战略则是扎根于一些基础的、艰深的技术，例如化学、物理或其他软件技能或专业知识，并寻求技术与专才得应用。公司以核心技术为杠杆挑起其他产品。这种公司要注重基础或应用技术的研究，通过提高专业知识来推出新产品。一旦找到了市场，公司就开发适用技术的产品，并将其提供给客户。例如，这一方面业务增长后，公司就用同样方法寻求另一用途。

例如，方正依靠具有中国特色的激光汉字编辑排版系统起家，成为中国“电子出版”之王，技术导向战略成就了方正的昨天。对于中国企业而言，还是要认清自己的能力所在，研究开发能力较强、能够持续不断地进行技术创新的企业当以技术为战略导向，抓住技术突破的战略机会，倡导主流技术标准，但盲目采用技术导向必然导致失败。

（五）生产能力导向的驱动力

一个有生产能力导向的公司在其生产设备方面投了大量的资金，保持生产设备的满负荷运转。在这种公司常听到的是“保持运行”，每天 3 班，每周 7 天，每年 365 天。公司的战略就是保持生产设备满负荷运转，重点则是如何保证设备运转起来，降低成本。当公司寻求机会时，它只寻求那些能充分利用生产能力的机会。例如，钢铁厂、炼油厂、纸浆和纸业公司，中国的格兰仕也是一家典型的以生产能力为导向的企业。

（六）销售或营销方式导向的驱动力

一个销售或营销方式导向的公司拥有一整套鲜明的销售方式，即追求的所有机会必须充分利用这一销售方式开展业务。例如，上门销售的公司（如雅芳、玫琳凯和安利）、直销式公司（如戴尔）、通过目录销售的公司（如 L. L. Bean 和 Land's End）、通过网络销售（如阿里巴巴）。戴尔计算机公司通过销售方法导向，大力发展销售网络的可靠性、效率和覆盖范围，成功地塑造出与众不同的竞争力。

以销售和营销方式导向的企业，关键是找到适合企业和业务的销售人员，同时注重销售网络的可靠性、覆盖范围和效率。

（七）配送方法导向的驱动力

一个配送方法导向的公司，致力于从一个地方向另一个地方运输有形和无形物品，关注最优化物流过程。这种公司只追求优化物流的机会，注重系统的覆盖范围和效率，企业根据业务种类制定配送结构，提高企业竞争效率和竞争优势。例如，沃尔玛超市、联邦快递和中邮快递。

（八）自然资源导向的驱动力

一个开采石油、天然气、黄金、矿石、木材和其他资源的公司可以说是追求自然资源导向的公司。这种公司探索和发现所需资源，提高资源的加工质量和效率。例如，埃克森、壳牌石油等公司。美国埃克森石油公司采用自然资源导向，培养出能在世界上最困难的地方发现石油的本领，从而超越竞争者。

（九）规模或增长导向的驱动力

一个规模或增长导向的公司通常是各种不同业务的组合体，它唯一的目标是追求规模和增长，往往采用低成本战略。

（十）回报或利润导向的驱动力

一个重视回报或利润的公司，其重点是各种不同业务组合体的回报或利润。最好的例子是 20 世纪 70 年代哈罗德·吉林领导下的 ITT，他的名言是“无论如何，每个季度每个单元利润都要增加”。这个方针使 ITT 拥有 276 种不同的业务，这些业务都保持独立，当其中任意一项业务连续三个季度未达到利润目标，第四个季度它就消失了。

本章小结

组织环境是指对组织的生存和发展可能产生影响的一切力量和条件。环境分析就是对环境要素变化的信息进行检测、评价，以使组织能够做出科学决策的过程。

组织环境分析的意义体现在三个方面：环境变化给组织带来不确定性；管理者行为在一定意义上受环境限制；组织对环境应当有积极反应。

组织环境有外部环境和内部环境。外部环境主要有一般环境、行业环境和国际环境；内部环境包括位于组织边界以内的所有环境要素，它是企业经营的基础，直接影响组织的日常运营、生存和发展。

企业内部环境分析的内容包括很多，如组织结构、企业文化、资源条件、价值链、核心能力分析、SWOT 分析等。

按照企业的成长过程，企业内部环境分析又分为企业成长阶段分析、企业历史分析和企业现状分析等。

思考与理解

1. 简述组织环境分析的意义。
2. 简述外部环境分析包含哪些具体的内容。
3. 简述供应商如何约束管理者决策的自由。
4. 主要概念：

组织环境、一般环境、行业环境、格雷纳模型、价值链。

第四章 管理道德与社会责任

教学目标

1. 理解管理道德、管理者道德修养与社会责任的含义。

2. 认识加强管理道德、管理者个人修养与企业承担社会责任的重要性。

3. 理解影响管理道德的因素与企业承担社会责任的基本原则，掌握改善管理道德与承担社会责任的方法与途径。

课程导读

张瑞敏“砸冰箱”事件

1985 年的一天，时任青岛海尔电冰箱总厂厂长的张瑞敏收到一封用户来信，反映工厂生产的电冰箱有质量问题。张瑞敏随即派人把库房里的 400 多台冰箱全部检查了一遍，发现共有 76 台冰箱存在缺陷。张瑞敏把职工们叫到车间，问大家怎么办？多数人提出，这也不影响使用，便宜点儿处理给职工算了。当时一台冰箱的价格为 800 多元，相当于一名职工两年的收入。张瑞敏说：“我要是允许把这 76 台冰箱卖了，就等于允许你们明天再生产 760 台这样的冰箱”，并抡起大锤亲手砸坏冰箱，很多职工在砸冰箱时流下了眼泪。在接下来的一个多月里，张瑞敏发动和主持了一个又一个会议，讨论的主题非常集中：如何从我做起，提高产品质量。三年以后，海尔人捧回了我国冰箱行业的第一块国家质量金奖。

一场砸冰箱的事件不仅使海尔成为了当时注重质量的代名词，同时也征服了海尔所有的员工，从而确立了张瑞敏在海尔绝对的领导地位。海尔砸冰箱由此成为中国企业注重质量的一个最典型的事件，并因此成为无数大大小小的媒体、书刊、高等院校的经典案例。最重要的是，通过这一事件的传播，海尔注重企业管理、注重产品质量的形象被极大地树立起来。

导读：

1. 什么是管理道德？管理者的管理道德对企业的发展有何作用？

2. 什么是社会责任？企业为什么需要主动承担社会责任？

伦理与道德是人类文明发展的基本因子，是指评价人类行为善恶的社会价值形态。在现代企业管理过程中，管理道德和社会责任问题越来越引起广泛的关注。越来越多的企业意识到在遵守法律、追求利润的同时，其内外一切经营活动都应该遵守一定的道德规范与准则，违背道德的行为必然不会被社会与广大消费者所接受，这是企业长期发展的基础。企业存在于社会之中，依靠人类社会而存在，作为社会环境的一个重要子系统，既要适应环境的发展和变化，又要对环境的发展和变化做出自己的贡献，即主动承担一定的社会责任，这也成为当今企业树立声誉与形象、促进企业竞争力的增强和效益提高的一个关键因素。

第一节　管理道德

道德是一种意识形态，是指那些用来明辨是非与善恶的规则或原则。

自古以来，道德便是人类思想境界中不可或缺的一部分。企业不仅是一种经济组织，同时也是一种社会组织，具有明显的人格化特征，是社会经济发展的重要组成部分，也是精神文明的传播主体。但是由于利润目标的驱使，当今企业的经济运营与管理领域面临诸多的道德困境与风险，商业丑闻时有发生，不仅破坏了公众对企业的信任，而且直接影响了企业自身的持续健康发展。企业的管理活动在经历了传统管理阶段、科学管理阶段和科学管理与行为科学相融合的现代管理阶段之后，加强管理与道德的结合已成为现代企业管理领域的新趋势，这种以道德驱动管理的新理念让企业管理道德建设的地位越来越重要。尤其是在当今激烈的市场竞争环境下，企业要想立于不败之地，实现长期的可持续发展，就需要将先进的管理手段与企业实际相结合，建立自己的管理道德体系，塑造自身的企业管理道德，从而提升综合竞争力。

一、管理道德的含义与内容

管理道德(Management Ethics)是指组织在管理过程中所形成的调整和协调各种管理关系的行为规范总和。不同类型组织的管理活动要实现其管理目标，达到预定的管理效果，都要有与之相适应的道德意识、道德原则与道德规范，我们可以把管理活动中的这些道德现象称之为管理道德。

管理道德是实现有效管理的基础，是组织文化的核心构成要素。对管理者自身而言，是管理者的立身之本、行为之基、发展之源；对企业而言，是可持续发展所需的一种重要资源，是企业提高经济效益、提升综合竞争力的源泉,可以说管理道德是管理者与企业的精神财富。

管理道德涉及管理理念、管理效益和管理者品质等多个方面。管理道德所关注的主要是两个层次:一是管理者个人的职业道德,主要关注的是管理者个人利益及其与组织整体利益之间的关系;二是管理者的组织身份所要求的管理道德,主要关注的是组织利益及其与社会利益之间的关系。无论是何种层次上的管理道德,都会对组织产生直接或间接的影响。管理道德包括的范围较广,主要有以下几个方面的内容。

(一)确立组织管理目标的道德

任何管理都是组织的管理。组织管理者的思想道德水平如何,直接关系到管理水平的高低和管理目标的实现。组织者在制定管理目标时,不仅要考虑到管理目标的价值观与可行性,还要考虑到管理目标的道德性,这样才能使管理目标成为有效的目标。

(二)实现组织目标的手段道德

手段是指为实现一定目的或目标而采取的一定的途径、方法和策略的总和。任何组织管理目标的实现,都要通过一定的手段。至于采取什么样的手段,达到什么样的效果,则取决于组织管理者对手段的选择。而所选择的手段是否正当,即手段是否道德,会直接影响管理目标的实现。

(三)人际关系管理的道德

人际关系管理是社会管理的重要内容。一定社会的人际关系管理,除受社会性质决定之外,还受血缘、地缘、业缘等因素的影响,从而造成这种管理的复杂性和管理层次的多样性。调整和协调不同的人际关系或同一种人际关系中的不同层次的人际关系,需要有不同层次的道德规范,即处理和协调邻里人际关系、老乡人际关系与处理和协调家庭人际关系、夫妻人际关系等的道德规范是各不相同的。因此,加强组织内外人际关系管理方面的道德建设和道德教育,也是管理道德的一项非常重要的内容。

(四)人事管理的道德

任何的组织管理都是通过人来执行其管理职能,即通过人的活动来实施的。因此,如何管理好人,如何用人,不仅要考虑人的知识、经验和能力,而且要考虑人的思想道德素质。中国自古以来一直流传着“人存政存、人亡政息”,“天下治乱,往往系于用人”等说法。这些说法虽然不是至理名言,但却包含着较为深刻的道理,即组织在人事管理道德建设方面必须坚持德才兼备和知人善用的原则,使人事管理活动科学化、规范化和道德化。

(五)财物管理的道德

物资钱财是实现组织管理目标的物质基础。没有物资钱财的组织根本不可能进行管理。但是,有了物资钱财的组织,也不一定能实现有效的管理目标,因为物资钱财总是要交给组织机构的人员去掌握和运用的。这时,财物管理人员的道德素质的高低与财物的道德风险就会成正比。如果管钱管物的人连“君子爱财,取之有道”、“非我之物勿用”等最起码的道德意识都没有,必然会利欲熏心,贪污挪用,这就必然动摇或削弱组织管理的物质基础。

二、管理道德的特征

管理道德所体现的是人类管理活动中的管理关系,是管理行为的道德规范,它与其他社会职业道德相比较,具有以下四个特征。

(一)普遍性

管理道德是人们在参与管理活动中依据一定社会的道德原则和基本规范为指导而提升、概括出来的管理行为的规范,它适用于各个领域的管理。无论是行政管理、经济管理、企业管理和文化管理,还是单位、部门、家庭和邻里的人际关系管理,都应当遵守管理道德的原则和要求。

(二)非强制性

人类最初的管理属于公权的且人人都可以平等参加的管理,没有强制性。与之相应的,调整管理行为的规范即管理道德也没有强制性。正如恩格斯所指出的:“酋长在氏族内部的权力,是父亲般的、纯粹道德性质的,他手里没有强制的手段。”人类社会进入阶级社会以后,管理被打上阶级的烙印,具有阶级的性质和内容。它依靠国家或组织的权力实行管理活动,具有强制的性质。但是,与此相适应的管理道德并没有改变其非强制的性质。不过,管理道德在内容上侧重于调整和约束组织管理者的管理行为,在社会作用上则侧重于依靠被管理者的舆论影响管理者的行为,从而调整管理者与被管理者之间的关系。

(三)变动性

人类的管理活动是随着人类的社会实践的发展而不断变化的,作为调整管理行为和管理关系的管理道德规范,也必然随着社会发展与管理理念的变化而不断改变自己的内容和形式。原始社会的公共事务管理性质单纯、形式单一、内容简单,与之相应的管理道德内容与规范较少。到了近代,随着管理内容的复杂化以及管理方式的制度化和管理目标的多样化,管理道德的内容也随之增加和丰富,形式也日趋多样化,特别是当代科学管理的迅速发展,进一步推动了管理道德的变化和发展。因此,如何在这种变动中适时调整道德的结构和层次,概括出反映新的时代特点和当代科学管理水平的新的管理道德规范,以满足具有中国特色的社会主义管理发展的需要,这是摆在我们面前的一项新的任务。

(四)社会教化性

道德教化是一个古老的概念,重视教化是中国传统文化的一个优良传统。中国古代的思想家大多重视德治,所以都强调道德教化的作用。孔子主张用“仁爱”的道德原则教化人,认为人只要做到“仁”,就能自爱,就能“爱人”,对人宽容忠恕。孟子发展了孔子的仁爱思想,提出“亲亲而仁民,仁民而爱物”的思想,认为“仁”就是“爱之理,心之德”。此外,儒家还把公正、廉洁、重行、修养、举贤仁能等,都看作“仁爱”教化的结果,要求管理者都应具备这些道德品质。当代我国的社会主义管理道德,应当吸收中国传统文化中的合理的道德教化思想,高度重视管理道德的教化作用,尤其应当强调组织管理者的道德示范和引导作用,使管理道德的意识信念意志、情感更加深入人心,并化为人们的自觉行为,这对于有效促进管理目标的实现具有非常重要的作用。

三、管理道德的重要性

管理道德在企业经营管理活动中具有不可替代的现实作用,其重要性体现在以下四个方面。

(一)道德是企业管理理念与管理品质的导向

道德问题直接体现着管理的目的,并在深层次上对管理产生影响,为管理提供价值理念和价值导向。管理道德为企业的发展壮大奠定了道德基础。所有管理活动必须具有正确的价值导向。对于一个企业来说,尤其是中小企业,首要问题应该是生存问题,其次才是发展问题,而只有正确的价值观的引导才能促使企业提供符合消费者要求的产品和服务,才能持续生存下去,生产假冒伪劣产品的企业虽然在短期内可能获得一定的利益,但其行为是社会不能容忍的,很快就会被市场抛弃。

(二)管理道德规范是提高企业效益的重要保证

企业效益主要包括经济效益和管理效益。企业经济效益的提高,重点是从经济活动入手,如巩固并扩大对市场的占有,提高产品质量,降低生产经营成本,提高劳动者生产技能,完善经营机制等。如果企业从领导人到员工都具备正确的道德规范,就能充分发挥经济因素的积极作用,促进经济效益的提高,反之,就会出现为个人私利而降低企业经济效益的行为,如挪用、贪污企业的资本金,化企业的公产为私产等。此外,由于管理道德问题与企业的形象、社会信誉相联,因而与管理效益之间也就存在着必然的相互作用和影响。一些西方学者通过对西方七个国家的一百多个企业的研究发现,文化价值体系才是创造财富的根本源泉,也是企业竞争力、国家竞争力的源泉。他们在调查中发现,顾客挑选某种产品,对其商品的评价实际上首先是对生产该商品的公司价值观的评价，因此管理道德与企业管理效益和经济效益之间有着必然的联系。

（三）管理道德是生意人与企业家的区分标志

并不是所有创造了利润的人都是企业家。管理道德是区分生意人和企业家的重要标志。如果一个人道德败坏，他经营的企业赚取的利润越多，可能对社会造成的危害就越大。比如生产假冒伪劣产品、生产对社会构成一定危害的产品的经营者，永远都不可能成为企业家。企业家代表的是一种素质层次，需要具备多种素质，而道德素质是企业家最重要的素质，以利润为唯一取向的经营者永远只能是生意人。

（四）管理道德是企业可持续发展的人文力

管理道德可以引导和教育员工树立正确的文化价值体系，形成热爱工作、忠于职守、遵纪守法、诚实劳动、公平竞争、通力协作、敢于创新等价值观念，并使其变成全体职工的信念和自觉行为，从而激发职工强烈的集体荣誉感和对企业的责任心，以满腔的热忱积极地投入到企业活动中。企业中的人是由文化塑造并受一定文化价值指导的主体，人文力问题已成为现代经济社会发展和现代管理中最重要的课题之一，对人文力的开发是现代管理的重要任务，而管理道德是企业发展人文力的基础，它不仅能塑造最佳企业形象，而且能创建最佳企业环境，在激烈的市场竞争中立于不败之地。开发人文力的实质就是开发企业的持续竞争力。

四、影响管理道德的因素

综合中西方管理学理论，影响组织管理道德的主要因素包括管理者个人道德的发展阶段、个人特性、组织结构、组织文化和问题的强度五个方面。

（一）道德发展阶段

国外学者的研究表明，道德的发展要经历三个层次，其中每个层次又分为两个阶段。随着经济的发展与阶段的上升，人类道德判断越来越不受外部因素的影响，即从前惯例层次不断发展演化到原则层次。道德发展所经历的三个层次和六个阶段如表 4-1 所示。

表 4-1 道德发展阶段

层次	阶段	特征	表现
前惯例层次	1	遵守规则以避免受到物质惩罚。	只受个人利益影响。决策的依据是本人利益，这种利益是由不同行为方式带来的奖惩所决定的。
	2	只在符合自身的直接利益时才遵守规则。	

续表

层次	阶段	特征	表现
惯例层次	3	做周围的人所期望的事。	受他人期望的影响。包括对法律的遵守,对重要人物期望的反应,以及对他人期望的一般感觉。
	4	通过履行允诺的义务来维持平常秩序。	
原则层次	5	尊重他人权利,在自身价值观和权利的选择上,置多数人的意见于不顾。	受个人用来辨别是非的道德准则的影响。这些准则既可以与社会规则或法律一致,也可以不一致。
	6	遵守自己选择的道德准则,即使这些准则违背法律法规。	

道德发展的最低层次与最高层次分别是前惯例层次与原则层次。在前惯例层次,个人只有在其利益受到影响的情况下才会做出道德判断;在中间层次即惯例层次中,道德判断的标准是个人是否维持平常的秩序并满足他人的期望;在原则层次中,个人试图在组织或社会的权威之外建立道德准则。有关道德发展阶段的研究表明:

人们只能一步一步地依次通过这六个阶段,而不能跨越;

道德发展可能中断,可能停留在任何一个阶段上,也可能倒退;

多数成年人的道德发展处在第四阶段上。中国企业家史玉柱在巨人集团破产后东山再起时,坚持要还清法律规定可以不还的欠债,这一行为表明其道德已发展到第六阶段。

(二)个人特性

管理者的个人特性对组织的管理道德有着直接的影响。这里所讲的个人特性主要包括管理者个人的价值观、自信心和自控力三个方面。

人们的价值观是由家庭、朋友、社区环境、教育环境、生活和工作经历等因素影响而逐渐形成的。由于每个人所遇到的这些因素千差万别,所以每个人判断是非善恶的标准就不尽相同,而且每个人对待权力、财富、爱情、家庭、社会、人生以及个人责任等的态度也各式各样。这些就导致了在同样的管理道德问题面前,每个管理者所做出的决策不可能完全相同,甚至可能完全相反。

管理者个人的自信心和自控力与管理道德也有很大的关系。自信心和自控力较强的人,一般都会深信自己的判断是正确的,因而通常都能坚持去做自己认为正确的事。他们也会听取不同的意见,但自己确定的方向和底线往往不会轻易改变。由于涉及道德的管理问题一般都有较大争议,都会受到利益与道德风险两方面的巨大压力,自信心和自控力弱的人就会面临摇摆不定和困惑不解等问题,很容易屈服外力干涉和摆布,难以坚持自己的主张或决策。

(三)组织结构

组织结构决定组织功能,科学合理的组织结构不仅能促进企业的持续高速发展,还直接影响着其管理文化的建设和管理效率的高低。组织结构对管理道德的影响主要体现在以下四个方面：

1. 组织机构设置

组织组织机构主要是看组织内部机构和职责分工有没有必要的权力制衡、监察、检查、审计机制，有没有外部群众和舆论监督。如果有比较完善的内外制衡监督机制，就可以很大程度上预防和制止不道德的管理行为的产生。

2. 规章制度与行为准则

组织内部有无明确的规章制度与对外行为有无明确的行为准则是企业管理道德的外在表现形式之一。清晰说明各级管理职务的实施细则和应遵守的道德准则，可以直接预防不道德管理行为的产生。

3. 上级行为示范

上级管理行为具有示范作用。下级必然会十分关注上级的管理行为，从中弄清哪些管理行为是上级可以接受和真正期待的。上级通过自己的道德言行对下属和利益相关人的示范和影响，更有利于培植自己的人格魅力，提高工作效能。

4. 绩效评估体系

绩效评估考核体系在组织完成既定目标过程中起到指挥作用，如果评估考核奖惩制度偏重于成果或指标完成率的高低，而不注重过程，各级管理者可能迫于强大的压力而不择手段去追求成果指标，从而引发较多的不道德的经营管理行为。

（四）组织文化

组织文化是决定一个组织是否可持续发展的关键因素。在市场竞争日益激烈的今天，优秀的企业会利用管理道德的建设去提高企业在竞争中的地位。然而，不管使用何种组织管理模式及创新手法，都需要组织文化的支撑。组织文化的发展一直是组织管理的前沿，因此组织文化对于组织管理道德建设具有重要的影响。

（五）道德问题强度

道德问题强度会直接影响管理者的决策。所谓道德问题强度，是指该问题如果采取不道德的处理行为可能产生后果的严重程度。例如：有多少人会受到伤害？有多少舆论会谴责这种行为？这种行为造成危害的概率有多大？人们是否能直接感觉到？潜在受害者与这种不道德行为距离有多近？如果这些问题的答案是肯定的，那么管理者很可能采取道德的行为。但是当问题本身对组织具有特别重大影响时，尤其是企业组织在利益目标的驱使下，其管理者为了保护企业利益也可能铤而走险而采取不道德的管理行为。德国大众汽车制造公司为了应对尾气排放检测安装特殊软件造假事件就是一个典型的例子。

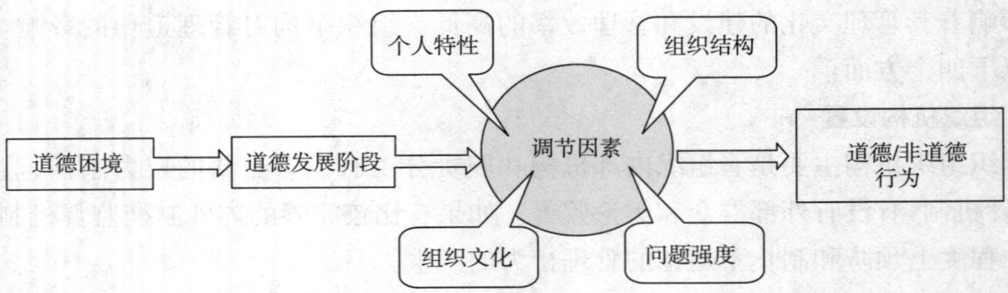

图 4-1 影响管理道德的因素

五、改善企业管理道德行为的措施

当前，社会上商业贿赂、环境污染、企业欺诈、产品假冒伪劣、员工不负责任等现象层出不穷。随着企业道德问题的社会关注度不断提升，企业道德资本理念也日益被各行业企业的管理者所重视，其实质是将真正为社会所需要的道德转化为企业发展的重要资本，从而使企业愿意积极主动地进行道德建设。改善企业管理道德是一项长期的任务，不是一朝一夕就可以完成的，要贯穿于企业发展的全过程和全体员工中，从而减少组织中的不道德行为发生。为此，从企业自身角度出发，企业可以采取多种措施来提整体道德素质，这些措施包括以下几个方面。

（一）挑选道德素质高的员工

员工存在个性差异，这种个性差异存在于个人的道德观念和价值观中，因此管理者可以在员工的选拔任用上将道德素质高低作为一条重要的标准，制定严格和有效的招聘过程。例如，审查应聘者的申请材料，通过笔试和面试以及员工的试用等环节录用道德素质较高的员工，以提高企业员工整体道德素质。

（二）建立道德准则

道德准则表明组织的基本价值观和组织期望员工的行为规范。企业可以通过正式文件的形式建立和下发一个组织的道德准则。道德准则应该具体地表明员工应该用什么样的精神从事工作，用什么样的态度对待工作，如果违反道德准则会受到什么样的处罚。

（三）高层管理者在道德方面以身作则

企业中的管理人员尤其是高层管理者要以身作则，树立道德资本观念，通过自己正直的品德、高尚的情操以及高道德标准的一言一行影响和感化员工，进而提高员工行为的道德水平。

(四)设定合理的工作目标

企业的经营宗旨和目标反映了其道德准则,而员工的目标是企业总体目标的分解,员工应该有明确和正确的目标。如果企业的目标缺乏正确的道德准则的指引,必然会影响其员工的道德行为。而如果目标对员工的要求不切实际,即使目标明确和正确,也会产生道德问题,员工在不现实的目标压力下,可能会产生道德疑惑,在目标和道德之间选择前者。因此,企业应该用明确的和符合现实情况的目标来指引员工的整体行为。

(五)对员工进行道德教育

员工的道德观念和道德行为可以通过教育得到改进。绝大多数企业对员工的培训多注重企业文化和职业技能的培训,缺乏对员工进行道德培训的重视。虽然优秀的企业文化本身亦蕴涵着道德价值,但很不系统,而且往往强调狭隘的职业道德,并没有将道德作为一门独立的培训课程对员工进行培训。企业通过对员工进行道德教育可以增强员工对商业和职业道德的认识,因此企业应当经常开展符合自身发展需要和社会需要的道德观念的培训,以强化员工的道德行为。

(六)对绩效进行全面评价

在对员工进行绩效评价的过程中,企业应该要加入道德方面的要求,不仅评价员工行为的经济成果,还要考察行为的道德后果。如果仅仅只考虑员工的经济成果,可能导致员工为了取得好的绩效而产生不道德职业行为。例如,在各种行业的业务员领域普遍存在的回扣现象就是经济成果和道德冲突的结果。

(七)进行独立的审计活动

有不道德行为的人都有害怕被抓住的心理,被抓住的可能性越大,产生不道德行为的可能性就越小。根据企业的道德守则来对决策和管理行为进行评价的独立审计是发现不道德行为的有效手段。审计可以是例行的,也可以是随机的,并不事先通知。有效的道德计划应该同时包括这两种形式的审计。审计员应该对企业的董事会负责,并把审计结果直接交给董事会,这样比较有利于保证审计结果的客观性和公正性。

(八)建立正式的保护机制

正式的保护机制可以帮助面临道德困境的员工选择合适的行为方式。例如,企业对道德行为的保护机制和对不道德行为的处罚机制,可以使员工在道德行为和不道德行为之间做出正确的选择;企业还可以任命道德顾问,当员工面临道德困境时,可以从道德顾问处获得相应指导。

在上述途径中,单个措施发挥的作用是极其有限的,企业只有将它们中的多数或全部整合起来,才可能达到预期的效果。

第二节 管理者道德修养

自我国实施改革开放以后,在社会主义核心价值观建设的主流下,人们的思想道德也逐渐规范化,全社会的道德思想有了一定的提升和发展。但是在实际中,绝大多数企业的经营管理者的主要精力还是集中在经济建设为中心目标上,注重企业经营效益,忽略了精神文明建设的内容,使得企业经营者的享乐主义、贪污受贿、滥用职权、拜金主义和个人主义思想盛行,忽略了集体的利益。这些腐败思想严重地影响到了社会的健康稳定发展和社会的和谐建设,同时也影响到了企业的生产经营活动,制约了企业的进一步发展。因此,这些问题的存在要求企业经营者在经营企业的过程中,在重视物质文明建设的同时,也要对自身的道德修养和精神文明建设引起足够的重视,做到物质文明建设和精神文明建设的与时俱进,才能进一步的推动企业更好的发展。

一、道德修养的含义

道德修养是人类道德活动的形式之一。道德修养是指人们在道德意识和道德行为方面,为实现一定的道德理想,自觉按照一定社会或阶级的道德要求所进行的自我锻炼、自我改造和自我提高等行为活动,以及经过这种努力所形成的相应道德情操和道德境界。良好的道德素质就是优秀道德修养的外在表现形式。道德修养的驱动力一般不是源于对个人直接利益的追求,而是遵循社会生活规律与法则,为着社会整体利益,检验和修正自己的思想和行为,这是人们的自我调适、自我完善行为,是将外在的道德规范内化为道德良心,使个人价值融入社会价值,使个体与社会整体及自然环境趋于和谐的过程。

不同社会、时代和阶级的道德修养有着不同的目标、内容和方法。管理者作为企业经营过程中的核心因素,亦是管理的主体。管理哲学认为,管理者必须具备一定的思想道德修养和专业素质水平,他不但要以才能服人,还要以德行服人。也就是说,作为一个管理者,他的道德修养是由内而外、由外及内。社会主义市场经济是道德经济,企业管理者的道德修养不仅是组织增强凝聚力、提高效益、长盛不衰的重要保证,而且从本质上讲,它亦是社会主义市场经济的内在要求。

二、管理者道德修养的内容

(一)精神修养

管理者在管理活动中,在非原则问题上要有虚怀若谷、宽松、灵活的精神。只有心胸开阔，才能团结周围做好工作。他们应善于团结在工作上与自己持有不同意见的人，善于团结在生活上与自己情趣相悖的人，甚至善于团结多次反对过自己而已被实践证明反对错了的人。只要不涉及原则的问题，作为一个高素质的创新型管理者就应该不受细节和感情的束缚，做到凡事包容，随时敞开胸怀。

（二）人格修养

所谓人格，更多的是指内外合一的道德境界。这种道德境界是建立在正确的人生观基础之上的。人格修养主要体现在两个方面：一个是自尊自重。自尊自重是形成崇高人格的内助力，这就要求一个人不论在什么情况下，都要尊重自己的人格和名誉，都要固守自己的高尚情操和精神家园，不论处于何时何地，始终能够做到荣辱泾渭分明，廉耻界限清楚。另一个是良好的品格养成。良好的品格养成不是一蹴而就，是用时间积累来完成的。

（三）心境修养

心境实质上就是一种平常、积极、知足、感恩、豁达的心智模式，是一个人心理健康、人格健全的重要标志，是人生的最佳境界之一。胸襟决定心境，心境决定心态，心态影响状态。古人认为心境是一个人的道德层次与人生修养的显现。今天我们评价一个人的人生境界，也应从这方面着眼。中国传统文化讲究人生的磨炼与自我觉悟，这就是一种心境，每个人都有个人抱负，都希望自己能够有所建业，但如果心态浮躁、目光短浅，就会因小失大。

（四）生活修养

加强道德修养从时间和空间上看，主要由“工作”和“生活”两部分组成，而且这两部分紧密相连，相互贯通且相互促进。腐朽的生活方式具有无孔不入的劣根性，无不利用日常生活这个领域侵蚀人们的灵魂。日常生活是道德修养容易自我放松的领域，不健康的思想道德影响，多在潜移默化的状态下毒化社会风气和人的思想。加上一些人缺乏防微杜渐的高度自觉性，很容易在日常生活中放松对自身的要求。这样，日久年深，就难免由失态发展到失足，由小恶累积成大恶。

（五）纪律修养

无论是国家的发展，还是个人的工作、学习和生活，纪律和规则的重要性是毋庸置疑的，也是管理者实施道德管理的行动指向标。管理者要以严格的组织纪律约行、束心、养性，并且每个人该做什么、不该做什么都能在纪律条规中找到基本依据。目前，我国的法律、条令、法规日趋健全，只有不断加强纪律修养，才能使个人和组织在正确的轨道上不断前进。

(六)职业道德修养

从管理职业固有的社会地位和性质来说,各种管理职业和管理职务都集中体现着社会关系的三大要素,即责、权、利。管理者的职业道德修养主要体现在高度的责任感、诚实守信、不图名利三个方面。一般来说,优秀的管理者的责任感更强,他们虽然重视自己的领导业绩,也重视物质利益,但并不把这些视为最终目的,而是看成为社会做贡献的手段。他们具有报效社会的明确目的和服务社会的强烈愿望,因而管理活动也就具有了发展的强大动力。

阅读资料

管理者职业道德素质

1. 诚实守信。不故意误导和欺骗他人,不折不扣地履行承诺。

2. 正直。做自己认为是对的事情,不仅恪守信念,而且为信念而奋斗。

3. 忠诚。对个人和组织忠诚,即使在困难时期亦如此。

4. 公平。公正、平等地对待每一个人的责任感,宽容,思想开放。

5. 使命感。明确自我对社会和组织成员付出努力和贡献的生命意义定位。

6. 关心他人。设身处地为他人着想,关心人,帮助人。

7. 尊重他人。尊重与决策有关各方的利益、权利,尊重每个人。

8. 追求卓越。时刻都在努力把工作做得更好。

9. 道德领导。领导者亦是模范者,树立一个正面的道德形象是其主要岗位职责之一。

10. 勇于承担。勇于对自己所作决策的后果,包括伦理后果,承担个人责任。

三、加强企业管理者道德修养的重要性

道德修养是道德活动的重要形式,也是加强管理者管理道德的出发点和立足点。企业管理者作为企业的运营主体,在经济发展过程中和推动社会进步的过程中都有着重要的作用,其个人道德修养直接影响企业的经济效益与社会效益。当前我国市场经济体制在不断完善的同时,商业中的不良之风也逐渐盛行起来,严重地制约了市场经济体制的健康发展,因此加强企业管理者思想道德修养就显得尤为重要。其重要性主要体现在以下四个方面。

(一)有利于提高管理者的管理效益

企业管理是对企业所拥有的人力、财力、物力、信息技术等资源进行有效合理的配

置，保证企业有序地进行生产，以高效的方式达成既定目标的过程。现代企业管理学理论认为：在管理的过程中，要注意体现人文关怀，用尊重和关心帮助员工寻找认同感，用情感激发员工的工作热情。同时，管理者要注意管理资源的共享，把企业的重大决策变为全体员工的一致行动，从而形成强大的团队凝聚力，实现工作成效的最大化、企业发展的最优化，这些都离不开管理者的优秀个人道德修养。可以说，企业管理者的道德修养决定了其管理水平和管理效益的高低。管理者道德素质的提高和完善的方法多种多样，但归纳起来不外乎内修与外炼两种基本方式和途径，但其实质在于管理者个人的道德修养和涵育。良好的道德修养不仅可以促进企业管理者的业务管理水平的提升，还能直接帮助企业顺利实现其经济效益与社会效益目标。

（二）有利于实施企业持续发展的战略

企业管理者是企业未来发展方向的掌舵人，掌握着企业资源的配置权力，是企业发展规划的制定者、工作的指导者，其道德修养直接影响管理素质的高低与企业的健康发展。在经济全球化的环境下，企业要想在激烈的市场竞争中得以生存和发展，就离不开企业文化的滋养。一个企业的成功仅仅凭借自己单方面的经济实力是远远不够的，而隐藏在背后的企业文化才是其持续发展的主要原因。一方面，企业文化决定了企业的内在素质与竞争能力，强有力的企业文化会成为企业持续成长发展的立足之本和力量源泉。另一方面，企业的持续发展离不开管理者正确的决策，而一个优秀的企业管理者能够依靠良好的道德修养制定并执行正确的企业经营决策，从而推动企业可持续发展。

（三）有利于树立良好的企业形象

企业形象是公众对企业的总体评价或总体印象，它反映出公众对企业的共同态度。在市场经济体制下，由于市场竞争的客观要求，企业形象已成为现代企业无形资产的重要组成部分，对企业的生存发展起着越来越重要的作用。企业作为市场经济的构成主体，树立良好健康的企业形象无论是对其股东、内部职工和客户，还是对政府、社会群众以及供应商等都有着积极的正面影响作用。企业管理者作为企业道德的直接影响者，其价值导向的选择更是树立良好企业形象的核心决定因素。企业管理者良好的道德修养可以对企业行为的一些重大关系方面提供正确的价值导向，能较好地防止企业行为的负向投射，把企业纳入良好形象的健康轨道。

（四）有利于增强企业资源的竞争优势

企业资源通常是指企业在向社会提供产品或服务的过程中所拥有的能够实现企业战略目标的各种要素集合，它们包括企业所拥有的员工、资金、各种物资、技术、创新能力、企业文化、企业的运行机制以及企业在顾客中享有的声誉等，这些都是企业实现其战略目标所不可缺少的要素。20 世纪 90 年代产生的资源导向理论使企业的资源状况与竞争优势的获得之间建立了联系，即在一定条件下，企业的资源状况可以导致竞争优势的获得。因此，企业之间基于资源的竞争也包括了商誉、人力和组织等软性内容的竞争，在这些“软性”资源中包含着道德的成分，特别是人才储备和商誉。新时期企业之间的竞争是人才之间的竞争，人才的储备质量往往决定了企业竞争的成败，管理者良好的道德修养不仅可以为企业留住人才，更能激发人才的最大潜能，使之为企业创造出最大效益。而商誉是企业的形象和信誉，它要以企业承担社会责任、讲求社会公德为基本内容，这些都与企业管理者的道德修养密不可分。因此，良好的道德积累可以为企业创造更高的商誉，进而能够为企业的竞争优势提供支持。

四、提高企业管理者道德修养的有效途径

近年来，企业管理者应有的道德修养在企业健康运行过程中的作用越来越突出。建设现代企业制度，必须拥有一支德才兼备的企业经营管理者队伍，他们不仅要熟通现代科学管理，具有丰富业务经验，还需具备良好的道德修养。

（一）完善心理人格素质

相对于其他工作，企业经营管理者的工作对象是性格多样的员工和千变万化的市场环境，这就要求企业管理者需具有不同于常人的心理特征。心理人格素质主要包括企业管理者的气质、性格、情感态度、人生观以及价值观等心理因素。在面对瞬息万变的市场信息以及激烈的市场竞争时，企业管理者需要具备良好的心理素质和人格素质，才能轻松应对来自各方面的挑战和压力。心理素质较好的管理者在新环境、新工作条件下能很快地适应并顺利地成长，其适应能力比较强；其次，心理人格素质健全的管理者，其人际交往能力也比较强，并具有说服他人、求实精神和团结合作等方面的才能；最后，心理素质较高的管理者比较善于想象，对新事物的敏感度比较高，自主性较强，拥有丰富的创新能力。

（二）加强自我学习的意识

随着国际化、市场化和信息化进程的进一步深入，知识越来越在现代经济起主导作用。学习知识成为组织赢得竞争优势和应对环境变化的有力手段。学习可以长智，也能养性。前苏联著名作家高尔基曾经说过：“人的知识愈广，人的自身也愈臻完善”。企业管理者要在日常实践中不断地加强对业务知识与其他社会知识的学习，不仅应把学习当作提高业务水平的手段，同时也应作为增强道德修养的一条途径，修养一旦养成，思想道德水平和业务水平也就提高了，不仅能正确处理权利与责任的关系社会、企业与个人的利益关系以及管理者与职工群众的关系等，而且会融入管理工作的方方面面，并且根深蒂固。新时期的企业管理者身上所具备的知识和信息，应是多学科、贴近发展需要且处于不断更新中具有前瞻性的知识。企业管理者只有具备了专业的知识、技能，才能

实现科学有效的管理，达成企业既定的任务和目标。

（三）提高对管理道德的认识

它包括管理者对其管理的地位、性质、作用、服务对象、服务手段等方面的道德认识。对管理道德价值的认识是培育企业管理者管理道德的前提，更是提高管理者个人道德修养的驱动器。只有充分认识到个人的道德修养对自身、企业乃至社会的重要性，才能在思想上重视、在行动上实施、在发展中提升。通过管理者对管理道德认识的提高来提炼适合本企业发展的管理道德标准，实行管理道德的规范化管理，并自觉地对照管理道德准则时刻检查自己、规范自己行为，从而培养成良好的管理道德行为习惯，既有利于管理者自身建设与发展，又有利于企业管理水平的提高。

（四）勇于自我剖析

任何管理者都不可能不犯错误，不可能没有缺点和不足，这就要求管理者具有勇于自我剖析、自我批评的精神，要虚心接受内外机制的监督和来自市场的关于道德方面的批评，并实事求是地分析自身的表现并分析原因，弥补不足。管理者应时常进行自我剖析、反省、批评，依靠自我的力量来战胜和克服自己身上的错误，学习他人的优点来弥补自身的不足，这样既可以逐步获得对自己的全面的理性认识，提高自身道德修养，也可以加快道德管理完善的进程。

（五）坚持自我完善和约束

管理者不仅要重视自身的道德修养，还要重视自我完善和自我约束。管理者的地位和作用应该得到重视，其贡献和权益应该得到承认。但是，管理者本人则应该自重、自爱，在实践中不断地完善和约束自己。只有这样，管理者才能胜不骄，败不馁，得意而不忘形，锐意进取并创造辉煌。管理者的自我完善和自我约束是在自觉接受国家、群众和社会监督基础上的自我完善，是在权力、地位、财物、人际关系等方面的自我约束。

第三节 社会责任

社会责任是指在一定的社会历史条件下社会成员对社会发展及其他成员的生存与发展应负的责任。社会责任不同于社会义务，前者加入了一种道德的要求，促使人们从事使社会变得更美好的事情，而不做那些有损于社会的事情。一个具有社会责任感的组织从事有助于改善社会的事情，绝不只限于法律要求必须做的或经济上有利的事情。

企业社会责任（Corporate Social Responsibility，简称 CSR）的理

念最早在19世纪的西方国家出现，但一直到20世纪50年代，企业社会责任才在个别领域开始实践，企业社会责任的内涵和外延才有所扩大，消费者保护、员工福利、安全生产、环境保护等内容得到初步的发展。20世纪50年代以后，企业社会责任理念逐步得到国际社会的广泛认同。尤其是从20世纪90年代至今，随着经济全球化的不断发展，企业潜在的影响力不断加强，其日益增长的力量意味着它的每个行为都会对人类社会和经济发展产生越来越大的影响。同时，企业对社会的责任也越来越突出，其内涵和外延随着国际经济社会的不断发展而得到进一步丰富和拓展，并呈现出继续扩大的趋势。近些年来西方社会在对企业进行业绩评估时已经将社会责任作为一项重要指标，一些世界主流商业杂志在企业排名评比时都加上了“社会责任”标准，可见西方社会对社会责任的重视。

一、企业社会责任的含义

受新时期市场环境的影响，当代企业社会责任是指企业在创造利润、对股东承担法律责任的同时，还需要从道德角度出发，承担对环境、员工、消费者、供应商、竞争者以及社会公益事业的责任，即要求企业必须超越把利润作为唯一目标的传统责任理论，强调在生产经营过程中对社会所做出的贡献。

到目前为止，国际社会对企业社会责任的理解还不统一，而且各种定义的差异性很大。造成这种状况的原因除了国内外学者分析企业社会责任的视角不同外，更重要的是企业社会责任的内涵和外延随着社会经济的发展与人们价值观念、消费观念的变化而不断地变化。企业承担社会责任不仅是一种理念，更是一种实践。随着人们对可持续发展观念的认可和来自社会各界包括舆论和各种法规的压力，在国际社会中，越来越多的管理者和企业已经从以盈利为目的的经营理念转向以获取经济效益与社会效益共同发展为目的的企业经营理念。

二、企业社会责任的内容与范围

企业社会责任在不同国家或在同一国家的不同历史时期有着不同的内容。从总体上看，早期人们观念中的企业社会责任是指企业进行慈善活动和其他社会福利活动的道德义务。随着企业对社会影响力的不断增强，人们对安全、生态等社会问题的日益重视以及由此产生的强制性立法的逐步增加，企业社会责任亦相应地包含了更为宽泛的内容。就一般而言，企业社会责任包括以下七个方面的内容。

(一)企业对自然环境的责任

20世纪40年代以来，世界各国普遍面临着生态环境恶化的严重问题。资源的开发过度、资源的浪费和环境污染是社会可持续发展所面临的问题，而企业活动是造成这些问题的重要因素。社会发展依赖于企业发展，但如何解决企业发展与社会发展在资源、环境方面的矛盾却在于企业是否履行在资源、环境保护和合理利用上的责任。它要求企业一方面按照有关法律的规定尽可能合理地利用资源，减少对环境的污染，另一方面要企业承担治理企业所造成的资源浪费的环境污染的费用。1990 年联合国环境规划署针对世界环境问题，提出了八个关键的全球性的自然环境问题，并且郑重提出人是环境恶化的首因，呼吁要走出人类中心主义的误区，把人与自然的和谐作为人类活动的宗旨，树立尊重自然、爱护自然、合理利用资源的正确的伦理价值观，为自然负责，为我们的子孙后代负责，为人类的未来负责。

(二)企业对员工的责任

企业员工是社会的宝贵财富，也是企业发展的支撑力量。保障企业员工的生命、健康和确保职工的工作与收入待遇，不仅关系企业的持续健康发展，而且关系社会的发展与稳定。为了应对国际上对企业社会责任标准的要求，也为了使中央关于“以人为本”和构建和谐社会的目标落到实处，企业必须承担起保护职工生命、健康和确保员工待遇的责任，遵纪守法，爱护企业的员工，做好劳动保护，不断提高员工工资水平和保证按时发放。同时，企业要多与员工沟通，多为员工着想。从企业和员工的关系上来看，聘用或雇佣的原则和标准乃至程序都反映着企业的社会责任观念。例如，对性别、民族、年龄、文化水平、技术才能、社会背景等的考虑，就涉及男女平等、民族平等、未成年人保护等一系列社会的、政治的问题。在企业内部员工对工作的满意程度、工作环境对员工安全与健康的保障、员工劳动素质的培养和提高以及员工参与企业管理等，都涉及劳动者法定权益是否受到企业的尊重与保障的问题。

(三)企业对消费者的责任

企业是通过为消费者提供产品和服务而获取利润的组织。为消费者提供质优价廉、安全、舒适和耐用的商品，满足消费者的物质和精神需求是企业的天职。消费者是企业产品或服务的最终使用者，企业是通过提供商品和服务进而与社会发生直接关系的。因此，商品和服务成为联结企业与消费者的中介和纽带，从而引出企业对社会多方面的影响。从社会责任的角度看，企业应当努力实现产品功能与成本的最佳结合，提供给消费者真正需要的产品或服务，确保产品质量，做好售后服务工作。企业对消费者的社会责任的核心是保护消费者权益。自西方发达国家倡导“消费者权益主义”以来，保护消费者权益运动已风靡世界。消费者权益包括消费者的权利和利益两重含义。消费者权利是指经法律确认并由法律保护的，消费者在实现其消费目的的活动过程中的行为尺度，而消费者利益则是消费者通过权利的履行而实现的消费需求的满足。消费者的权利和利益互相依赖，前者是基础，后者是目的，两者合起来称为“消费者权益”。企业不得生产假冒伪劣产品，不能以任何的形式欺瞒消费者，侵犯消费者的知情权。

消费者权益的实质内容是消费者消费需求的满足，因此企业有责任使消费者从消费其商品和服务的过程中获得最大的效用和满足。但在现实生活中，损害消费者权益的问题大部分都是企业造成的，因此企业必须端正经营道德，自觉主动维护消费者权益。

（四）企业对供应商的责任

在全球化的浪潮中，企业拥有越来越复杂和越来越多的供应商，大多数企业往往为谋求自身的利益最大化试图通过多种方式与供应商讨价还价，最大限度地压缩成本。一个真正履行社会责任的公司，应该保持与供应商的互惠协作，对存在问题的供应商给予改进的空间和余地，并给予必要的资源支持，帮助供应商履行社会责任，而不是一旦发现供应商没有实现其采购原则，就立刻解除订单，以致供应商破产和工人大量失业，那将是更大范围、更深程度的社会责任缺失。善待供应商，就是善待企业自身，企业应当通过与供应商的友好合作，获得企业的良好声誉，保持稳定持久的竞争优势。

（五）企业对竞争者的责任

企业在竞争中要想处理好与竞争对手的关系，就应该学会在竞争中合作，在合作中竞争。负责任的企业不会为了一时之利，通过不正当的竞争手段挤垮对方，最后两败俱伤。当竞争对手遭遇危机时应该伸出援助之手，如四川汶川大地震发生以后，哈尔滨电站设备集团公司得知自己在灾区的竞争对手东方电气集团公司受灾严重，毅然捐助500万元支持其灾后重建。手足之情高于商业利益，这为企业如何履行社会责任树立了新的标杆。

（六）企业对股东的责任

在市场经济条件下，企业与股东的关系事实上是企业与投资者的关系，这是企业内部关系中的最主要内容。古典经济学理论认为，企业是股东的代理人，它的首要职责是让股东利益最大化。随着市场经济的发展，人们生活水平的提高，投资的方式越来越多元化。人们投资的方式由原来的单一货币投资转向股票、债券、基金和保险，投资股票的直接成为企业的股东，投资各种债券、基金和保险的则成为间接的股东。在现代社会，股东的队伍越来越庞大，遍布社会的各个职业和领域，企业与股东的关系渐渐演变为企业与社会的关系，企业对股东的责任也具有了社会性。企业对股东的责任首先表现为企业要对股东的资金安全和收益负主要责任。投资人把自己毕生的积蓄托付给企业，希望通过对企业的投资获得丰厚的回报，企业应当满足股东这个基本的期望。企业不得拿着股东的钱去做违法的、不道德的事情，企业更不能用股东的钱任意挥霍，企业所从事的任何投资必须以能给股东带来利润为基本前提。同时，企业有责任向股东提供真实的经营和投资方面的信息。企业向股东提供信息的渠道是财务报表、公司年会，由此投资人可以了解到公司的经营品种、经营业绩、市盈率、资产收益率、资产负债率等情况。公司必须保证公布的信息是真实的、可靠的，任何瞒报、谎报企业信息、欺骗股东的行为都是不道德的，企业对此要负道德和法律双重责任。

(七)企业对公益事业的责任

此项责任包含企业对社区公益事业和对社会公益事业两方面的内容：企业对社区公益事业是由于企业与社区有着密不可分的联系，企业可以给社区经济带来繁荣，也可能给社区居民带来污染等，所以企业应积极地参与并资助社区公益事业与公共工程的建设，并努力协调好自身与社区各个方面的责任；对社会公益事业是一种高于法律标准的责任，它包含企业向社会捐献、向教育机构提供资金、向慈善机构捐赠等，它以企业自愿行为为前提，应受国家和社会的肯定和褒扬，且受市场因素的制约，是一种典型的道德义务。

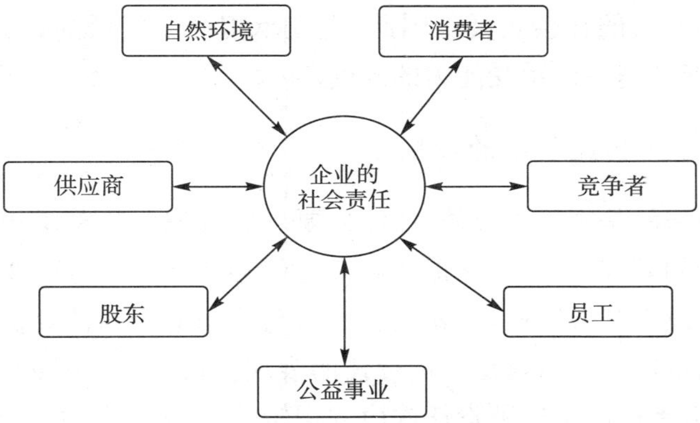

图 4-2 企业的社会责任内容

三、企业承担社会责任的基本原则

企业承担社会责任的基本原则必须既要有利于企业竞争力的提高和可持续发展，又要有利于社会的繁荣与进步。因此，企业应该根据生存发展、自身能力、经营权限、经营性质、不同发展时期、社会需要等实际情况，选择有利于企业可持续发展的承担社会责任的途径和方法。

(一)有利于企业生存和发展的原则

任何一个企业的首要责任就是生存与发展。为了生存和发展，企业履行市场经营主体的职责，在提供产品和服务的同时获取利润，实现其各项营运目标，为进一步发展积累资本和财富。工商业的主要目标和动力就是利润，企业尽其所能谋求利润，由此维持其效率，并利用机会进行技术革新，加速发展。市场竞争使企业自始至终追求其自身的利益，而又使利润保持在一个合理或适当的水平，并在不知不觉中增加了公共福利。如果是因为承担了社会责任，而使企业不能获得利润，就是企业对社会不负责任的表现。正如前面所述，企业的最根本目的是实现自身的利润和为社会提供保证质量的物质产品和高层次的服务。假如企业这个最根本的目的没有达到，那么企业就会失去其存在的意义。因此，企业承担社会责任的首要原则就是生存与发展原则。

（二）基于企业自身能力的原则

任何一个企业要承担社会责任都要以自身能力的局限为前提。对于因企业的经营行为产生的社会问题，企业应该积极地承担解决这些社会问题的责任。但对于那些不是因企业经营行为产生的社会问题，其责任的承担要受企业自身能力的限制。另外，企业承担社会责任将不可避免地增加经营管理成本，这种成本的增加要在其有效的控制范围之内，如果因为承担社会责任引起的成本增加而导致企业竞争力的下降甚至丧失，这表明企业承担的社会责任过多。因此，企业承担社会责任应该是有限度的，企业只能承担某些自己力所能及的社会责任。因此，企业承担社会责任的途径和方法要根据自己的现实情况，不能超越自己承受能力的限度。

（三）不超越企业职权限度的原则

权力和责任历来就是密不可分的，任何人要求职权就意味着承担责任，而任何人承担责任就要有相应的职权。因此，承担社会责任就必须要有一定的职权做保证，企业也不例外。如果企业没有某项职权，它就无法承担与此相适应的社会责任，自然地企业就该拒绝承担这样的责任，否则，就是不负责任的表现。权力与责任的关系是企业社会责任应有的基础，权力到位则是这种责任铁律的逻辑前提，权力缺位或不到位就必然构成企业保持道德缄默的逻辑理由。在政府领导企业的体制内，市场经济容易变成"仕场经济"。在"仕场经济"条件下，企业的发展总是受到官员权力的干预，失去了自主权利的企业及企业家们也就因此容易丧失承担责任、讲究道德的自律精神和自主意识。另外，如果为了解决某些社会问题，而要求企业超越法律或道德伦理的范围进行不法或不道德的经营，违反了企业社会责任的要求，这也是不允许的。

（四）企业在不同发展时期应承担不同社会责任的原则

企业在刚成立时期与在成熟发展时期所承担的社会责任的途径和方法是不同的。斯蒂芬·罗宾斯和玛丽·库尔特（1997）在其《管理学》中提出的企业社会责任的四阶段模型认为："作为一个管理者，在追求社会目标方面，你所做的一切取决于你认为对其负责任的人，即利益相关者。在第一阶段，管理者将努力通过成本最小化和利润最大化来提高股东的利益；在第二阶段，管理者将承认他们对雇员的责任，并集中注意力于人力资源管理；在第三阶段，管理者将社会责任扩展到具体环境中的其他利益相关者，即顾客和供应商；在第四阶段，管理者感到他们对社会整体都负有责任。"从上述观点可以看出，企业承担社会责任的多少和范围必须与企业不同发展阶段相适应。根据企业不同发展时期的情况来确定企业怎么承担社会责任，这也是确保企业所设定的社会责任目标能否实现的重要条件。

（五）结合企业经营性质的原则

企业怎么去承担和承担什么样的社会责任对企业的经营方式、组织结构、用工制度、利润分配、创新方向和经营目标等都有不同程度的影响，它是和企业的产品战略、市场战略、技术战略等相类似的事关企业全局发展的一项重要职能战略。经营性质差异大的企业的各种管理战略显然是大不相同的，如服务业和制造业企业、化工生产企业和食品生产企业等性质不同的企业的社会责任工作重点和方法的差异是没有可比性的。因此，企业承担社会责任是企业管理战略的一部分，而要怎么承担社会责任必须根据企业的经营性质来确定。

（六）符合社会需要的原则

企业承担社会责任的能力是有一定幅度的，但往往这种幅度的波动区间很大，这就是说企业在某一特定时期可以承担社会责任的能力有大有小。同时，社会对企业要求承担的社会责任在某特定时间也有急有缓。因此，企业应该根据社会的急迫需要程度来安排企业的社会责任战略，这种战略就包括承担的社会责任的程度。在社会需要紧迫的时候，企业尽量安排承担更多的社会责任，在社会需要不紧迫的时候，企业可以按原定的幅度承担社会责任。例如，社会突然遭受到天灾人祸，大批民众急需帮忙，企业就应该临时调整社会责任战略，及时援助社会和帮助民众渡过难关。

四、企业承担社会责任的途径和方法

根据企业承担社会责任的指导思想和基本原则，企业应该从经济责任、法规责任、伦理责任和自愿性慈善责任四个方面的具体内容，选择符合企业实际情况的承担社会责任的途径和方法。

（一）承担经济责任

追求合理利润是企业承担社会责任的必要条件，企业若不追求合理利润，那它所应承担的一切社会责任将难以持续。企业承担经济责任的途径和方法主要在以下四个方面。

1. 提供多元化的产品和服务

企业的作用是满足社会需要，因而可以通过开发新产品或提高服务水平向市场提供多元化的产品和服务。在企业履行社会责任的过程中应充分根据社会的需求，提供丰富的产品和服务，以满足广大消费者各种不同的需求，推动人民生活水平的提高和促进社会进步。

2. 提供更多的就业机会

企业需要努力提高经营效率和创新能力，把企业做强、做大，最大限度地扩大就业规模，并积极为人们提供就业的知识技能，鼓励、帮助失业人员独立自主地从事经济活动。企业提供充分的就业机会，增加就业岗位并积极参与社会和政府的就业规划和政策制定工作，及时提出有利于扩大就业的建议和思路，这对提高全体人民的生活水平和促进社会的和谐发展都有着相当重要的作用。

3. 提高社会资源的利用效率

企业的经营活动占用了社会的大部分资源，企业生产方式和经营理念决定了社会资源的利用效率。因此，企业必须努力提高各种资源的经济效益。

在企业内部方面，企业应制定节约资源的规章和准则，严格按照有关法规、条例进行生产控制和管理，提高资源的使用效率；制定具体的节约资源计划或规划，建立严格的资源使用奖惩制度和资源使用效率的责任追究制度；做好宣传和培训工作，提高全体工作人员的高效利用资源意识；加强资源节约型技术的研发和推广应用，加大对资源技术开发资金的投入，积极开展循环经济生产。

在企业外部方面，企业应遵守相关的法律、法规、制度和规范；积极参政议政，促进和维护所有提高资源利用效率的法律、法规、制度和标准规范的完善，使提高社会资源的利用效率逐步成为企业经营管理的常规化和制度化工作；推动和促使社会建立能够反映资源稀缺程度和环境治理成本的价格形成机制，在产品价格中体现污染治理的成本，使污染治理成本内部化；推动社会积极发展循环经济，推行清洁生产，治理环境污染；推动社会实行环境质量公告制度，定期公布企业的有关环境保护指标；积极检举和揭发各种环境违法行为。

4. 促进企业利润和社会财富的共同增长

利润是企业生存和发展的基础，企业经营活动只有获得一定的利润，才有能力扩大规模进行再生产，最终向社会提供更多的商品和服务。这就要求企业必须通过创新管理制度，提高企业的盈利率；通过扩大经营，提高产品或服务的总量；通过提高生产效率或提高服务水平，降低运营成本。因此，企业只有实现利润的增加才能有可持续发展的实力，为社会多作贡献，实现企业利润和社会财富的共同稳定增长，即企业利润积累的同时就是社会财富的积累。

（二）承担法规责任

企业承担法规责任是企业本来就必须承担的社会义务，也是企业基本的社会责任之一。这种社会责任要求企业依法经营，按章纳税和承担政府规定的其他义务，并接受政府的管理和监督。企业承担法规责任也是履行其他社会责任的前提条件，具体途径和方法包括如下五个方面。

1. 遵守国际公约

为了约束企业国际化的经营行为，规范国际贸易秩序，国际公约对成员国的企业来说都有约束力。例如，国际劳工组织宪章、联合国儿童权利公约、世界人权宣言等。企业的一切经营管理行为必须严格遵守这些公约，把跟自己企业有关联的所有国际公约作为企业管理制度制定的基础和前提条件，积极向企业的所有员工和社会各界宣传和推广国际公约。

2. 遵守国家法律法规

企业对法律的遵守和执行将有利于规范企业的经营活动，保护企业及其利益相关者和社会其他各界的合法权益。国家法律从根本上规定了企业所要承担的最基本的社会义务。例如，我国颁布的《中华人民共和国公司法》《中华人民共和国安全生产法》《产品质量法》等法律，规定了企业对社会所要承担的基本的社会义务。除了国家法律，政府还公布了一系列规范企业各种经济行为的条例和规定，包括《建设工程安全生产管理条例》《工伤保险条例》《集体合同规定》等，这些条例和规定进一步规范了企业的经营活动，对法律没有涉及的社会义务作了进一步的补充和完善。现实生活中的国家法律、政府条例和规定也构成了企业社会责任最基本的法规约束，企业严格执行这些法律规范是企业履行社会责任的基本要求。

企业在生产经营活动中须将国家的法律和规定作为企业一切经营行为的最基本准则，贯穿于日常的经营管理工作之中；把普法工作日常化，积极向全体员工和社会各界普及相关的法律知识；经常开展遵纪守法自查自纠活动；积极配合政府执法部门的执法行为。

3. 执行国际通用标准

随着全球化的进一步发展和国际贸易的不断扩大，为了规范某个领域或某种行业的行为，由具有一定代表性和广泛性的国家和地区共同参与制定向全世界颁布的国际标准，如 ISO 9000、ISO 14000 等。这些国际标准浓缩了工业发达国家许多年来的管理经验，融合了当今诸多优秀的管理方法，并用最简洁的方式将企业运行过程加以概括，规范了企业管理的基本流程，同时本身还具有弹性，容许每个企业根据自身特点加以灵活运用。这些国际标准对成员国的企业经营行为同样有约束力。由于考虑到各国的经济社会环境存在很大的差异，经众多成员国协商后才颁布的这些标准的要求往往不是很高，应该作为企业经营行为的基本规范。通过对国际标准的贯彻实施，企业既可以消化吸收国外先进的管理手段与方法，又可以规范、夯实管理基础，并结合企业管理的实践进行管理创新，使企业具有先进的管理水平，促使企业生产的产品和提供的服务具有国际竞争力，有利于企业开展对外贸易。

因此，企业首先应把国际通用标准作为经营管理的基本准则，融入日常的管理工作之中；其次，企业须及时跟踪和把握国际通用标准的变化；最后，企业应积极向职工普及国际通用标准知识，并向相关的合作伙伴推介国际通用标准的要求。

4. 执行行业规范、行业标准和行业的道德准则

企业是在特定的行业中生存的，每个行业都具有自身的特殊性，因而每个行业具体的社会责任也不同。每个行业的行业规范、行业标准和行业的道德准则是针对特定行业在提供产品或服务过程中可能出现的问题而制定的。这些规范、标准和道德准则进一步规定了企业在所属行业内具体的经济行为,为企业履行行业内特定的社会责任提供了依据。企业认真执行行业规范、行业标准和行业的道德准则有助于企业承担本行业应承担的责任。从企业的长期可持续发展来看,企业与同业竞争者之间应本着和平共处、坚决避免无休止价格战等恶性竞争行为的原则,保持友好,相互学习,走共同发展之路。

执行准则具体包括:严格执行行业规范、行业标准、行业道德准则的具体要求;严格执行各类经济合同的约定,恪守合同的要求,保持企业良好的信用与商誉;积极配合行业学会、商会、同行公会等行业组织的行业性统一行动;积极参与行业规范、行业标准和行业道德准则的制定、修改和推广工作;积极按行业规范、行业标准和行业道德准则的具体要求监督、检举或谴责其他企业的不合理行为等。

5. 执行企业内部的规章制度

企业内部规章制度是企业根据本单位的具体情况而定的行为准则。企业内部规章制度必须是在严格遵守国际公约、国家法规、行业规范、行业标准和行业道德准则的前提条件下和在企业伦理道德的高度上对企业的管理者、员工行为进行约束。国际公约、国家法律规范、行业规范、行业标准和行业的道德准则是从外部对企业行为进行约束,而企业的规章制度则是从内部即自身的角度规范企业的经济行为。制定和不断完善企业的各种规章制度,加强各种规章制度的实施和监督力度有助于加强企业的内部控制,防范和化解企业的经营风险,完善企业的监督机制。同时,企业内部的规章制度也是在国际公约、国家法规、行业规范、行业标准和行业的道德准则的基础上对企业经营行为规范进行具体化。

(三)承担伦理责任

企业承担伦理道德责任的具体途径和方法有以下六个方面。

1. 维护股东权益

企业与股东的关系是企业与投资者的关系,股东是企业最基本、最重要的利益相关者。维护股东的投资权益是企业首要的伦理社会责任,企业应为股东提供较高的利润,确保股东在企业中的利益、企业资产的保值与增值。对于企业来说,建立良好的股东关系,努力承担好对股东的经济、社会、法律等方面的责任,对于企业的生存和发展具有决定性的作用。

企业承担维护股东权益社会责任的具体方法包括:维护法律所规定的股东合法权益;承担对股东的资金安全和收益的社会责任;及时向股东提供真实的投资、经营和管理的全面信息;维护股东参与企业管理或监督的有效机制等。

2. 维护消费者权益

消费者是企业产品与服务的最终接受者和使用者。企业应尊重消费者主权,维护消费者利益，尤其在买方市场状态下，由于市场竞争的日益加剧，尽量消除用户在商品交易中的损失和不满，使买卖双方权利均等，对向消费者提供的产品质量或服务水平应承担其保证的责任，做出并履行对消费者在产品质量、产品安全或服务质量方面的承诺，不欺诈消费者和牟取暴利。同时，企业应在产品质量或服务质量方面接受政府职能部门的管理和公众监督。

企业承担维护消费者权益社会责任的具体方法包括：为消费者提供有安全保证的产品和服务，保证消费者在消费时的人身健康安全；为消费者提供质量可靠的产品和高水平的服务；尊重消费者的知情权和自由选择权，及时为消费者提供信息真实、性能详尽的产品广告、宣传材料和产品说明书；保障消费者的消费权益；不牟取暴利，不欺诈消费者；建立产品回收制度和赔偿责任制度等。

3. 维护职工权益

企业的可持续发展有赖于企业职工的艰辛劳动。职工是企业重要的利益相关者之一，企业利益与职工的个人利益是一致的。企业对职工如果仅以精神激励而不给予物质鼓励就不能保证企业的良好效益。企业是人们群居和与他人交往的主要活动空间，企业的工作氛围和文化氛围影响着从业人员的身心健康和社会大众的精神面貌。企业员工的生活状况基本上反映了一个社会和一个国家人民的总体生活水平。

企业承担维护职工权益社会责任的具体方法包括：不雇佣强迫性劳工的行为；为职工提供安全、健康的工作环境，并采取适当的措施，最大限度地降低工作环境中的危险隐患，消除可能危害员工健康与安全的潜在威胁，保障职工的身体健康和生命安全；保证合理的薪酬、补贴和福利；提供平等的就业机会、升迁机遇和接受教育的机会；向职工提供民主参与企业管理的权利，培育职工工作的热情和积极性；尊重员工人权，包括其种族、国籍、性别、残疾、尊奉信仰和风俗习惯的自由等。

4. 积极参与社区建设

社区是企业赖以生存和发展的外部环境。企业的经营活动都在社区中进行，企业和社区是息息相关的，因而建立和谐的企业社区关系对企业的生存发展和社区的繁荣具有重要作用。

企业承担参与社区建设社会责任的具体方法包括：合理宣传企业相关先进文化和专业知识，为社区人员提供实习、培训和就业的机会；协调好企业的发展与社区资源的合理利用之间的关系；利用自身的产品优势、信息优势、人才优势、技术优势、资金优势和社会关系网络，扶持社区的文化教育事业，帮助失学和有困难的青少年接受教育；积极参与并资助社区公益事业，救助无家可归和亟待需要帮助的人员。

5. 承担公共设施的使用成本

企业的壮大发展离不开公共设施的高效运行，保证公共设施的高效运行的前提条件就是对其大量投资，而公共设施普遍都具有投入回报率低以及企业和公众在公共设施使用方面的不均等特点，这就在客观上要求对公共设施使用程度高的企业承担高于公众的费用。

企业承担公共设施使用成本社会责任的具体方法包括:支付高于公众的水、电、天然气等公共设施使用价格,保护或维护公共设施的正常运转;配合公共设施规划和实施等。

6. 保持资源、环境与社会可持续的发展

资源开发过度、资源浪费和环境污染是社会可持续发展面临的重要问题,而企业活动是造成这些问题的重要因素。解决企业发展与社会发展在资源、环境方面矛盾的合理选择在于企业履行保护资源和环境的社会责任。

企业承担保持资源、环境和社会可持续发展社会责任的具体方法包括:严格按照有关法规的要求尽可能合理地利用资源,杜绝对自然资源的掠夺式开发利用,保护自然界的自我平衡发展;减少经营活动对环境的污染程度,倡导绿色经营和消费理念,阻止全球范围内自然环境的进一步恶化;承担治理由企业所造成的资源浪费和环境污染的相关费用;积极支持全球范围内环境保护的各项工作等。

(四)承担社会慈善责任

在对企业社会责任的研究过程中,国内专家学者对企业慈善社会责任及其实现的途径和方法的研究与探讨就从未停止过。

1. 把自愿性慈善责任当作战略性行为

经济发展到一定阶段,对于企业社会责任或对企业公民的要求会日益强烈。20 世纪 90 年代初,美国哈佛大学迈克尔·波特(Michael E. Poter)、马克·克雷默(Mark Kramer)教授在将竞争优势理论运用于企业慈善行为的分析,最终形成独树一帜的战略性企业慈善行为理论。该理论强调企业慈善行为对企业竞争环境可能产生积极影响,并将这种慈善行为定义为“战略性慈善行为”,即把企业的慈善行为当作企业改变竞争环境的一种竞争战略。

2. 将慈善活动与生产经营活动相整合

史密斯(Smith,1994)倡导“新企业慈善行为”,强调将慈善活动管理与其他生产经营活动整合起来,以达到通过慈善活动来提升企业知名度、提高雇员生产率、降低研究开发费用、减缓政府管制、推进企业各职能部门的协调发展的目的。其关键是社会责任要变成企业行为的有机部分,要贯穿于企业的生产经营活动过程中,把承担自愿性慈善社会责任与提高企业竞争力的管理战略结合起来,而不是被动地附加慈善行为。只有在两者相互整合的情况下,企业的经济发展才会持续地被市场与其他社会公众所接受。

3. 直接支持其他慈善机构或组织

以扶贫帮困、救死扶伤、安置残疾人、赡养孤寡等为主要工作内容的慈善机构和社会福利机构的活动费用是由政府和社会共同承担的。企业直接设立慈善基金或以向社会慈善机构和福利机构捐款、捐物的方式来资助社会慈善事业,或直接出资承担其他公益事业的义务,如城市绿化、修路建桥、保护动植物等的善举是企业充当“社会好公民”角色的一个重要组成部分。社会确实期望企业多行善,慈善从而成了企业与社会之间契约关系中的一个不可忽视的组成部分。慈善不仅可以为企业树立“社会公民”形象,还能提高企业在社会中的知名度和公众心目中的地位。

表 4-2 企业承担社会责任的方法和途径

方法和途径	具体内容
承担经济责任	提供多元化的产品和服务。
	提供更的多就业机会。
	提高社会资源的利用效率。
	促进企业利润和社会财富的共同增长。
承担法规责任	遵守国际公约。
	遵守国家法律法规。
	执行国际通用标准。
	执行行业规范、行业标准和行业的道德准则。
	执行企业内部的规章制度。
承担伦理责任	维护股东权益。
	维护消费者权益。
	维护员工权益。
	积极参与社区建设。
	承担公共设施的使用成本。
	保证资源、环境与社会可持续的发展。
承担社会慈善责任	把自愿性慈善责任当作战略性行为。
	将慈善活动与生产经营活动相整合。
	直接支持其他慈善机构或组织。

五、企业承担社会责任的意义

(一)构建和谐社会的需要

企业在赢利的同时,应该主动地承担社会责任,维护相关利益者的权益,如为职工提供更好的舒适工作环境与良好的福利,为社区创造更多就业的机会,为社区的发展做出贡献,为消费者提供可靠安全的产品,关注并保护环境。这些都是贯彻科学发展观、构建和谐社会的要求、实现可持续发展的科学发展观以及实现人的全面发展的具体要求。

(二)提升企业竞争力的需要

随着企业自身和公众对于企业社会责任问题日益关注,是否主动地承担社会责任是企业树立声誉与形象、促进企业竞争力的增强和效益提高的一个关键因素。企业通过遵守与企业社会责任相关的法律、法规来规范自身的行为，健全企业内部的制度与管理，建立和谐的劳资关系，从而可以提高工作的效率，激发职工与企业的创新精神，最终为企业带来更大的经济效益，提升企业在国内、国际市场上的竞争力。

（三）实现良好市场秩序的需要

企业社会责任要求企业要为创造利润最大化的市场、社会和资源而努力，这是实现企业长远利益最大化的要求。通过完善的相关立法，在全社会形成一个公平、公正、和谐的市场竞争环境，不仅可以使企业依法规范自己的经营行为，使企业的经济行为符合全社会整体的利益，也可以促进社会向着健康有序的方向发展。

总之，企业社会责任并不是完全否认企业追求利润最大化，而是要企业在追求利润最大化的同时，以履行国家规定的法律责任为底线，主动承担为股东以外的利益相关者谋取一定利益的一种责任。它要求企业的经营者以企业的长远利益和社会的可持续发展为目的，以人为本、以社会为本、以社会和谐为基础，在企业利润最大化与主动履行社会责任之间寻求平衡点。

本章小结

道德是一种意识形态，道德是指那些用来明辨是非与善恶的规则或原则。

管理道德是指组织在管理过程中所形成的调整和协调各种管理关系的行为规范的总和。

提高员工道德素质的途径有：挑选高道德素质的员工，建立道德准则，高层管理者在道德方面以身作则，设定合理的工作目标，对员工进行道德教育，对绩效进行全面评价，进行独立的审计以及建立正式的保护机制等。

企业社会责任体现在：对自然环境的责任，对员工的责任，对消费者的责任，对供应商的责任，对竞争者的责任，对股东的责任以及对社会公益事业的责任等方面。

思考与理解

1. 简述管理道德的重要性。
2. 简述改善企业管理道德的措施。
3. 简述提高员工道德素质的途径。
4. 简述企业承担社会责任的原则与意义。
5. 企业承担社会责任的方法和途径有哪些？
6. 主要概念：

道德、管理道德、道德修养、社会责任。

第三篇

管理职能篇

第五章 决策与计划

教学目标

1. 理解决策的含义、类型以及理解影响决策的因素，能针对不同的决策问题选择适当的分析方法，并能运用所学理论透彻分析相关案例。

2. 理解计划的概念、分类和作用，了解计划的编制方法和实施的主要内容。

3. 理解目标管理的本质和特点，理解目标管理原理和应用。

课程导读

丘吉尔的决策

1940 年 11 月 12 日，德国空军司令部通过最新、最复杂的通讯密码下达如下命令：为了报复英国皇家空军同月 8 日对德国慕尼黑城的挑衅性空袭，将派 500 架空军机群于 14 至 15 日对英国内陆的中心地区实行猛烈轰炸。这个被称为"月光奏鸣曲"计划的实施目标是在英国建筑历史上和工业上占有重要地位的城市——考文垂。

英国军方通过破解德国的"超级机密"截获了德军的这一情报。但是，如何应付这次空袭，英国人却面临着两难的选择。

一种方案是采取主动措施保卫考文垂。当时英国军方曾制定了一项代号为"冷冲"的行动计划，即动用一切可以调动的飞机，在一开始就挫败敌人的袭击。因为当时有足够的时间集中高射炮火、探照灯和烟幕防御设施，加强全城的救火和救护工作。用炮火和探照灯配合作战，至少可以迫使德国人只能在高空飞行或把他们驱离目标。然而，这样一来，就有可能使德国人怀疑自己的密码已被破译，接着德国人就会更换一种新的密码系统，而已被英国人掌握的"超级机密"也必将失去作用。

另一种方案就是让考文垂的防务措施保持原封不动，对空袭作出合乎常情的反应，也就是要忍痛割爱，用牺牲考文垂城为代价来保住"超级机密"。

面对这种困难甚至是痛苦的抉择，实任英国首相的丘吉尔经过反复权衡，认为“超级机密”的安全比一个重要工业城市的安全更为重要，因为“超级机密”在未来的战役中肯定是有决定性意义的重要武器。从全局利益考虑，为了保证整个战争的胜利，英国决定只有牺牲考文垂来保住“超级机密”了。结果，考文垂就在没有任何更多防御的情况下，痛苦地承受了德国飞机长达10小时的空袭。在4500多枚重磅炸弹引起的爆炸中，这座具有900多年历史、拥有25万居民和许多的文物古迹的古城——考文垂像遭受地震一样变成了一片废墟，成了殉难的城市。考文垂是为了“超级机密”而殉难了。

导读：

1. 选择是困难的，但最终还是必须要做出选择的。

2. 抉择的过程是一个分析、比较和判断的过程。

3. 选择本身就意味着要有所舍弃，就看舍弃的成本到底有多大了。

第一节　决策

美国学者亨利·艾伯斯认为，决策有狭义和广义之分。狭义的决策是在几种行为方案中做出抉择；广义的决策还包括在做出最后抉择之前必须进行的一切活动。

一、决策的意义

(一)决策的含义

管理学学者认为：正确决策应该是指人们为了实现特定的目标，运用科学的理论和方法，系统地分析主客观条件，在掌握大量有关材料的基础上，提出若干预选方案，并从中选择作为人们行动纲领的最佳方案。

系统学者指出：决策就是为了实现一个特定系统目标，根据客观可能性，在掌握一定信息和经验的基础上，借助一定的工具、技巧和方法，对诸因素进行准确的计算和判断择优后，对行动做出决定。

美国著名管理学家赫伯特·西蒙指出：“决策是管理的心脏，管理是由一系列决策组成的，管理就是决策。”决策作为管理者的主要任务，在管理工作中具有极其重要的地位。

随着管理科学的发展，人们对现代管理决策正趋于取得共同的认识：决策是为了达到某种既定目标，运用科学的理论、方法和手段，制定若干行动方案并从备选方案中进行选优再予以实施的一系列分析判断过程。决策是管理者从事管理工作的基础,同样也是衡量管理者水平高低的重要标志之一。正确地理解决策的概念的含义有以下几点:

(1)决策要有明确的目的。

(2)决策是在某种条件下寻求优化目标和优化达到目标的手段。

(3)决策应当有若干有价值的可行的备选方案。

(4)决策要进行方案的评价并选择一个满意方案。

(5)决策应理解为合理的设计、分析、比较、选择与决定方案的整个过程。

(二)决策的作用

决策是管理者识别并解决和利用机会的过程,在管理活动中具有重要的地位与作用,具体表现在以下三个方面。

第一,决策是管理的核心内容。管理工作都是围绕着决策而展开的,管理活动中的每一个具体环节都有具体的决策问题。首先,计划工作的每一环节都涉及决策。例如,目标的制定、行动方案的选择等都离不开决策。其次,组织、领导、人员配备、控制等管理职能的发挥也离不开决策,如采取何种组织结构形式、采用何种领导方式、如何选聘人才、如何进行控制等都需要通过决策来解决。管理中时时处处会遇到问题,决策就是解决问题。可以说,决策贯穿于管理过程的始终,存在于一切管理领域和管理过程之中。

第二,决策是管理者的主要职责。有组织就有管理,有管理就有决策。不论管理者在组织中的地位如何,决策都是管理者的重要职责。管理者管理水平的高低,在很大程度上取决于他决策水平的高低。

第三,决策事关工作目标的实现乃至组织的生存与发展。决策选择的行动方案的优劣,将会直接影响到组织目标实现的速度、程度和质量,更影响到管理的效率。决策失误必然会导致管理与经营行为的失败。

(三)决策的依据

随着信息时代的来临,信息在管理中的重要作用越来越被管理者所认识,信息无疑是决策的基础。管理者只有掌握了历史、现状和未来信息,并以此作为决策的基础,才能做出科学的决策。但是应当注意的是,这并不意味着管理者必须不计成本地收集各类信息,所以适量的信息是决策的依据,同时决策者应当注意搜集决策实施的反馈信息。

二、决策的原则

(一)系统原则

系统是指由相互联系、相互作用的若干组成部分构成的有机整体,这个整体具有其各个组成部分所没有的新的性质和功能,并和一定的环境发生交互作用。系统的各要素之间、要素与整体之间,以及整体与环境之间,存在着一定的有机联系,从而在系统的内部和外部形成一定的结构和秩序。

世界上的任何事物都存在于相互联系、相互制约的系统之中。因此,为达到决策的合理化、科学化,决策者在进行决策时必须遵循系统原则。

系统原则也被称为整体性原则,它要求决策者把决策对象视为一个系统,以系统整体目标的优化为准绳,协调系统中各分系统的相互关系,使系统完整、平衡。因此,在做决策时,决策者应该将各个小系统的特性放到大系统的整体中去权衡,以整体系统的总目标来协调各个小系统的目标,使各个小系统的目标与整个系统的总目标相协调。

(二)满意原则

决策者在进行决策时,总是想追求最佳方案,获得最好的结果,但这是不现实的。因为要想使决策达到最优,决策者必须获取与决策有关的全部信息,真实了解全部信息的价值所在,并据此制定所有可能的方案。同时,决策者还要准确预期到每个方案在未来的执行结果。在现实中,这样的条件是不可能达到的。因此,决策要遵循的应当是满意原则而不是最优原则。决策者不应追求十全十美的方案,只要对满意的方案做出选择就行。

(三)可行原则

可行即可以执行的意思。决策的可行原则要求决策者所做出的决策是符合组织的能力和资源条件的,是通过努力可以实现的。也就是说,只有切实可行的决策才是正确的决策。那些脱离实际的“宏伟蓝图”看似鼓舞人心,其实是海市蜃楼,只会虚耗组织的资源而无助于目标的实现。

(四)民主原则

决策是管理者尤其是领导者的职责,需要领导者应用智慧进行决断。但决断不等于独断,要在错综复杂的环境中进行正确的决策,任何个人的智慧和经验都是不够的。因此,管理者在决策时必须贯彻民主原则,重视发挥集体的智慧。

(五)弹性原则

决策的弹性原则是指管理者所做出的决策必须具有适应性和灵活性,用以适应组织外部环境和内部条件千变万化的形势,实现灵活管理。因为管理所面临的问题是多因素的,这些因素既存在复杂联系又是经常变化的,事先很难进行精确估计。因此,管理决策都应当有一定弹性,这样才能适应组织内外部环境和条件的变化,实现有效的管理,达到组织的目标。

三、决策的类型

1. 按决策的范围分类

按决策范围分类,决策可分为战略决策和战术决策。

战略决策是指事关企业或组织的生存与未来发展方向和远景的具有全局性、长远性和指导性的大政方针方面的决策。例如:企业经营目标的确定与改变;技术革新与技术改造;新产品开发计划;多元化经营的发展计划;企业联合或联营的决定等。

管理决策是指为了实现战略决策的目标而做出的具体决策,又叫"战术决策"或"策略决策",其重点是解决如何合理组织与利用内部资源的具体问题。例如:企业组织机构的设计与变更;各种规章制度的建立和改革;企业内部人力、物力、财力的协调与控制等。

2. 按决策层次分类

按决策层次分类,决策可分为高层决策、中层决策和基层决策。

高层决策是指组织最高领导层所做的决策。这类决策大多是有关组织全局以及与外界有密切联系的重大问题,如组织的经营方针、市场开拓等。

中层决策是指组织中层管理人员所做出的决策。

基层决策是指组织基层管理人员所做的决策。这类决策一般解决日常工作中的问题。一般来说,越往高层的决策,就越具有战略性的、非常规型的、非确定型的特性;而越往低层的决策,就越具有战术性的、常规型的、确定型的、技术性的特点。

3. 按决策依据分类

按决策依据分类,决策可分为经验决策和科学决策。

经验决策是决策者凭以往的这种经验判断所做出的决策,这类决策只适用于日常的一些事物上。

科学决策则是决策者运用运筹学、计算机、管理信息系统等现代决策技术而做出的决策。

4. 按决策的重复程度分类

按决策的重复程度分类,决策可分为程序化决策和非程序化决策。

程序化决策是常规的、重复的,当某一问题发生时,没有必要重新做出新的决策,就可以按照原有设立的一定方式进行工作。这种决策属于定型化、程序化或定规化的决策。例如,订货程序、材料与工具出入库制度、工资发放等。由于这些活动经常地、重复地进行,积累了一套经验,把这不断重复的工作方法和顺序,编成固定的工作规则和程序,使这类工作有章可循。对这种经常性的业务工作和管理所做的决策称为程序化决策,这种决策工作主要由企业中、下层管理人员来承担。

非程序化决策又称"一次性决策",它是属于非常规的、非定型化、非例行的决策。这类决策活动不是经常重复出现的,它用来解决没有以往经验可依据的新问题。

但是,程序化决策与非程序化决策两者并不是截然不同的,程序化决策也有重复次数多少的不同,非程序化决策也可能包括某些部分曾是过去处理的,也就是说,程序化或重复性是从高到低的一个连续系列。

5. 按决策主体的多少分类

按决策主体的多少分类,决策可分为集体决策和个人决策。

集体决策是指多个人一起做出的决策,个人决策则是指单个人做出的决策。相对于个人决策,集体决策有一些优点:能更大范围地汇总信息;能拟定更多的备选方案;能得到更多的认同;能更好地沟通;能做出更好的决策等。但集体决策也有一些缺点,如花费较多时间,产生责任不明的情况以及出现"从众现象"等。

6. 按决策问题所处的条件和状态分类

任何决策都面临一定的环境和条件,如果这些环境和条件是决策者主观所不能控制的,就叫自然状态。按决策问题所处的条件和状态分类,决策可分为确定型决策、风险型决策和不确定型决策。

确定型决策是指各种可供选择的方案所需的条件是已知的和确定的,一个方案只有一种确定的结果,各方案实施后只有一种自然状态的决策。这类决策问题一般可以运用数学模型求得最优解。

风险型决策是指各种备选方案的自然状态是不确定的,不能肯定哪种自然状态会发生,但决策者能根据预测的情况计算出事情发生的概率,并根据概率能对决策结果做出一定估计。

不确定型决策是指客观上存在两种以上可能出现的自然状态,它们出现的概率是未知的、不能确定的,各种可行性方案出现的后果也是不确定的,存在着许多不可控因素,决策者不能确定每个方案的执行后果,主要凭决策者的经验估计来做出决策。

三、影响决策的因素

做出科学、合理的决策是管理者必须行使的重要职能。但管理者在进行决策时,经常会受到诸多因素的影响,其中主要有以下四个方面的因素。

(一)组织环境

环境因素对决策的影响作用是十分明显的,环境条件对决策者的决策具有明显的制约性。环境是决策方案产生的载体,也是决策方案得以实现的保障。要做出科学、合理的决策,管理者必须对组织的所有环境条件进行尽可能详尽的调查和分析,全面有效地把握和利用有关的环境信息,并能根据环境信息的各种不同情况作出相关的反应。

(二)决策者

决策者是影响决策过程的关键因素。决策者主要是通过决策者的知识、心理、观念、能力等各种因素对决策产生影响。决策者的价值观、知识水平、战略眼光、领导能力、工作作风、对待风险的态度等，都直接影响决策的过程和结果，决策是对决策者的一种全面的检验。知识渊博、富有战略眼光的决策者可以依靠个人素质运筹帷幄，做出高质量的决策；领导能力强、民主作风好的决策者能够集思广益、发动组织成员参与决策，也能提高决策的质量；愿冒风险的决策者会做出积极、主动的决策，而不愿意冒险的决策者则易陷于被动和保守。

（三）组织文化

组织文化会影响组织及其成员的思想和行为方式。作为组织的一员，管理者的思想和行为同样会受到组织文化的影响和制约。

组织通过组织文化来教育、培育和制约组织成员的行为及行为方式，并通过组织文化来影响人们改变态度而发生作用。例如：在偏于保守、怀旧的组织中，人们总是习惯于根据过去的标准来判断现在的决策，总是担心在变化中会失去什么，从而对将要发生的变化产生怀疑、抵御的心理与行为；而在具有开拓和创新气氛的组织中，人们就会以发展的眼光来分析决策的合理性，总是希望在可能产生的变化中得到什么，因此渴望变化、欢迎变化、支持变化。由此可见，不同的组织文化氛围会对组织的决策造成不同的影响。支持变化的组织文化有利于新决策的实施，而抵御变化的组织文化则可能给新决策带来种种阻抗。所以，建立一种有利于变化与发展的组织文化，是有效实施新决策的重要举措。

（四）时间

时间本身就是决策的重要组成部分，同时又是限制决策的重要因素。美国学者威廉·R. 金和大卫·I. 克里兰，把决策分为时间敏感决策和知识敏感决策。知识敏感决策着眼于未来，着重于机会的运用，而不注重考虑避开威胁，所以该决策在时间上相对宽裕，并不一定要求在某一日期以前完成。而时间敏感决策是指那些必须迅速、尽量准确的决策，这种决策对速度的要求超过对质量的要求。相对知识敏感决策，时间敏感决策对时间的要求比较严格，这类决策的执行效果主要取决于速度，所以管理者应该充分认识时间对决策的影响作用，并充分利用有限的时间做出正确的决策。

四、决策的程序

传统的管理理论把决策仅仅理解为寻找最佳方案。

现代决策理论认为，决策不仅包括选定最优方案，而且包括其他一些有关步骤。因此，决策是一个系统的动态过程。西蒙在《管理决策新科学》一书中提出了决策过程的四个阶段：第一阶段是探查环境，寻求要求决策的条件（称为情报活动）；第二阶段是创造、制定和分析可能采取的行动方案（称为设计活动）；第三阶段是从可供利用的方案中选出一个特定的方案（称为选择活动）；第四个阶段是对过去的抉择进行评价（称为审查活动),这一阶段包含执行决策的任务阶段。

决策是一个制定若干行动方案并从备选方案中进行选优予以实施的一系列分析判断过程。为了对决策过程有一个更为详细的了解,我们详细考察以下决策过程的每一步骤和程序。

(一)分析环境,识别问题或机会

管理者面临的决策问题主要包括两类:一是要解决存在的问题;二是如何抓住机遇。这首先要研究组织的外部环境,明确组织面临的挑战和机会,然后要分析组织的内部条件,认清组织的优势与劣势,分析组织亟待解决的问题。通常情况下,决策是为了解决一定问题而制定的,决策的目的是为了实现组织内部活动及其目标与外部环境的动态平衡。一般的决策往往从提出问题开始,而问题就是现实与期望之间的差异。没有问题就不需要决策,而问题不清就无法做出相应正确的决策。

一般来说,如果产生了问题,往往会出现以下三种情况:一是组织运行与计划目标发生了偏差,这意味着组织存在急需解决的重要问题,需要修正计划、加强控制,因而将实际进程与计划指标对照检查是识别问题的常用办法;二是组织环境的变化,即组织作为一个有机体存在于社会大系统中,无时无刻不受到环境的影响;三是组织内部的变化。

(二)确定决策目标

目标体现的是组织要达到的目的。目标是决策活动的开始,而实现目标,即取得预期的管理效果是决策的终点。确定决策目标时,要注意以下几点。

1. 目标应明确具体

决策目标的确定是为了实现它,因而要求决策目标定得准确,首先要求概念必须明确清晰,即决策目标的理解应当只有一种,能够使执行者明确地领悟含义。如果一个目标的含义怎样理解都可以,那么管理者就无法做出有效的决策,执行者也无法有效地执行。

2. 目标要分清主次

在决策过程中,目标往往不止一个,多个目标之间既有协调一致的时候,有时也会发生矛盾。例如,要求商品物美价廉就有矛盾,物美往往要增加成本,价廉就得降低成本,有时还会影响质量。在诸多目标中,有的目标是必须达成的,有的目标是希望达成的,这样就可以使实现目标的严肃性和灵活性更好地结合起来。因此,在处理多个目标的问题时,一般应遵循下列两条原则:第一,在满足决策需要的前提下尽量减少目标的个数,因为目标越多,选择标准就越多,选择方案就越多,从而就越会增加选择的难度;第二,要分析各个目标的权重,分清主次,先集中力量实现必须达到的主要目标。

3. 要规定目标的约束条件

决策目标可以分为有条件目标和无条件目标两种,凡给目标附加一定条件者就称为有条件目标，而所附加条件称为约束条件；不附加任何条件的决策目标称为无条件目标。约束条件一般分为两类；一类是客观存在的限制条件，如一定的人力、物力、财力条件；另一类是一定的主观要求，如目标的期望值，以及不能违反国家的政策法规等。凡是有条件目标，只有在满足其约束条件的情况下达到目标时，才算真正实现了决策目标。

4. 决策目标应数量化

数量化就是要给决策目标规定出明确的数量界线。有些目标本身就是数量指标，如产值、产量、销售量、利润等。在制定决策目标时要明确规定增加多少，而不要用“大幅度”和“比较显著”之类的词。有些属于组织问题、社会问题、质量问题等方面的决策，目标本身不是数量指标，可以用间接测定方法，如产品质量可以用合格率、废品率等说明。

5. 决策目标要有时间要求

决策目标中必须包括实现目标的期限。即使将来在执行过程中有可能会因情况变化而对实现期限做一定的修改，但确定决策目标时必须把预定完成期限规定出来。

（三）拟定备选方案

决策目标确定以后，决策者就应拟定达到目标的各种备选方案。拟定备选方案时要注意：

首先，要分析和研究目标实现的外部因素和内部条件、积极因素和消极因素，以及预测事物未来的变化趋势和发展状况。

其次，将外部环境的不利因素和有利因素、内部业务活动的有利条件和不利条件等，同决策事物未来趋势和发展状况的各种估计进行排列组合，拟定实现目标的方案。

再次，将这些方案同目标要求进行粗略的分析对比，权衡利弊，从中选择出若干个利多弊少的可行方案，供进一步评估和抉择。

拟定可行方案的过程是一个发现、探索的过程，也是淘汰、补充、修订、选取的过程。在这个过程中，决策者应当有大胆设想、勇于创新的精神，也要细致冷静、反复计算、精心设计。对于复杂的问题，决策者可邀请有关专家共同商定，在拟定方案时，可运用“头脑风暴法”“对演法”等智囊技术。“对演法”就是让相互对立的小组制定不同的方案，然后双方展开辩论，互攻其短，以求充分暴露矛盾，使方案越来越完善。

（四）评估决策方案

备选方案一经确定，决策者必须对每一备选方案进行评估。在评估过程中，决策者要使用预定的决策标准以及每种备选方案的预期成本、收益、不确定性和风险。为了解决决策的困难，通常的方法是根据目标的权重排出先后次序，然后通过加权求和的方式将其综合为一个目标；或者将一些次要目标看作决策的限制条件，使某个主要目标达到最大（或最小）来选择方案。

(五)选择决策方案

从已列出的并且评估过的备选方案中,选择最适合的方案,这一步骤是决策的关键阶段。通过可行性分析和评估,确定出每个方案的经济效益和社会效益,以及可能带来的潜在问题,按照一定的标准比较各个方案的优劣,从中做出选择。选择方案的具体方法有两种类型:一种是定性方法,即决策者根据以往的经验和掌握的材料,经过权衡利弊后做出决断;一种是定量方法,即借助于数学和计算机技术进行决策。

(六)方案的实施与反馈

三分策划,七分执行。决策方案一经选定,决策者应把相关的信息传递给执行决策的人员组织实施。方案的实施是决策过程中至关重要的一步。如果没有把选择的方案付诸实施,那便与没有做出选择毫无分别,且如果不能有效地执行,再好的方案也无法达到预期的目标。

实施选定方案的过程中通常需要做好以下工作:

第一,确保与方案有关的各种指令能被所有有关人员充分接受和彻底了解。

第二,在整个决策实施过程中,必须实行目标管理。按照决策目标的要求,层层分解决策总目标,明确规定下属成员应该承担的任务,落实到每一个执行单位和个人,做到各司其职、人尽其才。

第三,建立工作报告制度,密切注视决策方案实施过程中的进展情况和存在的问题并进行调整和控制。

五、决策的方法

随着决策理论和实践的不断发展,决策者已经创造出许多科学的决策方法。总的归纳起来可以分为两大类:一类是定性决策方法;另一类是定量决策方法。决策者应当根据决策过程的性质和特点,灵活地运用各种方法,优势互补,这样才能提高科学决策的水平。

(一)定性决策方法

定性决策方法又称为“软方法”,也叫“主观决策法”,是指决策者根据个人或专家的知识、经验和判断能力,充分发挥专家的集体智慧来进行决策的方法。定性决策方法的优点是灵活简便,通用性大,为一般管理者易于采用,有利于调动专家的积极性,激发人的创造力,更适用于非常规型决策。但其缺点是定性决策方法多建立在专家个人主观意见的基础上,未经严格论证,主观性大。定性决策方法主要有以下七种。

1. 德尔菲法

德尔菲法是20世纪50年代由美国兰德公司发明的,最早用于预测,后来推广应用到决策中来。它是一种通过信函向专家征求对未来有关事项意见的一种决策方法，也是目前采用得最普遍的一种现代预测和决策方法。

德尔菲的要点有：一是不记名投寄征询意见；二是选择与涉及问题相关的专家，专家人数一般在10～50人最好；三是收集各专家意见；四是统计、整理专家意见；五是将整理后意见进行多次反馈、咨询，直至意见比较集中为止。

由于德尔菲法是以匿名及书信的方式进行的，因此避免了专家们聚在一起时彼此产生的心理作用，可以最大限度地利用专家资源，获得比较满意的结果。但是，德尔菲法也有不足之处：一方面，它用书信的方式咨询意见，使问题的讨论受到了很大的限制；另一方面，如果组织者不能很好地理解专家的意见，就有可能在整理和归纳专家意见时出现误差。

2. 头脑风暴法

头脑风暴法又名畅谈会法，是20世纪50年代末由美国的奥斯本(Osborn)在《您的创造力》(1957)中提出的一种决策方法。类似于我们颇为熟悉的"诸葛亮会议"，其思想是邀请有关专家敞开思路，在不受约束的条件下激发灵感，集中体现自由开放、群策群力、发挥集体智慧，针对某些问题畅所欲言，创造一种自由奔放的思考环境，诱发创造性思维的共振和连锁反应，产生更多的创造性解决方案。此方法产生的结果是名副其实的集体智慧的结晶。

该方法的具体操作规则可以用实例来说明。例如：选择5～12人，1人为主持人，1～2名为记录员(最好是非正式与会人员)，要求人人参与会议，时间以不超过2小时为宜，地点环境不受外界干扰，不允许有质疑和批评，不允许反驳，也不要做出结论，建议越多越好，广开思路，不要重复别人的意见，思考、表达创意的气氛和空间应该是完全轻松自由的。这种方法适用于简单问题的决策。

3. 列名小组法

列名小组法是采用函询与集体讨论相结合的方式征求专家意见的方法。这种方法分为两个步骤：第一步请有关专家在互不接触的条件下，用函询的方式提出自己对某一个问题的意见；第二步邀请专家聚会，把第一步收集的意见匿名发表给大家，让大家畅所欲言，深入探讨。列名小组法可以有效地避免头脑风暴法和德尔菲法的弊端，既可以使专家们在第一阶段毫无顾忌地各抒己见，又可以在第二阶段相互启发、取长补短。但是，这种方法如果使用不当，也会失之偏颇。

4. 方案前提分析法

方案前提分析法是通过分析、评估决策方案赖以成立的前提来进行决策的方法。由于方案前提分析法不是讨论方案本身，而是讨论方案的前提，这样就能较好地避免决策中一些人为因素的消极影响。方案前提分析法的关键在于找出方案的前提。另外，在讨论时对前提成立的条件要尽量刨根究底，以求更详细、透彻地对方案的前提进行了解。

5. 提喻法

提喻法是通过讨论从其他角度提出的与方案有关或类似的其他方案，借助类比达到分析评估方案目的的方法。提喻法是20世纪60年代由美国学者哥顿首创的一种决策方法，因而也称“哥顿法”。由于运用提喻法可以隐瞒决策问题的真相，因而可以防止与会者因个人利害关系而产生消极影响，同时还有利于与会者从新的角度和侧面探讨问题，进行创造性思维，避免他们囿于成见而束缚思想。

6. 电子会议

电子会议的主要优点是匿名、诚实和迅捷。决策参与者不用透露姓名就能发出自己所要表达的任何信息，一敲键盘即显示在计算机屏幕上，使所有人都能看到；它还使人们充分表达他们的想法而不会受到惩罚；它消除了闲聊和讨论偏题，且不必担心打断别人的“讲话”；它比传统的面对面会议节省一半以上时间。但电子会议也有缺陷：这一过程可能缺乏面对面口头交流所传递的丰富信息。

7. 创造工程法

创造工程法是运用创新思维提出问题与解决问题的一种决策方法。这种方法把决策过程看成一个有秩序、有步骤的创新过程。它包括三个阶段：第一阶段是确定问题阶段；第二阶段是孕育、创新阶段；第三阶段是提出设想和付诸实施阶段。创造工程法的核心是第二阶段，其灵魂是创造性思维。

（二）定量决策方法

定量决策方法又称“硬方法”，是指建立在数学、统计学等基础上的决策方法。它的核心就是把决策变量、变量与目标之间的关系用数学式表示出来，建立数学模型，然后根据决策条件，通过计算（复杂问题要用计算机）求得答案。这种方法既可以适用于决策过程中的任何一步，也特别适用于方案的比较和评价。定量决策方法主要有：盈亏平衡分析法、决策树法、线性规划法、边际分析法等概率法、小中取大决策法，大中取大决策法，期望值决策法，博弈论等。下面主要介绍一下盈亏平衡分析法和决策树法。

1. 盈亏平衡分析法

盈亏平衡分析法又称保本分析法或量本利分析法，是通过考察销售量、成本和利润的关系以及盈亏变化的规律来为决策提供依据的方法。

在运用盈亏平衡分析法时，关键是找出企业不盈不亏时的销售量（称为保本销售量或盈亏平衡销售量，此时企业的总收入等于总成本）。该法常用图形来考察销售量、成本和利润的关系。

盈亏临界点是指企业不盈也不亏时的销售量（产量）或销售收入，它是企业的销售收入和成本支出恰好处于均衡状态的一个标志。

盈亏分析通过计算，确定企业盈亏临界点。盈亏分析的基本原理是：在盈亏临界点，成本与收入相等，既无利润也无亏损。

在应用图解法时，通常假设产品价格和单位变动成本都不随销售量的变化而变化，所以销售收入曲线、总变动成本曲线和总成本曲线都是直线。盈亏平衡分析是一种简单的方法，对于管理者而言是很有价值的。

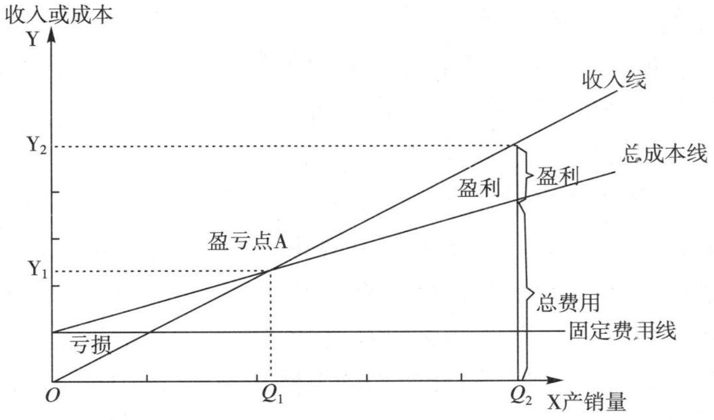

图 5-1 盈亏平衡分析图

由图 5-1 可以看出，当盈亏平衡的产销量为 Q_1 时，在这一点企业不亏不盈；当产销量低于 Q_1 时就产生亏损，产销量越少，亏损额就越多；当产销量高于 Q_1 时就产生利润，产销量越多，产生利润也就越多。通过公式也可计算出盈亏平衡点 A，但决策者需要知道产品销售的单位价格(P)、单位可变成本(V)及总固定成本(C)。盈亏平衡点 A 的产销量 Q_1 计算公式如下：

$$Q_1 = C/(P-V)$$

这个公式告诉我们：①当我们以某个高于可变成本的价格销售产品达到某个单位时，总收入一定可以等于总成本；②价格与可变成本的差与销售数量的积等于固定成本。由此公式可以推算出有一定利润(L)的产销量 Q_2 的计算公式：

$$Q_2 = (C+L)/(P-V)$$

例如：长城股份有限公司生产销售机器，总固定成本 10 万元，单位变动成本 500 元，每台机器售价 1000 元，请计算出保本点销售量。依据公式可得：

$$Q_1 = C/(P-V) = 100000 \div (1000-500) = 200(台)$$

若该公司想赚取 5 万元的利润，那么，这时的销售量应是多少？依据公式得：

$$Q_2 = (C+L)/(P-V) = (100000+50000) \div (1000-500) = 300(台)$$

盈亏分析在确定型决策中的用途有以下四个方面：

一是在给定产品售价、固定成本和变动成本的条件下，可以确定生产或销售多少产品(业务量)可以达到保本，即确定利润为零的企业的销售水平。

二是在预计销售量、售价、变动成本和固定成本已定的条件下，可以确定盈亏平衡点和预期利润，从而确定企业经营的安全程度。

三是在销售量、成本和目标利润已定的条件下，确定企业产品的售价。

四是在销售量、售价和目标利润已定的条件下，确定产品的变动成本和固定成本。

2. 决策树法

决策树法主要应用于风险型决策，即不确定情况下的决策。

风险决策一般有以下特点:一是决策目标明确、量化,一般是经济性的,如获得最大利润;二是有多个方案可选择,可根据项目条件和市场预测资料对方案收益和损失进行比较准确的估计;三是未来环境可能存在多种自然状态;四是决策者可估算出不同自然状态出现的概率;五是决策标准是使期望净收益达到最大或损失减至最小。因此,决策者在决策时,无论采用哪种方案,都要承担一定的风险。

决策树法是根据逻辑关系将决策问题绘制成一个树形图,按照从树梢到树根的顺序,逐步计算各结点的期望值,然后根据期望值准则进行决策的方法。

决策树由决策点、方案分枝、自然状态点、概率分枝和结果节点组成。决策点是进行方案选择的点,在图中用"□"表示;方案分枝是从决策点引出的若干直线,每条线代表一个方案;自然状态点是方案实施时可能出现的自然状态,在图中用"○"表示;概率分枝是从自然状态点引出的若干条直线,每条直线表示一种可能性;结果节点是表示不同方案在各种自然状态下所取得的结果,在图中用"△"表示。

例如,某公司准备生产某种新产品,可选择两个方案:一是引进一条生产线,需投资500万元,建成后如果销路好,每年可获利150万元,如果销路差,每年要亏损30万元;二是对原有设备进行技术改造,需投资300万元,如果销路好,每年可获利60万元,如果销路差,每年可获利30万元。两方案的使用期限均为10年,根据市场预测,产品销路好的概率为0.6,销路差的概率为0.4,这时该公司应如何进行决策?先绘制决策树,如图5-2所示。

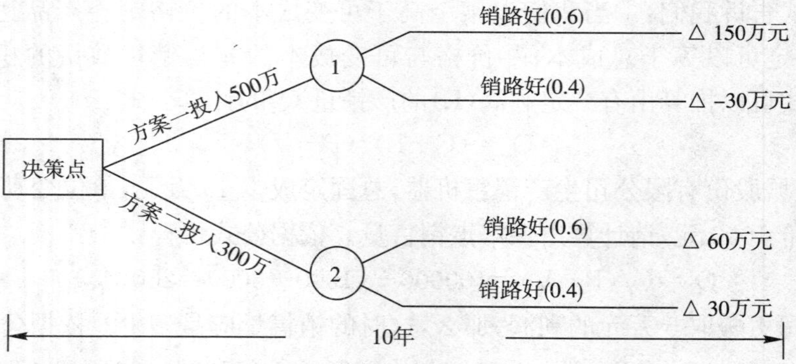

图 5-2 决策树

然后计算两种方案的期望收益值:

方案一:①=(150×0.6−30×0.4)×10−500=280(万元)。

方案二:②=(60×0.6+30×0.4)×10−300=180(万元)。

最后根据期望值选择方案:比较两种方案的期望收益可知,方案一的期望收益值大于方案二,所以决策者应选择方案一,即引进一条生产线。

3. 线形规划

在企业管理中,应用线性规划解决的问题主要有:库存问题、合理下料问题、工艺配方问题、生产计划安排问题、生产布局问题、运输问题、各类投资和财务管理问题。

随着信息技术的应用和电子计算机的普及，特别是应用软件技术的突破，为求解多决策变量和超大型线性规划问题提供了有利支撑。这里我们举例简要说明线性规划的建模与应用。

例如：华润公司生产甲、乙、丙三种产品，需要配置有关设备，相关数据见下表 5-1。要求确定设备 A、B 的台数，在保证完成每天生产任务的前提下，使运转费用最低。

表 5-1 华润公司生产能力

产品	设备生产能力（每天）		每天产能不得低于
	A	B	
甲	6	2	12
乙	2	2	8
丙	4	12	24
每天运转费用（元）	200	160	

(1)分析与建模。

该问题是在有限资源约束下求运转费用最小化的问题。模型包含目标函数和约束条件两个部分。

设 x_1、x_2 分别为配置的设备 A、B 的台数，模型：$\mathrm{Min_S}=200x_1+160x_2$。求 x_1、x_2。

满足：

$6x_1+2x_2\geqslant 12$

$2x_1+2x_2\geqslant 8$

$4x_1+12x_2\geqslant 24$

$x_1\geqslant 0$

$x_2\geqslant 0$

(2)用几何图解法求解

用几何法求解可得 $x_1=1$，$x_2=3$，$\mathrm{Min_S}=680$。即这个问题的最优方案是配置 A 设备 1 台，B 设备 3 台，既保证了每天的生产任务，又使得运转费用最低，其运转费用为每天 680 元。

第二节　计划

一、计划的意义

(一)计划的含义

计划有两种词性的理解，即名词性计划和动词性计划。名词性计划是组织在未来一定时期中，用文字和指标等形式表达的关于组织、组织内不同部门及不同组织成员的行动方针、行动目标、行动内容和行动方式安排的管理文件。这个计划(Plan)的实质是计划工作(Planning)的成果。动词性计划是指为了实现决策所确定的目标，预先进行的行动安排就是计划工作。计划工作是组织根据环境的需要和自身的特点，在科学预测与决策的基础上，确定组织在一定时期内的目标，并通过计划的编制、执行和监督等相互衔接的工作来协调、组织各类资源以顺利达到预期目标的过程。这一过程产生的结果文件即是计划，其中记录了组织未来所采取行动的规划和安排，它是组织预先制定的行动方案。

在管理学中，狭义的计划工作仅指制定计划本身，也就是根据实际情况，通过科学的预测，权衡客观需要和主观可能，提出在未来一定时期内要达到的具体目标，以及实现目标的途径，其目的就是使组织在将来获得最大的绩效。广义的计划工作是一个更为宽泛的概念，它包括编制计划、执行计划和检查计划三个紧密衔接的工作过程。

综上所述，计划是指为了实现既定的目标，对未来行动进行规划、安排以及组织实施的一系列工作过程。

计划职能贯穿于管理全过程之中，它包括组织未来的可能预期结果以及相应的措施。具体地讲，计划职能是为实现一定目标而科学预计和制定的未来行动方案。换言之，计划就是一个组织要做什么和怎么做的行动指南。对于计划职能含义的理解有以下几点：

第一，计划是管理工作的一项首要职能；

第二，计划是在调查、分析、预测的基础上形成的；

第三，是对未来一定时期内的工作安排，是现实与未来目标间的一座桥梁；

第四，计划也是一种管理协调的手段。

(二)计划的内容

我们用“5W1H”来清楚地描述计划工作的任务和内容。

What——做什么？即目标与内容。计划要明确组织的使命、战略、目标，以及行动计划的具体任务和要求，明确一个时期的中心任务和工作重点。例如：企业在未来五年要达到什么样的战略目标；企业年度经营计划主要是确定多少销售收入、销售哪些产品、生产哪些产品、生产多少产品；合理安排产品投入和产出的数量和进度，使企业的资源和能力得到尽可能充分的发挥和利用。

Why——为什么做？即原因。计划要论证组织的使命、战略、目标和行动计划的可能性和可行性，也就是要提供制定计划的依据。

Who——谁去做？即人员。计划不仅要明确规定目标、任务、地点和进度，还应规定由哪个部门、哪个人负责。例如，开发一种新产品要经过市场调查、产品设计、样品试制、小批量试制和正式投产五个阶段。计划还应明确规定每个阶段由哪个部门参加、哪个人具体负责、哪些部门协助配合，各阶段的接口处由哪些部门和哪些人员参加鉴定和审核等。

Where——何地做？即地点。规定计划实施的地点或场所，了解计划实施的环境条件和限制，以便合理安排计划实施的空间组织和布局。

When——何时做？即时间。规定计划中各项工作的开始和完成的进度，以便进行有效的控制和对资源及能力进行平衡。

How——怎么做？即方式、方法、手段。制定实施计划的措施以及相应的政策和规则，对资源进行合理分配和集中使用，对人力、生产能力及各类资源进行平衡，对各派生计划进行综合平衡。

（三）计划的性质

计划工作的基本特征可以概括为六个主要方面：目的性、首位性、前瞻性、普遍性、效率性和创新性。

1. 目的性

计划工作是为实现组织目标服务的，任何组织都是通过有意识的合作，来完成群体的目标而得以生存。计划工作旨在有效地达到某种目标。

2. 首位性

由于计划、组织、人员配备、领导和控制等方面的活动，都是为了支持实现组织的目标，管理过程中的其他职能都只有在计划工作确定了目标以后才能进行。因此，计划工作是管理活动的桥梁，是组织、领导、人员配备和控制等管理活动的基础。计划职能在管理职能中居首要地位。

例如，对于一个是否要建立新工厂计划的研究，如果得出的结论是新工厂建设在经济上不合理，那就没有筹建、组织、领导和控制一个新工厂的必要了。图 5-3 概略地描述了这种相互关系。

3. 前瞻性

计划是预先制定的行动方案，是对未来行动方案的一种说明。计划与未来有关，它不是过去的总结，也不是现状的描述，而是要面向未来，充分考虑未来的挑战和机遇以及可能遇到的问题，并针对需要解决的新问题和可能发生的新变化、新机会做出相应决定。

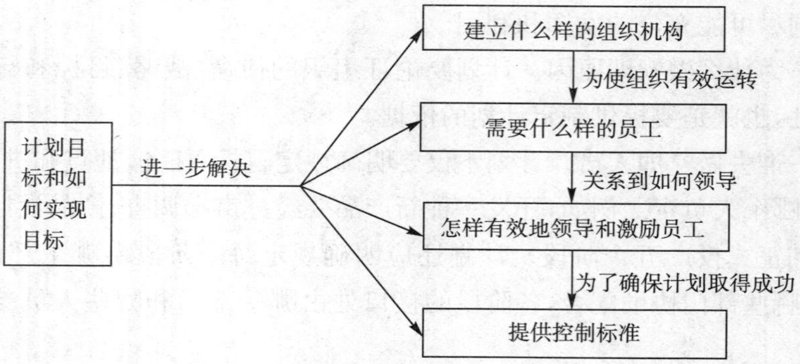

图 5-3 计划工作领先于其他管理职能

4. 普遍性

组织内的任何管理活动都需要进行计划，计划涉及组织内各层次、各部门。相应地，无论是高层主管，还是基层管理人员，每一位组织中的管理人员都要制定计划，从事计划工作。虽然他们所做计划的特点和范围由于其所处的部门、层级的不同而有所不同，但开展好计划工作却是各级管理人员的一项共同职能。

5. 效率性

计划工作要追求效率。计划的效率是指对组织目标所做贡献扣除制定和执行计划所需要的费用后的总额。一个计划如果在实现过程中付出了太高的代价或者不必要的代价，那么这个计划的效率就是很低的。因此，在制定计划时，管理者要时时考虑计划的效率，不但要考虑经济方面的利益，还要考虑非经济方面的利益和损耗。

6. 创新性

计划工作是针对需要解决的新问题和可能发生的新变化、新机会而做出的筹划，因而它是一个创新过程。计划工作实际上是对管理活动的一种设计，正如一种新产品的成功在于创新一样，成功的计划也依赖于创新。

（四）计划的作用

一个组织要在复杂多变的环境中生存和发展就需要科学地制定计划，协调与平衡各方面的关系，不断地适应变化了的形势，寻找新的生存与发展机会。因此，计划在管理中的地位日益提高。计划作为管理的基本职能，在管理中具有重要的作用。

1. 指明行动方向，协调组织活动

计划的最大贡献是建立协同一致的努力，提供组织与组织成员努力的方向，并通过科学的计划体系使组织各部门的工作能统一协调、有条不紊地展开。

2. 预测未来变化，降低风险冲击

计划正是预期未来变化并且设法消除变化对组织造成不良影响的一种有效手段。计划工作通过周密细致的科学预测，使组织能够较早地预见未来的变化，考虑变化的冲击，制定适当的对策，并在需要的时候对计划做出必要的修正。

3. 减少重复浪费，提高经济效益

计划将可能产生的浪费与重复降至最低。首先，计划预先对组织拟开展的活动进行认真的研究并进行时空上的分解，规定不同部门在不同时间应从事什么活动，以及规定何时需要多少数量何种品质的资源，从而保障资源的及时供给。其次，计划工作有助于用最短的时间完成工作，减少迟滞和等待时间，防止盲目性所造成的损失。

4. 提供控制标准，保障目标实现

组织的各项活动都是围绕着计划方案进行的。活动的结果可能达到了预期目标，也可能与预期目标存在一定的偏差。这时，组织就要发挥管理的控制职能来消除这种偏差，而要进行控制就要有个标准。组织实施控制的标准就是计划工作所确定的计划目标。如果没有计划目标，就无法测定控制活动，也就无所谓控制，所以说计划为组织实施有效控制提供了根据。图 5-4 就描述了计划提高控制的标准。

首先，计划是控制的基础。计划是管理者进行控制的标准，未经计划的活动是无法控制的。

其次，计划的实现需要控制活动给予保证。

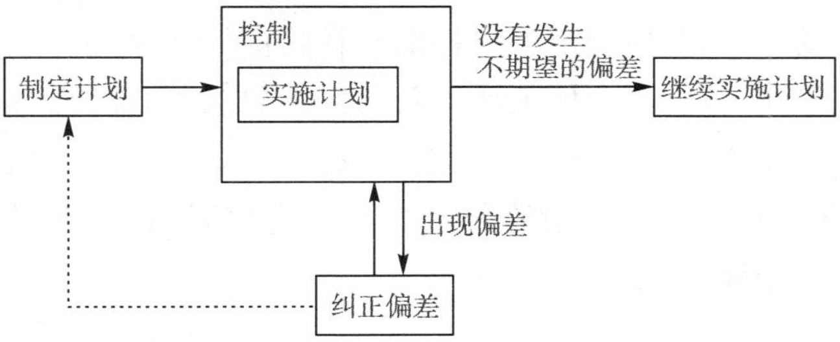

图 5-4　计划提高控制的标准

二、计划的类型

计划的种类很多，可以按不同方式进行分类。不同的分类方法有助于我们全面地了解计划的各种类型。一般较为普遍的是按照制定计划的组织层次、计划规划的时间、计划的约束力、计划的对象、企业职能和计划的表现形式来分类。

（一）按照管理层次来划分

按照制定计划的组织在管理系统中所处的层次来划分，计划可以分为高层计划、中层计划、低层计划。

高层计划是由高层领导机构制定、并下达到整个组织执行和负责检查的计划。它一般是总体性计划，是整个组织的战略构思和长时期的行动纲领。高层计划一般具有构思宏大、眼光深远、认识超前等特点，同时也较为抽象和稳定。

中层计划是由中层管理机构制定、下达或颁布到有关基层执行并负责检查的计划。它从属于高层计划，并指导低层计划。

低层计划是由基层机构制定、颁布和负责检查的计划，一般是执行性计划。低层计划的制定必须以高层、中层计划的要求为依据，保证高层、中层计划目标的实现。低层计划具有构思细微、认识实在等特点，一般较为具体和易变。

高层、中层、低层计划是相对而言的，后者一般是前者分解的结果，前者则是后者的纲领和综合。较低层级的计划是较高层级计划的落实和保证。

(二)按照时间跨度来划分

按照规划时间的长短来划分，计划可分为长期计划、中期计划和短期计划。

长期计划一般指期限在5年及其5年以上的计划，主要是规划组织在较长时期的发展方针、发展方向，应达到的规模和水平，应实现的目标和要求。它绘制了组织长期发展的蓝图，属于纲领性和轮廓性的计划。

中期计划一般指期限在5年以下、1年以上的计划。它是长期计划的具体化，即来自组织的长期计划，并按照长期计划的执行情况和预测到的具体条件变化进行编制。

短期计划一般指期限在1年及其以内的计划，比中期计划更加详细具体。它是指导组织具体活动的行动计划，具体规定组织各部门在目前到未来的各个较短的时期阶段，特别是在最近的时段中，应该从事何种活动及相应的要求，从而为组织成员近期内的行动提供依据。

长期计划、中期计划和短期计划的分界线不是绝对的，对于不同的组织、计划活动的期限标准有很大的差异。

长期计划、中期计划和短期计划之间的关系是：它们在时间上的要求是相对的，在不同单位可能不同。而且，它们之间也是相比较而存在的，前者是后者计划制定的原则和框架，后者是前者的具体化和实施。长期、中期、短期计划有机协调和相互配套，是计划目标得以实现的保证。

(三)按照计划的广度(时间和空间)来划分

按照计划的广度(时间和空间)来划分，计划可分为战略计划、战术计划、作业计划。

战略计划是指从战略的高度出发，规划组织在较长时期的全局性发展目标和整体性目标，进行重大的战略性部署的综合性计划。它具有以下几个特点：

一是权威性。战略计划是由组织的最高层管理者负责组织制定的计划。

二是长期性。战略计划是涉及未来较长时期的、组织长远目标的计划。

三是整体性。战略计划是基于组织整体而制定的计划。

四是概括性。战略计划着重于对组织未来的发展作出概括性的规定。

战术计划是依据战略计划的内容和要求，贯彻落实到组织下属各个部门、各级单位在某一阶段内如何分步实施战略计划的具体行动计划。

战略计划与战术计划的关系是全局与局部、长远利益与当前利益的辩证统一关系。战略计划就像对整个战役的总的布局规划，战术计划则像一场场战斗的计划。

作业计划是根据战略计划和战术计划而制定的执行性计划，目的是指导管理者逐步又系统地实施战略及战术计划规定的任务。它一般由基层管理人员或企业负责计划工作的人员制定，时间跨度短且非常具体。战略计划与作业计划的区别如下表 5-2 所示。

表 5-2 战略计划与作业计划的区别

区 别	战略计划	作业计划
制定者	高层管理人员。	基层管理人员。
所动用的资源	组织的全面性资源。	动用的资源最少。
时间广度	包含持久的时间间隔，通常为 5 年甚至更长时间。	覆盖较短的时间间隔，如月度计划、周计划、日计划等。
应用广度	应用于整体组织，设立总体目标和寻求组织在环境中的地位。	规定总目标如何实施的细节。
范围	覆盖较广的领域。	覆盖较窄的领域。
任务	设立目标。	在目标已确定的条件下制定，只是提供实现目标的方法。

(四)按照计划的约束力或明确程度来划分

按照计划对执行者的约束力来划分，计划可分为指令性计划和指导性计划。

指令性计划是由上级部门下达的具有行约束力的计划，具有强制性、权威性、行政性和间接市场性的特点。指导性计划是由上级主管部门下达的起导向作用的计划，具有参考性、灵活性和调节性的特点。

(五)按照计划的对象和内容来划分

按照计划的对象和内容来划分，计划可以分为综合计划、局部计划和项目计划。

综合计划是指拥有多个目标和多方面内容的计划。

局部计划是指限于指定范围内的计划，它是在综合计划的基础上制定的计划，是综合计划的一个子计划。与综合计划相比较而言，局部计划涉及的对象比较单一，计划的内容专一性强。

项目计划是为完成某一特定任务而制定的计划，内容专业性较强，目标比较明确。项目计划既可以包括在局部计划之中，也可以单独设立。作为局部计划的一个组成部分,项目计划是局部计划的进一步分解和落实;作为单独设立的项目计划又往往与综合计划相关。

(六)按企业职能来划分

计划还可以按企业职能进行划分。例如,我们可以将某个企业的经营计划按企业职能分为新产品开发计划、供应计划、生产计划、销售计划、财务计划、人力资源计划、设备维修计划、安全计划、后勤保障计划等。由此看来,这些职能计划通常就是企业相应的职能部门编制和执行的计划。按职能分类的计划体系,一般来说是与组织中按职能划分管理部门的组织结构体系相对应的。

(七)按照计划工作程序性划分

按照计划工作程序性来划分,计划可分为程序性计划与非程序性计划。

管理活动可以分为两类:一类是例行活动,即经常重复出现的工作。这类活动的决策是经常重复的,而且具有一定的稳定结构,因此可以建立一定的决策程序,有些甚至可以编成计算程序。每当出现这类工作或问题时,组织就可以利用既定的程序来解决,而不需要重新研究。这类决策叫程序化决策,与此相对应的计划叫程序性计划。

另一类是非例行活动,即不重复出现的工作。处理这类问题没有一成不变的方法和程序,解决这类问题的决策叫作非程序化决策,与此对应的计划是非程序性计划(专用计划或单次计划)。

(八)按计划的表现层次来划分

按计划内容的表现层次来划分,计划可分为宗旨、目标、战略、政策、规则、程序、规划和预算等内容。

(1)宗旨(Mission)。各种有组织的活动都具有或者至少应该有目的或宗旨。这种目的或宗旨是社会对该组织的基本要求,反映的是组织存在的社会价值。

(2)目标(Objective)。目标是在宗旨指导下提出的,它具体规定了组织及其各个部门的经营管理活动在一定时期要达到的具体成果。目标不仅是计划工作的终点,而且是组织工作、人员配备、领导以及控制等活动所要达到的结果。

(3)战略(Strategy)。战略是指组织面对激烈变化、严峻挑战的市场环境,为求得长期生存和不断发展而进行的总体性谋划。它确立组织的长期目标,如何采取行动、分配必需的资源、以达到目标。

(4)政策(Policy)。政策是指在决策或处理问题时指导及沟通思想活动的方针和一般规定。政策指明了组织活动的方向和范围,鼓励什么和限制什么,以保证行动同目标一致,并有助于目标的实现。政策的特征是允许执行者拥有某种程度的酌情处理的自由裁量权。

(5)程序(Procedure)。程序规定了如何处理那些重复发生的问题的方法、步骤。程序就是办事手续,是对所要进行的行动规定时间顺序。程序是行动的指南,因此程序是详细列出必须完成某类活动的准确方式。程序这种计划形式要求行动者不折不扣地执行,执行者没有自由处理的权力。

(6)规则(Rule)。规则是对在具体场合和具体情况下,允许或不允许采取某种特定行动的规定,是形式最简单的计划。

规则常常容易与政策和程序相混淆,应特别注意区分。规则不像程序,因为规则指导行动,但不说明时间顺序,而程序是一系列规则的总和。

规则也不同于政策。政策的目的是要指导决策,并给管理人员留有酌情处理的余地。虽然规则有时也起指导作用,但是在运用规则中,管理人员没有自行处理的权利。

(7)规划(Programs)。规划是综合性的计划,它是实现既定方针所需要的目标、政策、程序、规则、任务分配、执行步骤、使用资源以及其他要素的复合体。因此,规划工作的各个部分的彼此协调需要系统的思考方法。

(8)预算(Budget)。预算作为一种计划,是一份用数字表示预期结果的报表。预算又被称为"数字化"的计划。例如,财务收支预算可称为"利润计划"或"财务收支计划"。一个预算计划可以促使上级主管对预算的现金流动、开支、收入等内容进行数字上的整理。预算也是一种控制手段,又因为预算是采用数字形式,所以它使计划工作更细致、更精确。有关预算的详细情况将在本书控制职能中详细讨论。计划的表现层次如图 5-5 所示。

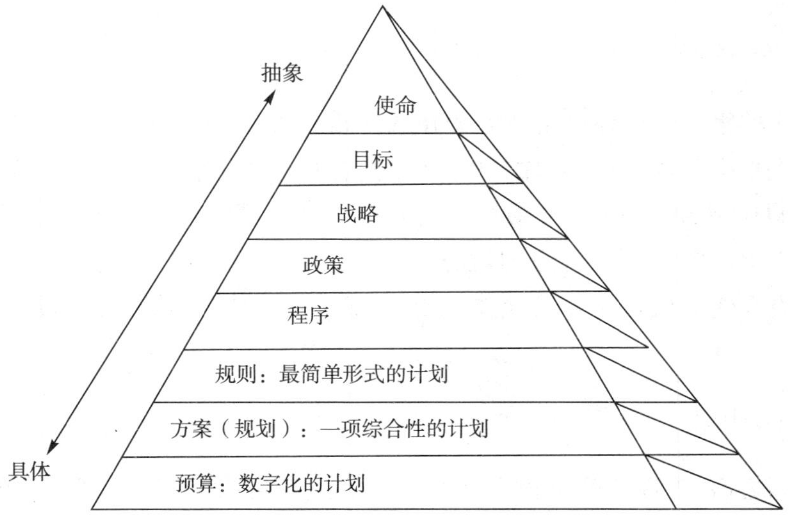

图 5-5 计划的表现层次

三、计划工作的程序

计划编制是一个是制定目标和组织实现的复杂过程。为了保证计划的科学性、合理性和科学性,管理人员在编制计划时应遵循一定的工作程序。具体而言,计划工作的程序包括以下六个步骤,如图 5-6 所示。

(一)分析环境,预测未来

运用科学的分析方法(如 SWOT 分析)对组织环境进行综合分析,找到组织自身的优势和劣势、外部环境的机会和威胁,这样才能科学、准确地确定组织所要达到的目标。

(二)确定目标

组织要在环境分析的基础上制定组织目标。计划工作的目标是指企业在一定时期内所要达到的效果。计划目标应指明所要做的工作有哪些,重点放在哪里,以及通过战略、政策、程序、规划和预算等各种计划形式说明所要完成的是什么任务。

(三)拟定可供选择的方案

确定目标之后,组织就要拟定各种可行的计划方案供评价和选择。这一步是一个创新过程,因为一个计划往往可以有几个可供选择的方案。值得注意的是,方案不是越多越好。在拟定方案时,组织不应是尽力寻找可供选择的方案,而应是减少可供选择方案的数量,以便可以对最有希望的方案进行分析。拟定可行性方案还应做到既不重复也不遗漏,拟定若干个比较有利于预期目标实现的可行性方案,借助数学方法或采用计算机进行选优,排除希望最小的方案。

(四)评价、选择方案

计划工作的第四步是评价备选方案并选择最佳方案,这是计划的关键一步,也即决策。本步骤是根据环境分析和组织目标来权衡各种因素,对各个方案进行评价,并在比较各个方案的利弊的前提下选择最合适的方案。有时可供选择方案的分析和评估表明两个或两个以上的方案都是合适的,在这种情况下,管理者可在确定首选方案的同时,把其他几个方案作为后备的方案,这样可以增加计划工作的弹性,使之更好地适应未来的环境。

(五)编制计划

做出决策之后,管理者就要根据计划目标和最佳方案,按照计划工作的要求,采用科学的方法编制计划。一方面,要编制总体计划;另一方面,还要编制辅助计划。因为,总体计划要靠辅助计划来支持,而辅助计划又是总计划的基础。

(六)反馈计划执行情况

为了保证计划的有效实施,管理者要对计划执行情况进行跟踪检查,及时反馈计划的实施情况，分析计划执行中出现的问题并做出相应的措施。

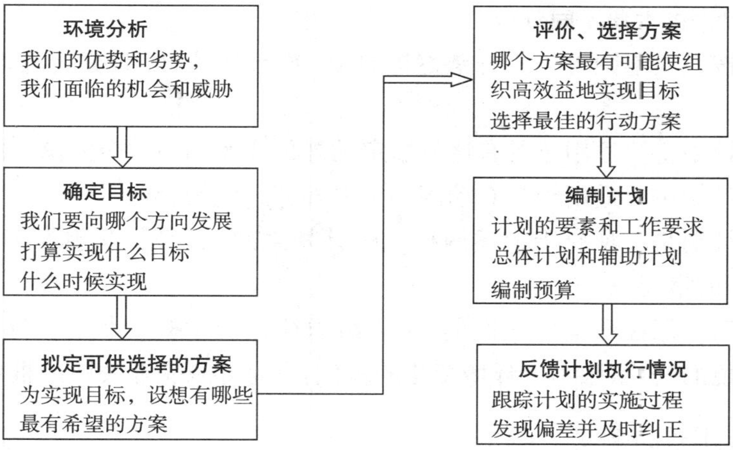

图 5-6 计划工作的程序

四、战略计划

(一)战略计划的概念

战略计划是指用于整体组织的，为组织未来较长时期设立总体目标和寻求组织在环境中地位的计划，主要是对组织在一个相当长的期限内的发展方向、方针、主要任务等进行运筹和谋划。它决定一个组织未来经营活动的方向和水平。因此，战略计划的任务不在于看清企业目前是什么样子，而在于看清企业将来是什么样子。

表 5-3 企业计划及企业战略计划的区别

名 称	意 义
计划	目标与方案的设计。
企业计划	各部门功能的整合与汇总。
企业战略计划	制定长远发展目标，有效运用资源，谋求竞争力的加强。

企业战略计划的含义与一般计划的含义不同，企业战略计划的着眼点是强化企业的竞争能力与稀有或宝贵资源的有效运用。

(二)战略计划的类型

1. 按战略计划的层次不同分类

战略计划按层次不同可分为总体战略计划和部门战略计划

总体战略计划是一个组织整体的全局战略计划，包括确定组织整体的宗旨、政策、目标以及实现目标的手段。它是由组织最高决策层制定的。

部门战略计划是组织内部各职能部门的战略计划，是总体战略的具体化。它说明了各个职能部门所要达到的目标、发展的方向和相关业务的政策规定。

2. 按战略计划的性质不同分类

战略计划按性质不同可分为守势战略计划、攻势战略计划、分析战略计划、被动性战略计划

守势战略计划主要适用于具有比较稳定的外部环境和绩效令人满意的企业。

攻势战略计划主要适用于具有动荡不定的外部环境的企业。

分析战略计划是一种介于上述两种战略计划之间的计划，既想保持原有的市场份额，又想扩大新的市场。

被动性战略计划在环境变化面前，企业组织往往处于被动状态。这种战略计划常常不能适应环境的变化，跟不上环境变化的步伐，它是导致企业失败的根本原因。

（三）战略计划的制定

1. 战略制定的层次

环境分析为战略计划的制定提供了坚实的基础。战略计划制定主要包括四部分内容：公司战略、竞争战略、职能战略以及战略方案的选择。一个企业战略是分成若干层次的，被称为战略金字塔，如图 5-7 所示。

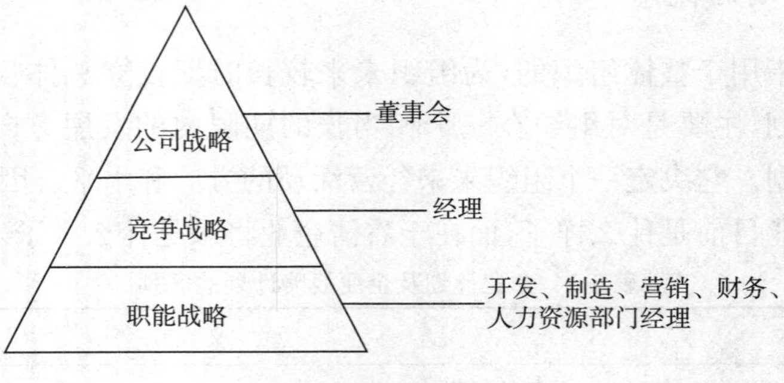

图 5-7　战略制定的层次

(1)公司战略。

公司战略(Corporate Strategy)的研究对象是一个由一些相对独立的业务或事业单位(Strategic Business Units，SBU)组合而成的企业整体。公司战略是一个企业的整体战略总纲，是企业最高管理层指导和控制企业一切行为的最高行动纲领。公司战略的主要内容包括企业存在的基本逻辑关系或者基本原因，是企业战略决策的一系列最基本的因素。概括地说，公司战略主要强调两个方面的问题：一是"我们应该做什么业务"，即确定企业的使命与任务，产品与市场领域；二是"我们怎样去管理这些业务"，即在企业不同的战略事业单位之间如何分配资源以及采取何种成长方向等。

(2)竞争战略。

竞争战略也称事业部战略(SBU Strategy)，或者是业务战略，是在企业公司战略指导下，各个战略事业单位(SBU)制定的部门战略，是公司战略之下的子战略。竞争战略

主要研究的是产品和服务在市场上的竞争问题，其目的从企业外部来看主要是建立一定的竞争优势，即在某一特定的产品与市场领域取得获利能力；从企业内部来看主要是获得一定的协同效应，即统筹安排和协调企业内部的各种生产、财务、研究开发、营销等业务活动。

(3)职能战略。

职能战略(Functional Strategy)是为贯彻、实施和支持公司战略与竞争战略而在企业特定的职能管理领域制定的战略。它的重点是提高企业资源的利用效率，使企业资源的利用效率最大化。职能战略一般可分为营销战略、人事战略、财务战略、生产战略、研究与开发战略、公关战略等。与公司战略和竞争战略相比较，职能战略更为详细、具体和具有可操作性。实际上，职能战略是公司战略、竞争战略与实际达成预期战略目标之间的一座桥梁。

2. 制定公司战略

企业总体战略是公司的主导战略，主要是解决公司经营范围、方向和道路问题，是对企业全局的长远性谋划，由其最高管理层负责制定和组织实施。

(1)首先，管理人员必须确定组织的总战略。公司总战略有四类：稳定性战略、增长战略、收缩战略和组合战略。

①稳定性战略的特征是极少发生重大变化。这类战略包括持续向同类型顾客提供同种产品或服务，维持市场份额，并保持组织的投资收益率。在组织绩效令人满意且环境保持稳定不会发生重大变化的时候，组织可以选择稳定性战略。

②增长战略意味着提高组织经营的层次，其衡量标准为销售额、企业规模和市场份额的不断增长。增长可以通过直接扩张、合并同类企业或多元化经营的方式来实现。

③收缩战略通常是指减小经营规模或多元化范围。

④组合战略是同时实行两种或多种上述的战略。

(2)其次，在确定总战略之后，管理人员通过战略选择模式，进行业务组合。

管理人员使用的帮助公司成长、在业内领先、进行重组以制止衰退的主要战略包括：集中于某一业务、多元化经营、跨国发展、垂直一体化。这四种战略都是基于一种思想：只有战略进一步提高了组织所生产的产品和所提供的服务对于消费者的价值，公司才会从中得益。

①集中于某一业务。大多数公司是通过集中资源于某一业务或产业，在行业内形成较强的竞争优势，从而发展起来的。

②多元化经营。多元化经营是一种向新业务或新产业进行扩张、生产新的产品或服务的战略。多元化经营有两种类型：相关多元化经营和非相关多元化经营。相关多元化经营是指为了在公司现有的部门或业务中建立新的竞争优势而进入某一或某些业务或产业。当公司进入或收购与其当前业务或产业不相关的新产业时，它进行的就是非相关多元化经营。公司进行非相关多元化经营的主要原因之一，是通过将公司的管理

技能注入绩效不良的新公司，改善其绩效，从而为公司创造价值。

③跨国发展。任何一家公司都会遇到的一个基本问题是：它必须在国际市场上进行竞争，公司应该赋予其产品和市场运作特色，适应不同国家的不同情况。

④垂直一体化。当一个组织在其原来领域经营得很好的时候，其管理者往往通过自己公司来生产原来需要外部供应的原材料、零部件，或者自己分销自己的产品，来获得新的价值增长。垂直一体化是一种公司层次的战略。通过垂直一体化，公司能够自己生产原料（后向一体化），或者自己来分销自己的产品（前向一体化）。

3. 制定竞争战略

竞争战略，又称业务战略，是企业参与市场竞争的策略和方法。迈克尔·波特从产业组织的观点，运用结构主义的分析方法，提出了三种基本的竞争战略，后人根据科技的发展和管理实践又在此基础上提出了一种复合型战略。

(1)成本领先战略。

成本领先战略（Cost-leadership Strategy）就是企业努力发掘其资源优势，特别强调生产规模和产品标准化。简单讲，成本领先战略就是进行低成本生产。

(2)差异化战略。

差异化战略（Differentiation Strategy）指依靠产品的质量、性能、品牌、外观形象、用户服务的特色赢得竞争优势的战略，有时也称作对价格相对不敏感的用户提供某产业中独特的产品和服务的战略。它是将公司提供的产品或服务标新立异，形成一些在全产业范围中具有独特性的东西。差异化战略在本质上是通过提高顾客效用来提高顾客价值。

(3)集中化战略。

集中化战略（Focus Strategy），又称集中一点战略，是指将目标集中在特定的消费者或者特定的地理区域上，即在行业内很小的竞争范围内建立独特的竞争优势。前两种战略是在广泛的产业细分市场上寻求竞争优势，而集中化战略则是集中在较小的细分市场中寻求成本领先或差异化，即成本集中化或差别集中化。也就是说，管理者选择产业中一个或一组细分市场，如产品品种、最终顾客类型、分销渠道或地理位置等，制定专门的战略向此细分市场提供与众不同的服务，目标是占领这个市场。集中化战略特别适用于实力和技术并不是很强的中小企业使用。

(4)复合型战略。

复合型战略（Comples Strategy），又称既成本领先又差别化战略，指既降低成本又突出特色的经营战略。在迈克尔·波特提出的上述三种一般竞争战略基础上，很多学者补充提出了“既成本领先又差别化”的战略，也就是同时在产品成本和质量、服务等方面赢得竞争优势。

采用既成本领先又差别化的复合型战略，其竞争能力显然比单独执行成本领先战略或差别化战略更加强大，这是充分利用先进科技的成果。实行这种复合型战略的优点是显而易见的，因为它兼顾了两种竞争战略的优点。缺点是实施难度过大，因为在提高产品质量、服务特色和降低成本之间存在着矛盾。

4. 制定职能战略

职能战略（Functional Level Strategy）是指旨在改善组织各个部门创造价值的能力的行动计划。这一战略主要是指独立部门（例如，生产部门或营销部门）的管理人员，为增加消费者所接受的企业产品或服务的价值而采取的行动。

（1）增加公司产品价值的途径。

第一，部门经理可以降低创造价值过程中的成本，这样企业就能够通过保持比竞争对手低的价格而吸引消费者。

第二，部门经理通过寻找将本企业产品差异化的方法，增加产品价值。

（2）职能部门管理者的目标。

高效率；高质量；创新；高顾客响应度。

5. 战略计划的实施

战略计划的实施是探讨如何将一个战略计划有效地加以应用的问题。不同的企业可能选择同一战略，但后果却可能出现很大的差别，而差别出现的原因可能就是实施。

管理人员的意识、领导的才干、组织设计的组织结构、组织文化、职工的士气、各项管理制度（特别是激励制度）、组织的基础工作等，都与战略计划的实施有重大关系。

五、计划编制方法

（一）计划编制程序

一项计划的制定一般包括三个方面的工作：分析环境与预测、制定实现目标的行动方案并择优、计划方案的细化和预算化。具体而言，制定一个完整的计划一般需要八个步骤，即估量机会、确定目标、确定计划前提、拟订备选方案、评价备选方案、选定方案、制定支持计划、编制预算。

计划编制主要采用一些广泛应用的计划编制方法，如滚动计划法、运筹学法、整体综合法、预算法和网络计划技术等。

（二）计划编制方法

1. 滚动计划法

滚动计划法是一种动态编制计划的方法，它不像静态那样等计划全部执行完了之后再重新编制下一个时期的计划，而是在每次编制或调整计划时，均将计划按时间顺序向前推进一个计划期，即向前滚动一次。依据此方法，对于距离现在较远的时期的计划编制得较粗，只是概括性的，以便以后根据计划因素的变化而调整和修正，而对于时期较近的计划要求比较详细和具体。图 4-8 表明了滚动式计划法的基本原理。

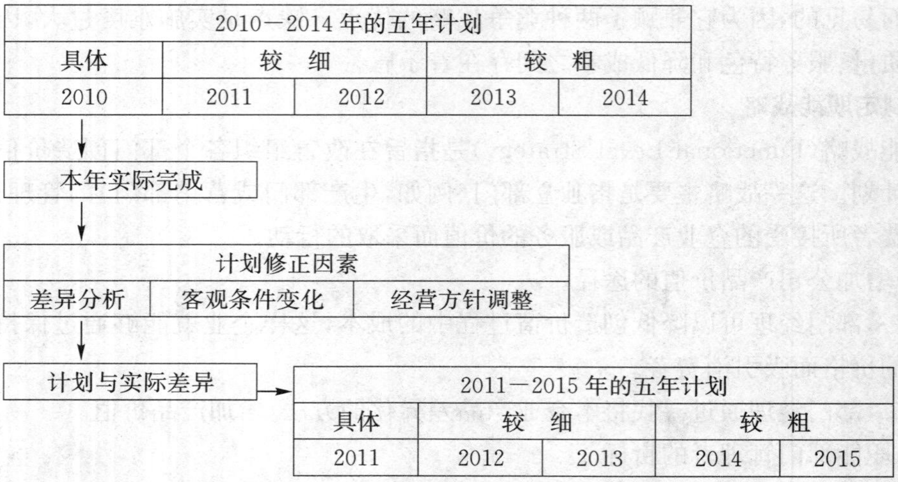

图 5-8　滚动式计划法图标

可见，滚动式计划法能够根据变化了的环境及时调整和修正组织计划，体现了计划的动态适应性。而且，它使中长期计划与年度计划紧密衔接。

采用滚动式计划法编制年度计划时，一般将计划期向前推进一个季度，计划年度中第一季度的任务比较具体，等到第一季度末要编制第二季度的计划时，要根据第一季度计划的执行结果和客观情况的变化以及经营方针的调整，对原先制定的年度计划做相应的调整，并在此基础上将计划期向前推进一个季度。采用滚动式计划法编制月度计划，一般可将计划期向前推进十天，这样就可以省去每月月末预计、月初修改计划等工作，有利于提高计划的准确性。

滚动计划法是根据计划执行情况和客观环境的变化定期修订计划，使计划不断向前移动的方法。滚动计划法的突出优点为：第一，滚动计划法把执行期分为几个阶段，不断修订计划，相对来说缩短了计划时期，加大了准确性，保证了计划的指导作用，提高了计划执行的质量，使计划更具有现实性和可行性；第二，滚动计划大大增加了计划的弹性，提高了组织的应变能力；第三，滚动计划法协调了不同计划执行阶段间的关系，保证了计划的前后衔接，使计划既具有阶段性又具有连续性。

2. 运筹学方法

运筹学方法是计划工作最全面的分析方法之一，也是现代管理科学理论的基础，它研究在一定的物质条件（人、财、物）下，为了达到一定的目的，如何统筹兼顾整体活动所有各个环节之间的关系，为选择最好的方法提供量化依据，以便能为最经济、最有效地使用人、财、物做出综合性的合理安排，取得最好的效果。所以，运筹学又是一种分析、实验和定量的科学计划方法。

在计划工作中应用运筹学的一般程序，主要有以下步骤：

第一，确立问题的数学模型。首先界定问题，确定描述问题的主要变量和问题的约束条件，然后根据问题的性质选择采用哪一类运筹学方法，再为使问题简化和突出主要因素，做出必要的假定，最后将问题描述为一定的数学模型。

第二，规定一个目标函数，作为对各种可能的行动方案进行比较的尺度。

第三，确定数学模型中各参量的具体数值。

第四，求解模型，找出使目标函数达到最大或最小值的最优解，这里通常需要编制计算机程序进行辅助运算。

这种方法有其不足之处，如数学模型必须满足一定的条件，否则答案往往失去实际应用价值。另外，所得到的最优解是附加了各种假定条件的。

3. 整体综合法

整体综合法是在系统分析的基础上，对计划的各个构成部分和各个主要因素进行全面平衡，以追求系统整体优化的一种方法。整体综合法把任何一项计划都看成是一个整体，追求整体功能的最佳发挥。整体综合法的关键是按照统筹兼顾的原则，采用定性或定量分析的方法，经过严密的逻辑思维，平衡好各方面的关系，一些能够量化的指标要尽量量化。只有在系统分析综合平衡的基础上制定的计划才能保证取得整体优化的功效。

4. 预算法

预算法是指用数字编制未来一个时期的计划的一种方法。它可以分为财务预算和非财务预算两大类。财务预算包括各种收入预算、费用支出预算、现金收支预算以及投资预算等。非财务预算包括材料、生产量、实物销售量、工时的预算等。通过编制预算可将计划指标数字化，并将计划分解，可以使管理人员清楚地了解哪些部门使用多少资金、有多少收入、有多少投入量和产出量等，从而有可能更科学地授权，以便在预算限度内去实施计划。预算既是一种计划方法，又是一种控制方法，编制预算是行使计划职能，而执行预算以及使用预算标准控制生产经营活动，则属于管理的控制职能。有关预算的知识将在第八章详细介绍，在此不再赘述。

5. 网络计划技术

网络计划技术是一种运用网络图的形式来组织项目和进行计划管理的一种科学的现代计划方法。其基本原理是：利用网络图表示某项计划任务中各项活动（各道工序）的先后顺序和相互关系；然后在此基础上进行网络分析，计算网络时间，确定关键工序和关键路线，通过对网络的时间、费用和资源分析，不断改善网络计划，求得工期、资源与成本的优化方案；在计划执行过程中，通过信息反馈进行监督和控制，以保证预期计划目标的实现，如图 5-9 所示。

网络计划技术应用的范围很广，它不仅适用于单件小批生产的产品、新产品试制、设备大修等工作，还特别适用于编制长远规划、工程项目预算、油田开发、管道施工、电站、建筑施工工程等大规模项目。

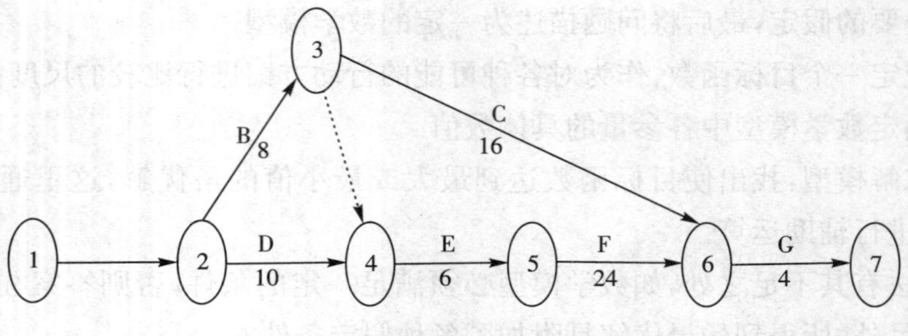

图 5-9 网络计划技术

第三节 目标管理

一、目标管理

目标管理(Managing by Objectives,MBO)也称"成果管理",约在 20 世纪 50 年代中期出现,是以泰罗的科学管理和行为科学理论(特别是其中的参与管理)为基础形成的一套管理制度。目标管理的思想是德鲁克在 1954 年发表的《管理实践》一书中最早提出来的。目标管理法在 20 世纪 50 年代以后西方企业较为普遍实行,美国应用得尤为广泛,由于特别适用于对主管人员的管理,所以也被称为"管理中的管理"。我国于 20 世纪 80 年代初开始引进目标管理法,现已在许多企业及其他社会组织中应用,并取得了较好的成效。

目标管理是以"目标"作为组织管理一切活动的出发点、归宿点和手段,贯穿于一切活动的始终。它要求在一切活动开始之前,首先确定目标,一切活动的进行要以目标为导向,一切活动的结果要以目标的完成程度来评价,充分发挥目标在组织激励机制和约束机制形成中的积极作用。

(一)目标管理的内涵

目标管理是根据重视成果的思想,先由企业确定提出在一定时期内期望达到的理想总目标,然后由各部门和全体员工根据总目标确定各自的分目标并积极主动想方设法使之实现的一种管理方法。

目标管理是一种先进的企业管理制度,它要求企业各级主管让员工参与工作目标的制定,明确责、权、利;在目标实施过程中,充分信任员工,进行适当的授权,让员工实行自我控制,努力完成工作目标;以目标为标准对下级进行考核,评定成果并进行奖励,激发员工积极性,保证企业总目标的实现。因此,目标管理的实质是以目标来激励员工的自我管理意识,激发员工行动的自觉性,充分发挥其智慧和创造力,以期最后形成员工与企业共命运、同呼吸的共同体。

目标管理是指在计划期内，组织以目标作为一切管理活动的出发点、归宿点和手段的管理思想和管理制度。它要求组织的最高领导层根据组织所面临的形势和社会需要，制定出一定时期内组织经营活动所要达到的总目标，然后层层落实，要求下属各部门管理者以至每个员工根据上级制定的目标制定出自己工作的目标和相应的保证措施，形成一个目标体系，并把目标完成的情况作为各部门或个人工作绩效评定的依据。简单地说，目标管理就是让组织的管理者和员工亲自参加目标的制定，在工作中实行自我控制并努力完成工作目标的一种管理制度或方法。

从上面目标管理的概念可以看出，目标管理有如下几个特点：

(1)目标管理是参与管理的一种形式。

(2)强调自我控制。

(3)促使下放权力。

(4)注重管理实效，是一种成果管理。

(5)力求个人目标与组织目标融为一体。

(二)目标管理的基本理论

1. 动机激发理论

人的积极性是与需要相联系，是由人的动机推进的。也就是说，动机产生于人的需要又支配着人的行动。管理人员只有了解人的需要和动机的规律性，才能预测人的行为，进而引导人的行为，调动人们的积极性。

2. 人性假设理论

传统管理把人假设为“经济人”，认为金钱是刺激积极性的唯一动力。目标管理则把人视为“社会人”，认为人不只是为面包而生存，影响人的生产积极性的因素除物质条件外，还有社会、心理因素。工作效率主要取决于员工的士气，而士气又取决于家庭和社会生活，以及企业中人与人之间的关系。从“社会人”的假设出发，目标管理要求管理人员对下级采取信任型的管理措施：

第一，管理人员不应只注意完成生产任务，而应把重点放在关心人、了解人的需要上。

第二，管理人员不能只注意计划、组织、指挥和控制等工作，而更应重视员工之间的关系，培养和形成员工的归属感和整体感。

第三，在实行奖励时，管理人员应提倡集体的奖励制度重于个人奖励制度，并正面引导员工，通过竞赛去达到目标，争取集体荣誉。

第四，管理人员应充分信任下属员工，经常倾听他们的意见，实行参与管理，在不同程度上让员工参加工作目标和实现方法的研究和讨论，以提高他们对总目标的知情度，加强责任感，以便实行自我控制和自主管理。

3. 授权理论

在目标管理中，动机激发固然是促使人们努力达标的首要措施，但如果目标定出后，上级不能根据目标需要，授予下级部门或个人以相应的权力，那么仍然不能达到自我控制、自主管理的目的，即使再有能力的下级也难以顺利完成既定的目标。因此，授权是提高目标管理效果的关键。授权必须根据目标的需要，无目的的授权会因权力分散而以无效告终。授权以后，领导应充分相信授权部门和个人，放手让他们工作，不应多加干涉，但仍需进行检查帮助，加强总体协调和过程管理。下级人员在接受权力以后，要根据目标需要，充分合理地使用上级赋予的权力，正确及时地处理目标管理中出现的问题，遇到重大问题应及时主动地向上级报告。

目标管理运用了上述理论，把组织目标作为一个系统来看待，从整体出发来考虑管理问题。目标管理把组织总目标作为统管全局的要素独立出来，然后将总目标层层分解落实到组织内部各单位和个人作为分支目标，以分支目标来确保总目标，形成目标-责任链，使组织构成一个纵向到底、横向到边的有机联系的目标体系，并充分发挥目标考核在组织中形成的激励机制和约束机制，通过下属单位与个人的自我控制行为，实现整个组织的有效控制。

（三）目标管理的程序和做法

由于各个组织活动的性质不同，目标管理的步骤可以不完全一样，但一般来说，目标管理的程序包括三个阶段，即目标的制定与展开、目标的组织与实施、成果的检查与考核。这三个阶段形成一个周而复始的循环，当预定目标实现后，又要制定新的目标，进行新一轮的循环。

1. 第一阶段，目标的制定与展开

实行目标管理首先要建立一套以组织总目标为中心的一贯到底的目标体系，组织目标的制定是目标管理的中心内容。总目标可以由下级和职工提出，上级批准，也可由上级部门提出，再同下级一起讨论决定。无论采取哪种方式，在组织总目标制定过程中都要注意以下几个问题：

第一，组织高层管理者必须根据企业的长远规划和面临的客观环境清醒地判断目标能否完成，并在确定总目标的过程中发挥主导作用，而不能简单地将下级目标汇总来作为组织的总目标。

第二，管理者必须透彻地分析判断组织所拥有的资源实力、可调动资源的多寡、组织存在的问题和相对优势所在，判断自己是否有核心专长。

第三，组织总目标必须由高层管理会同各级管理人员和员工共同商议决定，尤其是要听取员工的意见，各部门之间的目标要相互协调配合。

第四，组织总目标是可以度量的，可以用一系列相应指标来反映或计量。

第五，分目标必须保证总目标的实现，个人目标必须保证组织目标的实现，组织对整个目标体系要进行综合平衡。

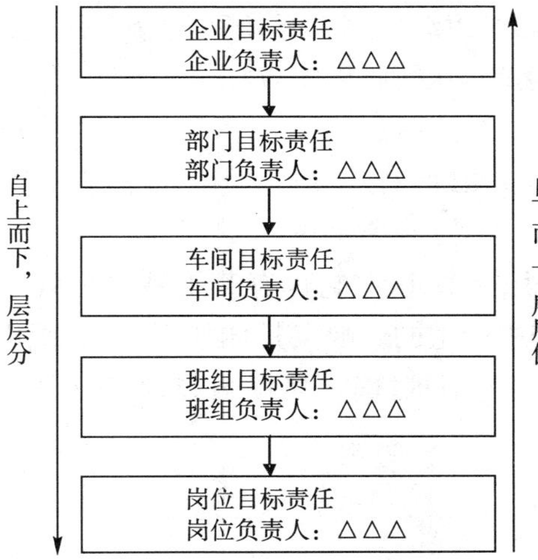

图 5-10 企业目标责任图

组织的总体目标从上到下、层层分解、逐级落实的过程，就叫做目标展开，它是目标管理过程中最为关键的一个环节。目标展开的方法是自上而下层层展开、自下而上层层保证，上下级的目标之间是一种“目的—手段”的关系：某一级的目标需要一定的手段来实现，这些手段又成为下一级的次目标，按级顺推下去，直到作业层的作业目标，从而构成组织目标连锁体系。企业目标责任图如图 5-10 所示。

目标的展开具体包括三个方面：首先，将组织总目标按组织体系层次和部门逐步下达、展开，直至每一个组织成员。其次，组织体系中的每个层次、每个部门、每个成员均可以根据自身分工和职责的要求，结合初步下达的目标进行思考分析，进行修订。修订目标提出后必须按层级上报，这就是自下而上的过程。最后，组织将自下而上的目标与下达的初步目标进行比较，分析差异，征询下级意见，再进行修订，然后再下达，反复进行，直至上下意见达成一致。这样，经过上下的多次反复，最终将组织总目标分解成一个目标体系。

2. 第二阶段，目标的组织与实施

建立了组织自上而下的目标体系之后，组织中的成员就要紧紧围绕确立的目标、赋予的责任、授予的权利，运用已有的技术和专业知识，为实现目标寻找最有效的途径。为保证目标的顺利实现，目标管理的组织实施过程非常强调权力下放和自我控制。

3. 第三阶段，成果的检查与考核

目标的实施如果没有检查，就会变成放任自流。为了保证目标的实现，对目标实施的全过程必须进行控制和检查，其基本做法是通过信息反馈系统，将组织所属各级单位和全体员工的目标实施情况定期逐级反馈到上级单位，从中发现差异，查清原因，以便及时采取措施，纠正偏差。

（四）目标管理的评价

目标管理在全世界产生了很大的影响，但它作为一种管理方式和其他管理方式一样，既有优点也有不足。因此，组织管理者必须客观分析其优劣势，扬长避短，根据组织行为特点和外部环境适时运用，从而收到实效。

1. 目标管理的优点

目标管理的优点有：形成激励，有效管理，明确任务，自我管理，控制有效。

2. 目标管理的缺点

尽管目标管理方法有很多优点，但它也有若干不足之处。有的缺点是方法本身存在的，有的则是在运用过程中产生的。缺点具体如下：在组织内部建立以自我管理和自我控制为核心的管理哲学比较困难；确定目标困难；制定目标缺乏统一指导；过多强调短期目标；缺乏灵活性。

本章小结

决策是为了达到某种既定目标，运用科学的理论、方法和手段，制定若干行动方案并从备选方案中进行选优予以实施的一系列分析判断过程。决策的主要方法有定性决策和定量决策。

计划是指为了实现既定的目标，对未来行动进行规划、安排以及组织实施的一系列工作过程。计划的作用表现在：指明方向，预测未来，减少浪费，提供标准。计划可以依据不同标准分类。

战略计划是指用于整体组织的，为组织未来较长时期设立总体目标和寻求组织在环境中地位的计划，它主要是对组织在一个相当长的期限内的发展方向、方针、主要任务等进行运筹和谋划。

目标管理是指在计划期内，组织以目标作为一切管理活动的出发点、归宿点和手段的管理思想和管理制度。

思考与理解

1. 如何正确理解决策的含义？
2. 简述决策工作过程。
3. 简述计划工作的内容和计划的作用。
4. 简述计划编制程序。
5. 试述目标管理的实质与特征。
6. 主要概念：

决策、计划、战略计划、公司战略、竞争战略、职能战略、目标管理。

第六章 组织与职权

教学目标

1. 了解组织基本类型、组织设计过程。
2. 理解组织变革的意义。
3. 掌握组织、组织职权、集权与分权、组织变革等基本概念。

课程导读

美国商用计算机和设备公司由于其最佳而又新颖的产品、富有想象力的销售办法和对各公司客户的优质服务，已发展到位于它经营领域的前列，每年销售额超过10亿美元，利润率高，股票价格节节上升。该公司现已获得投资者的青睐，因为他们从中可得到的股息增长率决，利润高。然而公司总裁不久发现，一向运行良好的组织结构，现已不能适应该公司的需要。

多年来，公司是按照职能系列组织起来的，由几位副总裁分管财务、销售、生产、人事、采购、工程以及研究和发展。随着公司的发展，公司已把其产品系列扩大，从商用计算机扩展到电动打字机、照相复印机、电影摄影机和放映机、机床用计算机控制设备以及电动会计机。随着时间的推移，人们对以下情况感到关注：该公司的组织结构使总裁办公室以下的人员机构无法对公司的利润负责，无法适应目前在国外许多国家业务的广泛性，并且似乎加固了阻碍销售、生产和工程各职能部门之间有效协调的“壁垒”。此外，有许多决定似乎除了总裁办公室以外，其他任何低于这一级的都不能作出。

因此，总裁将公司分成15个在美国和海外的各自独立经营的分公司，每个公司对利润负有全部的责任。然而在实行公司重组后，总裁开始感到对分公司不能实行充分的控制了。分公司在采购和人事职能方面出现了大量的重复，各分公司经理无视总公司的方针和策略，各自经营自己的业务，公司正在瓦解成一些独立部门。

总裁眼见过在几家大公司，当一家分公司的经理犯了错误并使该公司遭受重大损失时而陷于困境的事例，终于认识到他在分权方面已走得太远了。于是，他撤回了分公司经理的某些职权，并要求他们就下述重要事项决策应征得公司最高管理部门的批准，即：(1)超过1万美元的资本支出；(2)新产品的推行；(3)制定销售和价格的策略及政策；(4)扩大工厂；(5)人事政策的改变。

当分公司的一般经理们看到他们的某些自主权被收回时，他们的不愉快是可以理解的。他们公开抱怨公司的方针摇摆不定，一会儿分权，一会儿集权。

总裁对自己处于这种情况感到忧虑。请你作为一位顾问，就他该怎么办提出建议。

导读：

1. 总裁设立15个独立分公司时，存在哪些问题？

2. 如何评价总裁为重新控制公司所做的一切？在总裁决定重新控制公司时，你认为总裁应该怎样才能消除分公司的抱怨？

3. 针对上述案例，请你思考在进行组织结构设计时应注意哪些问题？

第一节　组织的含义

一、组织的含义

(一)组织的一般含义

一般意义上的组织，泛指人们为了达到某些特定的目标，在分工合作基础上构成的人的集合，即各种单位。这是一种静态组织，它是人们进行合作活动的必要条件。

组织作为人的集合，不是简单的毫无关联的个人的总加，它是为了实现一定目的，而有意识地协同劳动而产生的群体。理解组织的涵义可以从以下几点掌握：

1. 组织是一个人为的系统

任何组织都是人们有意识设立的，是由一定数量的个人及其个人之间的关系组成的有机的整体，即协作系统

2. 组织必须有特定目标

任何组织都是为了实现某些特定的目标而存在的，不论这种目标是隐性的，还是明确的。目标是组织存在的前提和基础。

3. 组织必须有分工和协作

分工与协作关系是由组织目标限定的，只有进行合理的分工与良好的协作，才能提

高实现目标的效率。

(二)管理学中组织的含义

在管理学中,组织的含义可以从静态与动态两个方面来理解。

从静态方面看,组织指组织结构,即:反映人、职位、任务以及它们之间的特定关系的网络。这一网络可以把分工的范围、程度、相互之间的协调配合关系、各自的任务和职责等用部门和层次的方式确定下来,成为组织的框架体系。

从动态方面看,组织指维持与变革组织结构,以完成组织目标的过程。通过组织机构的建立与变革,将生产经营活动的各个要素、各个环节,从时间上、空间上科学地组织起来,使每个成员都能接受领导、协调行动,从而产生新的、大于个人和小集体功能简单相加的整体职能。

综上可知,管理学所讲的组织是指为有效配置内部资源和开展活动,实现预定的共同目标而按照一定的规则、程序所构成的一种责权结构和人员协作关系。这是一种动态组织(过程组织),即将各种要素,在一定的空间和时间内紧密联系并合理配置起来,与变化的外部环境相协调,向预定目标运行的活动过程。

组织的类型一般有正式组织与非正式组织。其中,正式组织一般是指组织中体现组织目标所规定的成员之间职责的组织体系。我们一般谈到组织都是指正式组织。在正式组织中,其成员保持着形式上的协作关系,以完成组织目标为行动的出发点和归宿点。非正式组织是在共同的工作中自发产生的,具有共同情感的团体。非正式组织形成的原因很多,如工作关系、兴趣爱好关系、血缘关系等。非正式组织经常出于某些情感的要求而采取共同的行动。非正式组织对正式组织有非常重要的影响,管理者应高度重视非正式组织的影响。

二、组织的作用和实质

(一)组织的作用

组织的作用主要表现在以下几个方面:

第一,有效的组织是进行决策的基础,是实现组织目标的保证。

第二,有效的组织是综合发挥人力、物力、财力、技术、信息等资源,以实现管理综合效益的合理结构体系。

第三,有效的组织会创造一种良好的工作环境,使组织中的每一个人都能为完成群体的目标做出最大的贡献。

(二)组织的实质

管理的组织职能主要是设计、形成和保持一种良好的、和谐的集体环境,使人们能够相互配合、协调行动，以获得优化的群体效应。

管理的根本动力是充分发挥人的积极性、主动性和创造性。要做到这一点，组织就必须通过进行合理的分工，建立机构，设计职权，处理责权利，构造沟通体系等管理活动，维持一种能发挥人的主动性、积极性和创造性的集体，鼓士气、营气氛、养风气，培育每个人强烈的进取心和事业心，以及为实现组织目标而共同奋斗的集体精神。

管理组织的实质表现为组织成员为实现共同的目标而有效地工作，表现在组织机构运行的高效化上。组织高效化有以下四种衡量标准：

第一，管理效率高，层次简明合理，很少出现扯皮现象。

第二，信息传输迅速而准确，使组织的领导者能及时掌握新的情况，做出相应决策。

第三，任用合理，人人都能在自己的岗位上充分发挥作用，人与人之间关系和谐、协调。

第四，组织的总体目标和计划已被组织工作分配下去，使得目标和计划的完成有了切实保障。

三、组织职能的基本内容

管理者的组织职能主要包括以下工作内容：

第一，如何设计合理的组织结构？

第二，组织中的管理幅度与管理层次如何确定？

第三，如何进行组织中的部门的划分？

第四，在组织中如何进行职权配置？

第五，对一个组织来说，根据什么来决定是该集权多一些还是分权多一些？

第六，根据组织的具体情况和各种组织结构的优缺点采用不同的组织结构形式。

第七，如何进行组织的变革与发展工作？

四、组织工作的步骤

各个组织开展组织工作有其不同的具体过程和步骤，但从整体上来看，组织工作的开展有以下七个基本的步骤。

（一）明确组织工作的目标

组织工作的目标是根据计划工作确定的组织整体的目标而确定的。对于一个新建的组织而言，组织工作的目标要根据组织的宗旨，结合组织当前所处的具体环境和组织的发展规划来确定。它的内容包括组织的发展规模、组织内的分工与协作的程度、组织集权和分权的程度、组织内部的信息沟通方式等。

对于一个已在运转的组织，组织工作的目标要根据组织的计划目标、组织在运转过程中所出现的问题、组织所处的具体环境和组织未来发展的需要来确定。它的内容包括对组织适应外部环境变化之间协作关系的要求、对专业化分工程度的要求等。

（二）确定工作分工

根据组织计划目标和组织工作目标的要求，明确完成组织计划目标所需要的分工，如办医院就要有医生、护士，办工厂就要有工程技术人员、工人，办一所学校就要有教师。这是根据完成组织目标的需要所进行的客观分工。

（三）确定管理幅度和管理层次

根据组织工作目标的要求，在客观分工的基础上，确定了组织中的管理幅度，同时也就确定了组织中的管理层次。这是管理者根据提高管理效率的要求所进行的主观设计。

（四）部门的划分

管理幅度的有限性使得组织要按一定的方法把组织中的人和事划分成若干个可管理的单位或部门。它也是管理者根据组织工作目标的要求所进行的主观设计。

（五）确定管理和业务工作的关系

这是根据实现组织目标的要求，找出组织中的各个部门、各个管理层次之间在管理和业务工作上的关系。它是实现组织目标的客观要求。

（六）确定上下左右的工作程序

根据各个部门、各个管理层次之间联系的客观要求，通过职权管理和各种规章制度把这种客观要求具体确定下来，使组织中的各个部门和各个管理层次能围绕着组织目标的实现而成为一个整体，共同运转和工作。

（七）组织调整

这是控制职能在组织工作中的应用，即针对在组织运行过程中所出现的问题进行调整。组织调整实际上就是进行的新一轮的组织工作。

第二节　组织结构类型

不同的组织有不同的特点，不可能有统一的组织模式，所以设置组织结构需要选择适当的组织结构形式。组织结构形式是组织结构框架设置的模式。常见的组织结构有以下六种类型：直线制（型）结构、职能制（型）结构、直线—职能制（型）结构、事业部型结构、矩阵型结构、网络型结构和控股型结构。

一、直线制组织结构

直线制组织，又称“军队式组织”，是人类社会各种组织存在的最基本形式，也是一种最早的和最简单的组织结构形式。这种组织结构没有管理职能部门，从最高层到最低层实现直线垂直领导，如图 6-1 所示。

直线制组织结构的优点有：结构比较简单，责任分明，命令统一。缺点有：对直线主管要求较高，要求直线主管掌握多种知识和技能，亲自处理各种业务。

在组织规模比较大、业务比较复杂的情况下，把所有管理职能都集中到最高主管一个人身上，显然是难以胜任的。因此，直线制只适用于规模较小、生产技术比较简单的企业，对生产技术和经营管理比较复杂的企业并不适宜。

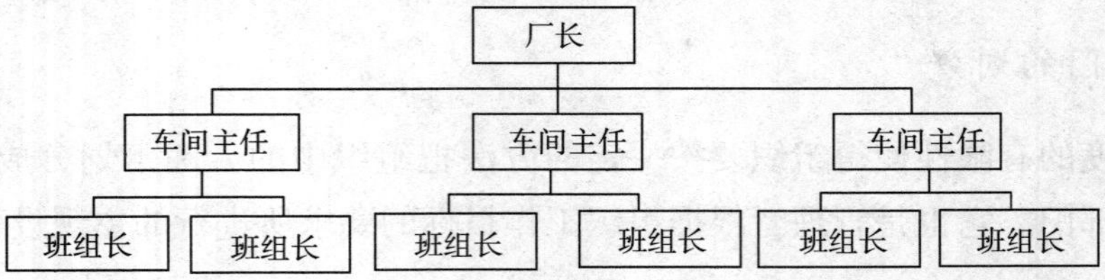

图 6-1 直线制组织结构示意图

二、职能制组织结构

职能制组织的特点是：设立若干职能机构或人员，各职能机构或人员在自己的业务范围内都有权向下级下达命令和指示，即各级负责人除了要服从上级直接领导的指挥以外，还要受上级各职能部门或人员的领导。如图 6-2 所示。

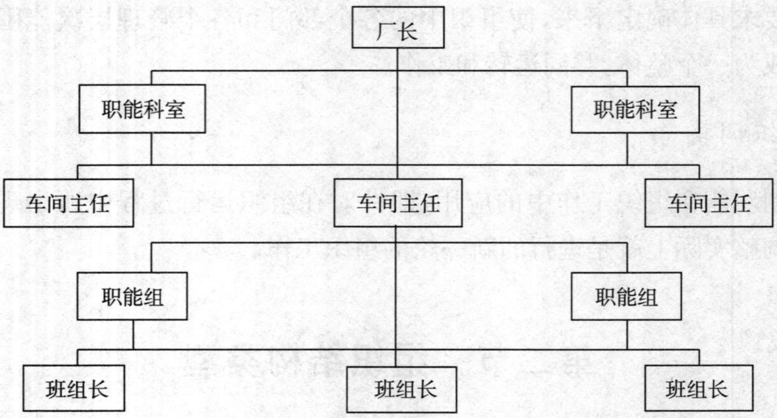

图 6-2 职能制组织结构示意图

职能制的优点有：能适应现代化工业企业生产技术比较复杂、管理工作比较精细的特点；能充分发挥职能机构的专业管理作用，减轻直线领导人员的工作负担。

职能制的缺点有：它妨碍了必要的集中领导和统一指挥，形成了多头领导；不利于建立和健全各级行政负责人和职能科室的责任制，在中间管理层往往会出现有功大家抢、有过大家推的现象；另外，在上级行政领导和职能机构的指导和命令发生矛盾时，下级就无所适从。由于这种组织结构形式存在明显的缺陷，现代企业一般都不采用职能制。

三、直线—职能制组织结构

直线—职能制，又称为直线参谋制，是在直线制和职能制的基础上，取长补短，吸取这两种形式的优点而建立起来的。目前，我们绝大多数企业都采用这种组织结构形式。这种组织结构形式把企业管理机构和人员分为两类：一类是直线领导机构和人员，按命令统一原则对各级组织行使指挥权；另一类是职能机构和人员，按专业化原则，从事组织的各项职能管理工作。直线领导机构和人员在自己的职责范围内有一定的决定权和对所属下级的指挥权，并对自己部门的工作负全部责任。而职能机构和人员则是直线指挥人员的参谋，不能对直线部门发号施令，只能进行业务指导。直线—职能制组织结构图，如图 6-3 所示。

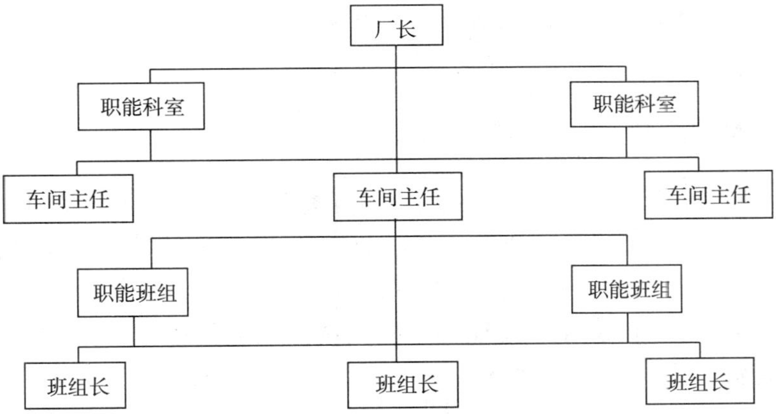

图 6-3 直线—职能制组织结构示意图

直线—职能制的优点有：命令统一，职责明确，专业化管理程度较高，组织稳定。它既保证了管理体系的集中统一，又可以在各级行政负责人的领导下，充分发挥各专业管理机构的作用。

但其缺点有：职能部门之间缺乏交流、协作和配合；职能部门与行政负责人之间容易产生摩擦，组织系统的灵敏度较低；下级的许多工作要直接向上层领导报告请示才能处理，常常造成企业运作效率低下。

四、事业部制组织结构

事业部制是欧美、日本大型企业所采用的典型的组织形式，因为它是一种分权制的组织形式。事业部制最早由美国通用汽车公司总裁斯隆于1924年提出，故有“斯隆模型”之称，也叫“联邦分权化”，是一种高度集权下的分权管理体制。它适用于规模庞大、品种繁多、技术复杂的大型企业，是国外较大的联合公司所采用的一种组织形式。近几年我国一些大型企业集团或公司也引进了这种组织结构形式。在企业组织的具体运作中，事业部制又可以根据企业组织在构造事业部时所依据的基础的不同区分为产品事业部制、区域事业部制等类型，通过这种组织结构可以针对某个单一产品、服务、产品组合、主要工程或项目、地理分布、商务或利润中心来组织事业部。地区事业部制按照企业组织的市场区域为基础来构建企业组织内部相对具有较大自主权事业部门；而产品事业部则依据企业组织所经营的产品的相似性对产品进行分类管理，并以产品大类为基础构建企业组织的事业部门。

事业部制是分级管理、分级核算、自负盈亏的一种形式，即一个公司按地区或按产品类别分成若干个事业部，从产品的设计、原料采购、成本核算、产品制造，一直到产品销售，均由事业部及所属工厂负责，实行单独核算、独立经营、公司总部只保留人事决策，预算控制和监督大权，并通过利润等指标对事业部进行控制。也有的事业部只负责指挥和组织生产，不负责采购和销售，实行生产和供销分立，但这种事业部正在被产品事业部所取代。还有的事业部按区域来划分。这里就产品事业部和区域事业部做些简单的介绍。

（一）产品事业部（又称产品部门化）

按照产品或产品系列组织业务活动，在经营多种产品的大型企业中早已显得日益重要。产品部门化主要是以企业所生产的产品为基础，将生产某一产品有关的活动，完全置于同一产品事业部内，再在产品事业部内细分职能部门，进行该产品的生产、销售等工作。这种结构形态在设计中往往将一些共用的职能集中，由上级委派以指导各产品部门，做到资源共享，如图6-4所示。

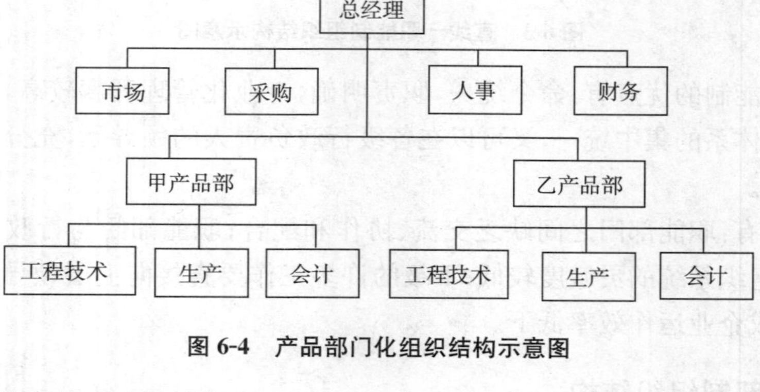

图6-4 产品部门化组织结构示意图

产品部门化的优点主要有：

第一，有利于采用专业化设备，并能使个人的技术和专业化知识得到最大限度的发挥；

第二，每一个产品部门都是一个利润中心，部门经理承担利润责任，这有利于总经理评价各部门的政绩；

第三，在同一产品部门内有关的职能活动协调比较容易，比完全采用职能部门的管理更有弹性；

第四，容易适应企业的业务扩展与业务多元化的要求。

产品部门化的缺点主要有：

第一，需要更多的具有全面管理才能的人才，而这类人才往往不易得到；

第二，每一个产品分部都有一定的独立权力，高层管理人员有时会难以控制；

第三，对总部的各职能部门，如人事、财务等，产品分部往往不会善加利用，以至总部一些服务不能获得充分的利用。

（二）区域事业部制（又称区域部门化）

对于在地理上分散的企业来说，按地区划分部门是一种比较普遍的方法，其原则是把某个地区或区域内的业务工作集中起来，委派一位经理来主管其事。按地区划分部门特别适用于规模大的公司，尤其是跨国公司。这种组织结构形态往往设有中央服务部门，如采购、人事、财务、广告等，向各区域提供专业性的服务，如图 6-5 所示。

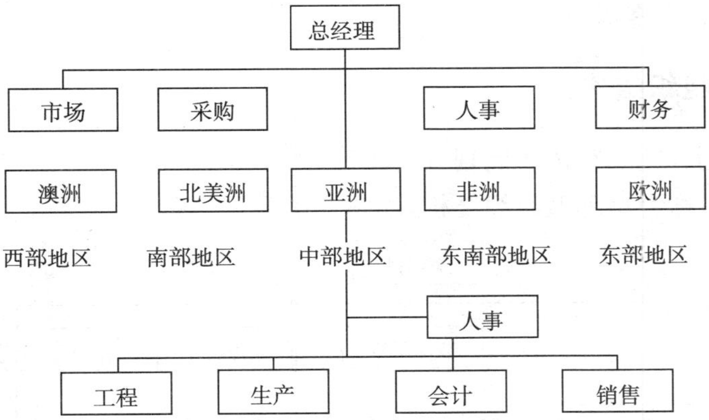

图 6-5 区域部门化组织结构示意图

区域部门化的优点主要有：

第一，责任到区域，每一个区域都是一个利润中心，每一区域部门的主管都要负责该地区业务的盈亏；

第二，放权到区域，每一个区域有其特殊的市场需求与问题，总部放手让区域人员处理，会比较妥善、实际，有利于企业高层管理者关注更重要的问题。

第三，有利于地区内部的协调；

第四，对区域内顾客比较了解，有利于服务与沟通；

第五，每一个区域主管都要担负一切管理职能的活动，这对培养管理人员大有好处。

区域部门化的缺点有：

第一，随着地区的增加，需要更多具有全面管理能力的人员，而这类人员往往不易得到；

第二，每一个区域都是一个相对独立的单位，加上时间和空间上的限制，往往是“天高皇帝远”，总部难以控制；

第三，由于总部与各区域分部相距较远，难以维持集中的经济服务工作。

总体来说，事业部必须具有三个基本要素特征：相对独立的市场、相对独立的利益、相对独立的自主权。

事业部制的优点有：总部领导可以摆脱日常事务，集中精力考虑全局问题；事业部实行独立核算，更能发挥经营管理的积极性，更有利于组织专业化生产和实现企业的内部协作；各事业部之间有比较、有竞争，这种比较和竞争有利于企业的发展；事业部内部的供、产、销之间容易协调，不像在直线职能制下需要高层管理部门过问；事业部经理要从事业部整体来考虑问题，这有利于培养和训练全面的管理人才。

事业部制的缺点有：公司与事业部的职能机构重叠，造成管理人员浪费；事业部实行独立核算，各事业部只考虑自身的利益，影响事业部之间的协作，一些业务联系与沟通往往也被经济关系所替代；甚至连总部的职能机构为事业部提供决策咨询服务时，也要事业部支付咨询服务费。

五、矩阵制组织结构

在组织结构上，把既有按职能划分的垂直领导系统，又有按产品（项目）划分的横向领导关系的结构，称为矩阵型组织结构，如图 6-6 所示。

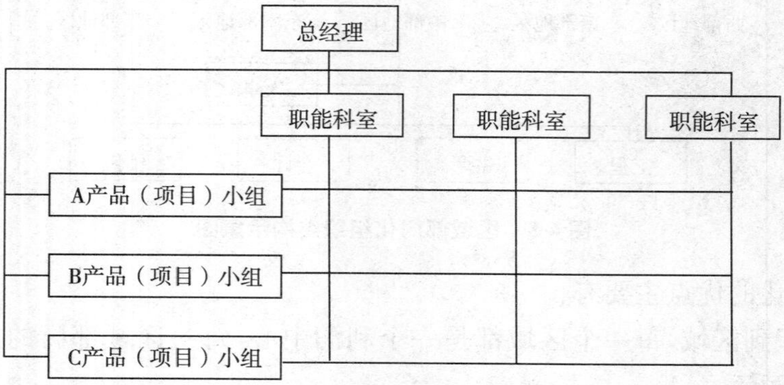

图 6-6　矩阵制组织结构示意图

矩阵制组织是为了改进直线职能制横向联系差、缺乏弹性的缺点而形成的一种组织形式。它的特点表现在围绕某项专门任务成立跨职能部门的专门机构上，如组成一个专门的产品（项目）小组去从事新产品开发工作，在研究、设计、试验、制造各个不同阶段，由有关部门派人参加，力图做到条块结合，以协调有关部门的活动，保证任务的完成。这种组织结构形式是固定的，人员却是变动的，需要谁，谁就来，任务完成后就可以离开。而且，项目小组和负责人也是临时组织和委任的，任务完成后就解散，有关人员回原单位工作。因此，这种组织结构非常适用于横向协作和攻关项目。

矩阵结构的优点有：机动、灵活，可随项目的开始与结束进行组织或解散；由于这种结构是根据项目组织的，任务清楚，目的明确，各方面有专长的人都是有备而来，从而在新的工作小组里能沟通、融合，能把自己的工作同整体工作联系在一起，为攻克难关、解决问题而献计献策；由于从各方面抽调来的人员有信任感、荣誉感，使他们增加了责任感，激发了工作热情，促进了项目的实现；它还加强了不同部门之间的配合和信息交流，克服了直线职能结构中各部门互相脱节的现象。

矩阵结构的缺点有：项目负责人的责任大于权力，因为参加项目的人员都来自不同部门，隶属关系仍在原单位，只是为“会战”而来，所以项目负责人对他们管理困难，没有足够的激励手段与惩治手段，这种人员上的双重管理是矩阵结构的先天缺陷；由于项目组成人员来自各个职能部门，当任务完成以后仍要回原单位，因而容易产生临时观念，对工作有一定影响。

矩阵结构适用于一些重大攻关项目。企业可用它来完成涉及面广的、临时性的、复杂的重大工程项目或改革任务。矩阵结构特别适用于以开发与实验为主的单位，如科学研究，尤其是应用性研究单位等。

六、网络型结构

网络型组织结构，又称为“虚拟型组织结构”。网络型企业组织结构产生的原因是现代信息科学技术高度发达。Internet 技术的广泛扩展和利用使得企业与外界的联系极大增强，企业的经营地理范围不再局限于一个国家、一个地区，而是通过互联网与世界相连，世界成为名副其实的“地球村”。

网络型组织结构是一种只有很精干的中心结构，而依靠其他组织以合同为基础进行制造、分销、营销或其他关键业务的经营活动。被连接在这一结构中的合组织之间并没有正式的资本所有关系和行政隶属关系，只是通过相对松散的契约(外包合同)纽带，透过一种互惠互利、相互协作、相互信任和支持的机制来进行密切的合作，如图 6-7 所示。

网络型组织结构的优点有：采用这种结构的企业能够大大减少管理层次；由于其大部分职能都是“外购”的，中心组织就具有了高度的灵活性，并能集中精力做自己最擅长的事。在实际中，采用网络结构的企业大部分将自己的职能集中于设计或营销。

网络型组织结构的缺点有：中心组织难以对制造活动实施严密的控制，因而在产品质量上存在风险；网络组织取得的设计上的创新很容易被窃取，因为产品一旦交与其他企业生产，要想防止创新外漏将是十分困难的。

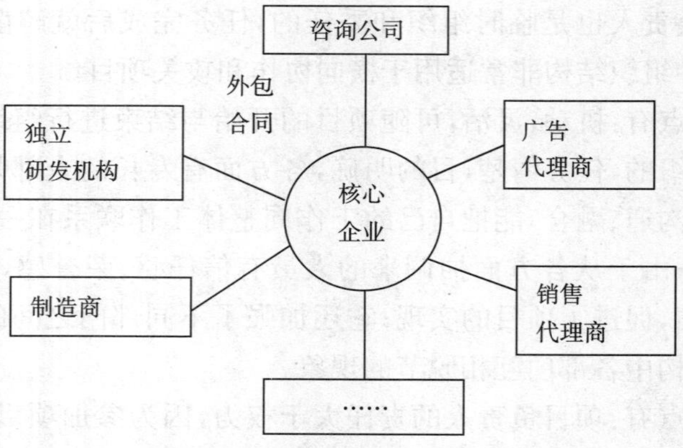

图 6-7 网络型组织结构示意图

七、控股型结构

控股型结构又称为 H 型结构（Holding Company Form），这是一种比事业部更为彻底的分权结构。在采用控股型结构的企业中，起主导作用的是一个具有较强经济实力的控股公司，它通过控股、参股所拥有的控制权实现对成员企业的投资决策、人事安排、发展规划以及生产、营销、开发等经营活动的控制和干预，协调和维持成员企业行为的一致性。

与事业部结构相比，控股型结构具有以下特点：

第一，母公司和子公司不是行政上的隶属关系，而是资产上的联结关系。

第二，子公司与事业部不同，在法律上是具有法人地位的独立企业。

第三，与事业部型相比，控股型结构的优点是：由于母公司与子公司在法律上各为独立法人，母公司无须承担子公司的债务责任，相对降低了经营风险；子公司无法吃母公司的“大锅饭”，促使子公司具有较强的责任感和经营积极性。但它也有缺点：母公司对子公司不能直接行使行政指挥权力，对子公司的控制必须通过股东会和董事会的决策来发挥其作用；母公司各为独立纳税单位，相互间的经营往来及子公司的盈利所得需双重纳税。

第三节 组织职权

一、职权的含义

(一)职权含义

职权是经由一定的正式组织赋予某一职位的权力,即管理者履行管理职能的权力。职权同职责共存,职责是某项职位应该完成的某项任务的责任。

在组织内,最基本的信息沟通就是通过职权来实现的。通过职权关系上传下达,使下级按指令行事,上级得到及时反馈的信息,作出合理决策,进行有效控制。

居于组织中某一职位的管理者为了带领下属完成某项工作,必须拥有指挥、命令、协调等各项权力,这是领导者行使职责的工具。职责是指由于占据组织中某一职位而必须承担的责任。职责与职权是一对“孪生兄弟”,它们之间是共存关系,职权是履行职责的必要条件与手段,职责则是行使职权所要达到的目的。作为一名管理人员,占据了组织中某一职位,就必须承担职位要求的职责,同时也必须拥有完成职责的职权,权责对等且共存于一体。

(二)职权的类型

1.职权的类型

组织中的职权有三种基本类型:直线职权、参谋职权和职能职权。

直线职权是指上级直接指挥下级的权力,表现为上下级之间的命令权力关系。每一管理层的主管人员都应具有这种职权,只不过每一管理层次的功能不同,其职权的大小、范围也就不同而已。例如,厂长对车间主任拥有直线职权,车间主任对班组长有直线职权。这样从组织的上层到下层的主管人员之间,便形成一个权力线,这条权力线被称之为指挥链或指挥系统,在这条权力线中,权力的指向由上到下,由于在指挥链中存在着不同管理层次的直线职权,故指挥链又叫层次链。

参谋职权是指参谋人员所拥有的辅助性的职权,是顾问性、服务性、咨询性和建议性的职权,旨在帮助直线权力有效地完成组织目标。参谋人员也可分为两类:个人参谋和专业参谋。前者是参谋人员,参谋人员是直线人员的咨询人员,他协助直线人员执行职责。专业参谋常常为一个独立的机构或部门,就是一般所谓的“智囊团”或“顾问班子”。专业参谋部门的出现是时代发展的产物,它聚集了一些专家,让他们运用集体智慧协助直线主管进行工作。

随着组织规模不断扩展和管理活动日趋复杂,主管人员受时间、精力和专业知识与能力等方面的限制，仅仅依靠参谋人员的建议很难做出科学的决策。为了提高和改善管理效率，主管人员就将一部分本属于自己的直线职权授予给职能部门负责人或参谋人员，这就产生职能职权。

职能职权更多的是由业务或参谋部门的负责人行使，因为这些部门都是由一些职能管理专家组成的。

2. 处理好三种职权的关系

直线与参谋本质上是一种职权关系，而职能职权介于直线职权与参谋职权之间。在管理工作中，管理人员应处理好这三种职权之间的关系。

(1)注意发挥参谋职权的作用。

从直线与参谋的关系看，参谋为直线主管提供信息，出谋划策，配合主管工作。参谋主要为决策者提供必要的信息咨询等一系列服务工作。发挥参谋职权的作用时，应注意以下几点：参谋应独立提出建议；参谋人员多是某一方面的专家，应让他们根据客观情况提建议，而不应该左右他们的建议；直线主管应不为参谋左右，参谋应多谋，直线应善断；直线主管可广泛听取参谋的意见，但要切记，直线主管是决策者。

(2)适当限制职能职权。

职能职权的出现是为了有效地实施管理，但也带来了多头领导，所以有效地使用职能职权在于正确地权衡这种“得”与“失”。一般认为，限制职能职权的使用所得常常大于所失。

限制职能职权的使用情况有：其一要限制其使用范围，职能职权的使用常限于解决“如何做”、“何时做”等方面的问题，如果扩大到“在哪做”、“谁来做”、“做什么”等方面的问题时，就会取消直线主管的工作；其二要限制级别，职能职权不应越过上级下属的第一级，如财务科长或人事科长不应越过车间主任等。职能职权应当在组织中关系最接近的那一级。

二、集权与分权

(一)集权与分权的概念

集权与分权是一个与授权密切相关的内容，如果授权较少，那么就意味着较高程度的集权；如果授权较多，那么就意味着较高程度的分权。

集权是指管理中的决策权集中到较高的管理层次，分权是指管理中的决策权分散到整个组织中。集权与分权都是相对的，并不是绝对的。职权绝对分散意味着没有上层主管人员，而职权绝对集中则意味着没有下层主管人员。实际上，这两种组织结构都不存在。有层次的组织结构的建立，就已经存在着某种程度的分权。

(二)集权制与分权制

按照集权与分权的程度不同，可形成两种领导方式：集权制与分权制。

1. 集权制

集权制是指管理权限较多的集中在组织最高层。其特点是：一是决策权较多地集中于高层主管，中下层只有日常业务的决策权；二是对下级的控制较多，下级决策前都要经过上级的审核，下级决策后要向上级汇报。

2. 分权制

分权制就是把管理权限适当分散在组织中下层。分权制的特点有：一是中下层拥有较多的决策权；二是上级的控制较少，往往以完成规定的目标为限；三是下级有相对的独立经营、独立核算的权力，有一定的财务支配权。

分权可以通过两个途径来实现：制度分权与主管人员在工作中的授权。制度分权与授权的结果虽然相同，都是较低层次的管理人员行使较多的决策权，即权力的分散化，这两者存在一些区别。

制度分权是在组织设计时，考虑到组织规模和组织活动的特征，在工作分析、职务和部门设计的基础上，根据各管理岗位工作任务的要求，规定必要的职责和权限。

授权是担任一定管理职务的领导者在实际工作中，为充分利用专门人才的知识和技能，或在出现新增业务的情况下，将部分解决问题、处理新增业务的权力委托给某个或某些下属。

（三）影响集权或分权的因素

对于一个企业，是集权程度高一些好，还是低一些好，还没有普遍适用的标准模式，只能根据影响集权与分权程度的客观因素，实事求是地加以确定。集权与分权的程度可根据以下因素的变化情况来衡量：

第一，产品结构及生产技术特点。这是来自企业内部影响集权与分权程度的基本因素。例如，有的企业产品单一，更新换代速度慢，生产过程连续性强，实行大量生产，由于其生产经营各环节之间的协作和联系十分紧密，客观上要求集中经营、统一管理，企业高层就应集权多些；而有的企业从事跨行业多种经营，产品的生产技术差别大，市场和销售渠道各不相同，在这种情况下，只有加大分权程度，才能使不同产品的生产单位根据行业特点灵活经营。

第二，环境条件。环境是从外部影响集权与分权程度的基本因素。由于企业所处的行业、经营资源的供应、面对的市场、使用的技术等存在差异，其环境有的复杂多变，不确定性程度高；有的则相对较为稳定，不确定性程度低。环境越是不确定，决策者越难以获得准确而可靠的环境信息，越难以把握外部条件的变化方向与速度，因而生产经营的风险就越大，显然为了使企业下属单位能够及时抓住机会、避开风险，促进整个企业的发展，企业必须加大分权程度才行。而那些环境较为稳定的企业，则可以提高集权程度。在我国，环境条件中还有一个重要因素，这就是国家宏观调控的方式与政策。对于某些企业，国家控制相对较严，过去以指令性计划形式实行直接控制，今后将采取国有独资公司保持绝对控制权，这样的企业内部就要有较高程度的集权。

第三，企业战略。战略不同将对企业集权与分权产生直接影响。例如，从总体上看，企业根据特定环境和自身条件，可以采取稳定型、增长型和收缩型等不同态势的战略。实行稳定型战略有利于提高企业集权程度。实行收缩型战略必须要加强企业高层的集权，不然就无法集中力量，保证重点，难以实现较大的战略调整。与这两种战略态势相反，增长型战略则要求扩大分权，以便充分发挥下属单位生产经营的主动性和创造性，为企业开拓更多、更大的市场。

第四，企业规模。企业规模越大，经营管理越复杂，决策数目就越多，决策频率就越高；同时管理层次和部门越多，横向协调就越困难，高层也越不容易及时掌握下层情况。因此，决策权若过于集中，就会延误决策时间，降低决策效率，还会因情况不明而导致决策失误。所以，规模大的企业，除了那些由产品结构和生产技术特点所决定的、适合高度集权的企业外，一般都需要不同程度地扩大分权。

第五，企业管理水平和管理者条件。有些企业经过长期发展，形成了一整套适合自己情况的管理方式、制度和方法，各方面和各单位的管理水平都较高，这就为增加分权的内容和程度提供了有利条件；有些企业由若干企业合并而成，如果它们的管理水平参差不齐，有的单位管理基础较差，为了保证整个公司步调一致、协同作战，就需要加强集权，待情况好转后，再适当分权。控制技术的先进性是反映企业管理水平高低的一个重要标志。在生产自动化和拥有电子计算机管理信息系统的条件下，专业管理和作业管理将大大简化，这就为企业高度集权提供了优越的物质技术条件。同一行业、同等规模的企业，如果不具备这种条件，就只能适当分权。企业管理水平的高低最终取决于管理人员的条件，即如果企业各级管理人员素质好，既有经验和能力，又有强烈的责任心和进取心，分权程度自然可以加大；反之，企业极度缺乏优秀的管理人才，分权就会受到限制。

企业应根据实现组织目标的需要，综合上述影响因素，正确地确定集权和分权的程度，实现科学的职权配置。

（四）授权

1. 授权的含义

授权是指由管理者将自己所拥有的一部分权力授予下级而形成的分权。管理者授权是现代管理的一种管理方法与领导艺术。

2. 授权的原则

授权应遵循以下原则：

第一，权力和职责的对等。授权必须具有足够的范围，以使分派的职责得以完成。权力太小，授权形同虚设，往往出现下级在决策之前必须请示上级，延误决策；而授权范围过大，会使权力失控，所以必须根据职责的大小授予权力。

第二，职责绝对性原则。权力与职责可以被分派给下级，但对上级的责任既不能分派，也不能委任。一个管理者为完成工作负有某些职责，其下属人员也有一部分责任，但该管理者自己不能推卸掉他对该项工作的最后责任。

第三，因事设人、视能授权。在授权前，授权者必须明确本单位的工作任务，仔细分析其难易程度，以使职权授予最合适的人选。一旦发现下属不能胜任时，应及时收回权力。

第四，明确所授事项。授权时，授权者必须向被授权者明确所授事项的任务目标及权责范围，这样不仅有利于下属完成任务，而且可避免下属推卸责任。

第五，不可越级授权。主管人员只能对直接下属授权，因为越级授权会造成中层管理人员的被动，以及部门之间的矛盾。

第六，适度授权。授予的职权是上级主管人员职权的一部分，而不是全部，对下属来讲，这是他完成任务所必需的。授权者对于涉及有关组织全局的问题要慎重考虑，不可轻易授权。

第七，有效监控原则。适当控制不是在授权后不断地检查工作，而是在授权之前建立一套健全的控制制度，制定可行的工作标准和适当的报告制度，以便在不同的情况下能迅速采取补救措施。

授权首先要建立健全请示汇报制度，以制度约束下属，其次要体谅下属工作中的困难。监督检查不是简单地打幌子、下评语，而是为了上下沟通，齐心协力，共同履行职责，完成任务。因此，对下属工作中出现的问题领导者要敢于承担责任，同时给下属必要的支持。

3. 制度分权与授权的联系和区别

一是制度分权是在详细分析、认真论证的基础上进行的，因此具有一定的必然性；而工作中的授权则往往与管理者个人的能力和精力、拥有的下属的特长、业务发展情况相联系，因此具有很大的随机性。

二是制度分权是将权力分配给某个职位。

三是制度分权是相对稳定的，除非整个组织结构重新调整，否则制度分权不会收回；由于授权是某个主管将自己担任的职务所拥有的权限因某项具体工作的需要而委任给某个下属，这种委任可以是长期的，也可以是临时的，授权者可以重新收回。

四是制度分权主要是一条组织工作的原则，以及在此原则指导下的组织设计中的纵向分工，而授权则主要是领导者在管理工作中的一种领导艺术，一种调动下属积极性、充分发挥下属作用的方法。

五是作为分权的两种途径，制度分权和授权是相互补充的。组织设计中难以详细规定每项职权的运用，难以预料每个管理岗位上工作人员的能力，同时也难以预测每个管理部门可能出现的新问题，因此需要各层次领导者在工作中的授权来补充。

（五）集权与分权相结合

1. 集权与分权结合是基本条件

现实中任何企业都不可能实行绝对的集权或者绝对的分权。绝对分权就是把全部管理权力都集中在企业最高领导着手中，这意味着在其之下，既没有主管人员，也不存在管理层次，分工与协作被一笔勾销，更无所谓组织结构。绝对分权则走向另一个极端，把管理权力全部下放，让各单位完全自主地进行生产经营，其结果是最高领导者的身份将不复存在，作为整体的企业也将消失。所以，集权与分权都只能是相对的，只有很好地将两者结合起来，企业才能存在。

2. 集权与分权相结合是企业保持统一性和灵活性的客观要求

企业内部的集权与分权，体现着不同的管理要求。集权体现的是企业统一性的要求，即只有实行必要的集权，才能实现生产经营的统一领导与指挥，实现对人、财、物等资源的统一调配，保证各单位围绕企业的统一目标而一致行动。与此同时，一定程度的分权体现的是增强企业灵活性和适应性的要求，即只有将集权和分权结合起来，才能适应市场经济对企业管理提出的客观要求，提高企业的经济效益。

3. 集权与分权相结合是保证二者相互取长补短的基本结构形式

集权与分权各有利弊，只有结合起来，才能扬长避短。一方面，集权有利于统一领导和指挥，加强对中下层组织的控制，这对于贯彻落实企业战略、合理利用企业经营资源和提高整体效益都具有重要意义。但是，集权也会限制中下层管理人员的主动性和创造性，加重高层领导的工作负荷，还不利于全面管理人才的培养。另一方面，在一定程度上实行分权，正好能够克服集权的上述不足。因此，只有建立两者结合的权力结构，才能取得相辅相成的良好效果。

第四节　组织设计

组织结构框架设计包括纵向结构设计和横向结构设计两个方面。组织设计通过机构、职位、职责、职权以及它们之间的相互关系，实现纵横结合，组成不同类型的组织结构。

一、组织结构设计概述

（一）组织结构设计的概念

组织结构设计是指根据组织目标及实际工作需要，确定组织层次划分、各个部门及其工作人员的职责范围和权限，建立合理的组织结构的过程。组织设计包括横向设计和纵向设计。

组织横向设计主要解决管理与业务部门的划分问题，反映了组织中的分工合作关系；组织纵向结构设计主要解决管理层次的划分问题与职权分配问题，反映了组织中的领导隶属关系。

组织结构设计是组织正常运作和责权划分的需要，它有利于资源整合，达成组织目标；有利于企业活动中各职能的划分和定位；有利于授权的稳定性；有利于组织成员的职业成长。

（二）组织结构设计的原则

组织结构设计原则是进行组织设计必须综合考虑的准则。不同组织由于其成长历史、规模等不同，在进行组织设计时考虑的准则各有侧重点，但就一般意义上来讲，进行组织设计主要遵循以下一些原则：

1. 目标统一原则

组织是实现组织目标的有机载体，组织的结构、体系、过程、文化等均是为完成组织目标服务的，达成目标是组织设计的最终目的。组织结构通过不断完善，使每个人在实现组织目标的过程中做出更大的贡献。

2. 适应创新原则

组织结构设计应综合考虑公司的内外部环境，组织的理念与文化价值观，组织的当前以及未来的发展战略，组织使用的技术等以适应组织的现实状况；并且，随着组织的成长与发展，组织结构应有一定的拓展空间。

3. 效率原则

组织的目标要追求效率，效率原则是衡量任何组织结构的基础。组织结构如果能使人们（指有效能的人）以最小的失误或代价（它超出了人们通常以货币或小时等计量的指标来衡量费用的含义）来实现目标，就是有效的。

4. 责权利相结合的原则

责任、权力、利益三者之间是不可分割的，而必须是协调的、平衡的和统一的。权力是责任的基础，有了权力才可能负起责任；责任是权力的约束，有了责任，权力拥有者在运用权力时就必须考虑可能产生的后果，不至于滥用权力；利益的大小决定了管理者是否愿意担负责任以及接受权力的程度，利益大、责任小的事情谁都愿意去做，相反，利益小、责任大的事情人们都不愿意去做，其积极性也会受到影响。

5. 职能专业化原则

组织整体目标实现需要完成多种职能工作，组织应充分考虑劳动分工与协作，包括战略规划、人力资源、控制、审计、资源配置等；对于以事业发展、提高效率、监督控制为首要任务的业务活动，应以此原则为主，进行部门划分。

6. 管理层次原则

管理层次与管理幅度的设置受到组织规模的制约；在组织规模一定的情况下，管理幅度越大，管理层次就越少；组织管理层次的设计应在管理有效的控制幅度之下，尽量减少管理层次，以利于精简编制，促进信息流通。

7. 有效控制原则

对组织的有效控制在组织设计时，应注意以下几点：命令统一、权责对等；制定可行的规范、政策、制度；职能部门应加强计划、预算、核查等工作，业务部门要加强事前的协调、事中的过程控制、事后的经验总结。

8. 集权与分权相结合的原则

在进行组织设计或调整时，既要有必要的权力集中，又要有必要的权力分散，两者不可偏废。集权是大生产的客观要求，它有利于保证企业的统一领导和指挥，有利于人力、物力、财力的合理分配和使用；而分权则是调动下级积极性、主动性的必要组织条件。合理分权有利于基层根据实际情况迅速而准确地做出决策，也有利于上层领导摆脱日常事务，集中精力抓重要问题。

9. 系统运作原则

组织运作整体效率是一个系统性过程，组织设计应简化流程，这样有利于信息畅通、决策迅速、部门协调；充分考虑交叉业务活动的统一协调；过程管理的整体性。

10. 分工协作原则

组织任务目标的完成，离不开组织内部的专业化分工和协作，因为当今各类组织工作量大、专业性强，分别设置不同的专业部门有利于提高管理工作的效率。在合理分工的基础上，各专业部门又必须加强协作和配合，才能保证各项专业管理工作的顺利开展，以达到组织的整体目标。

（三）组织设计的影响因素

影响组织结构的因素有很多，在组织设计中的主要影响因素有以下四个方面。

1. 组织环境

环境特征是组织结构选择必须考虑的因素。外部环境迅速的变化性和复杂性程度加剧了环境的不确定性。在不确定性环境中，组织必须保持灵活性，保持一种随时对环境变化做出反应的状态。环境的不确定性影响着企业组织的形态，在不确定性低时，组织形态偏于机械型，无须模仿或少模仿，企业组织着眼于眼前的运作；在不确定性高时，组织的形态偏于有机型，广泛模仿或迅速模仿，企业组织重视计划与预测。

2. 组织的战略及其所处的发展阶段

纵向一体化和横向一体化的企业组织结构，是根据其管理人员所制定的战略发展而来的。而反过来，这些战略又是企业的经理们针对市场和技术环境的变化而提出的。

3. 生产条件与技术状况

对于大规模生产技术而言，其正规化和集权化程度较高。由于技术的复杂性，相应地高级管理人员比例和间接工人（如维修人员）比例也相应上升。间接人员比例上升是因为机器设备的复杂性。例如，在流水线上，工作具有很强的常规性，因此监工可以平均管理几十个雇员。而对于小批量生产或连续性流程而言则恰恰相反，其控制幅度相应较小。从总体上看，小批量生产和连续性流程企业有着较强灵活性的组织结构，而大批量生产企业则有着机械式的组织结构。

4. 组织规模

组织规模通常用员工数目来衡量。研究发现，大型组织的结构形式远远不同于小型组织。小型组织通常是非正式的，劳动分工少，规章制度较少（正规化程度低），专业人员和办公人员少，甚至不存在正式的预算和业绩评估系统。而大型组织则有着较多的分工，庞大的专业人员，大量的规章制度，以及控制、业绩评估等内部系统

在科技、社会日新月异的今天，企业要想生存和发展，就必须根据内外环境的变化及时调整组织结构，绝不能因循守旧、故步自封。例如，在短短十几年时间里，联想的组织结构变化了好几茬，从众多的事业部到整合为六大子公司，再到北京联想、香港联想分而治之，联想几乎每年都在变。但经过几次“折腾”，联想已经摆脱了大多数民营企业小作坊式的经营模式，走向大集团、正规化、协同作战的现代企业管理模式。通过组织结构调整，联想不断打破阻碍自己发展的“瓶颈”，从而不断走向成熟。

（四）组织结构设计的程序

1. 确定组织目标

组织目标是进行组织设计的基本出发点。任何组织都是实现其一定目标的工具，没有明确的目标，组织也就失去了存在的意义。因此，管理组织设计的第一步，就是要在综合分析组织外部环境和内部条件的基础上，合理确定组织的总目标及各种具体的派生目标。

2. 确定业务内容

这是指根据组织目标的要求，确定为实现组织目标所必须进行的业务管理工作项目，并按其性质适当分类，如企业的市场研究、经营决策、产品开发、质量管理、营销管理等。它还包括明确各类活动的范围和工作量，进行业务流程的总体设计，使总体业务流程优化。

3. 确定组织结构

这是指根据组织规模、技术特点、业务工作量的大小，参考同类其他组织设计的经验和教训，确定应采取什么样的管理组织形式，需要设计哪些单位和部门，并把性质相同或相近的管理业务工作分归适当的单位和部门负责，形成层次化、部门化的结构。

4. 规定职位职责权限

这是指根据组织目标的要求，明确规定各单位和部门及其负责人对管理业务工作应负的责任以及评价工作成绩的标准；同时，还要根据搞好业务工作的实际需要，授予各单位和部门及其负责人适当的权力。

5. 联成一体

这是组织设计的最后一步，即通过明确规定各单位、各部门之间的相互关系，以及它们之间的信息沟通和相互协调方面的原则和方法，把各组织实体上下左右联结起来，形成一个能够协调运作并有效地实现组织目标的管理组织系统。

6. 反馈与修正

这是指要在组织运行过程中，加强跟踪控制，适时进行修正，使其不断完善。

二、组织的横向设计——部门划分

组织的横向设计主要解决管理与业务部门的划分问题，反映了组织中的分工协作关系。部门划分是指把工作和人员组成若干管理的单元并组建相应的机构或单位。不同的管理或业务是使整个管理系统有机运转起来的基础。

(一)部门划分的基本原则

第一，确保目标实现。如在生产企业中，除生产部门外，销售、财务、人事、计划部门都是确保企业目标实现所必需的部门。

第二，精干高效。企业组织机构的数量力求最少，但这是以有效地实现企业目标为前提的。

第三，部门设置应有灵活性。划分部门应按业务的需要，并根据实际情况的变化随时增加新部门，撤销原有部门，或设立临时性部门，成立专门小组来解决临时出现的问题。

第四，各部门职务的指派应达到平衡，避免工作量分摊不均，忙闲不均。

第五，检查部门应具有独立性。执行检查、评估的职能部门应单独设立，不隶属于任何业务部门，从而保证检查人员的公正性和客观性，真正发挥检查和监督的作用。

(二)组织的部门化的基本形式与特征

1. 按职能划分部门

这是应用最广泛的一种部门划分方法，几乎可以应用于所有类型组织的结构中。任何一个企事业组织存在的目的都是要创造某种为他人所需要的物品或劳务，所以，诸如采购、制造、销售等，可以说是所有的企事业单位的基本职能。制造主要创造或增加物品或劳务的效用；销售主要寻找愿意按一定价格购买物品或接受服务的顾客；财务主要指资金的筹措、保管和运作。以这些基本职能为依据，便可以将组织划分为生产部门、销售部门、财务部门等。当然，由于各种组织的活动领域以及同一职能在不同组织中的重要程度不同等原因，现实中这些职能部门在不同类型的组织中会有不同的具体名称。

按照职能划分部门的优点有：一是有利于确保组织的主要基本活动得到重视；二是由于遵循了专业化原则，有利于提高人员使用的效率，同时也简化了培训工作；三是由于最高主管要对最终成果负责，从而为高层实施严格控制提供了手段。

这种划分部门方式的缺点在于：一是它容易使人们过度局限于自己所在的职能部门而忽视组织整体目标，部门间的协调比较困难；二是只有最高主管才能对最终成果负责，因而对各部门的绩效和责任很难进行评价；三是不利于培养综合全面的管理人才。

2. 按产品划分部门

这是许多开展多角化经营的大企业经常采用的部门划分方式，它实际上是从那些按照职能划分部门的企业中逐步发展起来的。因为随着企业规模的扩大和产品品种的增加，管理工作变得越来越复杂，各部门主管者的工作负担也越来越重，而管理幅度的客观限制又使得他们难以通过增加直接下属的办法来解决问题，所以此时按照产品或产品系列来重新组织企业活动就成为必要。在这样的结构模式中，组织将有关某产品或产品系列的生产、销售、服务等职能活动方面授予该产品分部的经理，使他们对该产品经营的利润负起责任。

按照产品划分部门的优点是：一是有利于企业采用专门设备，促进协调，充分发挥人员的技能和专门知识，也有利于产品和服务的改进；二是能够明确利润责任，便于最高主管把握各种产品或产品系列对总利润的贡献；三是有利于锻炼和培养独当一面的全能管理人才。

这种划分部门方式的缺点主要有：一是它对产品分部主管人员的全面管理能力要求高；二是各产品分部的独立性较强而整体观念较弱，分部之间的沟通与协调较差；三是各产品分部内都需要保持职能部门或职能人员，从而造成部门重复设置、管理费用增加。

3. 按地域划分部门

这是经营活动在地域上比较分散的企业所常用的一种部门划分方法，其做法是：将某一地区的业务活动集中起来，并委派相应的管理者，形成区域性的部门。

按照地域划分部门的优点有：有利于鼓励地方参与决策，促进地区活动的协调；有利于管理者注重当地市场的需要和问题；生产的当地化有利于降低运输费用，缩短交货时间；有利于培养能力全面的管理者。

这种方法的主要缺点有：由于机构重复，使得费用增加；总部对地方控制的难度较大；要求管理者具有全面的管理能力。

4. 按顾客划分部门

有许多组织按照自己服务的顾客来划分部门。这种方法是将与某一特定顾客有关的各种活动结合起来，并委派相应的管理者以形成部门。

按照顾客划分部门的目的是为了更好地迎合特定顾客群体的要求。采用这种方法的好处是：有利于重视顾客的需要，增加顾客的满意程度，并有利于形成针对特定顾客的技能和诀窍。不足之处主要是：按照顾客组织起来的部门常常要求特殊对待而造成部门间协调困难，管理者必须要熟悉特定顾客的情况，否则在有些情况下很难轻而易举地对顾客进行区分。

5. 按技术或设备划分部门

制造业企业中设立的焊接车间、压力加工车间、电镀车间，医院的放射科、CT 室等，就是按照技术或设备组织业务活动的。这种方法有利于充分发挥设备的能力和专业技术人员的特长，便于设备维修和材料供应。不足之处是容易强调局部利益而忽视整体目标。

6. 按部门时间划分

根据时间来组织业务活动是最古老的划分部门的方法之一，多见于组织的基层部门。在许多组织中，由于经济的、技术的或其他一些原因，正常的工作日不能满足要求，而必须采用轮班的做法。例如，炼钢炉、医院的集中监护室、消防队等，均采用这种方法来进行组织。采用这种方法的优点在于：有利于连续、不间断地提供服务和进行生产，有利于使设备、设施得到最充分的利用。其缺点在于：夜间可能会缺乏监督，人员容易疲劳，协调和沟通有时会比较困难。

7. 按人数划分部门

单纯地按照人数来安排业务活动是一种最原始、最简单的划分部门的方法。当最终成果只是取决于总人数时，或者说每个人的贡献都是单纯无差别的简单劳动时，采用这种方法是有效的。

三、组织的纵向设计

组织的纵向结构设计，首先要根据组织的具体条件，科学规定管理幅度；然后在这个数量界定内，再考虑影响管理层次的其他因素，科学确定管理层次；最后在此基础上，进行职权配置，从而建立组织的纵向结构。

（一）管理幅度设计

1. 管理幅度与管理层次

管理幅度也称管理宽度，是指一名管理者直接管理的下级人员的数量管理幅度的大小实际上反映着上级管理者直接控制和协调的业务活动量的多少，它既同管理者和下级的情况有关，也同业务活动有关。在组织内，管理幅度不宜过宽。

管理层次也称组织层次，是指组织内部从最高一级管理组织到最低一级管理组织的各个组织等级。管理层次实际上反映的是组织内部的纵向分工关系，各个层次将担负不同的管理职能，因此伴随层次分工，必然产生层次之间的联系与协调问题。显然，管理层次受到组织规模和管理幅度的影响，这与组织规模成正比，即组织规模越大，包括的成员越多，则层次越多。在组织规模一定的条件下，这与管理幅度成反比：主管直接控制的下属越多，管理层次越少，相反，管理幅度越少，则管理层次增加。一般地，在组织内部设置的管理层次应尽量少一些。

管理层次与管理幅度的关系是互相制约，它们之间存在着反比的数量关系，其中起主导作用的管理幅度。所谓起主导作用，就是管理幅度决定着管理层次，即管理层次的多少取决于管理幅度的大小，这是由管理幅度的有限性决定的。

2. 金字塔形组织结构与扁平化组织结构

管理幅度和层次的这种关系决定了两种基本的管理组织结构形态：扁平化结构形态和金字塔形结构形态。

(1)金字塔形结构。

金字塔结构又称锥形结构，其管理幅度小，其优点与局限性正好与扁平结构相反：较小的管理幅度可以使每位主管仔细的研究从每个下属那里得到有限的信息，并对每个下属进行详尽的指导；但过多的管理层次不仅影响了信息从基层传递到高层的速度，而且由于经过的高层太多，使信息在传递过程中失真；同时，过多的管理层次可能使各主管感到自己在组织中的地位相对渺小，从而影响其积极性的发挥；过多的管理层次也往往容易使计划的控制工作复杂化。

(2)扁平化结构。

扁平化结构是指在组织规模已定、管理幅度较大、管理层次较少时的一种组织结构形态。其优点主要是：由于层次少，信息的传递速度快，从而可以使高层尽快地发现信息所反映的问题，并及时采取相应的纠偏措施；同时，由于信息传递经过的层次少，传递过程中是真的可能性也较小；此外，较大的管理幅度使主管人员对下属不可能控制得过多过死，从而有利于下属主动性和首创精神的发挥。但由于过大的管理幅度也会带来一些局限性：一方面主管不能对每位下属进行充分、有效的指导和监督；另一方面每个主管从较多的下属那儿取得信息，众多的信息可能淹没了其中最重要、最有价值的部分，从而可能影响信息的及时有效的利用等。

金字塔性组织结构与扁平化组织结构各有千秋，一个组织究竟采用哪种结构形式才好，必须根据具体情况而定，使管理跨度和组织层次均衡，以投入产出的效果为依据来达到组织的目标。

(3)金字塔形结构与扁平化结构的特点。

金字塔形结构的优点有：一是主管人员的管理幅度较小，能够对下属进行有效控制；二是有利于明确领导关系，建立严格的责任制；三是因层次多，各级主管职位较多，能为下级提供晋升机会，促使其积极努力工作。金字塔形结构的缺点有：一是由于层次较多，协调工作增加，造成管理费用大；二是信息的上传下达速度慢，并容易发生失真和误解；三是最高领导层与基层管理人员相隔多个层次，不容易了解基层现状并及时处理问题。

扁平式组织结构的优点有：一是有利于授权，激发下级积极性，并培养下属管理能力；二是信息传递速度快、失真少，能灵活地适应市场，管理费用低；三是便于高层领导了解基层情况。扁平式也存在缺点：一是管理人员的管理幅度大，负担重，难以对下级进行深入具体的指导和监督；二是对领导人员的素质要求较高。

(4)金字塔形结构和扁平结构的选用与现实意义。

从金字塔形结构和扁平结构的优缺点分析可以看出，这两种结构形式各有千秋，都不是十全十美的，因而对它们的评价不能绝对化。关键是要根据组织的具体条件，选用适宜的结构形式，才能扬其长而避其短，取得良好效果。一般地，采用金字塔形结构的适用条件是：人员素质（包括上级领导和下属的素质）不是很高，管理工作较为复杂，许多问题的处理不易标准化或者管理基础差，实现日常管理工作科学化与规范化尚需长时间的努力，生产的机械化、自动化水平不高。如果企业的具体条件与此相反，则采用扁平结构形式比较适宜。可以说，组织设计人员对不同结构形式的选择过程，实质上就是从企业既定的现实条件出发，权衡不同方案的利弊，谋求总体效果比较满意的方案。但是，在现代企业管理中，企业注重采用扁平结构是一种普遍趋势。

3. 管理幅度的设计思想

英国管理学家厄威克归纳出组织工作的八项原则，其中之一就是"管理幅度原则"。厄威克阐明的管理幅度原则，反映了有关管理幅度设计的早期思想，其要点有两个；主管人员应该知道自己的管理幅度是有限的；他认为管理幅度存在一个固定的具体人数，一般是5～6人，企业应该努力寻求这一普遍适用的有效幅度，在组织设计中推而广之。

然而，之后许多学者为探索管理幅度的具体数值所做的大量调查却表明，对于不同行业、不同企业和企业内部的不同职务，管理幅度千差万别，并不存在固定的、普遍适用的人数。这一探索过程给予人们重要的启发，认识到管理幅度因不同条件而异，因而逐渐把注意力由寻找普遍适用的具体人数，转移到研究管理幅度的各种影响因素上来，陆续提出一些新的见解和方法。

法国管理咨询专家格拉丘纳斯(V. A. Graicunas)从上下级关系对管理幅度的影响这个方面，进行了深入研究。他指出，管理幅度以算术级数增加时，管理者和下属间可能存在相互交往的人际关系数，将以几何级数增加。格拉丘纳斯认为，上下级关系可分为三种类型：一是直接的单个关系，如上级S和两个下属A、B之间直接地、单独地发生联系，即SA与SB；二是直接的组合关系，指上级与其下属之间各种可能的组合关系，如S和A谈话时，B在场，反之亦然，即SAB与SBA；三是交叉关系，指下级人员之间相互打交道时发生的关系，也就是横向联系，如AB与BA。

现代组织设计理论正是吸收了各时期、各学派和各方面的研究成果，确立了关于管理幅度设计的科学指导思想。概括起来说就是：管理幅度是有限的；有效管理幅度不存在一种普遍适用的固定的具体人数，它的大小取决于若干基本变量，也就是影响因素；组织设计的任务就是找出限制管理幅度的影响因素，根据它们影响强度的大小，具体地确定特定企业各级各类职务与人员的管理幅度。

4. 管理幅度设计所应考虑的因素

对于决定管理幅度大小的各种因素，从理论上加以抽象概括，可以归纳为上下级关系的复杂程度。衡量上下级关系复杂程度的标志有三个:关系的数量,相互接触的频率,相互接触所需花费的时间。但是,以上这三个衡量上下级关系复杂程度的标准,在管理幅度设计中要进行观测和计算是比较以难的。为了便于操作,我们可以根据这个原理,去寻找直接影响上下级关系复杂程度,又比较容易进行观察和评价的因素,主要有以下七个。

(1)领导的能力。这是影响管理幅度的首要因素。如果组织的领导者具有较强的领导能力,能够受到组织成员的尊重的拥护,善于处理各类问题,从而减少上下级关系的频繁接触和接触时间,那么管理跨度就可以加大。

(2)下级的素质。如果被管理者训练有素,有较强的独立工作能力和丰富的工作经验,那么就可以减轻管理者的负担,那么管理幅度也可适当加大。

(3)授权的明确性。领导者对下属进行管理,很重要的一条是授权要明确,即:第一是布置任务要明确、具体,使下属知道干什么、怎么干;第二是在下达任务的同时要明确地授予下属相应的权力;第三是授予下级的权力应与其能力相符合。如果这三点都做得好,那么管理幅度可以加大。

(4)计划制定与执行。如果计划制定得比较好,对工作的分派、步骤及其衔接中可能出现的问题事先都能有所考虑,那么计划的执行就会比较顺利,协调和控制的工作量就可能减少,从而管理幅度就可以加大。

(5)考核明确。如果有比较明确的考核和评价标准,是非界线分明,则不必事事分析研究,思想认识比较容易统一,可以很快地采取相应的措施,则管理幅度可以加大。

(6)增强组织的凝聚力。如果能够设法增强组织的凝聚力,使得成员之间相互了解、配合默契、同心同德,那么就会提高工作效率,从而管理幅度也可以适当加大。

(7)政策稳定。政策稳定就会增强工作的程序性和减少重复,指导工作量就会减少,管理幅度就可以相应地加大。

5. 管理幅度的设计方法

(1)经验统计法。这种方法是通过对不同类型组织的管理幅度进行抽样调查,以调查所得的统计数据为参照,再结合组织的具体情况去确定管理幅度。

经验统计法简便易行,但也有明显的局限性。这就是它缺少对影响特定组织管理幅度诸因素的具体分析,特别是定量分析,只是简单地搬用其他组织的管理幅度标准,因而主观判断的成分很大,提出的管理幅度建议数难免与特定组织的实际条件不符,出现较大的误差。

(2)变量测定法。这种方法是把影响管理幅度的各种因素作为变量,采用定性分析与定量分析相结合的做法来确定管理幅度的一种方法。其具体步骤与方法如下:第一步,确定影响管理幅度的主要变量。由于组织的具体情况差别很大,影响管理幅度的若干主要变量可能有所不同,因而需要从多种因素中选择并确定对特定组织影响较大的主要变量。第二步,确定各变量对上级领导人工作负荷的影响程度。第三步,确定各变量对管理幅度的影响程度。第四步,确定具体的管理幅度。

变量测定法同经验统计法相比,由于它全面考虑了影响特定组织管理幅度的主要因素,并进行了定量分析,而不是简单地搬用其他组织的标准,所以它规定的管理幅度更为科学、合理。当然,也不可否认,变量测定法在选择主要变量、确定各个变量的影响程度时,设计人员的主观评价仍在起一定作用,这就难免产生误差。

应该指出的是,以上两种方法都要进行大量调查,尤其是变量测定法,调查与验证的工作量更大。因此,它们一般用于企业中、高层管理幅度的设计,这是考虑到中、高层管理幅度合理与否对企业组织的正常运行影响较大,即使多花费一些精力也是值得的。企业基层管理幅度的设计当然也可采用这两种方法,不过,在一般情况下,因其所需考虑的因素较少,弹性亦很大,所以不必做太详细的定量分析。

第五节　组织变革

一、组织变革的意义

组织变革是指组织管理人员主动对组织的原有状态进行改变,以适应外部环境变化,更好地实现组织目标的活动。这种变革包括组织的各个方面,如组织行为、组织结构、组织制度、组织成员和组织文化等。

组织变革对组织生存和发展具有重大的影响作用。通过组织变革,组织的目标更加明确,组织成员的认可和满意度提高。组织更加符合发展的要求;组织的任务以及完成任务的方法更加明确;组织结构的管理效率得到有效提高,组织作出的决策更加合理、更加准确;组织更具稳定性和适应性;组织的信息沟通渠道无阻,信息传递更加准确;组织的自我更新能力也会进一步得到增强。

二、组织变革原因

诱发组织变革的需要并决定组织变革目标方向和内容的主要因素来自组织的外部环境系统和组织的内部环境系统两个方面。

(一)组织的内部力量

这是在组织的内部起作用,并在组织管理部门控制之内的要求改革的力量。属于这方面的因素主要有三个。

1. 组织结构的变化

组织结构方面的变革主要有:通过部门化的划分或单位联合成部门的变革方式使正式组织系统中产生许多分系统;新型结构形式的创建,如混合公司、跨国公司、地区性运输系统等，常引起很多其他的变革；非正式组织的变化也是组织系统变革的一个因素；内部结构中临时性的部门，如特别委员会、任务小组等，也将为整个组织的变革提供动力。

2. 技术的变化

技术系统是组织变革的重大推动力，如机械化、自动化、计算机化对于组织有着广泛的影响。某种新技术的采用会导致生产组织的深刻变化以及劳动生产率的大幅度提高，并影响到组织结构和员工的心理状态。对于不稳定的动态的环境，技术的因素尤其显得重要。

3. 社会心理系统和人的因素

组织变革的动力经常来源于社会心理系统，组织变革及其目标的实现在很大程度上依赖于人的因素。组织内部的群体动力状态、人际关系、信息交流和意见沟通、团体的凝聚力和士气等，还有每个组织成员的士气、态度、行为、意见和要求等对整个组织的变革都有重要的影响。如果组织的变革得不到下级的支持，缺乏必要的社会心理气氛，那么这项变革就很难推行，即使推行了也很难成功。

（二）组织的外部动力

1. 政治因素

任何组织内部的变革都会受到社会政治因素的影响。其影响力量包括政权的更迭、政治体制的改革、国内政治局势的动荡和稳定、民主和法制的健全与破坏、方针政策的正确与偏航、社会风气的好坏、国际政治形势的变化等。

2. 经济因素

生产力水平的提高，劳动生产条件与物质条件的改善，生产方式发生变化等，都将推动组织与企业的发展等；社会经济结构的发展，产业结构的变化，经济体制的改革推动各级企、事业单位的改革和调整；经济发展会影响教育、文化、科技及人们思想观念的变化，这些变化对组织改革都有影响。

3. 市场变化因素

市场大致包括金融市场、房地产市场、信息市场、消费品市场、生产资料市场、人才和劳动力市场等。这些市场的变化对组织变革（尤其是企业组织变革）都有重要的影响。

三、组织变革阻力的主要来源

（一）个体和群体方面的阻力

个体对待组织变革的阻力，主要是由于其固有的工作和行为习惯难以改变、就业安全需要、经济收入变化、对未来未知状态的恐惧以及对变革的认知存在偏差等而引起的。群体对变革的阻力，可能来自于群体规范的束缚，群体中原有的人际关系可能因变革而受到改革和破坏，群体领导人物与组织变革发动者之间的恩怨、摩擦和利害冲突，以及组织利益相关群体对变革可能不符合组织或者该团体自身的最佳利益的顾虑等。

（二）组织的阻力

来自组织层次的对组织变革的阻力包括现行组织结构的束缚、组织运行的惯性、变革对现有责权利关系和资源分配格局所造成的破坏和威胁，以及追求稳定、安逸和确定性的保守型组织文化等，这些都是可以影响和制约组织变革的因素。此外，对任何组织系统而言，其内部各部门之间及系统与外部之间都存在着强弱程度不等的相互依赖和相互牵制的关系，这种联系是组织作为系统所固有的特征。然而。在一定期间内进行的组织变革，一方面是出于克服和化解变革阻力的需要，另一方面是由于组织问题在本质上是错综复杂的，因而很难一蹴而就，全面解决，这样具有一定广度和深度的组织变革就通常只适宜采取分阶段、有计划地逐步推进的渐进式变革策略。在这种策略下，每一个计划期内的变革都只针对有限的一些组织问题，这就难以避免会导致系统内外尚未予以变革的要素对现有计划范围内的变革构成一种内在牵制和影响力。这种制约力量需要变革管理者在设计组织变革方案时就事先予以周密的考虑，以便安排合适的变革广度、深度和进度。

（三）外部环境的阻力

组织的外部环境条件也往往是形成组织变革力量的不可忽视的来源。比如，与充分竞争的产品市场会推动组织变革相比，缺乏竞争性的市场往往造成组织成员的安逸心态，束缚组织变革的进程；对管理者经营企业之业绩的考评重视不足或者考评方式不正确，会导致组织变革压力和驱动力的弱化；全社会对变革发动者、推进者的期待和支持态度及相关的舆论和行动，以及企业特定组织文化在形成和发展中的所依赖的整个社会或民族的文化特征，这些都是影响企业组织变革成败的重要力量。

四、组织变革的过程

成功的组织变革，通常需要经历解冻、改革、冻结这三个有机联系的过程。

（一）解冻

由于任何一项组织变革或多或少会面临来自组织及其成员的一定程度的抵制，因此，组织变革过程需要有一个解冻阶段作为实施变革的前奏。解冻阶段的主要任务是发现组织变革的动力，营造危机感，塑造出组织改革的浓厚气氛，并在采取措施克服变革阻力的同时，具体描绘组织变革的蓝图，明确组织变革的目标和方向，以形成待实施的比较完善的组织变革方案。

(二)改革

改革或变动阶段的任务就是按照所拟定的变革方案的要求具体开展组织变革活动,以使组织从现有的组织结构模式向理想目标模式转变。这是变革的实质性阶段,通常可以分为实验和推广两个步骤。因为组织变革的涉及面较为广泛,组织中的联系相当错综复杂,往往“牵一发而动全身”,这种状况使得组织变革方案在全面付诸实施之前一般要先进行一定范围的典型实验,以便总结经验,修正进一步的变革方案,并且在实验取得初步成效后再进入大规模的全面实施阶段;还可以使一部分对变革上有疑虑的组织成员能在实验阶段较早地看到或感觉到组织变革的好处,从而有利于争取更多的支持者,并使其踊跃参与到组织变革的行列,由此实现从变革观望者、反对者向变革的积极支持者和参与者转变。

(三)冻结

组织变革并不是在是实施了变革行动后就宣告结束,涉及人的行为和态度的组织变革,从根本上说,后面还需要有一个冻结阶段,这样组织变革才有可能真正实现。现实中经常出现,在实施了组织变革方案之后,个人和组织都有不同程度的退回原有的且已习惯了的行为方式的倾向。为了避免出现这种情况,变革的管理者就必须采取措施以保证新的行为方式和组织形态能够不断得到强化和巩固。这一强化和巩固的阶段可以视为一个冻结或者重新冻结的过程,缺乏这一冻结阶段,组织变革就有可能趋于流产,而且对组织及其成员也将只有暂时的影响。

五、如何解决组织变革中的冲突

在组织变革过程中,由于组织变革中的阻力,组织内部产生冲突是经常性的、不可避免的,对此不能一概排斥和反对。冲突是指组织内部成员之间、不同部门之间、个人与组织之间由于在工作方式、利益、性格、文化价值观等方面的不一致性所导致的彼此相抵触、争执甚至攻击等行为。

虽然适当的冲突可能会激发个人的创造力,会促进组织变革的发展,但更大程度上会阻碍组织变革的发展。因此,如何解决组织变革中的冲突也是组织变革管理者、发动者所要面临和解决的事情,管理者必须认真研究导致这种冲突的原因,区分冲突的性质,并有效地加以管理。

(一)冲突的来源

在组织内部特别是在变革过程中,冲突一般主要来自以下三个方面:第一,个人方面。在工作中,当每个人的性格、价值观、目标及对事物的看法不尽相同时,极易产生冲突;第二,组织方面。工作范围没有明确界定、任务与职位不符、缺乏合作意识等都会引起冲突。第三,沟通方面。沟通中出现障碍,如沟通技巧欠佳、控制的信息失真,也可能产生冲突。

(二)冲突的类型

每一种环境都可以对应一种冲突类型。常见的组织冲突来源于组织目标的不相容、资源的相对稀缺、层级结构关系的差异以及信息沟通上的失真等。

组织冲突会在不同的层次水平上发生,如个体内部的心理冲突、组织内个人之间的冲突、各种不同部门之间的冲突等。而其中组织内的非正式组织与正式组织之间、直线与参谋之间以及委员会内部之间的冲突最为典型。

1. 正式组织与非正式组织之间的冲突

由于正式组织与非正式组织之间成员是交叉混合的,更由于人们心理上所存在的感性、非理性因素的作用,所以,非正式组织的存在必然要对正式组织的活动产生影响。正面的影响可以是满足员工在友谊、兴趣、归属、自我表现的合作精神,自觉地帮助维持正常的工作和生活秩序。

但是,一旦非正式组织的目标与正式组织相冲突,则可能对正式组织的工作产生负面影响,特别是在强调竞争的情况下,非正式组织可能会认为这种竞争会导致成员间的不合,从而抵制这些竞争。非正式组织还要求成员行动保持一致,这往往会束缚成员的个人发展,使个人才智受到压抑,从而影响组织工作的效率。由于非正式组织中大多数成员害怕变革会改变其非正式组织性,这种组织极有可能会演化成为组织变革的一种反对势力。

2. 直线与参谋之间的冲突

组织中的管理人员是以直线主管或参谋两类不同身份出现的,现实中这两类人员之间的矛盾往往是组织缺乏效率的重要原因。直线关系是一种指挥和命令的关系,具有决策和行动的权力,而参谋关系则应当是一种服务和协调的关系,具有思考、筹划和建议的权力。实践中,保证命令的统一性往往会忽视参谋作用的发挥,参谋作用发挥失当,又会破坏统一指挥的原则,这将使直线和参谋有可能相互指责、互相推诿责任。

(三)解决冲突的方法

1. 施加压力法

由上级主管强行压制冲突或以“少数服从多数”方式,向持有不同意见的人施加压力。这种方法在短期内效果明显,但是,若处理不当,冲突可能转化为一种潜伏危机。

2. 妥协法

妥协,即冲突双方各退一步,均没有明显的输或赢,一般通过第三方从中调解,促成双方妥协。双方愈早妥协,冲突便会愈早解决。

3. 探求根源法

从根本上解决冲突的方法是深入研究冲突的根源,然后对症下药。若引起冲突的原因是来自误会或价值观的不同,采用这种方法最为有效。

4. 目标统一法

将目标和眼光放得远大一点,强调只有双方合作才能达成共同目标。但如果目标定得遥远,只是一种理想,未必切合实际。这种方法只有建立在相互信任的基础上才能奏效。

5. 重新改组法

将不健全的组织机构重新进行改组,例如确立新的管理规则及工作程序,明确责任、权限、业务范围,改善奖惩措施,增强各部门的相对独立性等。

六、组织变革趋势

自20世纪70年代以来,世界兴起了全球性的组织变革潮流,不仅企业在改革组织结构,政府也在改革组织结构。可以说,组织变革已成为提高管理效益和组织竞争力的重要手段。分析和总结组织变革的实践,我们会发现以下趋势。

(一)在组织结构规模上,化整为零,分而治之

这种趋势推动组织结构趋于小型化,提高了管理效率,增强了组织的适应能力和生存能力。小型化的规模结构,比大型组织更能适应市场和复杂环境的变化,而且灵活多样,吸收新技术快,善于进行技术创新;它能节省用于沟通协调和决策方面的精力和费用。因此,即使是超大规模的跨国企业,也都采用划小内部核算单位,充分开展内部竞争的方式来激活整个组织的生命力。

(二)在组织结构层次上,化繁为简,减少层次

纵向减少层次、横向削减部门已成为目前在组织结构改革中一个重要的特点。纵向层次越少,越有利于上下沟通,加强控制和管理;横向部门越少,越有利于抑制扯皮交叉现象,减少官僚主义。总之,组织要尽可能做到简单、精干、高效。

(三)在组织结构内部协调上,由纵向横,纵横交错

不少组织为了适应体制改革的形势要求,在组织里引入了全面计划管理、全面质量管理、全面经济核算、全面人事管理等一系列规范的管理体系;与此同时,企业组成了相应的横向管理部门,与原有的各职能科室组成纵横交错的管理体制,使组织的职能管理与综合管理、纵向管理与横向管理得到统一和协调。

(四)在组织机构职能上,越来越注重组织系统的整体功能

目前,国外许多大型企业在设计和改革组织机构时,注意把决策、执行、监督三大组织系统独立开来,互相制约,并使信息反馈回路畅通,及时进行自我调节,通过纠正管理

中出现的偏差，使管理系统趋于完善。

（五）指挥部门与参谋部门的分设

随着社会化大生产和科学技术的飞速发展，以及市场和环境变得日趋复杂，仅仅依靠个别高层领导的能力已远远不能应对这复杂多变的形势，于是许多大型企业建立了类似“智囊团”，“顾问团”的参谋和咨询部门，为指挥部门提供咨询和建议，协助高层领导作出科学的决策。

本章小结

组织是指为有效配置内部资源和开展活动，实现预定的共同目标而按照一定的规则、程序所构成的一种责权结构和人员协作关系。

常见的组织结构类型有：直线制（型）结构、职能制（型）结构、直线—职能制（型）结构、事业部型结构、矩阵型结构、网络型结构和控股型结构。

组织职权是经由一定的正式组织赋予某一职位的权力，即管理者履行管理职能的权力。职权包括直线职权、职能职权和参谋职权。

集权意味着管理中的决策权集中到较高的管理层次，分权则表示管理中的决策权分散到整个组织中。不过，集权与分权都是相对概念，并不是绝对的。

组织结构框架设计包括纵向结构设计和横向结构设计两个方面。通过机构、职位、职责、职权以及它们之间的相互关系，实现纵横结合，组成不同类型的组织结构。

组织变革是指组织管理人员主动对组织的原有状态进行改变，以适应外部环境变化，更好地实现组织目标的活动。组织变革对组织生存和发展具有重大的影响作用。

思考与理解

1. 如何理解组织职权及其关系。
2. 简述组织设计的原则。
3. 简述集权与分权之间的辩证关系。
4. 试述组织结构的相对稳定性与组织变革之间的辩证关系。
5. 主要概念：

组织、组织职权、集权、分权、授权、组织变革。

第七章 领导与激励

教学目标

1. 掌握领导的概念、含义和有效领导的意义。

2. 认识主要的领导理论，掌握领导的特征和作用。

3. 理解主要的领导方式和领导艺术。

课程导读

海尔的8/2责任原则

1995年7月12日，海尔洗衣机有限公司公布一则处理决定：质检员范萍由于责任心不强，造成选择插头插错和漏检，被罚款50元。海尔高层敏锐地意识到范萍漏检所反映出的哲学命题：偶然当中蕴含着必然。范萍漏检是偶然的，但如果产品质量如美国GE产品那样过硬，这种偶然就不会发生。而“必然”是什么呢？答案是：管理漏洞！《海尔报》于1995年7月19日率先造势，点名提出：“范萍的上级应负什么责任？”此事引起全公司上下的巨大震动，大家纷纷发表评论，最后达成共识：企业要发展，关键在人才，而人的关键在于干部的水平与作风。“领导就必须承担领导责任”，而承担领导责任不是口头说说、无关痛痒地自我批评一下了事，而是要动真格的，要有切肤之痛的感觉。最后，此事件分管质量的负责人自罚300元，并做出深刻的书面检查，由此也进一步奠定了海尔文化中的一个重要原则：8/2原则（即企业里发生的任何一件过错，管理者都要承担80%的责任）；对于广大职工来说，对企业经营中的你中有我、我中有你、合作共利、连续不断等理念也有了一个既形象又本质的认识。

导读：

1. 管理者在组织活动中为什么要承担主要责任？

2. 海尔是如何做到“领导就必须承担领导责任”的？

3. 领导在组织中就是管理者吗？

在管理工作中，要想提高工作效率，提高团队的战斗力和凝聚力，关键在于领导。领导是管理的重要职能，它贯穿于整个管理过程之中。

第一节　领导及其作用

一、领导的含义

（一）领导的概念

关于领导的概念，管理学中有多种理解。传统的管理理论认为领导是一个人或集体利用组织赋予的职位和权力，动员和率领部属实现组织目标的活动。行为科学认为领导是利用特定的行为和影响力引导和激励人们实现组织目标的行动过程。

现代管理学一般这样理解：领导是指在特定的社会组织或群体中，领导者运用其法定权力和自身影响力，采用一定的形式和方法影响并激励成员实现组织共同目标的行为过程。也就是说，领导是指在一定的条件下，指导和影响本组织或组织中的个人及群体，朝着组织目标前进的一种行动过程。致力于实现这一目标并在行动中施加影响的人即为领导者。

领导由领导者、被领导者和环境条件三种因素构成。领导者就是履行领导职能、实施领导过程的人。领导者利用影响力带领组织或群体成员达成一定组织目标，对于领导者工作的有效性有着重要的影响。被领导者是指领导工作的客体，是接收领导者指挥、协调的对象，被领导者的状况对于领导者工作的有效性和领导方式的选择都会有影响。

领导和领导者是两个不同的概念：领导是一个动态行为过程，而领导者是构成领导的一个要素之一；领导者是担任组织中的某项职务，扮演某种领导角色，并实现领导过程的个人或团队；领导过程离不开领导者的参与，同时没有被领导者的领导产生不了领导行为。领导者是促使领导过程完成的加速器，也是组织目标完成的重要保障者。

（二）领导的内涵

领导实质就是领导者与被领导者在特定环境下共同作用、实现共同目标的过程。具体可以从两方面理解：

1. 领导包含领导者和被领导者

领导过程离不开领导者的参与，同时没有被领导者的领导者产生不了领导行为。

领导者是促使领导过程完成的加速器,也是组织目标完成的重要保障者。

领导者是指在群体或组织中利用其影响力去影响他人、激励他人、开展领导工作的人。领导者可以是个体人,也可以是领导集体。领导者一定要有领导的对象,如果没有被领导者,就无所谓领导工作,领导职能也就不复存在。被领导者是指在群体或组织过程中接收领导者指挥、受领导者激励的人们,即下属或追随者。下属都甘愿追随领导者并接受领导者的指导。

2. 领导的本质就是提升效率

领导的本质就是保证和提升组织效率。领导就是领导者通过行为对被领导者实施影响,保证组织或群体在特定客观环境中高效率地实现预定目标的过程。没有有效领导,便没有有效组织,更谈不上有效执行。

领导者的影响力包括权力影响力和非权力影响力。权力影响力中权力又分为职位权力和个人权力。最基础、最主要的权力有五类:惩罚权、奖赏权、合法权、模范权、专长权。其中,惩罚权、奖赏权、合法权等属于职位权力;模范权、专长权属于个人权力。非权力影响力是指个人的人格、气质等方面的影响力、号召力和吸引力等。

决定领导有效性的因素主要有三个方面:一是领导过程的主体——领导者;二是领导过程的客体——被领导者;三是领导工作所面临的组织环境。所以,领导工作(效率)=f(领导者,被领导者,组织环境)。

不同环境中的影响力的应用方式方法不同,对下属产生的影响力和满意度是不同的,对领导的有效性产生的结果是不同的。

3. 领导施加影响力的方式或手段主要有激励、沟通和指挥

激励是指领导者通过作用于下属来激发其动机、推动其行为的过程。沟通是指领导者为有效开展工作而交换信息、交流感情、协调关系的过程。指挥是管理者凭借权力影响力,直接命令或指导下属行事的行为,指挥具有强制性、权威性、统一性等特点。指挥是管理者最经常使用的领导手段,其前提和条件是权力。

4. 领导工作与管理工作的关系

从职能上看,管理的范围大(维持秩序与运转),而领导的责任大(指明方向与创新),领导是管理的一个职能,领导行为是属于管理的范围;从岗位人员看,领导者必定是管理者,而管理者未必是领导者,要区别二者在管理过程中的角色与地位。

领导者与管理者在管理工作中的表现及其结果也是不同的,详见表 7-1。

表 7-1 领导者与管理者的不同

领导者	管理者
剖析,有远见(长期视角)	执行,理性(短期视角)
做正确的事	正确地做事
挑战现状(创新)	接受现状(维护)
期望与激励	控制和结果
分享	独享

在理想的情况下，所有的管理者都应是领导者，但是，并不是说所有的领导者必然具备完成其他管理职能的能力，因此不应该所有的领导者都处于管理岗位上。一个人能影响别人这一事实，并不表明他具有组织运行及其岗位要求的管理能力，如计划、组织、控制以及创新等。领导的本质就是被领导者的追随和服从，它不是由组织赋予的职位和权力所决定的，而是取决于追随者的意愿，因此，有些具有职权的管理者可能没有部下的服从，也就谈不上真正意义上的领导者。管理学意义上的领导者，是指能够影响他人并拥有管理的制度权力的人。

二、领导的作用

美国通用电气公司行政官发展培训部经理辛西娅·特拉奇－莱克拉认为："领导人的首要任务就是为组织勾画远景"。"第二项任务则是了解顾客和员工不断变化的需求"。"第三项任务是让人们愿意追随于他。好的领导人必须能够鼓舞人心，使人们因为共同的远景而凝聚在一起，并带领他们实现远景"。

虽然人们对领导的作用有不同的理解，但领导者在组织中运用管理工具、职位权力、个人特质与影响力，率领被领导者实现组织目标的过程中通常都扮演了组织者、指挥者、协调者和开拓者的角色。领导的作用具体表现在以下几个方面。

（一）指挥作用

优秀的领导者必须高瞻远瞩，目标明确，指挥有方，为下级指明目标及达到目标的途径，从而充分利用所有成员的力量达到组织的目标。指挥作用包括根据组织内外部条件制定组织目标，进行重大决策，合理地使用人、财、物等资源保证目标的实现，以及实现目标的方式和步骤等。

（二）协调作用

在实现组织目标的过程中，不同的人认识出现分歧、行动偏离目标的现象不可避免，因此需领导者协调人们的关系和行动。协调作用包括建立科学的管理体系，提高管理的科学性和有效性，把组织的各级目标与组织的最高目标统一起来，使组织成员能够为着一个共同的目标发挥自己的作用。

（三）激励作用

领导者需要运用行政的、经济的和思想政治工作手段调动组织成员的积极性，激发下级实现组织目标的热情，提高被领导者的行为效率。

一个优秀的领导必须善于发挥这几种作用，把下级的积极性引导到完成组织任务的轨道上来，从而有效地实现组织目标。

（四）开拓作用

群体或组织中的领导者，是促进组织目标实现的加速器，保障组织正常运作的平衡器，是领导过程中的灵魂。因此，身为领导者必须要勇于开拓进取，率先垂范，不断地为组织注入新的活力，促成和领导组织与时俱进，推动组织不断发展。

三、领导原理

领导原理，又称为领导方略，它是从马克思主义哲学的层面，通过抽象的方法，揭示领导科学的一般性规律，是领导活动固有的、本质的、重复出现的、有效的客观性事物。

（一）以人为本

以人为本，确保领导者与被领导者相结合。

首先，人的发展是领导工作的根本目的，而经济增长和社会进步是领导工作的主要手段。

其次，人的发展是领导工作的根本动力，人是生产力中最重要的、唯一主动的、能够实现其因素保值增值的要素。由于人在领导过程中的主体作用，需要把领导者和被领导者良好地结合起来；如果在领导过程中发生领导者与被领导者相脱离的情况，那么无所谓真正的领导者，也无所谓有效性领导，更无所谓以人为本的科学发展。

（二）审时度势

审时度势，确保领导有效性。领导过程是一个动态的发展变化过程，需要领导者在领导过程中关注内外环境的变化，审时度势，以确保领导的有效性。领导者必须吃透“上情”，明了“下情”，实现“上情”与“下情”的有效结合。

“上情”包括：国家在新时期的大政方针；上级领导部门的有关政策、指示，上级领导机关不同时期的工作部署和工作重点等。“下情”是领导工作正常开展的基本条件。“下情”包括：组织状况，市场竞争环境，人文条件，组织水平。

要做好“上情”与“下情”相结合，有三个方面的工作很重要：

宏观政策的微观化研究。微观化研究即结合具体的组织领导工作，深入研究国家的方针政策，找到组织领导工作与国家政策的结合点，为进一步开展领导工作作出规划。

工作上的微观突破。打开工作局面，是通过先突破一点，以点带面，随之扩大战果。

组织上的沟通协调工作。首先是思想沟通；其次是组织协调，“先更新思想再更换人，不更新思想就更换人”表达的就是这个意思。

审时度势，就是审察时代潮流，辨明社会发展现状和发展趋势，搞清楚组织发展的所处的外部环境和组织所具备的内部能力以及所拥有的内部条件。

第二节 领导理论

科学的领导理论是领导工作规律性的反映，领导理论的目的在于寻求领导现象中的因果联系，发现支配领导活动的一般规律，为人们认识领导现象提供有效的认识工具和解剖工具。从20世纪30年代开始，领导问题的研究在美国被积极地开展起来。领导理论的发展经历了特质理论、行为理论和权变理论三个主要阶段。

一、领导的特质理论

20世纪二三十年代有关领导的理论研究主要集中在领导者特质方面，也就是那些能够把领导者从非领导者中区分出来的个性特点。这些研究的根本目的就是想提炼出一些领导者具备而被领导者不具备的特征和品质。

特质理论主要研究领导者的个人特性。为了选拔和预测的需要，人们期望能确定作为一个领导者所具备的特质，以决定什么样的人最适合当领导，这也是领导理论早期研究的思路。

传统特质理论认为某些人生来就适合担任领导。伯德曾总结了领导特质的早期研究，发现了用于区别领导人与非领导人的79种特质，但在这些特质中一致性较高的只有智力、主动、幽默感和外向4种，这表明研究者在认识间存在很大分歧。另外，领导特质理论虽然有大量的研究，但没有充分的论据能证明领导者与其他人在特质上有非常明显的差异。

现代领导特质理论认为，有效领导者的许多特性和品质并不是与生俱来的。领导能力的形成是个动态过程，领导的特性和品质是在实践中形成的，即是在后天的历练、培养和领导实践过程中形成的。根据现代领导特质理论，为了寻得有效的领导者，必须建立一系列严格的选拔标准，制定具体的培训方案，同时对领导绩效加以测评。

研究者发现有六项特质与有效的领导者相关：进取心、领导愿望、诚实与正直、自信、智慧、工作相关知识，如表7-2所示。

表7-2 有效领导的特质

进取心	领导者及其努力奋斗，拥有较高的成就欲望。他们进取心强，精力充沛，对自己所从事的工作坚持不懈，并有高度的主动精神。
领导愿望	领导者有强烈的愿望去影响和领导别人，他们表现为勇于并且乐于承担责任。
诚实与正直	领导者通过真诚与无欺以及言出必行而在他们与下属之间建立了双方之间高度相互信赖的关系。

续表

自信	下属觉得领导者从来没有怀疑过自信。领导者为了使下属相信他的目标和决策的正确性,必须表现出高度的自信。
智慧	领导者需要具备足够的智慧来收集、整理和解释大量信息;并能够确立目标、解决问题和做出正确的决策。
专业知识	有效的领导者拥有较高的专业知识。广博的知识能够使他们做出富有远见的决策,并能理解这种决策的意义。

二、领导的行为理论

领导特质理论的研究没有出现公认的结果,说明领导的行为不是从简单的特质分析可以得出的。为了说明领导的实质,20 世纪 40 年代后期起,尤其是随着行为科学的兴起,研究者开始转向领导者的实际行为。领导理论的研究重心开始由领导特质理论转向行为理论,即形成了领导行为理论。领导行为理论并不是从领导者特质方面来解释领导的有效性,而是试图用领导者做什么,产生什么样的行为来解释领导效能。

人们对领导行为理论进行了分类研究,主要有以下两大类领导行为理论:

一是基于权力运用的领导方式分类,主要包括美国心理学家和行为学家库尔特·勒温、诺那德·利比特、诺尔弗·怀特等共同研究,确定的三种基本(独裁型、民主型和放任型)领导方式以及伦西斯·利克特的"支持关系理论"。

二是基于态度和行为倾向的领导方式分类,主要包括"四分图理论"和"管理方格理论"。

其中有代表性的研究主要有领导风格理论、领导行为的四分图理论、领导方格理论等。

(一)领导风格理论

莱温(Raven)等人在实验研究的基础上,把领导风格分为独裁型、民主型和放任型三种基本类型。

独裁型的领导者倾向于集权管理,采用命令方式要求部属不容置疑地执行其决策。

民主型的领导者在采取具体的行动方案或做出具体的决策之前会充分考虑到员工的切身利益,实行授权管理,主动要求员工参加到决策的制定之中。

放任型的领导者对下属采用自由放任的态度,给予充分的授权,领导者不采取任何跟踪监督工作,组织的运作类似于无政府主义状态。

为了探讨领导风格类型对群体行为和团体效率的影响,莱温和他的同事们进行了实验研究。实验结果证明,不同的领导方式对群体行为会产生不同的影响,以上三种领导方式各有自身的优缺点。

勒温根据实验得出的结论是:放任型领导方式组织工作的效率最低,只能达到组织成员的社交目标，但完不成组织工作目标；独裁型的领导方式虽然通过严格的工作管理能够完成组织的任务目标，但组织成员没有责任感，态度消极；民主型领导方式下的工作效率最高，不但能够完成组织的工作目标，同时组织内成员沟通无处不在，所以组织成员之间的关系融洽，工作积极主动、富有创造性。

由于领导过程是一个动态的变化过程，所以很多时候领导者采用的都是一种复合型的领导方式。

（二）支持关系理论

伦西斯·利克特在《人群组织》一书中，归纳出以下四种领导方式。

1. 独裁—权威型

独裁—权威型方式是指权利集中于组织机构的最上层，下层人员根本不能参与任何决策。领导者对下属没有信心，缺乏信任，解决问题时独断专行，根本不听取下属的意见。组织的一切目标都作为命令下达，只有自上而下的单向信息流，信息传递扭曲严重，从而造成组织工作只有效率，没有效果。

2. 开明—权威型

开明—权威型方式是指领导者虽仍然是独裁的，但也采取了一定程度的授权方式。领导者对追随者有一定程度上的信任感，态度比较能够平易近人，在解决问题的时候也能偶尔听取追随者的意见。但是在这种领导方式下，组织中的沟通比较少，大体上还是单向的信息流，领导者只听那些他们所感兴趣的话题，同时下属也只能在既定的范围内进行有限的决策，一般员工并不能参与决策。

3. 协商型

协商型方式是指领导者对追随者有相当的信任程度，但是在关键问题的决策上，仍然是专制独裁型的。在日常的工作问题中，上级与下属之间能够自由的进行沟通，下属的意见能够比较普遍的得到领导者的采纳。

4. 参与型

参与型领导方式的特点是：在一切与工作有关的问题上，领导者对下属人员都有高度的信任感，上下级之间对工作问题可以进行充分的沟通，领导者会尽可能地采纳下属人员的意见。组织内部的信息传递流畅，成员之间有着广泛而密切的相互交往，因而形成紧密的协作关系，组织绩效目标是高标准的。

根据伦西斯·利克特的研究，在生产效率高的制造企业大都采取参与型的领导方式，生产率低的企业则采取独裁—权威型的领导方式。因此，利克特主张，采取独裁—权威型的领导方式的企业应向参与型的领导方式转变。

（三）领导行为四分图理论

1945 年美国俄亥俄州立大学的工商企业研究所在罗尔夫·M. 斯托格弟和卡罗·

H·沙特尔两教授的领导下，开创了对领导行为的二维度研究。他们首先提出了1000多项标志领导行为的特征因素，然后经过反复挑选，归纳总结出“组织结构”和“人文关怀”两大主要因素。

组织结构维度是指为达到组织目标，领导者界定和建构自己与下属的角色倾向程度。它包括组织、工作关系和工作目标等行为。

人文关怀维度是指领导者具有信任和尊重下属的看法与情感的这种关系的程度。高人文关怀维度的领导表现出对下属的生活、健康、地位和满意度都十分关心，并愿意帮助下属解决个人问题，并且公平地对待每一个下属。

以上两个维度可以有多种结合方式，以形成不同的领导行为类型，如图7-1所示。

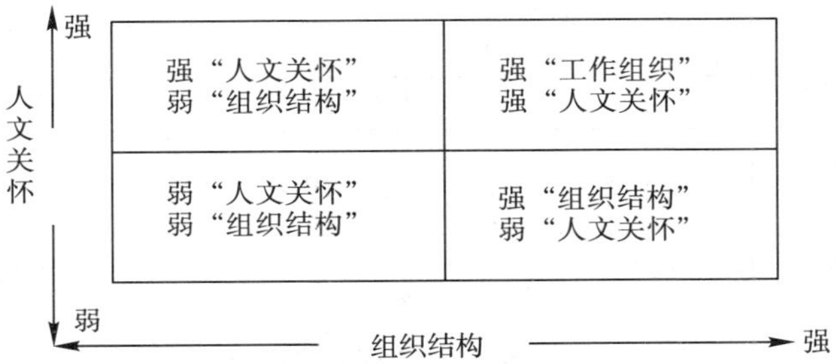

图7-1　领导行为四分图

大量的研究表明：组织结构维度和人文关怀维度都高的领导者（高一高领导者）往往比其他三种类型的领导者（低结构维度、低关怀维度或二者均低），更能使追随者取得高的工作绩效和高的满意度。因此，“高组织结构—高人文关怀”的领导方式能够产生积极的效果。

（四）管理方格理论

美国德克萨斯大学教授罗伯特·布莱克和简·莫顿在1964年出版的《管理方格》一书中提出了领导方格图，用这个领导方格图可以确定领导者的风格。

他们用一个二维矩阵来表示领导风格，这个二维图以“关心生产”为横轴，以“关心人”为纵轴，横轴、纵轴都划分为九等份，用从1～9的阿拉伯数字表示，数字越大表示程度越高。每一个方格代表这两个方面以不同程度结合的不同的领导风格，如图7-2所示。

在管理方格图中列出了五种典型的领导方式：

①(1.1)贫乏型管理。领导者对职工和生产极不关心，效果最差。

②(1.9)乡村俱乐部型管理。领导者充分注意搞好人际关系，增进同事和下级与自己的良好感情，营造和谐的组织气氛，但不关心生产。

③(9.1)任务型管理。领导者只关心生产，不关心人。管理人员的权力很大，负责计划、指挥、控制下属的活动。

④(5.5)为中间型管理。领导者对人和生产都有适度的关心,既不过于偏重人的因素,又不过于偏重生产的因素,在二者之间保持平衡,这种管理方式缺乏创新精神。

⑤(9.9)为团队型管理。领导者对生产和人都极为关心。将组织的目标和个人的需要最有效地结合起来,创造出工作环境,使员工了解问题,关心工作成果。

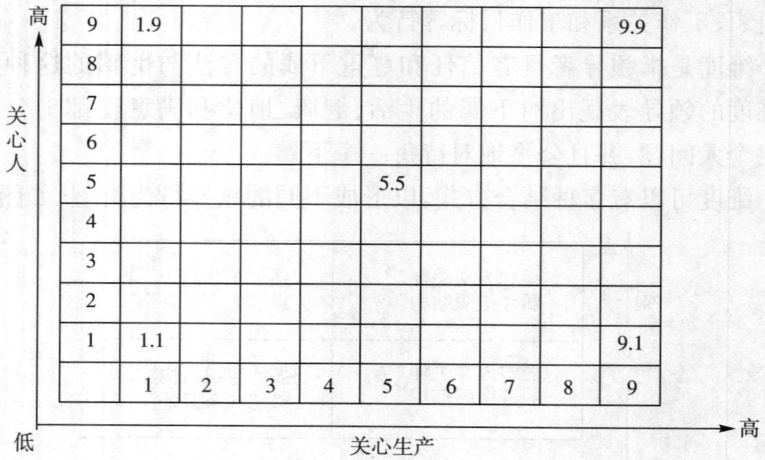

图 7-2 管理方格理论

管理方格理论对于培养有效的管理这是有用的工具,它提供了一个所处领导形态的模式,是管理者较清楚地认识到自己的领导方式,并指出改进的方向。虽然布莱克和穆顿所主张的(9.9)型的领导方式只能说是一种理论上的理想模式,但他们提出的对人的关心和对生产的关心应当结合的观点,在现实工作中有重要的指导意义。

三、领导的权变理论

到 20 世纪 60 年代,很多学者认识到要找一个适合于任何组织、任何性质的工作和任务、任何对象的固定的领导人格特质、领导风格类型或领导行为方式都是不现实的,因为领导的有效性是由领导者、被领导者及其环境因素等共同决定的,要根据具体情况来确定领导方式。这种观点被称为权变理论或情境理论,著名的研究有菲德勒模式、通路—目标理论、领导者参与模型和生命周期理论等。这里只对前两个理论进行介绍。

(一)菲德勒模式

弗雷德·菲德勒(Fred E. Fiedler),美国西雅图华盛顿大学心理学与管理学教授,当代著名心理学和管理专家。他从 1951 年起由管理心理学和实证环境分析两方面研究领导学,于 1967 年提出了"权变领导理论",开创了西方领导学理论的一个新阶段,使以往盛行的领导形态学理论研究转向了领导动态学研究的新轨道,对以后的管理思想发展产生了重要影响。他提出了"有效领导者的权变模式",通常被称为菲德勒模式。

菲德勒认为,领导效率的高低取决于以下两方面的因素:第一,领导者对其同事和下属的看法和感觉会影响领导者与被领导者之间的关系。第二,情境对领导者的控制和影响程度之间的合理匹配。

领导风格是影响领导效果的关键因素之一。每个领导者的领导风格是由他的人格特性所决定的,这种人格特性是相对稳定的。菲德勒开发了一种工具——“最难共事者问卷”(least preferred co-worker questionnaire, LPC),用以确定个体是任务导向型还是关系导向型。另外,菲德勒还指出,一个领导人的领导才能如何,除了取决于他本人的领导形态以外,还取决于他所处情境的顺利程度。他发现,影响领导的情境因素有三个:一是领导者与被领导者的关系,即领导者受其团体成员所喜爱和信任的程度;二是任务结构,即工作任务结构是否明确;三是职位权力,即领导人拥有法定权力的强弱。领导的有效性完全取决于是否与所处环境相适应。各种因素与领导方式间的关系,如表 7-3 所示。

序号	1	2	3	4	5	6	7	8
以人为主 以工作为主	高 低 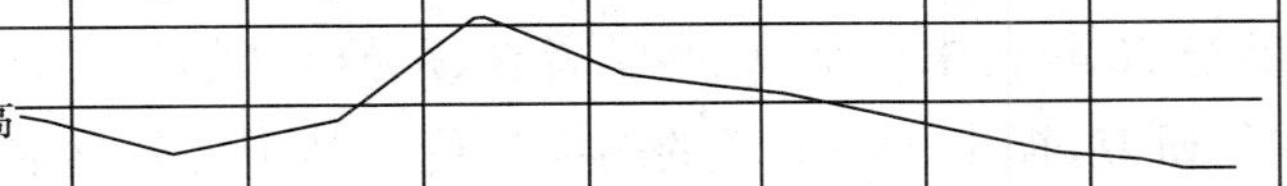							
上下级关系	好	好	好	好	差	差	差	差
任务结构	明确	明确	不明确	不明确	明确	明确	不明确	不明确
职位权力	强	弱	强	弱	强	弱	强	弱
情境有利性	有利	有利	有利	适中	适中	适中	适中	不利
领导方式	任务导向型	任务导向型	任务导向型	人际导向型	人际导向型	人际导向型	任务导向型	任务导向型

表 7-3 菲德勒权变理论模式

菲德勒的权变理论存在不足:理论对领导情境的界定过于简单化,没有解释出现上述权变关系的原因,而且 LPC 量表回答者的分数并不稳定。此外,权变变量过于复杂和困难。

1987 年菲德勒及其助手乔·葛西亚发展了菲德勒模型,提出“认知资源理论”解释领导活动的有效性,这一理论的两个假设是:第一,睿智而有才干的领导者比德才平庸的领导者能制定更有效的计划决策和活动策略;第二,领导者通过指导行为传达了他们的计划、决策和策略。在此基础上,费德勒阐述了压力和认知资源(经验、奖励、智力激励)对领导有效性的重要影响。

(二)通路—目标理论

该理论是 1971 年由加拿大多伦多大学教授豪斯(Haus)提出的。通路—目标理论是动机期望理论的发展。期望理论认为,一个人被激励的过程受效价(目标价值)和期望值(对实现目标可行性的估计)的影响。

通路一目标理论认为,一个领导者要想激励部下,必须解决三个问题:一是使部下认识到实现目标后所能获得的利益;二是提高部下对实现目标可能性的认识;三是要使部下在工作中得到满足,以刺激他们的工作动机。为了实现上述目标,领导者需要根据部下和环境状况采取不同的领导方式。部下的状况主要指部下的人格特性,包括能力、经验、需要等;环境因素包括任务的结构性质、组织的权力系统和工作群体等。

通路一目标理论认为,领导者的行为能否成为激励因素,在很大程度上取决于其对下属及其应付环境不确定性的帮助。当领导者弥补了员工工作环境方面的不足,就会对员工的绩效和满意度起到积极的影响。但是,当任务本身十分明确或员工有能力和经验处理时,领导者还花费时间解释工作任务,则下属会把这种行为视为多余。

(四)领导理论的新进展

自20世纪70年代末以来,一些学者在领导概念的界定、研究对象和研究方法上都超越了以往的研究,提出了一些新的领导理论。其中比较著名的有领导的归因理论、交易型与魅力型理论等。

1. 交易型领导与变革型领导

"交易型领导"和"变革型领导"两个概念最早来自伯恩斯对政治领导类型的划分。在交易型领导中,领导者给部下提供报酬、晋升、荣誉等,以满足部下的需要和愿望;而部下则以服从领导命令、完成任务等作为回报。以往的大多数领导理论,如行为理论和权变理论,都是交易型领导。伯恩斯认为,这种领导不是没有效果,但其效果要视领导者与下属之间的关系状况而定。

变革型领导是指领导者通过激励下属士气,帮助下属以新观念看待老问题,使其看到事业的美好前景,从而激发出下属的积极性和创造性。巴斯等人发展了交易型领导和变革型领导理论的内容,认为以往的领导行为研究都把部下的绩效和满意度作为评价领导效能的结果变量,而变革型领导理论则把部下对工作任务的情绪反应、自尊、价值观以及领导者的信任和信心等作为因变量。伯恩斯在《追求卓越》一书中提出,他们所研究的成功企业,在发展阶段都是由变革型领导所决定的。研究表明,变革型领导与低离职率、高生产率和高工作满意度的相关,远好于交易型领导。

2. 个人魅力型领导理论

个人魅力的领导理论是由罗伯特·豪斯于1977年首先提出的。个人魅力型领导指能对下属产生不同寻常的影响的领导者。"魅力"是一种领导者个人具备的带有鼓励性的人际吸引力,包括个性、能力、经验和坎坷经历中形成的综合素质。在其他条件均等的条件下,具有魅力的领导者将更能够成功地影响下属行为,并实现组织目标。豪斯的理论表明,个人魅力型领导具有很高水平的感召力。

个人魅力型领导者所具备的关键特点是:自信,远见,清晰地表达目标的能力,对目标的坚定信念，打破循规蹈矩，组织变革的代言人，环境敏感性，等等。

豪斯认为：个人魅力型的领导者为下属清晰地绘制诱人的宏伟前景，向下属传达高水平目标，并对下属达到这些期望表现出充分的信心，以此来捕获下属的奉献、承诺和动力。以自己的行为为下属设立效仿的榜样。最后，个人魅力型的领导人可以做出自我牺牲和反传统的行为来表明他们的努力和对未来前景的坚定信念。个人魅力型的领导使下属的工作绩效更好，积极性更高。

个人魅力型的领导者可以通过培训来塑造，其步骤为：

第一步，个体要保持乐观态度，用激情作为催化剂，激发他人的感情，运用整个身体而不仅仅是言语进行沟通。

第二步，个体通过与他人建立联系而说服他人跟随自己。

第三步，个体通过调动追随者的情绪而开发他们的潜能。

第三节 领导方式与激励

一、领导方式

（一）领导方式的含义

领导方式是在领导行为理论和权变理论的基础上提出来的，它主要研究领导者在领导过程中对下属采取什么样的态度。领导方式一般是指领导者进行活动时对待下属态度行为的表现，具有稳定性和抽象性的特点。

领导方式和领导方法是两个不同的概念。领导方法是指领导者为了达到一定的领导目标，按照领导活动的规律采取的领导手段，它是领导活动艺术化过程的重要组成部分。领导方式与领导方法的区别在于：领导方法灵活多变，而领导方式却较为稳定；领导方法面对的是事，而领导方式面对的是人。所以，领导方式在一定意义上可以模式化。由于领导活动不能脱离一定的社会历史条件，采用什么样的领导方式不仅取决于领导者的个人愿望，也取决于组织性质、社会环境、领导体制、被领导者素质等多种因素。

（二）领导方式的类型

领导方式可以按照不同的标准进行划分，下面介绍几种常见的领导方式的类型。

1. 按领导活动的侧重点来划分

按领导活动的侧重点可以把领导方式分为任务取向的领导方式和人员取向的领导方式。任务取向的领导方式主要关心组织效率，重视组织设计，明确职责关系，确定工作目标和任务；人员取向的领导方式表现为尊重下属意见，重视下属的感情和需要，强调相互信任的气氛。

2. 按组织领导的方式来划分

按组织领导的方式可以把领导方式分为命令式、说服式和示范式。命令式是典型的强制性领导的一种领导方式，它是建立在下属对领导者职位权力的畏惧或恐惧这一基础上的；说服式是一种建立在领导者影响力之上的领导方式，领导者的威信、人格、能力是这种领导方式能够取得成功的关键；示范式是一种较为保守的领导方式，它是建立在下属对领导者的主动归依和主动模仿这一基础之上的。

3. 按领导者与被领导者的关系来划分

按领导者与被领导者的关系可以把领导方式分为自决型、放任型和民主型。自决型又称为独断型，指领导者以大权独揽的方式对下级进行领导，将决策权高度集中在自己手中，下属完全处于被动地位；放任型是一种回避权力和责任的领导方式，领导者主要通过让下属来建立自己的目标并解决问题；民主型又称为参与型，领导者既注重正式组织结构和规章制度的作用，又不大权独揽，在某种程度上设法使下属参与一些决策，善于在决策过程中发挥下属的作用。

二、激励理论

（一）内容型激励理论

激励是指领导者遵循人的行为规律，运用物质和精神相结合的手段，采取多种有效的方式方法，激发下属的积极性、主动性和创造性，以保证组织目标的实现的领导职能。激励是领导用人艺术的重要部分，也是领导的一项主要职能。

20 世纪二三十年代以来，人们从不同的角度研究员工激励问题，提出了众多的激励理论。按激励的方面及其与行为的关系不同，各种激励理论可分为内容型、行为改造型和过程型三类。

1. 需要层次理论

美国心理学家马斯洛的需要层次理论认为，只有当低层次的需要在一定程度上得到满足后，个体才会追求高层次的需要，也即用于满足低层次需要的投入效益是递减的。当员工低层次的需要得到一定程度的满足后，若仍以原来的激励方式来激励员工，效果会很小，但如果着眼于员工更高层次的需要对员工激励，可以使组织绩效明显提高。按照这种理论，如果想激励员工，首先需要了解员工目前的需要处于哪一个层次水平，从而提供相应的激励措施，如图 7-3 所示。

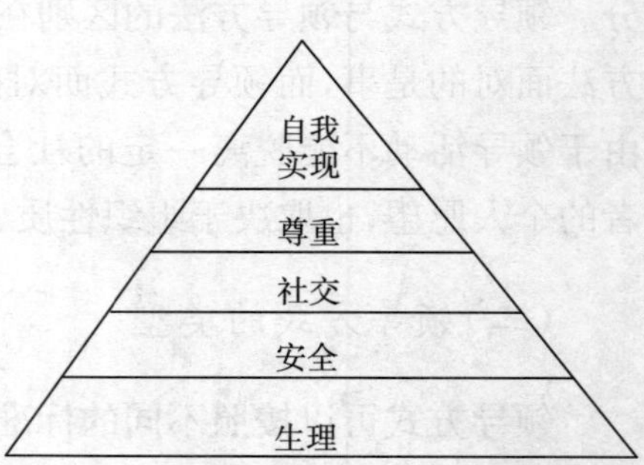

图 7-3 需要层次图

与需要层次相对应的激励制度与措施，列成表格，如表 7-4 所示。

表 7-4 与需要层次相对应的激励制度与措施

需要层次	诱因(追求的目标)	管理制度与措施
生理需要	薪水、健康的工作环境	身体保健(医疗设备)、工作时间(休息)、福利设施设备(食堂、幼儿园、车队)
安全需要	职位的保障、意外的防止	雇佣保证、退休金制度、健康保险制度、意外保险制度
社会交往需要	友谊(良好的人际关系)、团体的接纳、与组织的一致	协商谈话制度、利润分配制度、团体活动制度、互助金制度、娱乐制度、教育训练制度
尊重的需要	地位、名分、权力、责任、薪水的公平性	人事考核制度、晋升制度、表彰制度、奖金制度、选拔进修制度、委员会参与制度
自我实现的需要	能发展个人特长的组织环境，具有挑战性的工作	决策参与制度、提案制度、研究发展计划、劳资会议

2. 双因素(激励—保健)理论

美国心理学家赫茨伯格(Frederick Herzberg)的双因素理论(又称激励—保健理论)认为保健因素的改善只能够解除员工的不满，但不能使员工感到满意并激发其积极性；只有改善了激励因素才能让员工感到满意，即给员工以较高的激励。

双因素理论与马斯洛的需要层次理论是相吻合的，马斯洛理论中低层次的需要相当于保健因素，而高层次的需要则相当于激励因素。

在企业管理中，许多企业领导和管理者把双因素理论应用于实践，如采用工作丰富化、工作扩大化、弹性工时制等，扩大工人的工作范围，使工人在计划和管理中负有更多的责任，增加对工作的兴趣，从而调动员工的积极性，提高劳动生产率，如表 7-5 所示。

表 7-5 赫茨伯格激励一保健理论

激励因素		保健因素
成就		监督
认可		政策
工作挑战性		与主观的关系
责任		工作条件
晋升机会		薪水
成长		与同伴的关系
		个人生活
		与下属的关系
		地位
		稳定与保障
极满意	中性	极不满意

(二)行为改造型激励理论

领导者对员工进行激励的目的就是要把消极行为转化为积极行为，从而达到企业的预定目标，提高劳动生产率。行为改造理论是研究如何改造和转化人的行为、变消极为积极的一类激励理论。

1. 强化理论

强化理论是美国的心理学家和行为科学家斯金纳(Skinner)、赫西(Hersey)、布兰查德(Blan-chard)等人提出的一种激励理论。强化理论以学习的强化原则为基础，来理解和修正人的行为。所谓强化，从其最基本的形式来讲，是指对一种行为的肯定或否定的后果(报酬或惩罚)，在一定程度上会决定这种行为在今后是否会重复发生。根据强化的性质和目的可把强化分为正强化和负强化。在管理上，正强化就是奖励那些组织上需要的行为，从而加强这种行为；负强化就是惩罚那些与组织不相容的行为，从而削弱这种行为。正强化的方法包括奖金、对成绩的认可、表扬、改善工作条件和人际关系、提升、安排担任挑战性的工作、给予学习和成长的机会等。负强化的方法包括批评、处分、降级等，有时不给予奖励或少给奖励也是一种负强化。

强化理论具体应用原则如下：

(1)经过强化的行为趋向于重复发生。强化因素就是会使某种行为在将来重复发生的可能性增加的任何一种后果。例如，当某种行为的后果是受人称赞时，就增加了这种行为重复发生的可能性。

(2)要依照强化对象的不同采用不同的强化措施。人们的年龄、性别、职业、学历、经历不同，需要就不同，强化方式也应不一样。例如，有的人更重视物质奖励，有的人更重视精神奖励，此时就应区分情况，采用不同的强化措施。

(3)小步子前进，分阶段设立目标，并对目标予以明确规定和表述。对于人的激励，首先要设立明确而具体的目标。同时，把目标分解成多个小目标，完成每个小目标都及时给予强化，这样不仅有利于目标的实现，而且通过不断的激励可以增强信心。

(4)及时反馈，即及时将工作结果告诉员工。要取得最好的激励效果，就应该在行为发生以后尽快采取适当的强化方法。一个人在实施了某种行为以后，即使是领导者表示“已注意到这种行为”这样简单的反馈也能起到正强化的作用。

(5)正强化比负强化更有效。在强化手段的运用上，应以正强化为主，必要时也要对坏的行为给以惩罚，做到奖惩结合。

强化理论只讨论外部因素或环境刺激对行为的影响，忽略人的内在因素和主观能动性对环境的反作用，具有机械论的色彩。但强化理论有助于对人们行为的理解和引导。因为，一种行为必然会有后果，而这些后果在一定程度上会决定这种行为在将来是否重复发生。对这种行为加以分析和控制，使大家都知道应该有什么后果，将使员工有机会在各种明确规定的备选方案中进行选择。

2. 归因理论

美国心理学家海德(Heider)在1958年最早提出了归因问题。1965年,琼斯(E. A. Jones)和戴维斯(K. E. Davis)提出了相应推断理论,从行为者的具体行为推断其行为意图。1967年,美国社会心理学家凯利(H. E. Kelley)发表《社会心理学的归因理论》,继相应推断理论之后提出三维归因理论,对海德的归因理论进行又一次的扩充和发展。凯利将归因现象区分为两类:一类是能够在多次观察同类行为或事件情况下的归因,称为多线索归因;另一类则是依据一次观察就做出归因的情况,称为单线索归因。凯利认为,人们对行为归因总是涉及三个方面的因素:客观刺激物、行动者、所处关系或情境。其中,行动者的因素属于内部归因,客观刺激物和所处的关系或情境属于外部归因。对上述三个因素中任何一个因素的归因都取决于下列三种行为信息:

(1)差异性。行为者是否在同类其他情况下会做出相同的反应。例如,一名今天迟到的员工是否经常表现得自由散漫、违反规章纪律。如果行为的差异性不大,则可能会对行为进行内部归因;如果行为的差异性大,则行为原因可能会被归于外部。

(2)一贯性。行为者是否在任何情境和任何时候对同一刺激物做相同的反应,即行动者的行为是否稳定持久。行为的一贯性越高,观察者越倾向于对其进行内部归因。

(3)一致性。其他人对同一情境是否也做出与行为者相同的方式反应。如果每个人面对相似情境都有相同的反应,我们说该行为表现出一致性。例如,所有走相同路线上班的员工都迟到了,则迟到行为的一致性就高。从归因的观点看,如果一致性高,就对迟到行为进行外部归因。

如果一名员工完成目前工作的水平与完成其他类似工作的水平相同,即低差异性,而在这项工作中其他员工的水平总是和他的水平十分不同(或低或高),即低一致性,并且他的这一工作绩效无论何时都是稳定的,即高一贯性,则管理者或其他任何人在判断该员工工作时,都会认为他自己对这一绩效负有主要责任,即进行内部归因。

凯利还研究了归因中的错误或偏见。比如,尽管我们在评价他人的行为时有充分的证据支持,我们总是倾向于低估外部因素的影响而高估内部或个人因素的影响,这称为基本归因错误。它可以解释下面情况:当销售代表的业绩不佳时,销售经理倾向于将其归因于下属的懒惰而不是客观外界条件的影响。个体还有一种倾向就是把自己的成功归因于内部因素,如能力或努力,而把失败归因于外部因素,如运气,这称为自我服务偏见。由此表明,对员工的绩效评估可能会受到归因偏见的影响。

归因理论提出了对他人的行为进行判断和解释过程中所遵循的一些规律。在管理过程中,领导者和员工对行为的归因不可避免地会受到这些规律的影响。管理者要认识到员工是根据他们对事物的主观知觉而不仅仅是客观现实做出反应的。员工对于薪水、上级的评价、工作满意度、自己在组织中的位置和成就等方面的知觉与归因正确与否,对其潜力的发挥和组织的良好运作有着重要影响。同时,管理者在对员工的行为进行判断和解释时也应该尽量避免归因中的偏见和误差。

3. 成就需要理论

美国心理学家麦克利兰(McClelland)研究人的高层次需要与社会性的动机,提出了成就需要激励理论,认为人除了生理需要,还有权力需要、亲和需要和成就需要等。权力需要(need for power)是影响或控制他人且不受他人控制的需要;亲和需要(need for affiliation)是建立友好亲密的人际关系的需要;成就需要(need for achievement)是争取成功、希望做得最好的需要。

麦克利兰认为,具有强烈的成就需要的人渴望将事情做得更为完美,提高工作效率,获得更大的成功,他们追求的是在争取成功的过程中克服困难、解决难题、努力奋斗的乐趣,以及成功之后的个人成就感,他们并不看重成功所带来的物质奖励。

权力需要较高的人喜欢支配、影响他人,喜欢对别人"发号施令",注重争取地位和影响力。他们喜欢具有竞争性和能体现较高地位的场合或情境。权力需要是管理成功的基本要素之一。

具有高亲和动机的人更倾向于与他人进行交往,渴望友谊,喜欢合作而不是竞争的工作环境,希望彼此之间的沟通与理解,他们对环境中的人际关系更为敏感。亲和需要是保持社会交往和人际关系和谐的重要条件。

麦克利兰的动机理论在企业管理中很有应用价值。首先,在人员的选拔和安置上,测量和评价一个人动机体系的特征,对分派工作和安排职位有重要的意义。其次,由于具有不同需要的人需要不同的激励方式,了解员工的需要与动机有利于建立合理的激励机制。最后,麦克利兰认为动机是可以训练和激发的,因此领导者可以训练和提高员工的成就动机,以提高生产率。

(三)过程型激励理论

内容型和行为改造型激励理论都是研究需要与动机对行为的影响以及如何根据需要控制和改造人的行为的问题。过程型激励理论则主要研究人们选择行为的过程,说明行为的产生、发展、保持以及结束的整个过程。有关过程型激励理论也很多,这里主要介绍期望概率模式、公平理论以及波特和劳勒期望激励理论。

1. 期望概率模式

期望理论最早由美国心理学家弗鲁姆(Victor H. Vroom)在1964年出版的《工作与激发》一书中首先提出。弗鲁姆认为,人总是渴求满足一定的需要并设法达到一定的目标。这个目标在尚未实现时,表现为一种期望,此时目标反过来对个人的动机又是一种激发的力量,而这个激发力量的大小取决于目标价值(效价)和期望概率(期望值)。这一理论可以用下列公式表示:

$$M=\sum V\times E$$

式中:M表示激发力量,是指调动一个人的积极性,激发人内部潜力的强度。V表示目标价值(效价),这是一个心理学概念,是指达到目标对于满足个人需要的价值。同一目标，由于每个人所处的环境不同、需求不同，目标价值也就不同。同一个目标对每一个人可能有正、零、负三种效价，效价越高，激励力量就越大。E是期望概率，是人们根据过去经验判断自己达到某种目标的概率。目标价值的大小直接反映人需要动机的强弱，期望概率反映人实现需要和动机的信心强弱。该公式表明，一个人把目标的价值看得越大，估计能实现的概率越高，那么这个目标激发的动机就越强烈。

弗鲁姆提出了激发力量达到最大值的期望模式：

个人努力、个人成绩（绩效）、组织奖励（报酬）*个人需要

弗鲁姆认为，为了有效地激发员工的动机，需要正确处理以下三个方面的关系。

一是努力和绩效的关系。这两者的关系取决于个体对目标的期望值，期望值又取决于目标是否适合个人的认识、态度、信仰等个性倾向，以及社会地位、别人对他的期望等社会因素。

二是绩效与奖励的关系。人们总是期望在达到预期成绩后，能够得到合理的奖励，如奖金、晋升、提级、表扬等。组织的目标如果没有相应有效的物质和精神奖励来强化，随着时间的推移，员工的积极性就会消失。

三是奖励与满足个人需要的关系。奖励什么要适合各种人的不同需要，不仅要考虑效价，也要采取多种形式的奖励，满足各种需要，这样才能最大限度地挖掘人的潜力，最有效地提高工作效率。

2. 公平理论

公平理论又称社会比较理论，它是美国行为科学家亚当斯(J. S. Adams)于1962—1965年在《工人关于工资不公平的内心冲突同其生产率的关系》、《工资不公平对工作质量的影响》、《社会交换中的不公平》等著作中提出来的一种激励理论。该理论侧重于研究工资报酬分配的合理性、公平性及其对职工生产积极性的影响。

公平理论的基本观点是：当一个人做出了成绩并取得了报酬以后，他不仅关心自己所得报酬的绝对量，而且关心自己所得报酬的相对量。因此，他要进行横向和纵向比较来确定自己所获报酬是否合理，比较的结果将直接影响今后工作的积极性。

横向比较就是他要将自己获得的“报偿”（包括金钱、工作安排以及获得的赏识等）与自己的“投入”（包括教育程度、所作努力、用于工作的时间、精力和其他无形损耗等）的比值，与组织内其他人作社会比较，二者相等时，他才认为公平。

纵向比较就是他把自己目前投入的努力与目前所获得报偿的比值，同自己过去投入的努力与过去所获报偿的比值进行比较。只有相等时他才认为公平。

公平理论对领导者有着重要的启示。首先，影响激励效果的不仅有报酬的绝对值，还有报酬的相对值。其次，激励时应力求公平，使等式在客观上成立，尽管有主观判断的误差，也不致造成严重的不公平感。再次，激励过程应注意对被激励者公平心理的引导，使其树立正确的公平观，要认识到绝对的公平是不存在的，不要盲目攀比，也不要按酬付劳，按酬付劳是在公平问题上造成恶性循环的主要“杀手”。

为了避免职工产生不公平的感觉，企业往往采取各种手段，在企业中造成一种公平合理的气氛，使职工产生一种主观上的公平感。例如，有的企业采用保密工资的办法，使职工相互不了解彼此的收支比例，以免职工互相比较而产生不公平感，但现代企业更倾向于实行透明度较高的科学合理的薪酬制度。

3. 期望激励理论

期望激励理论是美国行为科学家爱德华·劳勒(Edward E· Lawler III)和莱曼·波特(Lyman W. Porter)于1968年在《管理态度和成绩》一书中提出来的。这个模式的特点是：

(1)“激励”决定一个人是否努力及其努力的程度。

(2)工作的实际绩效取决于能力的大小、努力程度以及对所需完成任务理解的深度。即一个人对自己扮演的角色认识是否明确，是否将自己的努力指向正确的方向，抓住了自己的主要职责或任务。

(3)奖励要以绩效为前提，不是先有奖励后有绩效，而是必须先完成组织任务才能导致精神的、物质的奖励。当职工看到他们的奖励与成绩关联性很差时，奖励将不能成为提高绩效的刺激物。

(4)奖惩措施是否会达到满意效果，取决于被激励者对报偿是否公正的认可。如果他认为符合公平原则，当然会感到满意，否则就会感到不满。显而易见，满意将导致被激励者付出更多的努力。

1967年，波特和劳勒还在他们合作的《成绩对工作满足的影响》一文中提出了成绩对满足影响的一种理论模式：一个人在做出了成绩后，可以得到外在报酬和内在报酬两类报酬。外在报酬包括工资、地位、提升、安全感等。按照马斯洛的需要层次理论，外在报酬往往满足的是一些低层次的需要。由于一个人的成绩难以精确衡量，工资、地位、提升等报酬的取得也包含多种因素的考虑，并不完全取决于个人成绩。内在报酬是一个人由于工作成绩良好而给予自己的报酬，如感到对社会做了贡献，对自我存在意义及能力的肯定等。内在报酬对应的是一些高层次需要的满足，是与工作成绩直接相关的。内在报酬与外在报酬并不能决定一个人是否满足，还需要通过所理解的公正报酬来调节。也就是说，一个人要把自己所得到的报酬同自己认为应该得到的报酬相比较，如果他认为相符合，他就会感到满足，并激励他以后更好地努力，如果他认为自己得到的报酬低于自己所理解的公正报酬，那么即使事实上他得到的报酬量并不少，他也会感到不满足，甚至失落，从而影响他以后的努力。

波特和劳勒期望激励理论在20世纪60至70年代是非常有影响的激励理论，在今天看来仍有相当的现实意义。它告诉我们，不要以为设置了激励目标、采取了激励手段，就一定能获得所需的行动和努力，并使员工满意。要形成激励*努力—绩效—奖励—满足—努力的良性循环，取决于奖励内容、奖惩制度、组织分工、目标导向行动的设置、管理水平、考核的公正性、领导作风及个人心理期望等多种综合性因素。

第四节 领导艺术

一、领导艺术及其特点

领导是一门科学,更是一门艺术。狭义上的领导艺术就是领导者运用自身的科学知识、实践经验、聪明才智和胆识魄力,在领导活动中遵循领导规律,有效地实现目标的领导方法和技巧。广义上的领导艺术是在一定经验和科学基础上创造性地、卓有成效地解决重大问题的技术和能力。

现代管理理论认为:领导艺术是指在一定经验和科学基础上创造性地、卓有成效地解决某些实际或疑难问题的技术和能力。

领导者的工作效率和效果在很大程度上取决于他们的领导艺术。领导艺术是一门博大精深的学问,其内涵极为丰富。领导艺术主要包括以下几个方面:

一是创造性。优秀的领导者总是独具匠心地采用不同于他人的特殊方式和手段,形成富有个性和创造性的领导艺术。

二是科学性。领导艺术是与一定的领导经验分不开的,但更与科学的理论相一致。领导者只有掌握了现代管理理论和领导理论才能形成真正的领导艺术。

三是经验性。没有丰富的领导工作实践,没有丰富的领导工作经验,就谈不上什么领导艺术。

四是灵活性。领导艺术没有唯一答案,领导艺术通常是非程序化、非模式化的。

为了有效地实现领导的作用,实现组织目标,领导者必须掌握高超的领导艺术,一般主要表现为:领导决策艺术、用人艺术、人际交往艺术、时间管理艺术、创新艺术和处理紧急事件的艺术等。

二、领导艺术内容

(一)领导决策艺术

决策是人们对未来实践的方向、目标以及使之实现的程序和手段做出的抉择,也就是对未来的方向、目标及手段、方法经过选择和判断做出的决定。决策艺术是领导者综合能力的表现,体现领导者的政治成熟度及业务知识能力多样性的统一。领导者要遵循决策的程序化,决策的过程也要力求科学化,不能简单地拍脑袋,凭经验和直觉。决策艺术一般包含两个方面:处理信息的艺术和决策方法的选择艺术

为了使未来的行动能够成功,要求决策者有广博的知识,同时还要有敏锐的观察力、判断力,还要有严格的科学态度,重真理、不浮躁,勇于打破陈旧观念,开创新局面。

因此，决策者要不断地努力提高自身的素质。

（二）用人艺术

马克思主义历来认为，人是世界上是最可贵的。而每个人不尽相同，人才更为重要，尤其是领导人才。当今世界各国综合国力的竞争归根到底是人才的竞争。用人是领导者的重要职责和基本职能，也是领导活动自身的要求。

领导者的用人主要是做到识别人、选拔人、使用人、管理人、留住人和培养人六个方面。科学用人的艺术主要表现在：一是知人善用；二是量才适用；三是用人不疑；四是适度治人。其中，重点是知人善任。

（三）人际交往艺术

影响人际关系的因素主要有四个方面：人与人之间空间距离的远近；人与人彼此交往的频率；人与人观念态度的相似性；人与人彼此需要的互补性。除了之外，人与人的性格、品德、气质也是影响人际关系的重要方面。

由于人际关系的复杂性，其协调的方法也是多种多样的，没有一套能普遍适用于不同素质的员工和不同环境的通用方法，应当随机制宜地从企业管理的角度分析，掌握协调人际关系的艺术，例如经营目标协调法、制度规则协调法、心理冲突协调法、随机处事技巧法等。

（四）时间管理艺术

时间也是管理过程中重要的资源，时间管理也是有效管理的重要方面。时间管理的艺术主要包括时间分配艺术和时间节约艺术。

第一，时间分配的艺术。这主要有以下几种：一是重点管理法，即分清事情的主次及任务的缓急，集中时间和精力把重要的工作做好，能把有限的时间分配给最重要的工作；二是最佳时间法，即把最重要的工作安排在一天中效率最高的时间去完成，而对于零碎事务或次要工作放在一天中精力较差的时间去做；三是可控措施法，即把自己不可控的时间转化为可控时间，以提高管理效率。

第二，时间节约艺术。人们可以详细记录自己每周及每月或每季一个区段使用的时间，再加以分析综合，作出判断，从而了解哪些时间内的工作是必要的、有用的，哪些是不必要、无用的、浪费的，以便改进，促进对时间更好地管理和运用。也可以召开会议，科学地计算会议成本，提高会议效率。

（五）指挥处理紧急事件艺术

在管理活动中，经常会发生一些突发、紧急和棘手事件，因而领导者也要掌握处理紧急事件的艺术。

第一，迅速控制事态。紧急事件发生后，能否先控制住事态，使其不扩大、不升级、不蔓延，是处理整个事件的关键。这既是关系整个事件处理成败的基础和前提，又是寻找更好的、彻底的处理方法的重要条件。突发事件发生后，面临紧急事件的组织成员，大都情绪激动，一触即发。领导者进行心理控制，运用弱化员工的激动情绪、舒缓紧张气氛等具体的技巧；减轻群众的心绪不稳，思想混乱，不知所措等心理压力。迅速地在组织内部和广大群众中开展正面教育，使大多数人认清形势，稳住阵脚，以防局面失去控制；迅速查清紧急事件的重要人物和地点，予以重点控制。

第二，收集事实材料，分析紧急事件产生的原因。紧急事件产生的原因可能是难于控制的自然灾害，复杂多变的政治、经济环境，变化多端的市场竞争，组织的内部管理不善；主观人为的因素等。领导者要带领下属，动用一切可行的手段，准确地掌握大量的现象和事实材料。在掌握全面材料的基础上分析各种现象背后的联系，找到造成整个事件的根本症结，确认事件的性质。然后，迅速地制定处理事件的总体方案。

第三，果断实施方案，处理事件。领导者必须果断决策，周密组织，统筹安排，层层落实责任，使得人人承担责任，各司其职，各负其责，找准突破口，集中优势兵力去攻克关键环节和难关。

第四，总结工作。领导者要深入群众，做好善后的思想稳定工作；要总结紧急事件的教训，查找原因，堵塞漏洞，提高认识，避免类似事件再次发生；对于紧急事件处理过程中的工作失误也要及时总结。

（六）语言艺术

语言能力不仅是领导者的基本功，也是领导者任职的重要条件。

当前，民众的文化水平越来越高，话题越来越丰富，如果领导者只能说一些官话、套话，就没有感染力，就影响领导能力的发挥。民众也越来越注重领导者的语言表达能力。

领导者应当格外重视自己的语言技巧，训练自己的语言功力，提高自己的语言艺术。

（七）沟通艺术

沟通艺术是领导艺术的基础。领导者在运用沟通艺术时要在认同方面多下工夫。沟通艺术主要包括以下六个方面：

第一，先认同别人，别人后认同你；

第二，把认同人与认同事结合起来，领导艺术的效果就会更明显；

第三，先沟通，后认同；

第四，沟通应由浅入深；

第五，沟通的过程就是相互影响的过程；

第六，沟通应做到信息沟通、感情沟通和思想认识沟通同时进行。

（八）团队协作的领导艺术

团队与协作作为实现组织目标的最有效用的方法，团队领导已成为现代领导者取得成功的必备技能却是不争的事实。

在一个职能性组织中，各种职能是相互依赖的，因此，对团队内部成员之间进行不断的协调就显得尤为重要。它决定于团队领导，即领导能否使团队的资源充分发挥出来，能否使这些资源合成共同的能量，甚至通过领导团队学习的方式增加团队的资源。

（九）情绪管理艺术

在成功的道路上，人们最大的敌人其实并不是缺少机会，或是资历浅薄，是缺乏对自己情绪的控制。控制情绪主要是要做到：控制愤怒情绪，抑制得意情绪，克服紧张情绪，避免急躁情绪，摆脱消极情绪。

自我管理的核心：在工作、学习、生活的高压下，个人情绪突然爆发时，能够很快地镇静下来，迅速调整心态，及早恢复正常状态，把握住自己。

（十）创新艺术

创新是指人们发现了新方法、新技术或提供了新观点、新思想。创新是按照自然和社会发展的规律，提出改造自然、改造社会的新设想、新方案。创新应贯穿于整个领导活动之中。作为一个合格的领导者应具备开拓创新能力，所以合格的领导者观察事物时具有独特的细致的敏锐性；能根据形势的发展变化，结合新的实践经验和时代条件，在思路的选择上、思考的技能、技巧上、思维的结论上有独到之处。与众不同，又合乎情理，比别人想得更深入、更透彻，提出人们想象不到、表达不出的新见解。同时也善于从生活的细微之处，从常人司空见惯、习以为常或熟视无睹的事情上发现问题，开动脑筋，引发思考，获得思维成果，这也是创新领导者应具备的一种思维特征。

本章小结

领导是指在特定的社会组织或群体中，领导者运用其法定权力和自身影响力，采用一定的形式和方法影响并激励成员实现组织共同目标的行为过程。

领导理论的发展经历了特质理论、行为理论和权变理论三个主要阶段。

领导方法是指领导者为了达到一定的领导目标，按照领导活动的规律采取的领导手段，它是领导活动艺术化过程的重要组成部分。

激励是指领导者遵循人的行为规律，运用物质和精神相结合的手段，采取多种有效的方式方法，激发下属的积极性、主动性和创造性，以保证组织目标的实现的领导职能。

领导艺术是指在一定经验和科学基础上创造性地、卓有成效地解决某些实际或疑难问题的技术和能力。

思考与理解

1. 结合实际说明有效的领导者应具备哪些素质。

2. 影响领导行为的权变因素有哪些？

3. 结合实际说明马斯洛的需要层次理论的现实意义。

4. 领导方式有哪些类型？

5. 何谓领导艺术？如何提高领导艺术？

6. 主要概念：

领导、领导特质理论、领导风格理论、领导行为四分图理论、管理方格理论、菲德勒模式、需要层次理论、个人魅力型领导理论、领导方式、领导艺术。

第八章 控制与创新

教学目标

1. 理解管理控制职能的含义、特点和意义，掌握控制的功能、指向和常见的控制方法。

2. 理解管理创新的含义、过程和作用，认识管理者在创新中的作用，理解技术创新和制度创新的内容。

课程导读

万里长城

万里长城是秦始皇于公元前214年，命令大将蒙恬率兵30万北击匈奴时，役使40多万人把原来燕、赵、秦等国修筑的长城连接并加以扩建而成的。万里长城总长6000多公里，气势雄伟。长城建在地势险峻的山巅，工程复杂而浩大，而当时施工仅凭肩挑手抬，其困难可想而知。长城的成功建设在于：第一，严谨的工程计划，即对工程所需土石及人力、畜力、材料、联络都安排得井井有条，一环扣一环，使工期不至于延误。第二，严格的工程质量管理，即主要是工程验收制度，如规定在一定距离内用箭射墙，箭头碰墙而落，工程才算合格，否则返工重建。第三，有效的分工制，即长城建设在事先确立走向前提下，分区、分段、分片同时展开，保证工程进度的同步性，体现了有效的分工。

导读：

1. 秦始皇修长城是一项大工程，有明确的目标。

2. 修长城的过程有严格的管理，也有明确的检查、监督和控制。

3. 只有严格监管和控制标准才能保证工程质量。

第一节 控制

一、控制的含义

（一）控制的概念

控制是管理的基本职能之一，指管理者监视组织的各项活动，保证组织计划与实际运行状况动态适应的管理职能，即管理控制。作为一种管理职能，管理控制是指为了实现组织目标，以计划为标准，由管理者对组织活动过程进行监测，将监测结果与计划目标相比较，找出偏差、分析原因、及时纠正的一系列活动过程。简单地说，控制就是管理者监督各项活动，以保证这些活动按计划进行，并纠正各种重要偏差的过程。

控制的概念可以从以下三个方面理解：

第一，控制有很强的目的性，即控制是为了保证组织中的各项活动按计划进行；

第二，控制是通过“监督”和“纠偏”来实现的；

第三，控制是一个过程。

由此可见，控制既是一次管理循环的终点，是保证计划得以实现和组织按既定的路线发展的管理职能，又是新一轮管理循环的起点，要想保证组织的活动按照计划进行，控制是必不可少的。

（二）控制的特点

管理控制的特点可以概括为以下七个方面。

1. 管理控制具有目的性

在进行管理控制的时候，必须先明确控制的目的性，这样才能进行针对性的控制，及时地发现问题。

2. 管理控制具有明确性

明确性指的是标准明确和责任明确。

3. 管理控制具有整体性

这包括两层含义：一是管理控制是组织全体成员的职责，是完成计划是组织全体成员共同的责任，参与控制是全体成员的共同任务；二是控制的对象是组织的各方面，为了确保各部门和各单位工作上能协调一致，这就需要了解各部门和各单位的工作情况并予以控制。

4. 管理控制具有动态性

管理工作中的控制过程不同于其他商品生产的控制过程，其他商品就像电器类，它的控制过程是高度程序化的，具有稳定性，而组织不是这样的，它很容易受到内部条件和外部环境的影响，因为内部条件和外部环境具有不稳定性，随时都有可能发生变化，从而决定了控制标准和方法不可能永远不变。管理控制具有动态性，才能提高管理活动的适应性和有效性。

5. 管理控制的及时性

较好的控制必须能及时发现偏差并迅速报告上级，这样上级才能及时采取措施加以更正，以尽可能地避免偏差的扩大。

6. 管理控制的反馈性

控制目标的实现离不开信息反馈。没有信息的反馈，就没有赖以判断对错的对象和依据。因此，反馈性是任何一个控制系统都具有的特点。

7. 管理控制的创新性

控制的目的不仅仅是要使组织维持现状，更为重要的是要致力于使组织不拘泥于现状，适应时代的要求而有所创新、有所前进。

（三）控制的功能

在现代管理活动中，管理控制的目的主要有两个。

第一个目的是维持组织活动正常运行。管理控制主要解决经常发生迅速的变化而又直接影响组织活动的“急性问题”，控制应随时将计划的执行结果与标准进行比较，如若发现有超过计划允许范围的偏差时，就要及时采取必要的纠正措施，使组织内部系统活动趋于相对稳定，实现组织的既定目标。

第二个目的是在维持组织活动正常运行的基础上打破现状，实现管理创新，解决长期存在着的影响组织素质的“慢性问题”。控制要根据内外环境变化对组织新的要求和组织不断发展的需求，打破执行现状，重新修订计划，确定新的现实和管理控制标准，使之更先进、更合理。

控制的功能可以概括为以下五个方面。

1. 重要的管理职能

控制的功能可以通过它在管理各项职能中的地位和与其他职能之间的相互关系得到体现。控制过程通过检查、监督和纠正偏差活动与管理的其他基本职能紧密地联系在一起，并使整个管理过程成为一个相对封闭的系统。

2. 完成计划任务、实现组织目标的保证

控制对计划任务完成和组织目标实现的促进作用可以归纳为两方面：一方面，控制能及时纠正计划执行过程中出现的各种偏差，督促有关人员严格按照计划要求办事；另一方面，控制能发现计划中不符合实际的内容，并根据实践要求调整、修正原有计划，使计划建立在坚实的客观实践基础之上，并确保修正后的计划得到严格执行。

3. 组织形式分权结构的保证

分权是现代组织发展的必然趋势。然而分权如不能得到有效控制就可能破坏组织所必需的统一,导致组织名存实亡,但组织又不可能把所有权力都集中于高层管理者一身。

解决这个矛盾的关键是建立有效的控制系统,它能保证组织在通过分权调动各级管理者的积极性、主动性的同时,又能随时监督下属的工作,及时获得下属工作进程和绩效的信息,进行动态的控制。

4. 及时改正缺点、提高组织效率的重要手段

任何一个组织都有缺点,都有可能犯错误。管理者依靠控制手段,可以及时发现自身或者下属出现的错误,并防止类似偏差的出现。

在控制过程中,控制者不仅可以及时了解受控者执行计划的能力和工作效率,也可以及时了解自身的管理能力和水平,这有助于控制者不断总结经验,汲取教训,在控制实践中提高自身的管理素养和能力。

5. 组织创新的推动力

在控制中,一些新问题的出现可以激发管理者推陈出新,如在预算控制中实行弹性预算就是这种控制思想的体现。特别是在具有良好反馈机制的控制系统中,施控者通过接受受控者的反馈,不仅可以及时了解计划执行的状况,纠正计划执行中出现的偏差,而且可以从反馈中受到启发,激发创新。

二、控制的类型和指向

(一)控制类型划分

控制的类型是多种多样的,按照不同的分类标准划分就可以得出不同的分类结果。按照控制源可以将控制划分为:正式组织控制、群体控制和自我控制;按照所采用的手段可以把控制划分为:直接控制和间接控制;按照控制活动的性质可以将控制划分为:预防性控制和更正性控制。

最常见的分类是:按照控制时点和控制手段实施的位置不同可以将控制划分为前馈控制、同期控制和反馈控制三种类型,如图 8-1 所示。

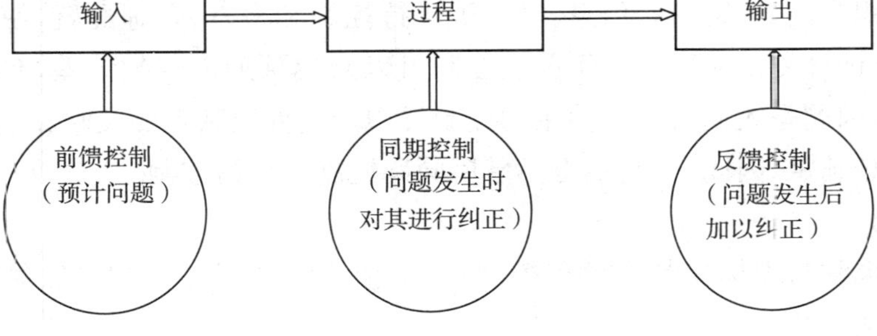

图 8-1 控制时点和控制手段实施的位置

1. 前馈控制

在企业的管理实践中，前馈控制是在企业生产经营活动开始之前进行控制，目的是防止产生问题而不是等问题出现时再补救。

这种控制需要及时和准确的信息并进行仔细和反复预测，把预测结果和预期目标相比较，从而促进计划的修订。该控制的主要内容包括检查资源的筹备情况和预测其利用效果两个方面。

前馈控制的控制作用是发生在行动之前，其特点是将注意力放在行动的输入端上，使得一开始就能将问题的隐患消除。前馈控制的方法有以下几种：

(1)挑选和安置管理与非管理人员。这两类人员的选择目的与实质没有原则上的差别，主要看候选人的技术、个人特点与职务要求是否相适应。对被选中的人员必须在人物所需的方法和过程方面进行训练。

(2)原材料的检查。原材料必须符合质量标准，同时必须保持充足的库存，以保证供应，满足顾客的要求。原材料的质量检查一般可通过随机抽样来进行，对达不到质量要求的予以退货。

(3)财务预算。只有充足的财务支持才能保证组织活动的正常运转。因此，组织要通过预算，特别是现金和流动资金预算来控制财政资源的来源和支出，这样才能确保组织正常活动的有效进行。

(4)资本预算。为了更新现有设备和扩大组织发展的需要，组织必须筹集资本，从而需要清楚地算出要获得未来的收益所需付出的投资额。

“防患于未然”是管理者追求的目标，该目标要求管理者：①必须对计划和控制系统做出透彻的、仔细的分析，确定重要的输入变量；②建立前馈控制系统的模式；③要注意保持该模式的动态特性，也就是说，应当经常检查模式以了解所确定的输入变量及其相互关系是否仍然反映实际情况；④必须定期地收集输入变量的数据，并把它们输入控制系统；⑤必须定期地估计实际输入的数据与计划输入的数据之间的偏差，并评价其对预期的最终成果的影响；⑥必须有措施保证。

总之，前馈控制的中心问题是防止组织中所使用的资源在质和量上产生偏差，其重点是预先对组织中的人、财、物、信息、时间等进行控制和检查，合理配置，使其符合预期的标准，从而保证计划的实现。由于前馈控制可以避免预期出现的偏差，有利于提高组织活动的效率，因此是人们最渴望使用的控制类型。这种控制需要及时、准确的信息，但是现实生活很难满足，因此，人们不得不借用同期控制和反馈控制。

2. 同期控制

同期控制也称为现场控制或过程控制，是指企业在经营过程开始后对活动中的人和事进行指导和监督。

对下属的工作进行同期监督的作用有两个：第一，可以指导下属以正确的方法进行工作；第二，可以保证计划的执行和目的的实现。

最常见的同期控制手段就是主管人员通过深入现场亲自监督检查、指导和控制下属人员的活动。它包括的内容有：①向下级指示恰当的工作方法和工作过程；②监督下级的工作以保证计划目标的实现；③发现不合标准的偏差时，立即采取纠正措施。

同期控制中，主管人员要注意以下几点：①控制应该遵循计划确定的标准，要注意避免单凭主观意志进行工作，否则，将导致标准的多元化，无法同一测量和评价；②指导和控制的内容应当与被控制对象的特点相适应。对于从事简单重复性体力劳动的工人或许控制越严格效果越好，而对于从事创造性劳动的知识分子，控制的重点应该放在如何创造良好的工作环境，并激发他们的创造力，而不是控制过严；③管理人员必须亲临现场考察，而不是仅仅听取汇报、报告，因为亲自考察时管理人员获取真实材料才是最可靠的方法；④管理人员应有较高的素质，尤其是要具有敏锐的观察力，快速的反应能力和灵活多变的控制手段等。

3. 反馈控制

反馈控制又称为成果控制或事后控制，是把组织系统运行的结果返送到组织系统的输入端，与组织预定的计划标准进行比较，然后找出实际与计划之间的差异，并采取措施纠正差异的一种控制方法。

就企业经营而言，反馈控制主要以财务报告分析、标准成本分析、质量控制分析、员工业绩评定结果为主要内容。

与前馈控制和同期控制相比，反馈控制具有两个方面优势：一是反馈控制为管理者提供了关于计划的效果究竟如何的真实信息。如果反馈显示标准与现实之间只有很小的偏差，说明计划的目的达到了；如果偏差很大，管理者就应该利用这一信息使新计划制定得更有效。二是反馈控制可以增强员工的积极性，因为人们希望获得评价他们表现的信息，而反馈正好提供了这样的信息。

（二）控制的指向

控制的指向是指管理者的主要控制对象。人员、信息、财务、作业和绩效等都是管理者控制的主要内容，也可以称之为控制的焦点。

1. 控制人员行为

一是进行现场巡视，即管理者亲临工作现场指导员工的工作并纠正员工偏离目标的行为；

二是进行绩效评估，即管理者根据激励理论定期对员工的绩效给予系统评估并根据评估结果给予报酬；

另外还有一些行为控制手段：甄选、培训、社会化、目标认同、工作设计、外在报酬、组织文化渗透等。

2. 控制财务活动

控制财务活动是传统的控制内容，其目的就是降低成本、减少费用、提高资金利用率,使资源得以充分利用。企业管理者可能会查阅每季度的收支报告,以发现多余的支出,也可能对重要财务指标进行计算,以保证有足够的资金支付各种费用,保证债务负担合理。以下这些指标可以作为财务活动的控制手段,详见表 8-1 所示。

表 8-1 常用财务比率指标

目的	比率	计算公式	含义
流动性检验	流动比率 速动比率	流动资产/流动负债流动 资产一存货/流动负债	检验组织偿付短期债务的能力。 对流动性的一种更精确的检验。
财务杠杆检验	资产负债比 利息收益倍比	全部资产/全部负债 纳税付息前利润/全部利息支出	对组织财务杠杆作用的检验。 度量组织的利息支出能力。
运营检验	存货周转率 总资产周转率	销售收入/存货 销售收入/总资产	表示存货资产的利用率。 表示组织全部资产的利用率。
盈利性	销售利润率 投资收益率	税后净利润/销售收入 税后净利润/总资产	说明该企业的销售收益状况。 度量资产创造利润的效率。

3. 控制作业活动

一个组织成功与否,在很大程度上取决于其提供产品或服务的效率与效能。作业控制就是用来评价一个组织的转换过程的效率与效能问题的。

典型的作业控制包括:评价组织的购买能力,以尽可能低的价格提供所需质量和数量的原材料;监督生产活动以保证其按计划进行;检测产品或服务的质量,以保证其符合预定标准;保证所有设备处于良好的使用状态。

4. 控制组织信息

现代组织都建立了以计算机为基础的管理信息系统。这种系统在正确的时间,以正确的方式,为正确的人提供正确的数据和情况。

管理者要有效地控制信息,就需要在两个方面有正确作为:一方面,管理者必须知道什么信息是必须的和如何完整地收集有效信息;另一方面,管理者应该清楚什么信息应该扩散、什么信息应该保留,即对什么人在什么时候应该正确地传递什么信息。

5. 控制组织绩效

事实证明,没有单一的指标可以用以衡量组织绩效。控制组织绩效的指标有很多,所以管理者对组织绩效的控制手段应该是多样性的和综合性的,对组织绩效的控制思想也应该是多方平衡思想。一个组织的绩效可以通过组织目标法、系统方法和战略伙伴法这些基本的方法进行评价。

三、控制的过程和原则

(一)控制的过程

标准的控制模型是根据预定的目标或标准探查偏差给予更正的过程。

控制过程可以大致划分为四个相互联系的步骤：限定控制子系统的范围、确立控制标准、衡量实际绩效、采取管理行动。控制过程如图 8-2 所示。

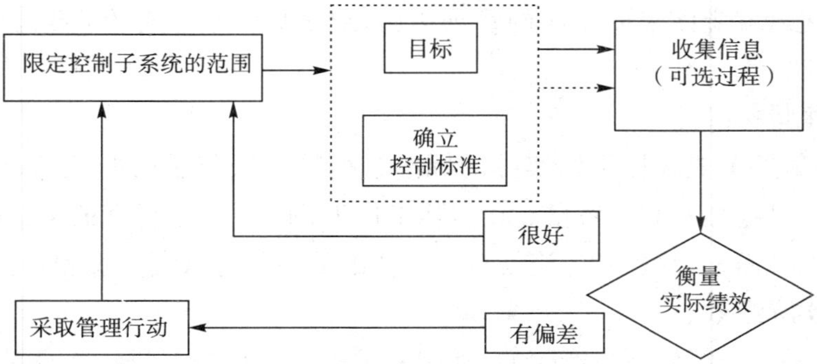

图 8-2 控制过程

1. 限定子系统的范围

一项正规的控制模型可能是为某一个项目、某一个团队、某一个作业活动或者整个组织建立的，而控制本身可能是针对专门的投入、生产过程或者产出。所以，要制定一项正规的控制措施，首先就要明确是为谁制定的、目的是什么，即确定控制子系统的范围。

2. 确立控制标准

（1）控制标准及其制定。

控制标准是从整个计划方案中选出用以衡量业绩的计算单位，这样可以给管理人员一个信号，使他们知道事情的进展状况。一般并不是计划实施过程的每一步都要制定控制标准，而是要选择一些关键点作为主要控制对象。控制标准要求尽可能的科学合理、简明具体、容易测定和比照。

（2）关键控制点的分类。

所选择的控制点应当是关键性的，这也是一条比较重要的控制原则。具体可表述为：从事有效的控制，就需要注意那些对按照各种计划评价业绩时有关键意义的因素。在这里，选择原则或帕累托定律很有帮助。

选择关键性控制点的能力乃是一项管理艺术，因为健全的控制取决于关键点。在实际中，标准大致有以下几种：计划标准，资本标准，实物标准，收益标准，成本标准，无形标准，指标标准，作为策略控制点的策略计划。

3. 衡量实际绩效

衡量绩效是将实际工作成绩和控制标准相比较，对工作做出客观评价，从中发现两者的偏差，为进一步采取控制措施及时提供全部准确的信息。

按标准衡量业绩的理想做法是：以有预见为依据以便能事先找出偏差并采取适当的措施避免偏差。当偏差还未出现而征兆已显露时，应及时采取措施，予以补救，尽量缩小偏差。

4. 采取管理活动

这是控制过程的最后一个步骤。这里首先包括估价偏差的类型和数量并寻找偏差产生的原因,之后就应该采取相应的管理措施,要么修订衡量标准,要么改进实际工作绩效。

(1)修订衡量标准。

工作中的偏差可能来自不切实际的标准或衡量方法与手段的缺陷,也许是标准太高或太低,也许是标准不易于考量。在实际工作中,不科学、不合理的考量标准的确广泛存在,就某种意义而言,管理者应当就自己工作的不当进行认真反思和修正。

(2)改进实际绩效。

如果偏差是由于绩效不足产生的,管理者可以就具体情况进行企业战略、组织结构的变革,质量管理环节的严格要求,市场部和人力资源等工作内容的调整。改进实际工作绩效需要管理者多方面、多层次的长期的引导和员工自身的认同、领悟以及不断地调适,不能急功近利,那样有可能会适得其反。

(二)有效控制的原则

控制是一项重要的管理职能,也是常常出现问题的职能。在许多情况下,人们制定了良好的计划,也有了适当的组织,但由于没有把握住控制这一环节,最后还是达不到预期的目的。所以,我们必须认真思考和研究如何有效地进行控制工作。有效的控制必须具备一定的条件并遵循科学的控制原则。下面介绍几种主要的控制原则。

1. 组织特性相适应原则

首先,控制应与组织结构相适应。组织结构作为明确组织内人员任务的主要方式,它表明了谁应对计划的执行和产生脱离计划和标准的偏差负责。

其次,控制应与组织中的领导方式相适应。

再次,有效的控制还应要求控制系统便于沟通,即便于控制者和被控制者保持直接的联系。

最后,有效的控制技术和控制信息有利于员工能够理解,因为人们对不能理解的就不会信任,而不信任就不会去使用它。

2. 关键点原则

关键点原则是指控制工作要突出重点,不能只从某个局部利益出发,要针对重要的、关键的因素实施重点控制。事实上,组织中的活动往往错综复杂,管理者根本无法对每一个方面实施完全的控制,我们应该将注意力集中于计划执行中的一些关键影响因素上。因此,找出或确定这些关键因素,并建议重点控制,是一种有效的控制方法。控制住了关键点,也就基本上控制了全局。

选择关键控制点的能力是管理工作的一种艺术,有效控制在很大程度上取决于这种能力。目前,企业中已经存在一些有效的方法,能帮助管理人员在某些控制工作中选择关键点。例如，计划评审技术就是一种在有多种平行作业的复杂管理活动网络中寻找关键活动和关键路线的方法，这是一种强有力的系统工程方法。

3. 及时性原则

控制的及时性是指在控制工作中及时发现偏差，并能及时采取措施纠正。一个有效的控制系统必须能够提供及时的信息。信息是控制的基础，为提高控制的及时性，信息的收集和传递必须及时。如果信息的收集和传递不及时，信息处理的时间又过长，则偏差就不能及时纠正。当采取纠正措施时，如果实际情况已经发生了变化，这时采取的措施如果不变，不仅不能产生积极作用，反而会带来消极影响。

控制信息滞后往往会造成不可弥补的损失。时滞现象是反馈控制系统中一个难以克服的困难。较好的解决办法是采用前馈控制，使管理者尽早发现乃至预测到偏差的产生，采取预防性措施，使工作的开展在最初阶段就能够沿着目标方向进行，即使有了偏差也能及时纠正，把损失降到最低程度。控制要想做到及时性，必须依靠现代化的信息管理系统，随时传递信息、掌握工作进度，如此才能尽早发现偏差，进而及时采取措施进行控制。

4. 客观性原则

控制的客观性是指在控制工作中，管理者不能凭个人的主观经验或直觉判断，而应采用科学的方法，尊重客观事实。

控制工作的客观性要求控制系统应尽可能提供和使用无偏见的、详细的、可以被证实和理解的信息。同时，控制系统还要求必须具有客观的、准确的和适当的控制标准。管理难免有许多主观的因素在内，但是对于下属工作的评价不应仅凭主观来决定。在整个控制过程中，主观判断不仅可能使绩效的衡量得不出明确的结论，而且可能会使纠正偏差的力度难于把握，从而使现实工作更加混乱。

为了保证控制的客观性，就要求尽可能将衡量标准加以量化。量化程度越高，控制越规范。但是，在诸多衡量标准中总有一些是定性的和难于量化的。总之，客观标准可以是定量的，也可以是定性的，但要做到客观，关键问题是使标准在任何情况下都是可测定和可考核的。

5. 灵活性原则

要使控制有效，不因不可预见的因素改变而失败，在控制工作中就需要遵循灵活性原则。

控制的灵活性原则要求制定多种应付变化的方案和留有一定的后备力量，并采用多种灵活的控制方式和力法来达到控制的目的；不能过分依赖正规的控制方式，如预算、监督、检查、报告等，因为有时实际情况与计划会有很大的差别，过分依赖，则会出现控制失效。

6. 经济性原则

控制活动需要经费。是否进行控制，控制到什么程度，都要考虑费用问题。控制活动应将控制所需的费用同控制所产生的结果进行比较。只有当通过控制所获得的价值大于所需费用时，才有必要实施控制。所以，从经济性的角度考虑，控制系统并不是越复杂越好，控制力度也不是越大越好。控制系统越复杂，控制工作力度越大，意味着控制的投入也越大。而且在许多情况下，这种投入的增加并不一定会导致计划能更顺利地实现。管理者应尝试使用能产生期望结果的最少量的控制。如果控制能够以最小的费用或其他代价来实现预期的控制目的，那么这种控制系统就是最有成效的。

7. 例外原则

例外原则是指控制工作应着重于计划实施中的例外偏差（超出一般情况的特别好或特别坏的情况），这可使管理者把精力集中在重要问题上。但是，只注意例外情况是不够的，对例外情况的重视程度不应仅仅依据偏差的大小而定，同时需要考虑客观实际情况。在偏离标准的各种情况中，有一些是无关紧要的，而另一些则不然，某些微小的偏差可能比某些较大的偏差影响更大。因为在一个特定的组织中，不同工作的重要程度各不相同。例如，在某一企业中，对“合理化建议”的奖励超出20%可能无关紧要，而产品的合格率下降1%却可能使所有产品滞销。

因此，在实际工作中，控制的例外原则必须与关键点原则相结合，把注意力集中在对关键点的例外情况的控制上。关键点原则强调选择控制点，而例外原则强调观察在这些控制点上所发生的异常偏差。

四、控制的方法

（一）财务控制方法

1. 预算控制

（1）预算的概念。

预算是一种计划，是用财务数字的形式来描述的企业未来活动计划。预算控制是根据预算规定的标准来检查和监督各个部门的生产经营活动，以保证各种活动或各个部门在完成既定目标、实现利润的过程中对经营资源合理利用，使费用支出受到严格有效的约束。

（2）预算的特点。

①计划性。预算作为一种数字计划，其内容主要包括各种数量指标及对各数量指标的相关说明。

②预测性。预算是对未来一段时期内的收支情况的预计，因而属于预测的内容，所以预算要借助于相应的预测方法。

③控制性。由于预算本身就具有可考核性，因而可利用其来评定工作成效找出偏差，比其他控制标准更加明确、具体，更具可控性。

（3）预算的种类。

①收支预算。收入预算和支出预算是从财务角度预测企业未来活动的成果，以及为取得这些成果所需付出的费用。

②投资预算。投资预算是对企业固定资产的购置、扩建、改建、更新等资金投入的预测。

③现金预算。现金预算是对企业未来生产与销售活动中现金的流入与流出进行的预测，通常由财务部门编制。

④实物量预算。实物量预算是货币量预算的补充。由于以货币量表示的收支预算会受到物价波动的影响，因此，在企业生产管理中，部分项目的预算用实物量表示更有意义。

⑤总预算。总预算是指对企业的损益情况、现金收支、财务状况等各方面的估算。

(4)预算的作用及缺点。

预算的作用：预算有助于组织目标的达成；预算有助于协调组织内部各项活动；预算有助于改进组织活动。

预算的缺点：预算过细；容易出现预算目标取代企业目标；容易导致效率下降；预算缺乏灵活性。

(5)企业的预算体系。

企业预算的内容包括销售预算、生产预算、销售与管理费用预算、投资预算、成本预算和现金预算，这些内容共同构成企业的预算体系。

2. 经营审计

经营审计是指审计人员对企业的会计、财务以及其他经营活动所作的定期和非定期评价。虽然经营审计往往只限于对会计账目进行审核，但却能对企业经营活动作出全面的评价。经营审计一般分为外部审计和内部审计。

(1)外部审计。

外部审计是由外部审计机构如国家审计部门、会计师事务所选派审计人员定期对企业财务报表及其反映的财务状况进行独立的审查评估，目的是检查企业的经营活动是否合法，有无偷税、漏税、做假账等问题。

外部审计优点是审计人员与管理当局不存在行政上的依附关系，仅对国家、社会和法律负责，因而可以保证审计的独立性和公正性。但由于外来的审计人员不了解企业内部的组织结构、生产流程和经营特点，在对具体业务的审计过程中可能遇到困难。

(2)内部审计。

内部审计是由企业内部的专设审计机构对企业的经营管理状况进行审查监督，其目的是通过评审各财务程序是否符合规定、组织的有关规定是否贯彻执行等，及时找出存在的问题，并提出有关改进措施。

内部审计不仅评估了企业财务记录是否健全、正确，而且为检查和改进现有控制程序和方法的效能提供了一个重要的方法。

3. 管理审计

管理审计是一种对企业所有管理工作及其绩效全面、系统地进行评价、鉴定和监督的方法，其审计对象和范围比经营审计更广泛。管理审计的目标是从系统的观点出发，评价一个组织整个管理系统的管理水平。

管理审计的方法是：利用企业记录的信息，将企业的管理绩效及其影响因素指标与同行业企业的平均水平或该行业著名企业水平进行比较，以判断企业的经营管理质量，为指导企业在未来改进管理系统、提高管理绩效提供有用的参考。

4. 比率分析

比率分析就是将企业资产负债表和利润表上的相关项目进行对比，计算一系列的比率，从中分析和评价企业的财务状况和经营成果。

利用财务报表提供的数据，可以计算四类比率：变现能力比率、负债比率、资产管理比率和盈利能力比率。

(1)变现能力比率。

①流动比率：是企业的流动资产与流动负债之比，反映了企业偿还需要付现的流动债务的能力。

②速动比率：是流动资产和存货之差与流动负债之比。该比率与流动比率一样，是衡量企业资产流动性的一个指标。

(2)负债比率。

负债比率是企业总负债与总资产之比，反映了企业所有者提供的资金与外部债权人提供的资金的比率关系。该指标用来衡量企业利用债权人提供的资金进行经营活动的能力，也表明了企业偿还长期债务的能力。

(3)资产管理比率。

①库存周转率：是企业一定时期的销售成本与平均库存的比率，反映了存货的管理效率，表明了占用在库存上的流动资金的使用情况。

②应收账款周转率：是企业赊销收入净额与平均应收账款余额的比率，说明了应收账款流动的速度。

③总资产周转率：是销售收入与平均资产总额之比，反映了企业总资产周转速度，表明了企业总资产的利用程度。

(4)盈利能力比率。

盈利能力比率是企业利润与销售额或全部资金等相关指标的比率，反映了企业在一定时期从事某种经营活动的盈利程度及其变化情况。

①销售利润率：是企业净利润与销售收入之间的比率，反映企业实现的净利润在销售收入中所占的比重。

②资金利润率：是指企业的净利润与平均资产总额之比，表明了企业资金利用的综合绩效。

（二）人员行为控制方法

管理控制中最主要的方面之一就是对人员行为进行控制。由于工作设计不明确、绩效标准不科学、考评手段不合理等问题都使得对人员行为和绩效进行评定较为困难，实践中，常用到以下一些较为可行的人员行为控制方法。

1. 排序评价法

排序评价法类似于学生的“学生成绩排名单”。这种方法根据其考评要素，将全体员工的绩效按从好到坏的次序排列。排序评价法简单、直接，但要求考核者区分不同水平的绩效。

2. 配对比较法

配对比较法也叫两两对比法，是将所有的被考核者就某一考核要素，与其他每个人一一比较，最后将被考核者按绩效高低排列。这种方法实质上是考核者将全体看成一个有机系统，有助于全面评价所有人的工作。

3. 强迫选择量表法

强迫选择量表法最独特的地方是要求考评者从以四个行为选项为一组的众多选择组群中选择出最能反映与最不能反映被考评者的两个行为选择项，而考评者并不知道各选择项的分值。因此，在此考评过程中，客观性得到保证而主观性受到控制。

4. 图解式评价法

图解式评价法又叫图尺度评价法，是业绩评价中使用最为广泛的考评方法。图解式评价法多以描述或数字等级作为评价尺度，是最简单和运用最普遍的工作绩效评价技术之一。

5. 关键事件法

关键事件法要求每一位需要考核的员工都有一本“工作日记”，上面记载的是日常工作中员工与工作绩效密切相关的事件，关键事件的记录者一般是员工的主管。关键事件法通常作为等级评价技术的一种补充，它在认定员工特殊的优劣等级表现方面十分有效。

6. 行为尺度评定量表法

行为尺度评定量表法是用具体行为特征的描述来表示每种行为标准的程度差异。在这里对每一种具体行为特征的说明，被称为“尺度”。因此，行为尺度评定量表可以解释为考评者直接提供了具体行为等级与考评标准的量表，如优秀、满意、较差与不可接受等。

7. 行为观察量表法

在使用行为观察量表考评时，管理人员需要首先确定衡量业绩水平的角度，且每个角度都细分为若干个具体的标准，并设计一个考评表。考评者将员工的工作行为同考评标准进行比照，每个衡量角度的所有具体科目的得分构成员工在这一方面的得分，再将员工在所有方面的得分加总就得到员工的考评总分。

8. 目标考评法

目标考评法主要是指目标管理法，即管理者与每位员工一起确定特定的目标并定期检查这些目标完成情况的一种考核方法。实行目标管理的目的在于通过各级目标的制定、考评、鉴定、实现，激发全体成员的创造性和工作热情，使其发现自己在组织目标中的价值和责任，并在工作中进行自我控制，从而更好地实现组织的总目标，做出自己的贡献。

（三）综合控制方法

1. 资料设计法

资料设计法就是设计一个专门系统或程序，以保证为各种职能或各层管理人员提供最必需的资料。

我们对各种管理人员所需要的信息要加以事先筹划设计。各种管理人员需要什么资料、如何收集、如何汇总整理，这就是资料设计。资料设计法是各种控制的基础。

2. 亲自观察法

亲自观察法是指管理者对重要管理问题进行实际调查研究以获取控制所需的各种信息，或通过亲自观察员工的生产进度和倾听员工的交谈来获取信息，或者亲自参加某些具体工作即通过实践来加深对问题的了解，获得第一手资料。亲自观察不仅可以直接与下属沟通，了解他们的工作、情绪，发现存在的问题，而且能激励下属，有利于创造一种良好的组织气氛。

3. 标杆控制

(1)标杆控制的内涵。

根据大多数专家学者的观点，标杆控制是以在某一项指标或某一方面实践上竞争力最强的企业或行业中领先企业或组织内某部门作为基准，将本企业的生产情况、产品、服务、管理措施与这些基准进行定量化的比较、评价、分析，然后在此基础上制定和实施改进的策略与方法，并持续不断反复进行的一种管理方法。

标杆控制的心理学基础在于人的成就动机导向，它认为任何个人和组织都应该设定既富有挑战性又具有可行性的目标，只有这样，个人和组织才有不断发展和前进的动力。

(2)标杆控制的作用与缺点。

标杆控制的作用：通过设立挑战和赶超对象，并以最关键或最薄弱的因素作为改进内容，从而全面提升企业的竞争力。

标杆控制的缺点：一方面，标杆管理和控制容易导致企业的竞争战略趋同，这会使得一些企业忽视自己的企业实际而盲目模仿追随其目标对象，最初可能会见到成效，但是在企业运行效率上升的同时，利润率却在下降；另一方面，标杆控制容易使企业陷入“落后—标杆—又落后—再标杆”的“陷阱”之中。

4. 平衡积分卡控制

(1)平衡积分卡控制的内涵。

平衡积分卡是由财务、顾客、内部经营过程、学习和成长四个方面构成的衡量企业、部门和人员的卡片，由于其目的在于平衡，兼顾战略与战术、长期与短期目标、财务和非财务衡量方法、滞后和先行指标，因而得名“平衡积分卡”。

(2)平衡积分卡的控制作用和优点。

平衡积分卡不仅是一种控制的业绩评价手段，更是一个战略管理方法。平衡积分卡的作用：可以阐明战略并在企业内部达成共识；在整个组织中传播战略；把部门和个人的目标与这一战略相联系；对战略进行定期和有序的总结；把战略目标与战术安排衔接起来。

平衡积分卡的主要优点有：将企业的战略置于核心地位；使战略目标与各部门和个人的目标联系起来；使战略目标在企业的各个经营层面上达成一致；有助于短期成果和长远发展的统一。

(3)平衡积分卡的控制指标。

根据卡普兰和诺顿在哈佛商业评论上发表的观点，平衡积分卡的控制指标包括四个大方面。

第一，财务方面。财务衡量是平衡积分卡的一个单独衡量方面，也是其他几个衡量方面的出发点和落脚点。财务方面的衡量指标要结合企业的发展阶段，不同的发展阶段财务衡量的着眼点应有所不同。

第二，客户方面。这方面的核心衡量指标主要是一系列存在着内在因果关系的指标，如市场份额、新客户获得率、客户回头率、客户满意度和从客户处获得的利润率。

第三，内部经营方面。在这方面主要本着满足客户需要来制定衡量指标。现在的内部经营过程往往是以销定产式，常常要创造全新的流程，它循着“调研—寻找市场—产品设计开发—生产制造—销售和服务”的轨迹进行。

第四，学习和成长方面。在学习和成长方面最关键的因素是人才、信息系统和组织程序。从长远来看，学习和成长是企业发展过程中举足轻重的方面，因为只有将组织中人员的积极性激发出来，使企业团队内部工作氛围融洽、保持人才的合理配置使用、员工的个人目标和组织目标顺利达成，才会使得企业不断变革创新，保持旺盛的生命力。

5. 其他控制方法

网络分析技术作为一种控制方法可以有效地对项目所使用的人力、物力、财力资源进行平衡，能够控制项目的时间和成本，能够在实施出现偏差时找出原因和关键因素，并能从总体上进行调整，以保证按质按量达成目标。

目标管理作为一种控制方法的特点是标准清晰、明确，各级管理者容易做出判断；

由于整个组织或系统的目标分解成为子系统的目标，若各子系统能达成目标，就能够确保整个组织达成目标，这在某种程度上提高了控制的可靠程度。

第二节 创新

控制与创新是现代管理学的一对矛盾，它们相互依存，又相互对立。控制维持组织稳定，创新推动组织发展。

一、创新及管理创新的含义

（一）管理创新的概念

1. 创新

熊彼特认为，创新是对"生产要素的重新组合"，它包括五个方面：一是生产一种新的产品；二是采用一种新的生产方法；三是开辟一个新的市场；四是掠取或控制原材料和半成品的一种新的来源；五是实现一种新的工业组织方式或企业重组。

2. 管理创新

管理创新的一般含义为：管理创新是指依据组织环境发展状态对原有组织管理理念、模式、制度和方法进行评估而创造出一种新的更有效的管理理念、模式、制度和方法，以实现组织目标的管理活动。

通常，管理创新包括以下五种情况：一是提出一种新的思路并加以有效实施；二是创立一个新的组织机构并使之有效运转；三是提出一个新的管理方式方法；四是设计一种新的管理模式；五是进行一项制度的创新。

（二）管理创新类别与特征

从组织系统内部的不同角度考察，创新主要有以下几种分类。

从作为管理职能的基本内容来看，创新可分为目标创新、技术创新、制度创新、环境创新。

从创新的规模以及创新对系统的影响程度来考察，创新可分为局部创新和整体创新。局部创新指系统的性质和总体目标不变的前提下，系统活动的某些内容、某些要素的性质或其相互组合的方式、系统的社会贡献的形式等发生变动；整体创新则通常会改变系统的整体目标和使命，或涉及系统的整体目标和运行方式等。

从创新与环境的关系来分析，创新可分为消极防御型创新与积极攻击型创新。防御型创新是指由于外部环境的变化对系统的存在和运行造成了某种程度的威胁，为了避免威胁，系统在内部展开的局部或全局性调整；攻击型创新是在观察外部世界运动的过程中，敏锐地预测到未来环境可能提供的有利机会，从而主动地调整系统的战略和技术，以便积极地利用这种机会，谋求系统的发展。

从创新发生的时期来看，创新可分为系统初建期的创新和运行中的创新。系统的组建本身就是社会的一项创新活动。系统的创建者在一张白纸上绘制系统的目标、结构、运行规划等蓝图，创造出一个全然不同于现有社会的新系统，并以最合理方式组合，使系统进行活动；创新活动更大量地存在于系统开始运转后。系统的管理者要不断地在系统运行的过程中寻找、发现和利用新的创业机会，更新系统的活动内容，调整系统的结构，扩展系统的规模。

从创新的组织程度上看，创新可分为自发创新与有组织的创新。任何社会经济组织都是在一定环境中运转的开放系统，环境的任何变化都会对系统的存在和存在方式产生一定影响，系统内部与外部直接联系的各子系统接收到环境变化的信号以后，必然会在其工作内容、工作方式、工作目标等方面进行积极或消极的调整，以应付变化或适应变化的要求。

有组织的创新包含两层意思：

第一，系统的管理人员要积极地引导和利用各要素的自发创新，使之相互协调并与系统有计划的创新活动相配合，使整个系统内的创新活动有计划、有组织地展开；

第二，系统的管理人员根据创新的客观要求和创新活动本身的客观规律，制度化地研究外部环境状况和内部工作，寻求和利用创新机会，计划和组织创新活动。

（三）管理创新的战略意义

管理工作可以概述为：设计系统的目标、结构和运行规划，启动并监视系统的运行，使之符合预定的规则操作；分析系统运行中的变化，进行局部或全局的调整，使系统不断出现新的状态。因此，管理职能（内容）的核心就是维持与创新。

管理创新的原理可以从两个方面加以理解，一是管理创新，包括管理思想、管理理念、管理理论、管理制度、管理机制、管理体系、管理组织机构、管理模式方法、管理人才的培养等方面及其组合的创新；二是创新管理，就是指对各种创新活动的组织及创新过程的管理。管理创新的战略意义体现在以下几点：

第一，管理创新是组织提高竞争力的根本途径。第二次世界大战后，美国企业在日本的挑战下实现了第二次“管理革命”，由信息时代进入知识经济时代，并在 20 世纪 90 年代保持了连续 7 年的经济增长。美国的一位权威人士说：“美国的经济发展水平一跃成为资本主义世界各国前列是靠三分技术、七分管理。”日本的经济奇迹也主要得益于“技术引进”和“管理创新”两大法宝。在我国改革开放中也涌现了一批管理创新的典型，如三九集团的管理模式创新，小天鹅的“末日管理”等。今天的中国进入了“大众创业、万众创新”的时代。无论是大到诸如“五大发展理念”“一带一路”“雄安新区”等国家战略以及"互联网+"的产业发展规划，还是具体到各种类型的企业成长之路、大学生创新创业的人生设计，无不体现了创新带来的勃勃生机。

第二，管理创新是组织发展的有效方式。管理创新是企业制度创新和机制创新的基础和保证。在企业的各项管理中，起决定作用的是制度和机制。我国当前的节能减排、产业结构调整、供给侧改革、税收体制改革、"互联网+"等，都为推动创新型社会建设和企业进行管理创新提供了良好的氛围。但是，现代企业制度下的管理要求引用先进科学的管理模式，这就要求企业管理实施全面整体创新。

第三，管理创新是组织利用剩余能力的基本前提。当前，中国正在采取的各种产业结构调整、供给侧改革和经济金融化等创新举措，为社会和企业提供了充分利用和发挥自身优势的大好机遇。通过创新，对组织内、外部环境加以调整、改善，深入了解市场，更好地利用市场机会，就完全有可能充分利用组织现有的剩余能力，调整组织产品结构，更好地满足市场需求，提高组织经济效益。

第四，管理创新是组织发展的永恒主题。管理是一种生产劳动，是一种能创造附加价值的生产力。这种生产劳动是以脑力为主的复合性的生产劳动。

管理是人类社会进步的推动器。企业管理是社会宏观管理的微观基础。只有管理现代化，企业才能现代化，从而国家的现代化才有可靠的物质基础。而管理现代化就是建立在不断创新之上的。组织作为一个有机体，都是处于不断变化过程之中的，因此，创新对于组织来说是其发展之根本。

(四)创新与维持的关系及其作用

维持不仅是保证系统活动顺利进行的基本手段，也是系统中大部分管理人员，特别是中层和基层的管理人员要花大部分精力从事的工作。管理的维持职能就是要严格地按预定的规划来监视和修正系统的运行，尽力避免各子系统之间的摩擦，或减少因摩擦而产生的结构内耗，以保持系统的有序性。

创新的主要内涵和作用：要提高系统的生命力，扩展系统的生命周期，就必须使系统提高内部的这些能力，并通过系统本身的工作，增强社会对系统贡献的需要程度。由于社会的需要是在不断变化的，社会向系统供应的资源在数量和种类上也在不断改变，系统必须要适应这些变化，以新的方式提供新的贡献。

管理的两个基本内容：维持与创新对系统的发展都是非常重要的，它们是相互联系、不可或缺的。创新是维持基础上的发展，而维持则是创新的逻辑延续；维持是为了实现创新的成果，而创新则是为更高层次的维持提供依托和框架。任何管理活动都应围绕着组织系统运转的维持和创新而展开。所以，卓越的管理是实现维持与创新最优组合的管理。

二、创新过程及其管理

(一)创新的过程

1. 抵制创新的原因

人的因素是创新抵触力中最活跃的因素。组织成员抵触情绪的基本原因包括:个人利益,缺乏了解,评价差异,惰性,心理压力。

2. 创新活动的过程

(1)寻找机会。

创新是对原有秩序的破坏。原有秩序之所以要打破,是因为其内部存在着或出现了某种不协调的现象。企业的创新往往是从密切地注视、系统地分析社会经济组织在运行过程中出现的不协调现象开始的。

(2)提出构想。

观察到不协调现象的产生以后,还要究其原因,并据此分析和预测不协调的未来变化趋势,估计它们可能给组织带来的积极或消极后果,并努力利用机会或将威胁转换成为机会,消除不协调,使系统在更高层次实现平衡的创新构想。

(3)迅速行动。

创新成功的秘密主要在于迅速行动,提出的构想必须立即付诸行动才有意义。“没有动的思想会自生自灭”,这句话对于创新思想的实践尤为重要。

(4)坚持不懈。

创新是不断尝试、不断失败、不断提高的过程。

(二)管理创新

1. 管理创新特征

管理创新活动是企业发展之根本,正确认识管理创新的特点将有助于管理者进行创新。管理创新的特征主要有:不确定性、受排斥性、价值性、动态性、复杂性。

2. 管理创新原则

管理创新的原则是管理创新的基准和出发点,归纳起来主要有以下几条:有效性原则、开放性原则、创造性原则、重点性原则、分析综合性原则、系统性原则、可行性的原则。

3. 管理者在创新中的作用

(1)正确理解和扮演“管理者”的角色。

管理人员必须自觉地带头创新,并努力为组织成员提供和创造一个有利于创新的环境,积极鼓励、引导组织成员进行创新。

(2)创造促进创新的环境。

促进创新的最好方法是大张旗鼓地宣传创新,激发创新,要营造一种人人谈创新、时时想创新、无处不创新的组织氛围。

(3)制定有弹性的计划。

创新需要思考,思考需要时间。美籍犹太人宫凯尔博士认为,每个人"每天除了必需的工作时间外,必须抽出一定时间去供思考用"。美国成功的企业也往往让职工自由地利用部分工作时间去探索新的设想。

(4)正确地对待失败。

创新是一个充满着失败的过程,创新者应该认识到这一点,创新的组织者更应该认识到这一点。

(5)建立合理的激励机制。

想要激发每个人的创新热情,还必须建立合理的激励制度。制度至少要符合下述条件:注意物质奖励与精神奖励的结合;奖励不能视作不犯错误的报酬,而应是对特殊贡献、甚至是对希望做出特殊贡献的报酬;奖励制度要既能促进内部之竞争,又能保证成员间的合作。

4. 知识经济与管理创新

创新是知识经济的核心和实质所在。在新经济时代,创新被提升到一个前所未有的高度。

知识经济的主要时代特征有:知识是经济发展中最基础的资源;高技术产业将成为国民经济支柱产业;产品和服务的知识含量将大大增加,知识经济全球化;国家创新体系(主要包括科研机构、高等院校以及企业研发部门)对知识经济具有支撑作用。

知识经济体系内最重要的规律是技术创新突飞猛进。在知识经济领域,任何企业、任何规律如果缺乏灵活性,不尽最大的努力适应日新月异的信息技术发展,就会面临落伍和被淘汰的危险。因此,在新经济时代,要求企业在组织和管理方面进行全面的创新。唯有创新,才能生存。

(三)创新原理在管理工作中的应用

创新原理只有应用到管理实践中,才能发挥其应有的作用。然而,创新所面临的环境复杂多变,如何将创新原理顺利地应用于管理实践,需要注意以下问题:

第一,组织必须建立创新管理体系。创新管理体系是组织建立创新方针和目标,并实现其目标的一系列相互关联的目标手段体系,是组织对创新活动进行有效管理的根本保障。创新管理体系是从提出创新目标、设置组织结构、制定创新程序和方法,直到完成创新的整个有机系统,是面向整个创新过程的管理体系。组织只有建立创新管理体系,才能使整个创新过程井然有序,才能适应内部条件和外部环境的变化,不断实现组织的创新。

第二,组织必须注意发挥领导的作用。领导者是组织的灵魂,也是组织创新管理的主体。创新的整个过程,从寻找机会、产生创新观念,到创新的研究和开发,再到创新成果的实际应用，都离不开领导的参与，而且也正是领导的参与才使创新的整个过程得以快速实现。因此，在创新过程中必须注意发挥领导者的作用。

第三，培育有利于创新的思想观念。创新观念是创新能否开展和顺利进行的前提条件。只有具备了创新观念，才能时刻以创新的眼光来看待管理，及时捕捉环境提供的创新机会，将创新深入到管理的每时每刻。

第四，注意培育有利于创新的资源。创新的资源主要包括创新所需要的人才、资金、物资、技术、信息等，培育和高效地运用这些资源是管理创新的主要任务，也是创新得以成功的关键。

（四）管理创新模式

在管理创新的实践中，我们应积极吸取国内外企业管理创新的成功经验，同时结合企业自身的实际，努力探索，建立起适合我国的管理模式。

1. 战略管理

随着我国与国际市场的接轨和国内开放度的提高，我国企业必须从全球的视角来统筹考虑和合理配置资源，建立一套跨国经营的战略管理体系，逐步形成国际竞争优势。

2. 扁平化组织

组织要适应信息社会，必须加强组织的灵活性、敏捷性、创造性，实现组织结构向扁平的网络化结构的转化，达到精简、高效的目的。

3. 虚拟经营

企业在有限的资源条件下，为取得竞争最大的优势，只保留企业中最关键的功能，而将其他功能虚拟化，从而使企业价值上升、市场竞争力加强。

4. CIMS 管理

CIMS 管理是指利用信息技术、计算机科学技术、网络技术和现代管理技术改造传统制造业，形成市场反应灵敏、产品质量好、成本低和服务好的局面，从而大大提高企业市场竞争力的一种企业整体优化战略。

5. 精益化管理

精益化管理是指企业在资源配置上彻底消除无效劳动和浪费，运用 JIT 及时生产的拉动式管理，紧紧围绕市场需求高效率、高质量地组织生产。

6. 柔性管理

柔性管理就是指对企业外部环境因素变化具有响应能力和对企业内部因素变化具有应对能力。柔性管理的特征是适应性强、灵敏性高、系统性强、刚柔相济、富有力度和弹性。

7. 危机管理

危机管理就是为应付各种危机情境所进行的规划决策、动态调整、化解处理、员工训练等活动的过程，其目的在于消除或降低危机所带来的风险。

8. 爱抚管理

爱抚管理实行以人为本的民主管理，有效地配置资源，调动一切积极因素，促进企业健康发展。

三、技术创新

（一）技术创新的含义

1. 技术创新的含义

技术创新是一个从新产品或新工艺设想的产生到市场应用的完整过程。它包括新设想产生、研究、开发、商业化生产到扩散等一系列活动。

2. 技术创新的要素

技术创新是机会、环境、支持系统和创新者四要素的组合。

创新者一般是指企业家。这些创新者根据市场需求信息与技术进步信息捕捉创新机会，通过把市场需求与技术可能性结合起来，产生新的思想。新的思想在适合经营环境与创新政策的鼓励下，利用可得到的资源和内部的组织功能进行技术创新。这四要素是技术创新活动得以开展的必不可少的因素，而其中创新者是最重要的。

（二）技术创新的源泉

创新源于企业内部和外部的一系列不同的机会。这些机会可能是企业刻意寻求的，也可能是企业无意中发现、但发现后立即有意识地加以利用。

美国学者德鲁克把诱发企业创新的各种因素归纳成七种不同的创新来源。

1. 意外的成功或失败

企业经营中经常会发生一些出乎预料的结果。

不论是意外的成功还是意外的失败，一经出现，企业就应正视其存在，并对之进行认真的分析，努力搞清并回答这样几个问题：(1)究竟发生了什么变化？(2)为什么会发生这样的变化？(3)这种变化会将企业引向何方？(4)企业应采取何种应对策略才能充分地利用这种变化，使之成为企业发展的机会？

2. 企业内外的不协调

宏观经济或行业经济景气状况与企业经营绩效的不符可能是经常能观察到的一种现象；假设和实际的不协调也是一种常见的不协调类型。

在所有不协调的类型中，消费者价值观判断与实际的不一致不仅是最为常见的，对企业的不利影响也是最为严重的。根据错误的假设来组织生产，企业的产品始终不可能真正满足消费者的需要，从而生产耗费难以得到补偿，企业的生存危机迟早会出现。相反，如果在整个行业的假设与实际不符时，企业较早地发现了这种不符，就可能给企业的技术创新和发展提供大量的机会。

3. 过程改进的需要

意外事件与不协调是从企业与外部的关系这个角度来进行分析的，过程改进的需要则与企业内部的生产经营过程有关。

由这种需要引发的创新是对现已存在的工艺过程进行的改善，即把原有的某个薄弱环节去掉，代之以利用新知识、新技术、重新设计的新工艺、新方法，从而提高效率、保证质量、降低成本。

4. 行业和市场结构的变化

行业结构主要指行业中不同企业的相对规模和竞争力结构以及由此决定的行业集中或分散度；市场结构主要与消费者的需求特点有关。这些结构既是行业内或市场内各参与企业的生产经营共同作用的结果，同时也制约着这些企业的活动。行业结构和市场结构一旦出现了变化，企业必须迅速对之做出反应，在生产、营销以及管理等方面组织创新和调整，否则就有可能影响企业在行业中的相对地位，引发企业的生存危机。

5. 人口结构的变化

与作为资源的人口相反，作为企业产品最终用户的人口，其有关因素对企业经营的影响从而对创新的要求是难以判断和预测的。因此，人口变量的研究应着重在人口年龄构成的分析，特别是人口中比重较大的核心年龄层次的分析。

6. 观念改变

消费者观念上的改变影响着不同产品的市场销路，为企业提供着不同的创新机会，以观念转变为基础的创新必须及时组织，才可能给企业带来发展和增长的机会。

对事物的认知和观念决定着消费者的消费态度；消费态度决定着消费者的消费行为；消费行为决定一种具体产品在市场上的受欢迎程度。

7. 新知识产生

一种新知识的出现将为企业创新提供异常丰富的机会。在创新类型中，以新知识为基础的创新是最受企业重视和欢迎的。但同时，无论在创新所需时间、失败的概率或成功的可能性预期上，还是在对企业家的挑战程度上，这种创新也是最为变化莫测、难以驾驭的。

前置期较长和对相关知识的集合性要求不仅决定了企业必须在早期投入大量的资金，而且由于即便投入许多资源新知识也可能不出现，所以，以新知识为基础的创新需要承担更大的风险。

（三）技术创新的过程和表现

1. 技术创新的过程

从技术决策的角度看，技术创新可被认为是一个多阶段的决策过程。美国学者 E. 罗伯茨把这一过程分为六个阶段，其中每个阶段都是根据不同的管理决策问题设计的。

第一阶段，弄清市场需要的阶段。

第二阶段，形成思想阶段。

第三阶段，求解问题阶段。

第四阶段，解决问题阶段。

第五阶段，批量生产阶段。

第六阶段，技术实践阶段。

2. 技术创新的表现

企业的技术创新主要表现在要素创新、要素组合方法的创新以及产品组合结果的创新三个方面。

(1)要素创新。

企业的生产过程是一定的劳动者利用一定的劳动手段作用于劳动对象使之改变物理、化学形式或性质的过程。参与这个过程的要素包括材料和设备两类。

(2)要素组合方法的创新。

利用一定的方式将不同的生产要素加以组合，这是形成产品的先决条件。要素的组合包括生产工艺和生产过程的时空组织两个方面。

生产工艺是劳动者利用劳动手段加工劳动对象的方法，包括工艺过程、工艺配方、工艺参数等内容。

生产过程的时空组织包括设备、工艺装备、在制品以及劳动者在空间上的布置和时间上的组合。

(3)要素组合结果的创新。

生产过程中各种要素组合的结果是形成企业向社会提供的产品。产品创新主要包括产品品种和结构的创新。

产品品种创新要求企业根据市场需要的变化，根据消费者偏好的转移，及时地调整企业的生产方向和生产结构，不断开发出用户欢迎的适销对路的产品。

产品结构创新在于不改变原有品种的基本性能，对现在生产的各种产品进行改进和改造，找出更加合理的产品结构，使其生产成本更低、性能更完善、使用更安全，从而更具市场竞争力。

(四)技术创新的发展

在熊彼特的理论中，创新周期与经济周期有如下对应关系：创新开始—经济复苏；创新增长—经济繁荣；创新成熟—经济衰退；创新下降—经济萧条。可见，技术推动的经济增长与发展的过程是通过经济周期的不断变动和更新实现的。从国际范围的企业管理技术创新的发展过程来看，一般都经历以下四个阶段。

第一阶段是以经营管理为导向的阶段。这一般发生在工业化早期，生产趋于集中，产品供不应求。这时企业面临的任务是如何提高生产率以满足日益增长的需求，管理的任务是如何着力于改善生产系统以求高效率的规模生产。

第二阶段是以市场营销为导向的阶段。生产集中后，由于生产的高效率和大量商品供应市场，市场需求渐趋饱和。随着市场竞争的加剧，迫使企业的经营战略从生产导向转为营销导向。企业面临着如何以适销对路产品来满足用户和市场需求的问题。

第三阶段是以技术创新为导向的阶段。市场需求趋于饱和后，企业必须创造新的市场需求或释放潜在的市场需求，开发新的顾客和用户，开辟新的市场，这就需要企业不断进行技术创新。从20世纪70年代起，西方发达国家的企业就开始注重技术创新，由此给企业带来了新的发展和经济效益。

第四阶段是以创造需求为导向的阶段。在这一阶段，产品供过于求，市场需求已经完全饱和，这就要求企业发掘新的潜在的市场需求。这时，随着生产的发展和技术的进步，企业间的竞争已经由传统的产品竞争转向顾客需求的竞争。

（五）技术创新战略及其选择

技术创新战略是一系列选择的综合结果。这些选择一般涉及创新的基础、创新的对象、创新的水平、创新的方式以及创新实现的时机等多个方面。

1. 创新基础的选择

创新基础的选择需要解决在何种层次上进行组织创新的问题。但理论上的创新，特别是有利于企业服务的理论创新需要企业员工的长期默默的工作，而这种工作结果存在风险。因此，选择此种战略不仅具有较大的风险，而且要求企业能够提供长期的、强有力的资金以及人力上的支持。

2. 创新对象的选择

产品与工艺的创新主要是由企业完成的，外部一般很难替代企业来从事这项工作。生产手段的创新则不然，企业一般都是从外部获取各种机器设备的。因此，生产手段的创新亦可借助外部的力量来完成。

如果由外部厂家来实现生产手段的改造，就有可能使得企业与此相关的产品或技术创新的过程过早为竞争者察觉。在这种情况下，某些关键生产手段技术创新的内部组织就是必然的选择了。

3. 创新水平的选择

创新水平的选择是在行业内相对于其他企业而言的，需要解决的问题主要是在组织企业内部的技术创新时，是采取领先于竞争对手的“先发制人”的战略，还是实行“追随他人之后”的战略，但目的仍是“超过他人”的“后发制人”的战略。

率先开发出某种产品或某种新的生产工艺，是为了在技术上领先同行业内的其他企业，以获得市场竞争中至少是在某段时期内的垄断地位。

(1)先发制人可给企业带来下述贡献：给企业带来良好的声誉；使企业占据有利的市

场地位；使企业获取高额的垄断利润；使企业获得有利的要素来源；使企业进入最有利的销售渠道。

(2)率先行动带来的并非都是鲜花，“先发”并非每次都能达到“制人”的目的。率先开发某种技术或产品可能给企业带来以下烦恼：要求企业付出高额的市场开发费用；需求的不确定性；技术的不确定性。

由于这些原因，许多企业宁愿采用追随的战略，而不愿先人一步。“后发制人”的战略有时也不失为一种合理的选择。

4. 创新方式的选择

创新方式可以有两种不同的选择：利用自己的力量独家进行开发，或与外部的生产、科研机构联合起来共同开发。

独自开发与联合研究要求企业具备不同的条件，也会使企业不同程度地受益。

独立开发不仅要求企业拥有数量众多、实力雄厚的技术人员，而且要求企业能够调动足够数量的资金。而选择联合开发，企业可以与合作伙伴集中更多的资源进行更为基础性的创新研究，并共同地承担由此而引起的各种风险。

四、制度创新

企业的制度创新是做好企业各种管理工作的基础，是企业管理创新的前提。建立现代企业制度本身就是制度创新的基本内容。企业制度主要包括产权制度、经营制度和管理运作制度等三个方面的内容。

(一)制度与制度创新

1. 制度创新

制度也称为制度安排，是组织运行方式的原则规定。它不仅随经济发展而发生变化，而且是经济发展的重要条件。

制度创新是指组织出现新的制度安排，制度变迁是指制度安排的变更与替代。

率先在制度创新领域进行了实质性开拓的是美国经济学家诺斯和戴维斯，他们认为对经济增长起决定性作用的是制度性因素而非技术性因素。

新古典学派的市场经济理论认为，在市场经济中，除了价格制度外，政府的法律制度、企业的组织制度以及社会文化制度等属于生产的制度结构，对市场经济的运作具有十分重要的意义。

产权经济学认为，企业是作为市场的替代出现的。实际上，市场不能提供制度，只有组织才能提供制度。

2. 制度的均衡与非均衡

制度均衡是指在交易技术结构既定的条件下，在可供选择的制度范围内，实际选择的制度能够实现制度收益最大化。当上述条件中的任何一个不能成立，制度均衡状态便要被打破。

具体地说，导致制度非均衡的主要原因有以下三个：制度的初始选择不是最优的；从前未曾进入选择范围的更有效率的制度形式的出现；原有交易技术结构的改变。

3. 制度创新过程

一般来说，制度创新的过程可以分为以下五个环节：

第一步，形成“第一行动集团”，指能预见潜在利益，并认识到只有进行制度创新才能够得到潜在利益的决策者。

第二步，“第一行动集团”提出制度创新方案。

第三步，在有了若干制度创新方案之后，“第一行动集团”按照最大利益原则进行比较和选择。

第四步，形成“第二行动集团”，即在制度创新过程中帮助“第一行动集团”获得利益的组织。

第五步，“第一行动集团”和“第二行动集团”共同努力，实现制度创新。

（二）现代企业制度结构特征及成因

“知识”，特别是“管理知识”，虽已开始占据一席之地，但主要是作为资本的附属而存在的。

企业是通过规范作为类群的参与者在企业活动中实现权利关系的制度来引导和整合这些成员的行为的：通过企业经营活动权力的分配，企业制度规范着参与者之间的权利关系，从而影响着这些参与者在企业决策制定与执行中的行为表现；通过决定经营成果的分配，企业制度规范了参与者间的利益关系，从而影响着不同参与者在企业成果形成中的行为特点。权利关系及其相对地位的确定，使得企业对参与者行为的引导和整合成为可能。

（三）组织制度概述

1. 组织结构

组织结构是组织内部分工协作的基本形式，是影响企业效能的一个重要因素。传统的组织形式一般是根据物流程序设计的。专业分工和职能部门是物流的基础和程序。

现代企业组织结构的变革主要呈现以下趋势：

(1)组织扁平化。

传统的组织层次繁多，缺乏柔性，导致了决策速度大大降低。因此，通过减少垂直层、扩大水平层，使组织结构趋于扁平化，促进信息的传递与沟通，这样有利于提高组织的决策速度和对市场变化的反应能力。

现代信息技术的飞速发展为企业组织扁平化提供了物质基础和方法手段。

(2)组织网络化(虚拟企业)。

单个企业往往没有充足的时间和经济实力独自介入产品生命周期的所有阶段，网络结构将成为未来企业的组织形式。按网络形式组织的工作流程，构成一个以具有固定连接的业务关系网络为基础的联合体。

网络型的企业组织结构有两个优势：一是能更有效地实现知识的交流和才能的发挥，使企业可以把上下管理层之间实行的命令转向以知识型专家为主的信息型组织；二是能够确保总公司战略的实施，精简了机构，减少了管理层数量，提高了组织结构的弹性。

(3)组织边界模糊化。

信息网络的应用为企业在更大范围的合作提供了可能性，出现了新型的企业组织形式——虚拟企业。虚拟企业是由一些独立的企业的虚拟化可使一个企业的某一种或几种要素与其他企业系统中某一种或几种要素相结合，形成新的生产力，企业的传统边界出现模糊。

2. 制度模式

在知识经济时代，企业的制度模式从以资本为中心转向以知识为中心。

在这种背景下，企业制度也会发生变革。企业制度从以资本为中心、资本雇佣劳动、股东占有企业的传统模式将逐渐转变为以知识为中心、知识统帅资本、股东和职工共同拥有企业的模式。

(四)企业制度的内容

现代企业制度是组织运行方式的原则规定，主要包括三个方面的内容：

第一，产权制度规定着企业最重要的生产要素的所有者对企业的权力、利益和责任，是决定企业其他制度的根本性制度。因此，产权制度主要指企业生产资料的所有制。

第二，经营制度表明企业的经营方式，确定谁是经营者，谁来组织企业生产资料的占有权、使用权和处置权的行使，谁来确定企业的生产方向、生产内容、生产形式，是有关经营权的归属及其行使条件、范围、限制等方面的原则和规定。

第三，管理运作制度是行使经营权、组织企业日常经营的各种具体规则的总称，包括对材料、设备、人员及资金等各种要素的取得和使用的规定。在管理制度的众多内容中，分配制度涉及如何正确地衡量成员对组织的贡献并在此基础上如何提供足以维持这种贡献的报酬。

产权制度、经营制度、管理制度这三者之间的关系是错综复杂的。一般来说，一定的产权制度决定相应的经营制度。但在产权制度不变的情况下，企业具体的经营方式可以不断进行调整；同样，在经营制度不变时，具体的管理规则和方法也可以不断改进。而当管理制度的改进一旦发展到一定程度时，则会要求经营制度作相应的调整；经营制度的不断调整，必然会引起产权制度的革命。因此，管理制度的变化会反作用于经营制度，经营制度的变化也会反作用于产权制度。

（五）企业制度及其分类

1. 企业制度及其功能

企业制度在为经营活动的组织提供基本规则和框架时，表现出三种基本功能：导向功能是指企业制度指导企业经营方向的选择、引导稀缺资源的配置和使用的功能；激励功能是指企业制度诱导各类参与者提供符合企业要求的贡献的功能；协调功能则是指通过制度安排，使各类参与者在企业经营的不同时空朝着共同的方向努力，使他们提供的不同贡献形成有利于实现企业目标的合力的功能。

企业制度是通过经营权力和利益的分配来实现上述功能的。

(1)通过经营权力的分配，企业制度决定了不同参与者在企业活动组织中的相对地位，也影响着企业经营的方向、内容和规模的选择，协调不同参与者的贡献。

(2)通过利益分配，企业制度决定了不同参与者在企业活动中的利益实现方式，从而以不同形式诱发这些参与者的行为选择，影响他们的努力程度。

根据企业制度的基本功能以及功能实现方式，我们可以把企业制度定义为：规定或调节企业内部不同参与者之间权力关系和利益关系的基本原则或标准的总和。

2. 企业制度分类的线索

企业制度是调节企业中不同参与者相互关系的原则和标准的总和。因此，要分析不同企业制度的特点，首先需要确定这些参与者可以分成哪些类群，以及各类群参与者之间的相互关系可以分成哪些类型。

(1)企业制度分类的参与者因素。

企业生产经营活动是不同要素的组合过程，企业中不同参与者正是通过提供不同要素参与企业活动的。这些要素在企业生存与发展过程中的作用是不同的，我们把企业经营中不可或缺的要素称为“元要素”。

在企业存在的不同时期，或在不同社会背景下的企业中，劳动、资本以及组织企业经营所需的有关知识可能分别或同时具有“元要素”的性质。

(2)企业制度分类的关系要素。

企业经营过程中不同参与者结成各种关系，这些关系主要包括权力与利益关系，它们是企业制度调节的主要对象。权力关系反映了不同参与者在企业经营过程中的相对地位，利益关系则决定了不同参与者在这个过程中利益实现的方式。

①权力关系。通常认为这些来源可分成以下几类：具有某种为组织集体活动所需的知识和技术；在过去活动中取得过明显的成功；表现出被普遍赞誉的个人品质；在组织中所担任的职位提供了某种奖励或惩罚他人的可能性。

②利益关系。企业活动的进行及其目标的达到有赖于不同参与者的共同贡献。这些参与者之所以愿意加入企业，提供企业所需的服务，是因为他们期望通过企业活动的进行，实现自己的利益。因此，充分满足不同参与者的利益要求，是争取他们提供并持续

提供必要贡献,从而保证企业经营过程不断循环的必要条件。

一般来说,不同企业制度下各类参与者的利益实现方式主要有以下三种:

一是作为生产经营中的预付成本,在企业最终成果形成以前实现;

二是通过占有企业的最终经营成果,在一定时期的经营活动结束以后实现;

三是前两种实现方式的结合。

③权力关系与利益关系的"逻辑"一致性。不同参与者类群在企业经营中的相对权力地位和相对利益地位是相互关联、相互映照的,或者说不同企业制度调节参与者权力以及利益关系的原则或标准是一致的。我们把这种原则或标准称作企业制度的基本"逻辑",并将其作为制度模式分类的主要依据。

3. 企业制度的不同类型

(1)资本逻辑的企业制度。

在这种类型的企业制度中,权力派生于资本的供应,利益归属于资本所有者。作为权力主体,资本所有者既可以直接行使企业活动方向选择和过程组织的所有权力,也可以委托经营者代理行使部分甚至全部权力;作为利益主体,资本所有者完全占有销售收入扣除各种生产耗费后的剩余,并根据自己的意志决定这种剩余的分配。劳动者被资本所有者所雇用,其工资报酬在企业最终成果形成以前作为成本而支付。

(2)劳动逻辑的企业制度。

"权力派生于劳动、利益归属于劳动者"是这种企业制度的基本特征。作为权力的主体,劳动者直接或间接地通过选举代表平等地行使企业经营方向和规模的选择等战略决策权力,而把日常经营权力交给具有一定专门知识的人来行使;作为企业的利益主体,不同劳动者共同地决定如何根据他们的劳动贡献公平地分配企业经营收入扣除物质耗费后的剩余。

(3)知识逻辑的企业制度。

"权力派生于知识,经营成果的分配服从经营者的意志"是这种企业制度的基本特征。资本与劳动的供给只是拥有专门知识、提供专门服务的经营者在组织企业生产经营活动中需要借助的手段。经营者因为拥有专门知识而实际掌握和行使着组织企业活动所需的各种权力。

(4)综合逻辑的企业制度。

这是各参与者类群在权力以及利益关系中均处于相互平等的地位的企业制度。"权力共使、利益分享、风险同担"是这种企业制度的基本原则。企业经营过程的进行、经营目标的达到必须借助各类要素贡献相互作用、相互依存的性质,为这些参与者公平地分享经营成果提供了客观的依据。

(六)运行制度创新

组织理论认为,企业系统的正常运行,既要有合理的组织形式,又要有与之相应的符合企业及其环境特点的运行制度。因此,组织机构的制度创新既包括组织结构创新,又包括运行制度创新。组织创新的目的在于更合理地组织管理人员的努力,提高管理劳动的效率。

(七)知识经济条件下的企业制度创新

在工业社会初期,协调工作是由资本所有者承担的。随着工业经济的发展和工业生产过程的复杂化,资本所有者只能委托拥有相关知识的经营管理人员去协调。管理人员通过其协调劳动不仅决定着自己所拥有的协调知识的运用效率,而且决定着作为其协调对象的企业生产者的知识利用效果。

因此,在工业社会蜕变而来的知识社会中,知识正变为最重要的资源,企业内部的权利关系正朝向知识拥有者的方向变化,企业的制度结构正从"资本的逻辑"转向我们所称的"知识逻辑。"

本章小结

控制是指为了实现组织目标,以计划为标准,通过对组织活动过程进行监测和检查,找出偏差、分析原因、及时纠正的一系列管理活动过程。

控制的基本原则有与组织特性相适应原则、关键点原则、及时性原则、客观性原则、灵活性原则、经济性原则、例外原则;主要控制方法有预算控制、人员行为控制和综合控制。

管理创新是指依据组织环境发展状态对原有组织管理理念、模式、制度和方法进行评估而创造出一种新的更有效的管理理念、模式、制度和方法,以实现组织目标的管理活动。

技术创新是一个从新产品或新工艺设想的产生到市场应用的完整过程。它包括新设想产生、研究、开发、商业化生产到扩散等一系列的活动。技术创新是机会、环境、支持系统和创新者四要素的组合。

制度创新是指出现新的制度安排,制度变迁是指制度安排的创新,或是制度安排的变更与替代。现代企业制度主要是指产权制度、经营制度、管理制度。

思考与理解

1. 简述控制的功能和对象
2. 简述有效控制的原则。
3. 试述创新的战略意义。
4. 试述创新的主要作业。
5. 简述管理者在创新中的作用。
6. 主要概念:控制、创新、管理创新、技术创新、制度创新。

第四篇
管理应用篇

第九章 组织文化管理

教学目标

1. 理解组织文化基本概念、构成、特征以及组织文化功能。

2. 认识组织文化的建设、传播与组织文化变革的过程。

3. 掌握组织文化建设的基本路径。

教学目标

李云龙与亮剑精神

2005 年由都梁创作的长篇小说改编的电视剧《亮剑》红遍大江南北，电视剧讲述人民解放军优秀将领李云龙从他任八路军独立团团长率部在晋西北英勇抗击日寇到建国授衔富有传奇色彩的一生。电视剧中提到一种精神，古代剑客们在与对手狭路相逢时，无论对手有多么强大，就算对手是天下第一的剑客，明知不敌，也要亮出自己的宝剑。即使是倒在对手的剑下，也虽败犹荣，这就是亮剑精神。一支具有优良传统的部队，往往具有培养英雄的能力。英雄或是优秀军人的出现，往往是由集体形式出现，而不是由个体形式出现。理由很简单，他们受到同样传统的影响，养成了同样的性格与气质。例如，第二次世界大战时，苏联空军第 16 航空团 P—39“飞蛇”战斗机大队，竟产生了 20 名获得“苏联英雄”称号的王牌飞行员。与此同时，苏联空军某部的“施乌德”飞行中队产生了 21 名获得“苏联英雄”称号的王牌飞行员。任何一支部队都有着它自己的传统。传统是什么？传统是一种性格、一种气质。这种传统与性格，是由这种部队组建时首任军事首长的性格与气质决定的。首长给这支部队注入了灵魂，从此不管岁月流逝，人员更迭，这支部队的灵魂永在。纵然是敌众我寡，身陷重围，但是我们敢于亮剑，敢于战斗到最后一人。

导读：

1. 你是否看过《亮剑》这部电视剧或小说？你如何评价李云龙这个人物？

2. 你觉得李云龙对独立团的传统与性格有着什么重要影响？为什么？

3. 你觉得亮剑精神是否是独立团发展壮大的原因？为什么？

组织文化(Organizational Culture)兴起于20世纪70年代，在古典管理理论、行为科学理论、管理理论丛林等理论学说的基础上，通过对企业运营过程的不断研究与反复实践，并加以改造和创新形成的。它从一个全新的视角来思考和分析组织的运行，把组织管理和文化之间的联系视为企业发展的生命线，把组织管理从技术、经济上升到文化层面，是管理思想发展史上的一场革命，给企业管理带来了勃勃的生机和活力。

第一节　文化与组织文化

一、文化的含义

(一)文化的定义

自从有了人类，就有了文化。文化是人类社会特有的标记。

文化一词，在德文中为Kultur，在英文中为Culture，它们都是来自于拉丁文Cultura，意思为耕作、培养、教育、发展、尊重、开化。18世纪以后，文化的含义逐步演化为个人素养，整个社会的知识、思想方面的素养，艺术及学术作品的汇集，以及引申为一定时代、一定地区的全部社会生活内容。在中国最早把“文”和“化”两个字联系起来的是《易经》，“关乎天文，以察时变；观乎人文，以化天下。”意思是指圣人在考察人类社会的文明时，用诗、书、礼、乐来教化天下，以构造修身齐家治国平天下的理论体系和制度，使社会变得文明而有序。但最先给文化下定义的是英国的人类学家泰勒，他认为，文化和文明就其广泛的人种学而言，是一个复杂的整体，包括知识、信仰、道德、法律、风俗及作为社会成员的人所获得的才能与习惯。自泰罗以后，文化人类学家、社会学家、哲学家、民俗学家、民族学家、管理学家等从自身研究的领域和目的出发，从不同的角度给予文化不同的解释。据学者们统计，到本世纪初，仅用英语下的文化定义就有160多种。还有人认为，当今出现的文化定义已经达到一万种以上。文化定义的多样化反映了人们对文化的多种理解，以及各个领域的学者们的研究重点和特色。不同的文化定义，只是因为观察的角度和侧重点不同，在总体上对文化定义的认识还是有共通性的。这些不同的文化定义对全面、深刻地理解文化定义是极为有益的。

《辞海》中的文化定义：广义的文化是指人类社会历史实践过程中所创造的物质财富和精神财富的总和。狭义的文化是指社会的意识形态，以及与之相适应的制度和企业机构。

(二)文化的特征

文化是使不同的人群能够加以区别的东西。无论是对宏观文化的理解,还是对空间文化的理解,文化都有其自身的特征。

1. 自我认同和空间感觉

自我认同感在不同的文化中是不大相同的。自我认同和欣赏在一个社会中可能会以谦虚或忍让表现出来,而在另一种社会中则可能以咄咄逼人或是盛气凌人的态度表现出来。在另一种文化中,我们可能还会发现独立性及创造力是通过群体的协同来实现的。在一种有代表性的文化中,例如美国文化,其空间感觉要求人与人之间要保持一定的距离,而在拉丁族的文化和越南文化中,人们之间需要保持亲密感。许多文化是正式和有序的,而有些文化则是非正式和灵活的,一些文化对个人的地位讲究尊卑有序,而另一些文化则是更为灵活和开放。每一种文化都在以独特的方式确认自己。

2. 人们的沟通方式和语言

沟通作为人与人之间相互交流的系统,无论是语言方面的,还是非语言方面的,都可以将不同文化的人群区分开来。在不同的国家或是同一个国家的不同地域,都有着不同的语言。在每个国家里,除了众多的"外国语"以外,国家本身也有着许多不同的语种。而且在不同的文化中,相同的手势也有不同的意义。所以,当身体语言被普遍接受时,它的应用范围是具有很大局限性的。

3. 服装服饰及仪表

它包括外表的服饰、装饰、身体的服饰(如纹身)等,这些都是会因为不同的国家及不同的地域文化而有很大的差异。例如,我们所熟悉的中国的旗袍、日本的和服、韩国的韩服、非洲人的纹身、英国人的礼帽和雨伞、爱尔兰男人的裙子等。

4. 食物与饮食习惯

在不同的文化国度里,人们对食品的选择、加工以及食用方法与方式也是因文化而异的。一种文化中的宠物在另一种文化中则成为美味佳肴,如美国人喜欢食牛肉,而这在印度是被禁止的。猪肉在穆斯林和犹太文化中是禁食的,而在中国和其他一些地方则成了大众食品。饮食习惯也是不同的,如饮食的工具从手到筷子直到成套的餐具,即使同一样使用叉子,欧洲人和美国人的握法也大相径庭。中国餐与西餐也有着较大的差别。

5. 时间与时间观念

时间观念也是因文化而异的,只是这些区别有的是绝对的,有的则是相对的。一般而言,德国人以严守事件而著名,而拉丁族人则对守时不以为然。在一些文化中,是否守时是以年龄和地位决定的,如在职员会议上,下属要按时到会,而老板则可以姗姗来迟。在另一种文化中,人们并不以时分来计时,而是根据太阳的升落来安排时间,以季节来计时的时间观在不同的文化中也是不同的,在世界的一些地区是以春、夏、秋、冬来表示季节的，而在其他地区则是用雨季、旱季来表示季节。

6. 人们之间的相互关系

文化是以年龄、性别、地位、家族的地位以及健康、权威和智慧将人们之间和企业之间的关系固定下来的，家庭单位是最典型的。这种家庭单位有大有小，例如，在印度通常是母亲、父亲、孩子、叔父叔母、舅父舅母生活在一个大家庭中。在有些文化中，家庭中的权威角色是男性，这种固定的关系从家庭延伸到社会，这也说明了为什么有的社会倾向于选出男性作为国家元首。在有的文化中，年长者是受到尊重的，而在有的文化中则不然。在有的文化中，女性必须披戴面纱和表现得恭顺，而在有的文化中男女的地位是平等的。

7. 价值观念和制度规范

正如不同的行为在群体中的优先顺序不同一样，文化的需求系统也是变化的。那些为解决温饱问题而努力的人们，自然会看中吃、穿、住等生存问题；而那些具有较高安全需要的人们则重视金钱、工作性质、法律和秩序等事情。

从价值观系统看，无论任何事情，文化为其所在的社会设定了一套行为规范。这些为社会成员所认可的标准范围即包括工作伦理和乐趣，也包括对儿童的绝对服从的要求或从容。正如一位人类文化学家所说的那样，不同文化中的人们对不同事情的感觉——欣喜、关注、烦恼、忧伤等是完全不同的，因为他们是以不同的前提感知世界。由于习俗是可以继承的，有的社会把诚实作为本社会为人的标准，但对外来人则采用较宽松的标准。

8. 生活信仰和态度

可以肯定地说，最困难的事情莫过于对人的信仰主体进行分类，以及何种因素影响他们对自己和他人的态度。所有文化中的人似乎都有一种对超自然力量的关注，这可以从他们的宗教实践活动中得到证明。例如，古代人就有一种对被我们称为“灵魂”的精神存在物的信仰。在人类发展的历史上，这种精神的感觉也在发展变化。在各种文化中的宗教传统也自觉和不自觉地影响着我们对生与死的态度。西方文化似乎受到基督教和犹太教的影响更大，而东方文化似乎受到佛教、儒教和印度教的主宰。从某种程度上说，宗教表达了人们对生活中重要事务的哲学认识，他在受到文化影响的同时也在影响着文化的发展。

上述几个方面的划分，只是一种简单的认识文化的方法，并没有涵盖文化的每一个方面，也不是分析文化的唯一方法。

二、组织文化的含义

(一)组织文化的定义

不同的组织具有不同的组织文化，每个组织都有其与众不同的文化。文化是一种感知，不同层次或者背景的人会用相似的术语去表述构建组织成员的共同价值观体系，使组织独具特色并区别于其他组织，它包括组织内独特的信念、假设、期望、追求、价值准则、行为规范、处事方式以及物质环境等。对于组织文化，中外学者对它的定义比较多，几乎每一位学者有自己的定义。因此本章中列举出影响较大的观点，以便我们可以更好地理解组织文化。

最早提出企业文化概念的Z理论创始人威廉·大内(William Ouchi)认为，文化意味着一个企业的价值观，如进取、保守和灵活，这些价值观成为企业员工活动、建议和行为的规范。管理人员以身作则，把这些规范传递给员工，再一代一代地传下去。

荷兰著名心理学家吉尔特·霍夫斯泰德(Geert Hofstede)从文化纬度角度分析组织文化，他认为组织文化是一种组织心理及组织的潜意识，它一方面在组织成员们的行为中产生，另一方面又作为共同的心理程序引导成员的行为。

哈佛大学教授特伦斯·迪尔(Terrence E. Deal)和麦肯锡咨询公司专家阿伦·肯尼迪(Allan Kennedy)在合著《公司文化》中提出，组织文化是价值观、英雄人物、文化礼仪、文化网络、组织环境的凝聚。其中，价值观是核心要素。

著名管理学大师汤姆·彼得斯(Tom Peters)和罗伯特·沃特曼(Robert H. Waterman)在其合著商业管理经典书籍《追求卓越》一书中指出，组织文化就是员工做出不同凡响的贡献，从而产生有高度价值的目标感，这种目标感来自对生产、产品的热爱，提高质量、服务的愿望和鼓励革新，以及对每个人的贡献给予承认和荣誉。

管理学权威学者斯蒂芬·P·罗宾斯(Stephen P. Robbins)在其著作《管理学》中认为，组织文化是组织成员共有的价值观、行为准则、传统习俗和做事的方式，在多数组织中它影响了组织成员的行为方式，这些重要的共有价值观和惯例会随着时间演变，在很大程度上决定了员工对组织经历的认知及他们在组织中的行为方式组织文化，从而会影响员工的行为，并会影响他们如何看待、定义、分析和解决问题。

乔治·P·科特(John P. Kotter)和詹姆斯·L·赫斯克特(James L. Heskett)认为，组织文化是指一个企业中各个部门，至少是企业高层管理者们所共同拥有的那些企业价值观念和经营实践，也是指企业中一个分部的各个职能部门或地处不同地理环境的部门所拥有的那种共同的文化现象。

结合上述学者观点，我们认为：组织文化是指在一定的社会政治、经济、文化背景条件下，组织在长期的社会实践中所形成的、并且为其成员普遍认可和遵循的、具有本组织特色的价值观念、共同思想、团体意识、工作作风、行为规范和思维方式的总和。

组织文化决定着组织中个体和群体的行为，是组织成员共有的信仰、价值观和行为准则。它反映和代表着该组织成员的整体精神、共同的价值标准、合乎时代的道德和追求发展的文化素质。这种文化可能是由组织的关键人物有意识地创造出来的，或者是随着时间的推移自然发展出来的。组织文化无所不在，影响着组织中发生的一切事物，同时也受到组织中一切事物的影响。组织的稳定性和持续性来源于组织文化。组织文化为组织成员提供安全感，为组织中的所有事件提供重要的情境。它是增强组织内聚力、向心力和持久力，保证组织行为的合理性，推动组织成长和发展的意识形态的总和。

（二）组织文化的构成

1. 组织文化的构成要素

（1）组织的价值观。

组织的价值观是组织在运营过程中为使组织获得成功而形成的基本信念、行为准则和是非标准。不同的组织具有不同的价值观。组织的价值观为组织成员提供一种共同的意识和认同感，构成组织成员的日常行为准则。组织信奉怎样的价值观，就会产生怎样的经营作风和组织形象。因此，组织的价值观是组织文化的核心与基石，是组织保持特色和取得成功的必要条件。一般优秀的组织都会注意塑造和完善其价值观，以不断适应环境变化和组织发展的需要。

（2）组织的目标与宗旨。

组织的目标与宗旨是组织生存与发展战略的核心，它决定了组织的性质，旨在回答“我们的组织是什么？应该是什么？将是什么？”等根本问题。组织目标与宗旨是组织价值观的集中体现，是发动、凝聚和激励组织成员的焦点，也是个人职业生涯发展和奖惩的主要标准，同时又是组织文化建设的出发点和归宿点，决定着组织文化发展的方向和塑造形式。

（3）组织的经营哲学。

组织的经营哲学是组织在长期生产和经营过程中所形成的基本哲理和观念，是组织领导者对组织的发展战略、经营方针和基本信念上的哲学思考，是指导一个组织及其成员如何对待顾客和合作伙伴的政策的哲学，具有相对的稳定性。它的形成受制于组织所处的环境、社会经济制度以及组织领导人自身素质特点等因素的影响。组织经营哲学极大地影响着组织的价值取向和员工的奋斗目标，是处理组织一切问题的一个最基本的依据。不同的经营哲学会导致不同的经营理念。

（4）组织的行为规范。

组织的行为规范是在组织共享的价值观指导下，由组织的规章制度、组织机构设计、管理工作程序、组织成员的行为标准和技术操作制度等一系列组织活动与工作的标准所构成的，如“按劳分配、多劳多得”。组织行为规范可以用文字表达出来，也可以通过习惯和意念等形式为组织成员所感知。行为规范表明了组织鼓励和提倡什么行为、制止和限制什么行为，对于组织成员的行为具有指导性和约束力，是人们在组织中工作与活动的行为标准和准则。对于企业来说，企业的行为规范，以及企业的行为规范包括了企业这个有机体构成的个人、群体、整个组织及其与外部环境的相互作用所形成的全部行为和关系。

企业行为规范的构成带有明显的层次性：第一层，主要指企业中的个体行为，包括知觉、学习、个性、价值观、态度、动机和挫折等；第二层，主要指整个组织的行为，包括企业的决策行为、权力结构、沟通机制、结构设计、组织发展与变革机制等；第三层，主要指企业与环境的相互作用关系和与其他组织之间的关系等。行为规范属于企业的动态识别形式，对内统一、对外识别，展示企业的内部制度、决策、管理、控制、生产、开发等环节，并对外扩展，实现企业与环境之间的良性互动关系。

(5)组织精神。

组织精神是组织在运营过程中逐步形成、由组织管理者所倡导、全体成员所认同的群体意识，是企业的观念、宗旨、目标和行动计划的综合表现。同时，组织精神还是更高层次的原动力。因为一家鲜活企业的魅力取决于组织的精神，就像看待一个人也会重视个人精神一样。组织精神是企业家精神和员工精神的融合体，是企业的创新精神、学习精神、拼搏精神、勤奋精神、服务精神、追求精神的融合体。对于企业的组织精神，不能简单地理解为“组织文化”，文化是惯常性的东西，主要在于理解和培养做事的风格和方法，而精神却在于一正如我们要强调的一做事的原动力和做事时表现出来的始终如一的思想和行为状态。

(6)组织形象。

组织形象是社会公众和组织成员对组织的整体印象和总体评价。组织形象是组织产品、服务、人员素质、经营作风以及公共关系等在社会公众中留下的具体印象，它包括：企业历史、社会地位、经济效益、社会贡献等综合性因素；员工的思想文化、技术素质及服务方式、服务态度、服务质量等人员素质因素；产品质量、产品结构、经营方针、经营特色、基础管理、专业管理、综合管理等经营管理因素；技术实力、物资设备、地理位置等其他因素。塑造成功的组织形象有利于提高组织的识别能力、知名度和声誉，增强组织的凝聚力和竞争力，给组织成员以自豪感和自信心，并使组织产品产生更多的附加值。组织形象是组织文化的外貌，组织文化是组织形象的根本。

2. 组织文化的结构

典型的组织文化构成可以分为精神文化层、制度文化层和物质文化层三个层面，每个层面都包含不同的内容。三个层面围绕一个中心形成同心圆体系，共同构成组织文化的结构，如图 9-1 所示。

(1)物质文化层。

物质文化层是组织文化载体，组织文化最直观的部分，也是人们最易于感知的部分、包括活动过程、组织行为、文化设备、工作环境等。物质文化是组织文化的表层，是形成制度层和精神层的条件，它往往能折射出组织的经营思想、经营管理哲学、工作作风和审美意识。对于一个企业而言，物质主要包括企业的面貌、产品外观和包装、技术工艺设备特性、企业标识、文化传播网络等。

(2)制度文化层。

制度层包括规章制度、道德规范、员工行为准则、组织结构等。制度文化是组织文化的中间层次，它是指组织的规章制度、公约、纪律等制度形态的东西，集中体现了组织文化的精神层和物质层对员工和组织行为的要求，规定组织成员在共同的工作活动中所应当遵循的规范性、约束性的行为准则。企业的制度文化主要包括组织的工作制度、责任制度以及一些非程序化制度和活动。

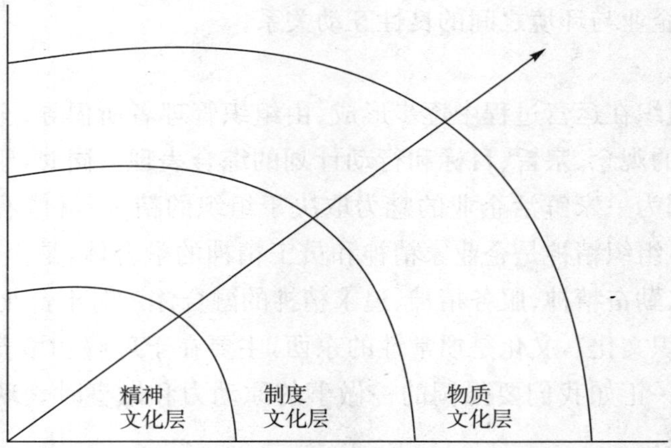

图 9-1 组织文化结构

(3)精神文化层。

组织文化中深层次的是精神层次，它是核心和主体，是广大员工共同而潜在的意识形态，包括管理哲学、敬业精神、人本主义的价值观念、道德观念等。精神文化是组织文化的核心层，是组织文化的灵活，是形成组织文化制度层和物质层的基础和原因。精神文化的构成包括组织价值观、组织精神、组织哲学、组织伦理；组织道德等。其中，组织价值观又是精神文化层的核心。

企业的物质文化层为制度文化层和精神文化层提供物质基础，制度文化层约束和规范精神文化层和物质文化层的建设。企业的精神文化层为企业的物质文化层和制度文化层提供思想基础，是企业文化的核心。三者互相作用，共同形成企业文化的全部内容。

三、文化与管理的关系

(一)管理是一种文化

美国著名管理学家彼得. 德鲁克在《管理学》一书中，把管理与文化明确地联系起来。他认为，管理不只是一门学科，还应是一门文化，有它自己的价值观、信仰、工具和语言。管理是一种社会职能，隐藏在价值、习俗、信念的传统里，以及政府的政治制度中。管理应该是受文化所制约，管理也是文化，它不是无价值的科学。一个特定民族、社会、文化圈的特定文化对管理过程的渗透和反映，就形成了所谓的“企业文化”。“企业文化”主要是指管理的指导思想、管理哲学、管理风貌，它包括价值标准、经营哲学、管理制度、行为准则、道德规范、风俗习惯等。

(二)文化也是一种管理手段

文化对企业管理和发展具有十分重要的作用。第一,它是用共同的价值标准培养企业意识的一种手段,可以统一全体成员的思想,增强企业的凝聚力和团队精神,加强职工的自我控制。第二,它能激发公司员工奋发进取,提高士气,重视职业道德,形成巨大的创业动力。第三,它是一个企业改革创新和实现发展战略的思想基础,有助于提高企业对环境的适应能力。第四,它有助于改善人际关系,使企业产生极大的协同力。第五,它有助于树立企业形象,提高企业的声誉,扩大企业的影响。

(三)文化与管理具有共生性

文化与管理具有共生性,主要指管理也是伴随着文化的发展而发展的,它本身也是通过文化的发展而得以表现出来的。以西方文化和东方文化为例,司马云杰认为,西方文化模式主要源于古希腊文化,是从海上竞争环境中发展起来的,因此一开始就充满了自由竞争的精神。由于海上贸易多有不测之事,为祈求神的保佑而发展为宗教;为了进行物与物的交换,首先必须进行人与自然的交换,于是发展了自然科学技术;自然科学技术发展了,人与自然的交换成果越来越多,于是发展了经济与研究经济的学问——经济学;经济发展了,为了争而不乱,于是发展了法律。所以,西方文化模式的主要结构不外乎四种基本特质:一是宗教神学;二是科学技术;三是经济科学;四是法律科学。而哲学则是关于人与神、人与自然、人与物、人与社会的思辨。西方的文化模式的主要结构规定了人的价值取向是宗教的、自然的、物质的、法律的,而中国的文化模式则是主要在封闭的黄河流域土地上创造和发展起来的。中国文化模式的主要结构是个体农业和宗法家庭,以农业为基础,故质朴厚重,绵延世泽,富于土地的生命力;以宗法家庭为主体,故尊祖宗、尚人伦、重感情。中国儒家思想可以说是这种文化模式的核心,它的价值取向主要是土地、道德和礼教。这也是中国经济、法律、管理、科学技术没有充分发展的原因之一。

文化与管理的共生性还表现在文化一定的社会生产力基础上发展的。管理也是人类文化的一个组成部分,管理水平的提高不仅促进了生产力的发展,也使文化的内容更加丰富。

(四)文化是各种亚文化的基石

文化是人类在漫长的发展进程中所创造的物质财富和精神财富的总和,在这漫长的社会发展中,诸多人和事、观念与做法沉淀下来成为影响后人思想行为的精神力量。在不同的国家、地域、领域有着各自不同的文化和在这种文化背景中所表现出来独特心理及行为特点。在不同的国家形成不同的民族文化,如中国文化、日本文化、美国文化;

在不同的地域形成不同的地域性文化，如江浙地域文化、广州地域文化；在不同的领域形成丰富多彩的文化，如：如茶文化、饮食文化、建筑文化、服饰文化等；在不同的企业中也形成了不同的企业文化，如海尔企业文化、松下企业文化等。每一种亚文化的背后都深深地打着其民族文化的烙印。

第二节　组织文化的功能

一、组织文化的特征

组织文化以社会文化发展为基础，具有文化发展历史的连续性。它既有民族文化的烙印，又有组织管理的个性特色。

一般来说，组织文化具有以下四个特征。

第一，历史连续性。任何一个组织所形成的组织文化，总是与该组织的长期发展历史联系的，是一个逐步形成、发展和积淀的过程。随着科学技术的发展和人类文明的进步，组织文化在不断地进行带有历史痕迹的发展。同时，组织文化总是建立在特定的民族文化历史基础上，并且与该民族物质文明和精神文明的传承发展保持密切相关。

第二，独特性。不同的组织文化具有不同的独特特征，并且对外部环境的适应情况也是不一样的。同一类型的组织由于其民族文化、传统习惯不同，也可能形成不同的组织文化。

第三，整体效用。一个组织在长期发展过程中形成的组织文化是全体职工，包括领导者和被领导者共同遵循的准则和恪守的信念。组织文化影响着组织活动中的一切事物。

第四，创新性。任何一个组织总是以实现自己崇高的目标而努力奋斗。创新的思想意识是组织行为的理想所在。组织中领导者和被领导者都希望实现自我。良好的创造动机和创造素质以及创造环境，是组织文化的核心部分。

二、组织文化的类型

组织文化的核心内容是企业员工所共同信奉的价值观、信念和行为标准。当前学者和企业家所共同关心的问题是组织文化与组织实际运作是否相结合，即如何把组织文化作为工具来提高组织的绩效和竞争力。西方学者根据不同的研究目的把组织文化划分为不同的类型和不同的维度，以帮助组织管理者建立适合组织发展的组织文化并进行有效管理。

下面介绍几种较为典型的组织文化分类方法。

(一)迪尔和肯尼迪的四分法

哈佛大学教授特迪尔和麦肯锡咨询公司专家肯尼迪在合著的《企业文化》一书中，考察了数百家公司及其企业环境后依据公司活动所涉及的风险程度以及公司及其员工工作绩效的反馈速度，将组织文化分为强悍型文化、工作娱乐并重型文化、赌注型文化和按部就班型文化。具体分析见表 9-1。

表 9-1 迪尔和肯尼迪的四分法

类型	特点	行业	优点	缺点
强悍型文化	强悍型文化以崇尚个人明星、个人英雄为特点.也被称为强人文化。形成于高风险、快速反应的组织强悍型文化要求企业家和员工要有坚强的意志，有承担风险、接受考验的能力，有极强的竞争意识和进取精神，对于成功和挫折考验要有极大的承受力。	对企业的生存与发展以及经营绩效好坏关系极大行业，如证券业、广告、建筑、美容、影视、出版、体育运动等行业。	能够适应高风险、快速反应的环境，以承担风险为美德，不怕失败，勇于竞争，从而不断推动事业发展。	注重短期行为和效益，注重单干，难以形成合力与凝聚力。
工作娱乐并重型文化	工作娱乐并重型文化的特点是行动就是一切，行动目标已经明确，只要努力就一定能达到目的，也称为尽情享受文化。这种文化牢固树立“发现需要并满足它”的信念，崇尚群体的力量，肯定只有群体协作才能赢得世界；发现顾客及其需要为主要价值观。	行业风险低但绩效反馈极快的组织，如房地产经纪公司、计算机公司、汽车批发商、大众消费公司等。	对工作和生活都很重视认真，行动迅速，目标明确，群体协作精神较强，适合于完成工作量大且需反复调整的工作。	缺乏创见与周密思考，今天的成功可能导致明天的失败。
赌注型文化	赌注型文化的特点是权威、技术能力、逻辑和条理性，崇尚创造美好未来的信念，具有强烈的风险意识和冒险精神，也称为攻坚文化。这种文化的价值观集中在对未来的投资需要人们具有坚强的自信和长期经受考验的能力，尊重权威和专家，不能容忍心理不成熟的人和工作不认真的现象。凡事应仔细权衡深思熟虑，一旦下定决心，就不要随便改变初衷，要有耐心和韧性。	风险巨大、反馈周期长的行业，如石油开采、矿产开采、航空、航天、原创性新产品开发行业等。	优点是适合于高风险、高收益、产生长远后果的企业，有可能导致高质量的发明和重大的科学突破。	周期太长，充满变数，缺乏激情，节奏缓慢，容易产生官僚主义。
按部就班型文化	按部就班型文化的特点是崇尚过程与细节，强调按程序办事，对每一件小事都认真处理，常会出现小题大做的现象，具有严格的等级观念，也称过程文化。这种文化的主要要求就是遵纪守时、谨慎周到。	风险小、反馈慢，特别要求注重过程的行业，如学校、银行、制药公司、保险公司、金融服务组织以及公共事业公司等。	强调过程的重要性，它促成了文化的细致性、周密性和周到性，有利于稳定。	容易导致程式化、保守、烦琐和忘记大局。

(二)罗杰·哈里森的四分法

罗杰·哈里森将组织文化分权力文化、角色文化、任务文化和人本文化四类。这四类组织文化的区别在于权力是集中的还是分散的,政治过程是以关键人物还是以要完成的职能或任务为中心的。具体分析见表 9-2。

表 9-2 罗杰·哈里森的四分法

类型	特点	缺陷
权力文化	权力文化也叫独裁文化。这种文化的结构像一张蜘蛛网,权力处于中心位置放射出权力射线,并由职能的或专家的“绳索”相连接。适应这种文化的组织需要信任和感情,依靠“心灵感应”和个人交谈来相互沟通,并且这类组织往往以企业家中心,不太看中正式的组织结构和工作程序。	这类组织随着规模的逐渐扩大,权力文化会感到很难与之相适应,从而开始分崩离析,特别是权力斗争会引发相关问题。
角色文化	角色文化也叫官僚文化。这类文化是按逻辑和理性来运行的,角色组织把它的力量寄托在职能或事业上。这类文化的组织注重的是“你在什么位置上,以及你和什么位置比较接近”,但你是谁并不重要。事情都是按照规矩处理的,人们喜欢的是稳重、长期和忠诚。	角色文化看起来能带安全和稳定,但它并不能适应环境的变化。当组织不得不做出重大变化或者面临危机的时候,这种文化会遭受大范围的创伤。
任务文化	任务文化也叫特别委员会文化。这类文化是职务或项目取向的,其结构可用网络来代表,许多权力和影响位于网络的缝隙和节点上。这类文化的组织是以临时小组为中心起来的,团队组成后共同完成一项任务,任务完成后团队就解散了,再为另一项新的任务组建一个新的团队。	组织内当不同群体争夺重要资源或特别有利的项目时,很容易转化为恶性的政治紊乱。
人本文化	人本文化也叫民主文化。在这类文化中,个人是中心点,与其相对应的是结构式组织。这种文化允许每个人都按照自己的兴趣工作,同时能保持相互有利的联系。	组织实际上服从个人的意愿,或者被个人所左右,但具有个人取向的人员是不易管理的,组织也难以对他们施加影响。

(三)约翰·科特和詹姆斯·赫斯克特的三分法

美国哈佛大学教授约翰·科特和詹姆斯·赫斯克特将组织文化分为三类,即强力型组织文化,策略合理型组织文化和灵活适应型组织文化。具体分析见表 9-3。

表 9-3 约翰·科特和詹姆斯·赫斯克特的三分法

类型	特点	缺陷
强力型组织文化	强力型组织文化(Strong Culture)是相对于脆弱型组织文化(Weak Culture)而提出来的。这种组织文化的基本特点是:组织的价值观念深入人心并被坚定地遵照执行,具有很强的约束力;组织员工具有勇于担当、乐于奉献的积极工作精神;组织机构和管理体系都精干高效,官僚主义作风相对不强。	在企业长期的良好经营业绩情况下,强力型的组织文化会滋生官僚主义,甚至产生内部纷争。这样一来,组织文化的僵化将会反过来损害企业的经营业绩。

续表

类型	特点	缺陷
策略合理型组织文化	这种组织文化强调对企业环境的适应性，组织文化适应性越强，企业经营业绩成效越大；公司所在的行业的不同，所需文化适应性不同，其经营业绩也会不同。	对组织文化进行变革，会获得完全不同的成功，企业长期经营业绩存在差异。
灵活适应型组织文化	这种组织文化能够适应市场经济环境；并在这一适应过程中领先于其他企业；在公司职业生活和员工个人生活中提倡信心和依赖感，员工工作热情高，愿意为企业奉献一切；公司欢迎并支持改革，企业领导提倡改革，公司员工勇于革新，整个公司充满生机与活力。	缺乏冒险精神或集体主义精神。

三、组织文化功能

一个组织一旦形成完整而有力的组织文化，组织运行和发展的方方面面就会受到组织文化的影响，组织行为和组织成员的行为在很大程度上就会被组织文化所左右。许多成功组织的实践证明，组织文化的力量对于组织的存续与发展至关重要，它可以在组织中发挥其他因素无法相比的巨大作用。

具体而言，组织文化在组织中的作用主要分为以下几点。

（一）组织文化的导向功能

组织文化的整体优势，使得组织中的个体目标与组织的整体目标相一致，它既是组织成员个体目标趋向组织目标的内在动因，又是个体目标发展的导向。由于组织文化规定了组织成员的价值取向和行为准则，对人们的行为有着持久而深刻的影响力，所以组织文化在组织中具有导向作用。组织文化能把个人的价值取向和行为取向引导到组织目标和共同的价值取向上来。组织文化通过人格化的价值观、奋斗目标、动力机制、群体意识的培育，暗示组织提倡什么，反对什么，潜移默化地使组织成员的行为与组织的要求相匹配，引导和统一人们的行动方向，使整个组织与组织成员形成有机整体，向着既定的目标方向努力奋斗。

（二）组织文化的凝聚功能

组织中的成员除了有共同的利益之外，都有着各自不同的利益。有效的组织应该使大家认清组织共同利益大于各自的一己利益，组织的兴衰关系到每个人的切身利益。组织文化是一种能够产生凝聚力和向心力的群体意识，它通过一定的价值观、信仰和态度而组织成员的处世哲学、世界观和思维方式。它把组织成员思想感情、工作学习、利益需求与组织的命运联结在一起，使人们对组织产生认同感和归属感，使他们感到个人的工作、学习生活等任何事情都离不开组织这个集体，认识到组织利益是大家共存共荣的根本利益，从而以组织的生存和发展为己任，愿意与组织同甘苦、共命运。组织文化形成凝聚员工的感情纽带和思想纽带。

（三）组织文化的激励功能

良好的文化氛围往往能产生一种激励机制，使每个成员都能够而且愿意做出贡献，而且其贡献都会及时得到其他员工及领导的赞赏与奖励，由此激励员工为实现自我价值和组织发展而勇于献身、不断进取。组织成员在这种激励机制和环境中，会产生强烈的主人翁意识和对本组织的荣誉感与自豪感，自觉按照组织价值观和行为规范塑造自己的言行，激发起工作的积极性、主动性和创造性，为实现组织目标和自我价值而不断进取。

（四）组织文化的规范功能

组织常常会制定出许多规章制度来保证组织活动的正常进行。但是即使有了千万条规章制度，也很难规范每个员工的每个行为，更难消除一些员工对规章制度的逆反心理和对抗行为。而优良的组织文化通过建立共同的价值体系，形成统一的思想，使信念在员工的心理深层形成一种定势，进而产生一种响应机制，只要外部诱导因素启动，即可得到积极的响应，并迅速转化为预期的行为。也就是说，组织文化在组织中可以形成种有效的"软约束"，通过思想意识上的约束力量，协调和自我控制人们的行为意向，诱导人们认同和自觉遵守组织行为规则，减弱硬约束对员工心理的冲撞，缓解自治心理与被治现实形成的冲突，削弱由其引起的一种心理抵抗力，从而使组织上下达成统一、和谐和默契。因此，组织文化在组织中可以弥补正式权责关系和规章制度的不足，规范和制约组织成员的行为，对于整个组织的行为也起着一种"软规范"的作用。

（五）组织文化的协调功能

组织文化能够协调组织和社会的关系，使二者和谐一致协同发展。对一个企业来说也是如此，因为无论是各国企业，履行社会责任都是其发展的一个重要条件，只有协调好与社会的关系，才能取得良好的经济效益。具体地说，通过文化建设，企业尽可能调整自己，以便适应公众的情绪，满足顾客不断变化的需要，跟上政府新法规的实施；企业既要勇于迎接同行竞争，又要文明公平地竞争，这样企业与社会之间就不会出现裂痕，即使出现裂痕，也会很快弥补。

（六）组织文化的辐射功能

组织文化综合反映了一个组织的性质、内容和形象，它的展示和传播形式多样、方便快捷、媒介众多。组织文化的建立以及组织形象的树立，除对本组织产生很大的影响外，还会对社会公众、对本地区乃至国内外组织产生一定的影响，在提高组织知名度的同时，还会构成社会文化的一部分，因此其具有巨大的辐射作用。例如，蚂蚁金融的支付宝和铁路总公司的高铁正在改变当今生活方式，同时辐射到周边国家，显示文化辐射作用。

（七）组织文化的创新功能

创新是一项需要充分发挥员工创造性的活动，但仅仅通过制度规范或激励机制并不能激发员工全部的创新天赋，好的创新氛围的营造同样是促进组织创新不可或缺的因素。在创新氛围的营造方面，组织文化扮演着十足重要的作用，组织文化注重开拓适当的环境，赋予全员创新动机，提高创新素质，引导创新行为，开发独特的技术、产品和服务。因此，创新的组织文化有利于员工内部的交流、互动，从而促进思想的碰撞和新想法的产生。同时，创新的组织文化能提高每个员工的创新意识，提高个体对于创新的关注度和敏感性，从而极大地促进创新活动的进行。

四、组织文化对工作绩效的影响

组织文化和组织业绩显然是相关的。组织文化对员工工作绩效和工作满意度有着影响组织成员通过对组织的一些客观本质因素的认知而主观地认识组织整体，进而形成了对组织文化的个人认知度。人们对于组织文化的肯定与否定认知又会影响其工作绩效和工作满意度。组织文化的改变，就是为了创造一个更高效的组织。彼得斯和沃特曼认为在一般情况下，组织文化的力度与员工工作绩效及工作满意度成正相关关系。然而，有研究发现，强势文化不一定总比弱势文化优越。一种可能的解释是：问题的关键不在于文化的强弱，而取决于文化的类型和内涵。科特等人发现，只有那些能够使企业适应市场经营环境变化并在这一适应过程中领先于其他企业的文化，才会在较长时间内与组织绩效相互联系。

尽管组织文化与组织业绩的关系尚存争议，但是组织文化的确可以带来组织业绩的提高。有学者通过对大量组织的研究，得出了下列关于组织文化和组织业绩间关系的结论：组织文化可能对企业的长期经济绩效具有重大影响；组织文化是决定企业未来十年成败的更关键的因素；即使在很多智慧的领导者带领下，依然可能滋生抑制长期财务绩效的组织文化。

尽管难以变化，但组织文化也可以造成业绩的更大提高。

高度参与性管理和对协作的强调，往往被认为是成功的组织文化的特征。在参与性管理中，管理者和员工共同决策、设定目标、共同解决问题。当然，高水平的参与并不适合所有的环境和任务，因为把一个组织从传统的管理模式转变化为员工高度协作模式，是极为困难的，因为这对员工的个人技能提出了更高的要求。我们可以把这种以高水平的员工参与促进高业绩的组织文化类型，叫作“高业绩一高义务”工作文化。由于参与性管理，高度参与并由部分员工承担义务的文化，往往给企业带来高于常规式的优秀业绩。

经常和组织的有效性结合在一起的另一类组织文化是全面质量文化。它注重顾客,继续改进提高和协作。这种文化中的员工认为,顾客是组织未来状况的关键。员工期望他们的工作能随着他们经常不断地努力改进和寻找更好的方法而有所变化。

五、组织文化的评价

现阶段还没有一个规范性的方法来测量组织文化。罗宾斯等研究表明,可以用七个维度准确地表述组织文化的精髓,这些特征表明了组织文化的本质。

(1)创新与风险承受力。员工在多大程度上受到鼓励并进行创新和冒险。

(2)关注细节。期望员工表现出的精确性、分析和关注细节的程度。

(3)成果导向。管理层在多大程度上重视的是结果和效果,而不是为了实现这些结果所使用的技术与过程。

(4)员工导向。组织在多大程度上考虑到管理决策结果对组织成员的影响。

(5)团队导向。工作活动在多大程度上以团队而不是以个体为目的进行组织。

(6)进取心。组织成员的进取心和竞争性(而不是随和性)的程度如何。

(7)稳定性。组织活动在多大程度上强调维持现状而不是成长和发展。

这些维度是由低到高连续变动的,利用这七个维度评价一个组织,可以综合描述该组织的文化,如图 9-2 所示。

在许多组织中,其中的一个文化维度通常会比其他维度强调得更多,并从本质上塑造该组织的个性以及组织成员的工作方式。

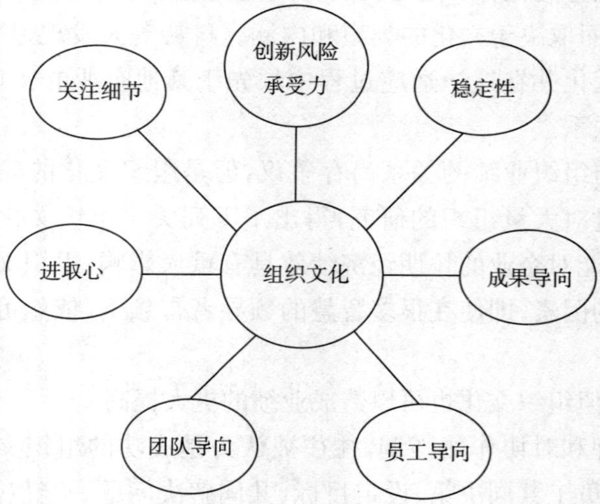

图 9-2　组织文化评价的维度

第三节 组织文化建设

一、组织文化的建设

如何建立组织文化关系到组织的各个方面，如企业的发展情况、企业所处行业及企业人员结构等，同时还需要考虑到所处经济或政治等外部环境。组织文化在一定历史时期，反映了这个时期社会经济形态中组织活动的需要。组织文化除了有其自身随着社会文明进步的程度发展的一个方面以外，还有组织领导者着意培养造就的另一个方面。通过分析不同组织文化的建立情况可以发现，组织文化的建设主要包括指导原则、基本因素和建设流程。

（一）建立组织文化的指导原则

1. 目标原则

目标原则要求组织文化的内容能反映组织内部成员的共同目标，使每个职工都明确他们的工作是与这一目标相联系的，并通过组织文化不断加强目标意识。这样员工会感到自己的工作意义重大，并且“自我实现”的需要可以得到满足。领导者的任务就是把这一有价值的目标分解到每个职工身上，激发他们内在的主观能动性。

2. 价值原则

组织文化要体现共同的价值观念，体现组织中全体职工的信仰、行为准则和道德规范。每一个职工都应该自觉把自己的行为与这些准则和规范联系起来，使之成为整体的力量，从而提高组织活动的绩效。

3. 卓越原则

组织需要不断进取，开拓创新。许多组织面临成功往往止步不前或者陷入“成功陷阱”，因此卓越原则要求企业成员需要保持开拓精神，努力做到持续发展。特别是当外界环境急剧变化或者发生激烈竞争时，追求卓越原则尤为重要。

4. 成效原则

成效原则也就是通常的激励，即组织成员的每项成就都应该得到组织和领导者的肯定和鼓励。成效原则是把职工的利益与工作的成绩联系起来，如职工的工资可以按工作的成绩来支付，而不是按权力和资历来定。以成绩作为衡量工作的标准，是组织文化中激励职工的一个原则。组织要运用这个统一的标准去促使职工努力工作，提高工作成效。

5. 环境原则

现代组织文化要有一个适宜的环境，这里主要指的是组织内部的文化环境。一个整体要考虑到每一个人都应该在组织中活动，体现为自己就是组织的主人。同时，组织要根据实际情况，为组织成员提供一个能够发挥每个人才能的局部环境。由这样环境构成一个活泼向上的整体文化环境，是组织文化的基础。不同的组织具有不同的文化环境。

（二）建立组织文化的基本因素

企业文化的创建主要靠三个基本因素。

1. 公司创建者

组织文化源于公司建立者。这些人常常拥有富有魅力的人格、强烈的价值观以及有关组织如何运行的清晰的思路。因为他们对最初的员工时起了关键性作用，使他们的态度和价值观传播给了新成员，结果就是这些观点被组织成员接受，并一直传承。

例如，阿里巴巴集团创建者马云酷爱金庸的武侠小说，因此早期所有阿里员工都会有一个取自武侠小说的花名。花名文化一直影响到今天，连公司的各个地方都是用武侠中的地名如黑木崖、桃花岛、百花谷等。在集团发展过程中，从早期提出的“独孤九剑”员工价值观到后来阿里巴巴的“六脉神剑”价值观，即客户第一、团队合作、拥抱变化、诚信、激情和敬业价值体系，都体现了公司创建者对企业文化影响。同样，微软公司号召长时间加班源于企业创始人比尔·盖茨。

2. 环境经历

组织文化常常受到外部环境中的组织经历的影响。每个组织都必须找到在行业和市场中属于自己的细分市场。例如，宜家公司率先在城市郊区开大型商店，同样提出顾客自己动手的概念，这样做可以建立一个更喜欢组织的高质量的客户群，同时组织会渐渐地形成一种对顾客相应承诺，慢慢形成自己价值观。

3. 群体间联系

组织文化还受到组织里群体联系的影响。人们对事件和行为的理解可以共享从而推动组织文化的发展。换句话说，组织文化反映了这样一个现实，人们对不同的事情和行为会有相似的理解，这样他们就会以相似的方式感受那些与组织工作有关的价值观。

（三）组织文化建设流程

组织文化的建立往往要经历以下六个阶段。

第一阶段，调研分析阶段。调研目的旨在全面、有效、客观地掌握现有组织文化基础，组织成员的心态和舆论状况等，从而为建立组织文化提供思路。调研分析的主要内容包括：组织价值观分析；组织文化发展环境分析；组织文化战略发展分析；员工基本素质分析及相关基础情况调查。

第二阶段，总体规划阶段。为了增强组织文化工作的计划性、目的性与有效性，因此需要从总体上规划和设计建立组织文化的思路和框架。在尊重客观事实的基础上，综合平衡全面性与重点性、计划性与灵活性、独创性与连续性等关系，完成以下基本内容：拟定建立组织文化的目标和指导思想；提出准确的组织文化价值观；提出以组织价值观为中心的组织精神、哲学、理念等；依据组织战略目标，明确物质文化要达到的目标提出切实可行的行为文化方案；提出对现有组织文化的评价和继承部分；最后拟订组织文化建立的总体方案。

第三阶段，试验阶段。为了减少盲目性并及时发现并修改总体规划中不合理部分，因此在总体规划通过之后需要确定试验区域；通过多种方式收集反馈信息，实地调查并记录数据；分析信息数据，修改总体规划中不切实际的内容，直到大多数组织成员认可为止。

第四阶段，执行阶段。此阶段是建立组织文化的中心环节。该阶段主要工作内容有：利用各种媒介和方式加强宣传；建立专门的组织机构，协调工作，解决执行中的问题；有针对性地开展教育解释；建立或疏通组织文化倡导者、执行者和接受者之间的信息双向沟通，引导舆论走向，及时克服传播障碍和执行障碍。

第五阶段，评估调整阶段。对组织文化总体规划及执行效果进行测量、检查与评估，调整相关不足。该阶段主要工作内容为：建立评估的指标体系和参照系；全面收集相关信息，把握真实情况；比较规划与现实的差异，分析原因，确定调整对象；有针对性地拟定调整措施并实施。

第六阶段，巩固发展阶段。该阶段的工作重点是在已经建立的组织文化基础上，采用切实有效的多种途径和措施，从精神层面、制度层面和物质层面等多层面贯彻和渗透组织文化稳定和巩固已经取得的成果，进一步突出和弘扬组织文化个性，并以此推动组织的发展，在组织的进取发展中使组织文化定向成熟。

（四）组织文化传播

组织文化建设的目的就是为了发挥组织文化的功能和作用，组织文化的建设过程，就是组织文化学习和传播的过程。组织成员一般都是通过标志、故事、行话、仪式、原则、陈述等来学习和传播组织文化。

1. 标志

标志（Symbols）是一种组织用来传播文化的手段，它隐含了超出他们固有内容的意思的语言或者事物，如白头鹰代表美国形象，灰熊代表俄罗斯形象。同样对于企业来说，汽车品牌 PEUGEOT 的标志是一个狮子，它张牙舞爪、威风凛凛的兽中之王的形象，使消费者联想到该车高效率、大动力的属性。当然很多公司用令人印象深刻的建筑物来代表它们的力量和意义，表明它是强大和稳定的，如银行、保险和证券等金融机构。组织还可以利用语言形式的标志，即反映组织核心价值观的口号来交流文化。例如，沃尔玛用“省钱让生活更美好”的口号来表达它要让顾客在能承受的范围内得到更好的承诺。

2. 故事

组织也通过讲故事来传播信息，包括正式的和非正式的。故事生动地说明了组织文化关键的方面，讲故事可以有效地引进和强化成员的价值观。

3. 仪式

组织也通过许多不同的仪式和庆祝方式来支持它们的组织文化。例如，众多互联网公司为新员工组织破冰活动，这种属于新员工入职培训与欢迎仪式，目的是帮助员工尽快进入新角色和新职位。同样如安利、雅芳、平安保险和安邦保险等以营销为主导企业会举办盛大年会，在年会上会向销售业绩突出人员发放各类奖品，即企业通过年会这种仪式来激发员工积极性。同时也证明组织文化对员工承诺。

4. 现代科技方法表现形式

随着科学技术的发展，越来越多的高科技表现形式出现，开始组织文化传播新模式，如微信公众号、企业微博、宣传广告片、甚至电子游戏等。现代科技方法表现形式开拓人们思想，从不同的侧面反映组织文化的含义。

二、组织文化的维系与变革

（一）组织文化的维系

组织文化建立以后只有采取一定的措施加以维系，才能保证其可持续性。在组织文化维系过程中，有三个因素起着特别重要的作用，即甄选过程、高层管理人员的举措、社会化与组织化的方法。

1. 甄选过程

组织文化最初往往是在组织成立时候受到创始者或创始团队人格魅力的影响而形成的。然而，组织文化的后期发展依托于组织内部成员对文化的认同和不断加强，组织成员受到组织文化熏陶的同时，其个人特质也会反过来作用于组织文化。因此，如何甄选组织成员是维系组织文化的关键一步。这里的甄选是指选拔适合组织工作的人并加以聘用。应聘者的价值观与组织价值观是否同组织文化匹配应该作为组织甄选人才的要点。当然，甄选过程也会给求职者也提供一些组织信息，如发现自己价值观与组织价值观冲突，应聘者也可以考虑及时退出以免加入组织后因文化冲突而带来麻烦。因此，甄选过程成了一种双向选择，可以起到筛掉那些可能对组织核心价值观构成威胁的人，起到维系组织文化的作用。

2. 高层管理人员的举措

高层管理者在强化组织文化方面主要起着表率模范的作用，企业高层往往是组织文化、组织风气的创立者。他们的价值观直接影响着企业发展的方向，他们的言行举止对组织文化产生重要影响。高层管理人员的举措可能通过内部规范的形式，比如规章条例来约束员工的行为，也可能通过个人风格，比如工作习惯或余爱好等间接地影响下属。下属会根据管理人员的举措识别组织鼓励的行为和约束的行为，从而趋利地选择组织认同的行为方式。如果高管的举措正确而有效，将会极大地促进好的企业文化的形成，但反之如果高管的举措不当，将有可能给企业文化的维系带来损害。

3. 社会化与组织化的方法

社会化是指个体在与社会互动的过程中，逐渐养成独特的个性和人格，从自然人转变为社会人，并通过社会文化的内化和角色知识的学习，逐渐适应社会生活的过程，它是一个贯穿于人的始终的过程。组织化则是指个体加入组织后通过组织文化的内化而逐渐适应组织的过程。当人们即将进入一个组织工作或者生活时，自身价值观与组织的共同价值观出现差异，这种差异使得人们不得不又重新调整自己，以使自己能够符合组织文化的要求，此个体将组织价值观内在化并由社会人成长为组织人的过程就称为个体的组织化。组织化过程的关键阶段是新员工刚进组织的时候，许多公司也认识到了这一点，因此在新员工步入公司时，就会对其进行培训，如介绍公司的成长历程、核心价值观等。

（二）组织文化的维系方法

组织文化维系的主要方法有以下几个方面。

1. 管理者和团队所关注的东西

管理者和团队注意那些得到其重视的、认为会对组织产生重大影响的事件或行为。有规则地处理这些事，将向员工发出强烈信号：什么是重要的和期望他们去做的。

2. 对组织危机的反映

当组织面临一场危机的时候，在对危机的把握上，管理者和员工们表现出大量与文化有关的行为。人们对危机的处理方式既可在价值观、行为规范等方面增强现有组织文化，又可能从根本上打造出新的组织文化，从而改变现有组织文化。

3. 管理者的模范作用

管理者的模范作用是指通过管理人员的表率、教育和指导作用把组织文化传达给普通员工，并尽量把组织文化信息具体结合到组织成员的培训计划和日常工作指导中去。

4. 报酬与奖励制度

报酬与奖励制度是指与各种行为相关的奖励制度，维系着组织文化的某些特定方面。报酬与奖励制度向员工表达了管理者和组织所关注的重点和认可的价值观，因此员工往往通过报酬和奖励制度来认知和学习组织的文化。

5. 选择与晋升的标准

选择与晋升的标准同报酬与奖励制度类似，也是组织维持一种文化的基本方法，它通过人员的招募、甄选、提拔和调动等工作标准与取向来实现。其中选择的标准是组织成员所通晓的，它们可以加强和表明组织文化的基本方面和改变现有组织文化。

6. 组织的仪式、标志物、庆典和历史等

这是指富有文化含义的有计划组织活动和文化形式，它们既是组织文化组成的部分，又是维持组织文化的必要惯例和行为规范。

（三）组织文化的变革

虽然组织文化具有相对稳定性，但是企业所处诸如市场环境的转变、新技术的出现、政府政策的改变以及其他随着时间推移一起发生改变的因素使得组织运作方式的变化成为必要，因此组织文化进行变革。变革原因主要包括以下三个方面。

1. 劳动力的组成

随着时间的推移，人口结构发生变化，因此进入组织的人也能在某些重要的方面上与现有的不同。大量的不同背景和价值观的员工进入组织，如来自不同民族或文化背景的员工。由于它们对工作中的很多方面有不同的看法，因此组织文化需要发生变化。

2. 兼并和收购

兼并和收购是当今比较常见商业活动，人们一般只关注两家企业合并后资产情况，人们很少考虑被收购组织的文化，特别是跨国间兼并活动。但是，两个兼并的组织的文化不相容可能会导致严重问题，如在某些情况下，组织甚至因为文化冲突而解散。多年来因为兼并和收购产生的文化冲突的例子屡见不鲜。

3. 有计划地组织变革

企业为更好地满足市场需要，围绕企业的关键目标和核心竞争能力来设计工作流程，信息化使得企业中的沟通和协调更加充分，组织结构扁平化，因此有计划地变革也会导致组织文化的变革。如西门子公司 CEO 柯兰・菲尔德执掌公司 2 年将公司销售上升 16%，利润上升 35%，把原西门子公司古板企业文化变成激情与快速反馈，由于组织结构变化，是企业运作更有效率，促使西门子公司员工快速决策并且注重客户服务。

对于组织变革的流程，库尔特・勒温（Kurt Lewin）认为不管是对个体、群体或组织的变革，都会经历解冻、变革和再冻结三个阶段。

第一阶段：解冻（Unfreezing）——创造变革的动力。组织必须清醒地认识到新的现实，与过去决裂，承认旧的做事方式不再可接受。组织在与那些不再发挥作用并要设法打破的结构和管理行为分开之前，要接受一个新的未来愿景将十分困难。

第二阶段：变革（Changing）——指明改变的方向，实施变革，使成员形成新的态度和行为。组织创造并拥有一种未来愿景，并综合考虑达成这一目标所需要的步骤。安排变革的一个首要步骤是将整个组织团结在一个凝聚人心的愿景之下。这个愿景不仅包括其使命、哲学和战略目标的某种陈述，而且它旨在非常清晰地勾画出组织理想地未来样子。

第三阶段：再冻结(Refreezing)——稳定变革。当新的态度、实践与政策用于改变公司时，它们必须被“重新冻结”或固化。再冻结即把组织稳定在一个新的均衡状态，目的是保证新的工作方式不会轻易改变，这是对支撑这一变革的新行为的强化。

总之，社会总处于不断发展变化之中，企业的管理实践在不断地受到变革创新的挑战，企业的员工追求的意义和价值也在变化。企业文化要适时地做出变革，创造出能产生更高工作满意度和价值的企业生活方式。企业文化实现了对员工微妙的影响和控制，管理好企业文化的变革，增强企业核心竞争力。

三、组织文化建设的基本途径

随着高科技时代的到来，企业在竞争中不可避免地充满着风险，因此，新时代的企业必须能够容忍错误和失败，在企业中形成不畏风险、大胆创新、勇于竞争的企业文化。在知识经济时代，知识资本将成为企业成长的关键性资源，企业要生存发展就必须强化知识管理，更好地开发利用和共享知识，建立学习型组织，通过持续不断的学习来掌握新科技，适应新变化。现代企业间竞争主要还是人才竞争，也是企业凝聚力的较量，企业文化必须体现成就感，团队合作精神和整体荣誉感，树立以人为中心的管理思想，增强企业的凝聚力和向心力。

(一)选择合适的企业价值观标准

企业价值观是整个企业文化的核心，选择正确的企业价值观是塑造良好企业文化的首要战略问题。选择企业价值观要立足于本企业的具体特点，根据自己的目的、环境要求和增长方式等特点选择适合自身发展的企业文化模式。其次要把握住企业价值观与企业文化各个要素之间的相互协调，因为各个要素只有经过科学的组合与匹配才能实现协调整体的优化。

在此基础上，选择正确的企业价值观标准要注意以下四点：

第一，企业价值标准要准确、明晰、科学，具有鲜明的时代特点。

第二，企业价值观和企业文化要体现企业的宗旨、发展战略和发展方向。

第三，企业要切实调查本组员工的认可程度和接纳程度，使之与本企业员工的基本素质相和谐，过高和过低的标准都很难奏效。

第四，选择企业价值观要发挥员工的创造精神，认真听取员工的各种意见，并经过自上而下和自下而上的多次反复，审慎地筛选出既符合本企业的特点又反映员工心态的企业文化模式。

(二)强化员工的认同感

在选择并确立了企业的价值观和企业文化模式之后，就应把员工基本认可的方案通过一定的强化灌输方法使其深入人心。具体做法可以是：

第一，利用广播、电视、报刊、杂志等各种宣传媒体，宣传企业文化的内容和企业精神，使之家喻户晓，以创造浓厚的企业文化氛围。

第二，培养和树立榜样及英雄人物。“榜样的力量是无穷的”，榜样和英雄人物的先进事迹是企业文化和企业精神的缩影，他们的感人事迹会对员工有巨大的感召力和影响力。

第三，加强对员工进行企业文化的教育和培训。通过对员工的教育和培训，使全体员工认同并产生共同的价值观念，使员工的思想得到统一，从而增强企业的凝聚力和向心力，加强员工的自我调节和控制。

（三）提炼企业精神

企业价值观的形成不是一蹴而就的，必须经过科学地分析、归纳和提炼才能准确地确定下来。

首先是精心分析。在经过群众性的初步实践之后，领导者应当将反馈回来的意见加以分析和评价，详细分析和比较结果与规划方案的差距，必要时可吸收有关专家和员工的合理意见。

其次是全面归纳。在系统分析的基础上，进行综合化的整理、归纳、总结和反思，去除那些落后和不合时宜的内容与形式，保留积极进步的内容和形式。

最后是精炼定格。把经过科学论证的和实践检验的企业精神、企业价值观、企业伦理与行为，予以条理化、完善化和定格化，再经过必要的理论加工和文字处理，用精炼的语言表达出来。

（四）巩固落实

要巩固落实已经提炼的企业文化和企业精神，首先要建立必要的制度保障。在企业文化演变为全体员工的习惯和行为之前，要使每一位成员在一开始就能自觉主动地按照企业文化和企业精神的标准去行动比较困难，即使在企业文化已经成熟的企业中，个别成员背离企业宗旨也是经常发生的。因此，建立某种奖优罚劣的规章制度就变得十分必要。其次，领导者在塑造企业文化的过程中起着决定性的作用，因而领导者必须更新观念并能带动企业成员为建设优秀的企业文化而共同努力。

（五）在发展中不断丰富和完善

任何一种企业文化都是特定历史的产物，当企业的内外条件发生变化时，企业必须不失时机地丰富、完善和发展企业文化。这既是一个不断淘汰旧文化和不断产生新文化的过程，也是一个认识与实践不断深化的过程。全体文化由此经过不断的循环往复以达到更高的层次。

四、企业家文化与企业文化

企业家文化是一种独特的企业文化现象。我们知道，企业文化是企业增长力的源泉，而企业文化又是由企业家文化决定的，这是因为企业家是企业生产经营活动和企业组织中的一个关键角色，是企业的指挥者、组织者、主将、导演和领袖，具体来说，有以下这样几点：

(一)企业家是企业文化建设的主体

在企业文化的建设过程中，企业员工作为一个整体处于主体地位，企业家是企业文化建设过程中当然的第一主体，这是由企业家在企业中的地位和作用决定的。企业家在工作中要担当各种角色，他既是信息的接受者，又是信息的传播者，还要充当信息的发布者。此外，企业家又是企业的首脑，代表企业对外负责接待和展示工作，对内负责协调企业工作。从现代企业制度所要求的企业内部组织结构来看，企业家总是处于最核心的地位，他不仅参与经营决策，还组织实施执行，毫无疑问是企业经营管理中的中枢人物，他应当是一个拥有企业行政管理权力，自主地从事经营活动并承担风险的人。他的主要任务是利用组织的各种人力、物力和财力资源创造具有生命力的企业，是企业经营活动的总指挥。企业家对于企业来说，必须发挥以下三点作用：一是提供经营思想和理论；二是决定企业的长远和近期目标、目的、任务和规划；三是预测市场的变化，制定战略；四是处理日常的事物并在非常情况下及时做出新的决策。企业家是企业中枢神经，如果他出了故障，向企业发出了错误的指令，就可能会导致整个企业的瘫痪。

企业家的这种实际上的领袖地位决定了其个人意志、精神、道德、风格等文化因素在企业中备受瞩目，更容易得到员工的广泛认同和传播，并形成自觉追随。以至于企业的最高目标和宗旨、企业价值观、企业的作风和传统习惯、行为规范和规章制度都深深地打上了企业家的个人烙印。

(二)企业家是企业文化生成的关键因素

创建者在解决企业外部适应和内部协调的问题中起主要作用。由于他们首先具有创建企业的设想，因此，以其文化经历和文化个性为基础，他们对怎样实现这个设想有自己的独特见解，不仅有高度的自信心、决心、强烈的创新意识和能力、对经济生活的敏感性、对企业发展有永不满足的追求，而且对世界的本质、企业在社会中的地位和自由、人性和人际关系的本质、寻求真理的条件、怎样管理时间和空间等都有较为深刻的见解。在企业的创建初期，总是先由企业家基于其个人文化假设提出一些构想，并不自觉地以这种文化假设套裁、罗织员工，影响、汇聚同道，形成最初的企业核心群体。核心成员不断提炼、沉淀的文化信念，将成为这一企业文化的原始胚胎。在企业的发展过程中，企业创建者的个人假设会借其权力因素和非权力因素的作用得到加倍的强化，逐步内化为全体员工的共同信念。

（三）企业家对企业文化的控制

随着社会的进步和文明程度的提高，企业的发展日益大型化、集团化和跨国化，企业的触角将无所不及，从而面临多种文化源流的融入和渗透。能否形成一致的企业文化，对企业家将是一个严峻的考验。这时企业家对企业的“行政领导”反倒退居到次要的地位，而能否成功地实现对企业的“文化控制”则成为至关重要的问题。“行政领导”主要靠的是一种权力因素的制约，而“文化控制”更多的则是凭借一种非权力因素的影响。行政领导下的双方是一种纯粹的旅利益关系，结成的是一种“利益共同体”，而“文化控制”的双方是在文化认同的基础上形成的一种“文化共同体”，并进而能够形成一种“命运共同体”。

（四）企业家决定着企业文化的生命

企业家的生命是有限的，但企业家成功创造的企业文化却是恒久的。考察一个企业的生命力，既要看它发展的现实性，又要看其发展的可能性。同样，检验一种企业文化优劣的标准，除了看它是否推动企业的现实发展之外，还要看其发展的可持续性。企业由于历史悠久、成绩卓著而形成了一种成熟的文化，这种文化在企业中创造了以后每一代人的认识、思考和感觉模式，从这个意义上来说，成熟的团体通过它的文化也创造了自己的领导者。一般来说，成熟的企业造就成熟的文化，但成熟的企业文化也往往容易导致一定发展时期的“文化僵局”，这种文化僵局将成为企业对内外适应性的强大阻碍。企业家能否冲破这种障碍，实现质的飞跃，将是具有革命意义的一步。这对企业家的洞察力、情感态度都是严峻的考验，因为他们变革的对象正是他们自己。

企业家只有以彻底开放的胸怀，不断地经历一次次的涅槃，痛苦地超越自我，才能对企业文化进行有效控制和调节，维持企业文化的动态平衡，永葆企业文化的生命力，推动企业健康、持续地发展。

（五）企业家是企业员工团结的核心

任何企业都是由性格、秉性、脾气、志向和爱好各异的各位员工组成的，他们在企业中各处其位、各司其职。企业家的责任就是要把这些来自四面八方的各色成员团结在企业这个大家庭中，汇成一股劲，搞好企业的生产经营，达到既定的目标。企业家不仅是企业成员团结的核心，在某种意义上讲，他还是企业成员团结的象征，正如一个指挥是一个乐队的象征一样。

要是企业的成员团结一致，为达到企业的预定目标而努力，企业家就必须通过监督、咨询、调查等机构，了解企业内外各方面的情况，做到心中有数，以利于协调各方面的关系，及时处理出现的各种问题。此外，对企业家来说更为重要的事情是，要努力培养和建设自己企业以价值观为核心的企业文化。只有一种牢固的价值观和信念，才能统帅全体员工，否则，即使有再好的“硬”件，也很难做到全体成员团结一致、齐心协力。

本章小结

组织文化是指在一定的社会政治、经济、文化背景条件下，组织在长期的社会实践中所形成的并且为其成员普遍认可和遵循的具有本组织特色的价值观念、共同思想、团体意识、工作作风、行为规范和思维方式的总和。

组织文化具有目标导向功能、凝聚功能、激励功能、规范功能、协调功能、辐射功能和创新功能。

典型的组织文化构成可以分为三个层面：精神文化层、制度文化层和物质文化层。处于核心层次的精神文化往往通过外在的制度文化和物质文化表现出来。

组织文化建设思路一般由几个部分构成：调研分析阶段、总体规划阶段、试验阶段、传播阶段、评估调整阶段以及巩固发展阶段。

企业家文化是一种独特的企业文化现象。企业文化是企业增长力的源泉，而企业文化又是由企业家文化决定的。

思考与理解

1. 什么是组织文化？它包括哪些内容？
2. 简述组织文化的基本功能。
3. 试述企业文化塑造的路径。
4. 试述组织文化变革的意义。
5. 试述企业家文化与企业文化之间的关系。
6. 主要概念：

文化、组织文化、物质文化、制度文化、精神文化、组织文化变革、企业家文化。

第十章 人力资源管理

课程导读

1. 认识和理解人力资源及人力资源管理的含义。

2. 理解人力资源管理的各项职能，并能够应用相关原理对人力资源管理案例解读和分析。

教学目标

飞龙集团的失败

1990年10月，飞龙集团只是一个注册资金只有75万元和员工只有几十人的小企业，却在1991年实现了利润400万元，在1992年实现了利润6000万元，在1993年和1994年利润都超过2亿元。短短几年，飞龙集团可谓飞黄腾达，牛气冲天。但自1995年6月飞龙集团突然在报纸上登出一则广告——飞龙集团进入休整，然后便不见踪迹了。这是为什么？1997年6月，消失两年的姜伟突然从地下"钻"出来了。并坦率地承认飞龙的失败是人才管理的失误。

飞龙集团除在1992年向社会严格招聘营销人才外，从来没有对人才结构进行过战略性设计。随机招收人员、凭人情招收人员，甚至出现亲情、家庭、联姻等不正常的招收人员的现象，而且持续3年之久。作为已经发展成为国内医药保健品前几名的公司，外人或许难以想象，公司竟没有一个完整的人才结构，竟没有一个完整地选择和培养人才的规章。人员素质的偏低，人才结构不合理等。从1993年开始，飞龙集团在无人才结构设计的前提下，盲目地大量招收中医药方向的专业人才，并且安插在企业所有部门和机构，造成企业高层、中层知识结构单一，导致企业人才结构不合理，严重地阻碍了一个大型企业的发展。1993年3月，一位高层领导的失误造成营销中心主任离开公司，营销中心一度陷入混乱。这样一来，实际上就造成了无法管理和不管理。

导读：

1. 案例的启示：飞龙集团由于没有进行切实可行的人力资源管理规划，也未进行科学合理的招聘，从而导致了集团的失败。

2. 什么是人力资源管理？人力资源管理有哪些职能？

第一节 人力资源管理概述

一、人力资源的含义

（一）人力资源的概念

人力资源的概念是由管理大师彼得·德鲁克（Petter Drucker）于 1954 年在其所著的《管理实践》中正式提出并予以明确界定的。德鲁克认为，人力资源是一种特殊的资源，指的是员工天然拥有并自主支配使用的协调力、融合力、判断力和想象力。

这种资源必须通过有效的激励才能开发利用，并为组织带来客观的价值。简单地说，人力资源就是指在一定范围内能够为社会创造物质财富和精神财富，具有体力劳动和脑力劳动能力的人口的总和。

（二）人力资源的特点

作为一种特殊资源，与其他资源相比有其自身特点，如表 10-1 所示。

表 10-1 人力资源管理与传统人事管理的比较

比较	传统人事管理	人力资源管理
目标	吸引、保留和激励员工。	组织竞争力、利润、竞争优势、生存能力。
关注点	个人。	团队。
价值观念	视员工为成本负担和实现组织经济目标的工具。	视员工为有价值的重要资源、组织发展的动力。
管理模式	以物为中心；对员工严格监督和控制。	以人为中心；注重开发、激励和保护。
管理性质	以业务为主的战术性操作。	以战略为主的策略性操作。
组织地位	处于组织结构中的执行层；被动接受命令。	处于组织战略的决策层；发挥决策性的管理职能。
部门属性	非生产、非效益部门。	生产与效益部门。
管理方式	以管理者为中心的取向，重控制。	服务型取向，重参与。
管理内容	简单、单一。	内容丰富。
与其他部门关系	作为管理者出现。	作为合作者出现。

资料来源：夏兆敢，杨喜梅，彭良平. 人力资源管理教程[M]. 北京：北京大学出版社，2014:5.

综上可见，人力资源具有以下三个特点。

1. 能动性

能动性是人力资源与其他资源相区别的主要特征。这种能动性表现在三个方面：一是人的自我强化，即人能通过学习提高自身的能力素质和能力；二是选择职业，选择职业是人力资源主动与其他资源结合的过程；三是积极劳动，这是人力资源能动性的主要方面，也是人力资源发挥潜能的决定性因素。

2. 时效性

人力资源存在于人的自然生命体中，表现为人的体力和脑力，其开发和利用都受到自然生命规律的限制。一方面，人力资源若不能得到及时与恰当的利用，其所拥有的劳动能力就会随着时间的流逝而退化甚至消失；另一方面，必须对人力资源进行有效的开发和利用，否则就会浪费。

3. 社会性

人所具有的体力和脑力明显地受到时代和社会因素的影响，从而使得人力资源具有社会属性。社会、经济、政治的不同，必然导致人力资源质量的不同。

二、人力资源管理的职能

（一）人力资源管理的概念

在德鲁克提出人力资源的概念后，1958 年美国社会学家怀特・巴克在其《人力资源功能》一书中，详细阐述了有关管理人力资源的问题，他将人力资源管理（Human Resource Management，HRM）视为企业的一种普通管理职能。他认为，人力资源的管理职能对于组织的成功来讲，与其他管理职能（如会计、生产、营销等）一样至关重要。这是学者第一次提出人力资源管理的概念，其后，众多学者对人力资源管理概念进行了诸多的阐释和界定。

加里・德斯勒（Gary Dessler）将人力资源管理定义为"完成获取、培训、评价雇员及向其支付薪酬，同时还要处理劳资关系，雇员的健康和安全问题以及与公平有关的其他一些问题"的一种过程。

德里克・托林顿（Derek Torrington）从两个视角来定义：一是从人力资源管理职能的关键目标来定义，包括人员供给、绩效、变革管理、行政四个目标；二是与传统的人事管理相比较，人事管理基本上是以劳动力为中心，而人力资源管理则以资源为中心。

雷蒙德・A. 诺伊（Raymond A. Noe）认为，人力资源管理是指影响员工的行为、态度以及绩效的各种政策、管理实践和制度。

综上所述，人力资源管理是指在组织的战略目标指导下，运用科学的方法，对人力资源进行规划、选拔、培训和开发、考核与激励等，最终实现组织目标和员工个人价值的过程。

(二)人力资源管理的基本职能

人力资源管理职能活动主要包括有人力资源规划、员工招聘、培训开发、绩效管理、薪酬管理等。其基本框架如图 10-1 所示。

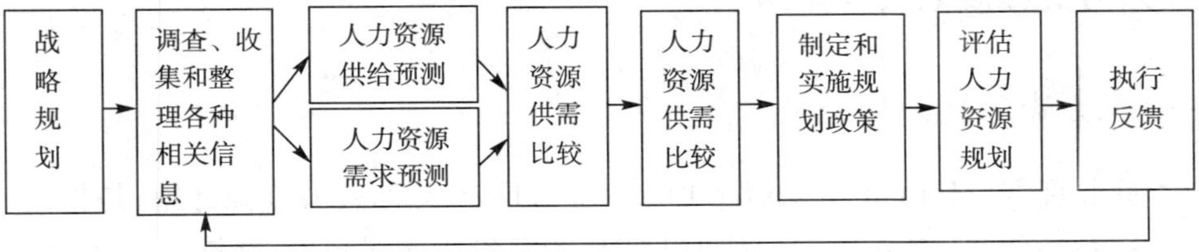

图 10-1　人力资源管理职能活动框架

1. 人力资源规划

人力资源规划是分析组织在环境的变化中人力资源需求状况并制定必要的政策和措施,以满足这些需求。具体地就是利用科学的方法预测人力资源供给和需求的发展趋势,制定人力资源招聘、调配、培训及发展计划等必要的政策和措施,在组织和员工的目标达到最大一致的情况下,使人力资源的供给和需求达到最佳平衡。

2. 员工招聘

员工招聘是人力资源管理部门的重要任务和职责。招聘员工一定要根据人力资源规划和岗位分析要求,事先制定招聘方案,再通过招募、甄选、录用等一系列活动来完成。招聘的目标在于迅速地、合法地和有效地找到企业所需的合适求职者。科学的方法和手段对评价和选择组织所需人员显得十分重要。

3. 培训开发

对员工进行培训和开发是训练员工提升员工能力的过程。主要是根据不同员工的技术水平和素质差异,采用不同的训练方式和训练内容,进一步开发员工的潜能,提升他们胜任现有工作或未来工作的能力。同时也提高员工对组织的归属感和责任感,从而提高员工的工作绩效、积极性和主观能动性。

4. 绩效管理

只有通过绩效管理才能真正了解员工的实际工作情况,是员工晋升、降级、解职、调岗等人事决策的依据。同时,绩效管理也是控制员工工作绩效的有益手段,可给员工提供工作反馈,促使进一步改进工作,提高绩效。

5. 薪酬管理

科学合理的薪酬体系事关员工队伍稳定与发展,乃至整个组织的发展。人力资源管理部门要从员工的知识、技能、资历、职级、岗位、绩效考核表现等方面,来为员工制定相应的、具有吸引力的工资报酬福利标准和制度。薪酬管理是人力资源管理活动的核心内容之一,也是吸引及留住员工,激励员工,激发员工潜力的重要手段之一。

第二节 人力资源规划

一、人力资源规划及其作用

(一)人力资源规划的含义

人力资源规划(Human Resource Planning,HRP)又称人力资源计划,是指组织为了实现自身的发展战略,完成相应的战略目标,根据组织内外环境和条件的变化,运用科学的方法对组织人力资源的需求和供给进行预测,制定合理的政策和措施,从而使人力资源供给和需求达到平衡,实现人力资源合理配置,有效激励员工的过程。

要理解人力资源规划的内涵必须把握以下几点:

人力资源规划制定的依据是组织的战略目标,组织战略对人力资源规划具有导向作用,人力资源规划必须反映组织的战略意图;

人力资源规划的主要工作是预测人力资源的供需关系、制定必要的人力资源政策和措施,实现人力资源的供需平衡;

人力资源规划的目标是使组织人力资源实现平衡,保证组织长期持续发展和员工个人利益的实现。

(二)人力资源规划的作用

人力资源规划的作用,具体表现在以下几个方面。

1. 有利于组织战略目标的制定和完善

人力资源规划是组织发展战略的重要组成部分,同时也是实现组织战略目标的重要保证。人力资源规划既要对组织的人力资源的现状进行分析,又要预测其发展变化趋势,对组织的人力资源各项活动进行动态调整。人力资源有助于组织以发展的视角制定和完善组织的战略目标,提高组织的核心竞争力。

2. 增强组织对内外环境的适应性

为了克服环境变化可能对组织带来的消极影响,人力资源规划必须前瞻性考虑招聘、培训和员工的发展政策。人力资源规划就是要预见组织变化将要引发的组织对人力资源需求的变化,并及早进行准备,从而有助于减小未来的不确定性,增强组织对内外环境的适应性。

3. 确保组织在生存发展过程中对人力资源的需求

人力资源的需求和供给的平衡是不可能自动实现的,人力资源部门必须分析组织人力资源的需求和供给之间的差距,制定必要的人力资源的获取、利用、保持和开发策略,从而确保组织在生存和发展过程中对人力资源的需求。

4. 有利于控制人力资源成本

人力资源规划有助于预测组织中潜在的人员过剩或人力不足,将员工的数量、质量和结构控制在合理的范围内。同时,通过人力资源规划预测组织人员的变化,调整组织的人员结构,可以促进人员配备的不断优化,提高员工的工作效率,从而最大限度地降低人力资源成本,创造最佳效益。

5. 有助于调动员工的积极性和创造性

只有在人力资源规划的条件下,员工才可以看到自己的发展前景,从而积极地努力争取。人力资源规划有助于引导员工职业生涯设计和规划。

二、人力资源规划的程序

人力资源规划是一项系统工程,是按一定的程序来进行的。如图 10-2 所示,其程序主要包括有关信息收集与整理、人力资源供求预测与比较、人力资源规划方案的制定和人力资源规划的实施与效果评估及执行反馈等六个步骤。

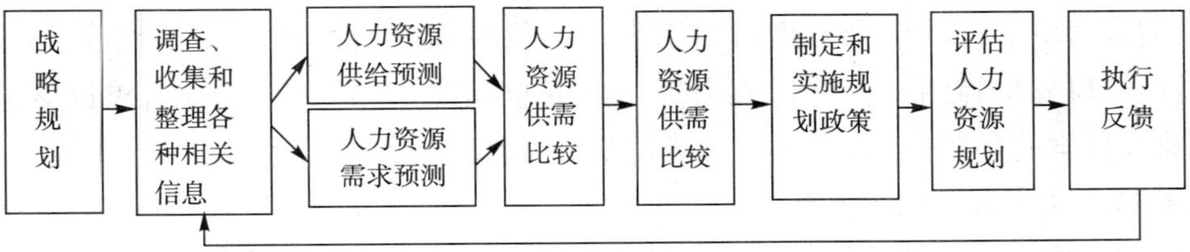

图 10-2 人力资源规划的程序

1. 调查、收集和整理有关信息

信息是制定人力资源规划的基础,这一阶段主要工作是收集、整理人力资源规划所涉及的组织外部环境信息和企业内部信息。外部环境是影响组织正常运转的外部因素,包括政治、法律、经济、社会、文化、人口、科学技术等,还包括行业发展状况等。内部环境主要包括组织的战略规划、组织管理制定、人力资源现状等。

2. 人力资源供求预测

人力资源需求预测主要是根据组织战略规划和组织的内外条件选择预测技术,然后对人力资源需求的数量、质量和结构进行预测。人力资源供给预测主要是根据人力资源及其未来变动情况,预测出各规划时间点上各类人员的可供给量。外部供给预测主要考虑社会的受教育程度、本地区的劳动力供给状况等。

3. 人力资源供求比较

在对人力资源未来的需求和供给预测数据的基础上,对组织人力资源需求的预测数与在同期内组织本身可供给的人力资源预测数进行对比分析,从比较分析中可测算出各类人员的净需求数。既包括数量又包括人员质量、结构,即既要确定"需要多少人",又要确定"需要什么人"。

4. 制定和实施人力资源规划

这一阶段要做的工作主要包括：根据组织人员净需求量，制定出相应的规划政策，以确保人员的供求平衡，并在人力资源规划政策的指导下，确定具体的实施计划。

5. 人力资源规划的评估

在实施人力资源规划的同时，要进行定期与不定期的评估和审核。评估内容可从3个方面进行：(1)是否忠实地执行了本规划；(2)人力资源规划本身是否合理；(3)将实施结果与人力资源规划进行比较，通过发现差距来指导以后的人力资源规划活动。

6. 执行反馈

根据第五阶段的工作成果，在通过对过程及结果进行监督、评估的基础上，采取相应措施促使人力资源规划更加切合实际。

三、人力资源的供需预测

(一)人力资源的需求预测

所谓人力资源需求预测是指对组织未来一段时间内所需人力资源数量、质量和结构等进行的事先估计活动。进行人力资源的需求预测，首先要对各种需求因素进行分析，并采取科学的预测方法，这样才能确定组织所真正需要的人才。

1. 影响人力资源需求的因素

影响人力资源需求的因素很多，主要包括社会因素及组织内部因素。

(1)社会因素。它主要包括经济形势、政府政策、产业结构、技术水平、劳动力市场的供求情况等。

(2)组织内部因素。

①财务资源。人力资源的需求收到财务资源的约束，组织可以根据未来的人力资源总成本来推算需求的最大量。

②发展规划。组织未来的发展规划和目标任务，对人力资源的数量、质量、结构提出了要求。

③工作负荷。员工的工作情况、定额和工作量等，都会对人力资源需求产生影响。

④员工流动率。预期员工流动率，包括辞退、退休、解聘等引起的职位空缺，也影响人力资源需求。

⑤组织规模。组织扩大规模、改变发展领域等都会引起人力资源需求的变化。

2. 人力资源需求的预测方法

(1)经验推断法。该方法是最简单的人力资源需求预测方法，主观性较强，管理人员凭借自己以往的工作经验和直觉，对未来所需要的人力资源做出估计。主要适用于短期预测，并且适用于那些规模较小或者经营环境稳定、人员流动不大的组织。

具体做法一般是先由基层管理者根据自己的经验和对未来业务量的估计，提出本部门各类人员的需求量，再由上一级管理者估算平衡，再报上一级的管理者，直到最高层管理者做出决策，然后由人力资源管理部门制定出具体的执行方案。

(2)德尔菲法(Delphi Method)，又称专家预测法。它是20世纪40年代由美国兰德公司首次使用的，比较适合于长期预测。该方法是指邀请某一领域的一些专家或者是有经验的管理人员，对某一问题进行预测并最终达成一致意见的结构化方法，所以又称专家预测法。

德尔菲法具体操作程序如下：

①拟定主题，设计调查表，并附上有关背景资料。

②选择与预测课题相关的专家，并将调查表寄给专家，请其提供解决问题的思路和意见，专家见之间不沟通，相互保密。

③回收专家填写好的调查表。

④对第一轮调查进行综合整理，汇总成新的调查表，再寄给专家征求意见。

这样，每个专家在了解其他专家意见的基础上(匿名方式)，做出新的判断。如此反复几轮(一般3—5轮)，即可形成比较一致的意见，从而获得预测的结果。

(3)比率分析法。它是通过特殊的关键因素和所需人员数量之间的一个比率来确定未来人力资源需求的方法。此方法主要是根据去年的经验，将企业未来的业务活动水平转化为对人力资源的需要。具体做法为：

①根据需要预测的人员类别选择关键因素。

②根据历史数据，计算出关键因素与所需人员数量之间的比率值。

③预测未来关键因素的可能数值。

④根据预测的关键因素数值和比率值，计算未来需要的人员数量。

例如：某学校2016年有学生2000人，2017年计划扩大招生，在校生规模达到3000人，目前平均每个老师承担50名学生的工作量，生产率保持不变，那么2017年该校需要教师数为3000÷50＝60(人)。

该预测方法简单、直观，但缺点也很明显。一是进行估计时需要对计划期的业务增长量、目前人均业务量和生产率增长情况有比较精确的估计；二是这种预测方法只考虑了员工需求的总量，没有说明其中不同类别人员需求的差异。

(4)回归分析法。它是研究自变量与因变量之间变动关系的一种数理统计方法，根据观测到的数据，通过回归分析，得到回归方程，即得到自变量和因变量之间的关系式。在人力资源需求预测中的应用就是通过建立人力资源需求量与其影响因素间的函数关系，从影响因素的变化推知人力资源需求变量。

运用该方法，首先要找到组织中劳动力的数量和构成影响最大的一种因素。如产量、销售额等，然后再分析过去几年员工随着这种因素变化的趋势，再根据这种趋势对未来的员工需求量进行预测。

(二)人力资源的供给预测

人力资源供给预测就是指对未来某一特定时期内能够供给组织的人力资源数量、质量以及结构进行的估计。分为外部预测和内部预测两个部分。

1. 外部人力资源供给预测

影响外部供给的因素有很多,如经济发展状况、外部劳动力市场、就业意识、组织的吸引力等。

(1)经济形势和失业预测。一般来说,经济形势越好,失业率越低,劳动力供给就越紧张,招聘就越困难。

(2)外部劳动力市场。外部劳动力市场紧张,外部供给的数量就会减少;相反,外部劳动力市场宽松,供给数量就会增加。

(3)就业意识。如果企业所在的行业是人们择业时的首选行业,那么人力资源的外部供给量就会增多,反之就会减少。另外,人们就业意识普遍积极,就业意愿也较为强烈,那么人力资源外部供给显然也会增多。

(4)组织的吸引力。如果某一组织对人们有较强的吸引力,人们就会愿意到这里来工作,这样外部的供给量就会比较多,如果吸引力减弱,供给量就会减少。

2. 内部人力资源供给预测

分析内部人力资源供给,主要是在了解和分析组织内部人力资源的现状和优劣的基础上预测未来的状况。主要方法有人员技能核查法、管理人员替代法和马尔科夫分析法等。

(1)人员技能核查法。它通过企业现有人力资源数量、质量、结构在各方面上的分布状态进行核查,从而掌握企业可供调配的人力资源拥有量及其利用潜力,并在此基础上,评价当前不同种类员工的供求状况,确定晋升和岗位轮换的人选,确定员工特定的培训或发展项目的需求,帮助员工确定职业开发计划与职业通路。

(2)管理人员替代法。它通过一张管理人员替代图来预测企业内部的人力资源供给情况,在管理人员替代图中,要给出部门、职位全称、在职员工姓名、职位(层次)、员工绩效与潜力等各种信息(见图 10-3),以此来推算未来的人力资源变动趋势。

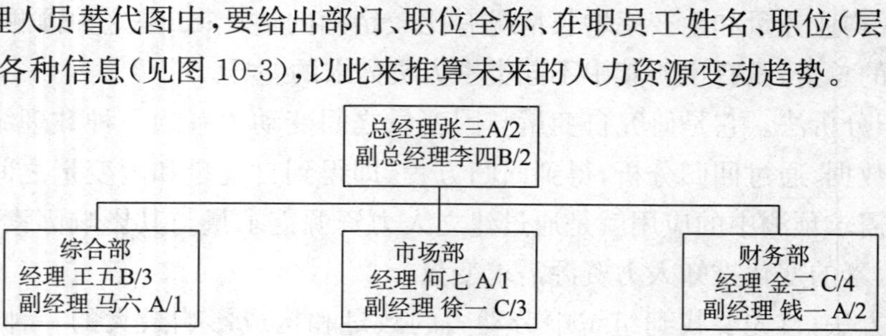

图 10-3　管理人员替代法示意图

注:A—可以晋升;B—需要培训;C—不适合该职位

1—优秀;2—良好;3—一般;4—较差。

此方法通过对企业中管理人员的绩效考核及晋升可能性的分析，确定企业中各关键职位的可能接替人选；然后评价接替人选的工作情况和是否能达到提升的要求，并要了解接替人选的职业发展需要，并引导其将个人的职业目标与组织目标结合起来。

(3)马尔科夫分析法。其基本思路是通过具体历史数据的收集，找出组织过去人事变动的规律，由此推测为例的人事变动趋势。

马尔科夫模型的基本假设：在给定的时间段内，各类人员都有规律地从低一级向高一级职务转移，转移率是一个固定的比例；在给定各类人员起始人数、转移率和未来补充人数的前提下，就可以确定出各类人员的未来分布状况，从而进行内部人员供给的预测。这种方法通常是通过流动可能性比例矩阵来预测某一岗位上工作的人员流向组织内部另一岗位或离开的可能性。

下面以一个贸易公司的人事变动为例来进行说明。

第一步：做一个人员变动矩阵表，如表 10-2 所示。表中每个元素表示从一个时期到另一个时期(如从某一年到下一年)在两个工作之间调动的员工数量的历年平均百分比。

表 10-2 某贸易公司人力资源供给的马尔科夫分析

职位层次	人员调动概率				
	A	B	C	D	离职
高层领导(A)	90%				10%
中层领导(B)	15%	75%			10%
基层领导(C)		10%	70%		20%
业务员(D)			20%	60%	20%

在上表中，在任何一年里，平均 90%的高层领导仍在该组织内，10%离职；70%的基层领导留在原工作岗位，10%被提升为中层领导，20%离职。用这些历年数据来代表每一种工作中人员变动的概率，就可以推测出未来的人员变动(供给量)情况。将计划初期每一种工作的人员数量与每一种工作的人员变动概率相乘，然后纵向相加，即可得到如表 10-3 所示的组织内部未来劳动力的净供给量。

表 10-3 某贸易公司人力资源净供给量的马尔科夫分析

职位层次	初期人员数量	A	B	C	D	离职数量
高层领导(A)	20	18				2
中层领导(B)	40	6	30			4
基层领导(C)	60		6	42		12
业务员(D)	100			20	60	20
预测人员供给数量		24	36	62	60	38

由上表可以看出，在第二年中，A 类职务的供给量为 24 人，B 类职务的供给量为 36 人，C 类职务的供给量为 62 人，D 类职务的供给量为 60 人，整个公司的供给量为 182

人。将这一供给预测与正常的人员扩大、缩减或维持不变的计划相结合，就可以用来决策怎样使预计的劳动力供给于需求相匹配。

第三节 招聘与培训

一、招聘的含义

（一）招聘的含义

招聘就是指组织采取一系列科学的方法，寻找、吸引具备资格的个人到本组织来任职，从而选出适宜人员予以录用的管理过程。组织招聘人员一般有以下几种原因：新成立一个单位，为了满足组织的目标以及管理、业务发展等需要而进行招聘；原有单位由于发展而人手不足；现有岗位人员不称职；员工队伍结构不合理，在裁员的同时需要及时补充短缺的专业人才；组织内部由于员工离职、调任、退休等原因而产生职位空缺。

总之，招聘工作是人力资源管理活动的基础和关键环节之一，为组织生存发展提供可靠的人力资源保障，它在人力资源管理中有着重要的意义。

（二）招聘的意义

招聘工作对组织的意义主要表现在以下三个方面：

第一，招聘工作满足了组织发展对人员的需要。在组织发展的任何时期，都会需要不同类型、不同数量的人才，这是组织持续发展的重要保证。

第二，招聘工作是确保较高的员工素质的基础。招聘工作涉及很多步骤，每一步都是一个选择的过程，最后录用的人员都是组织认为最为合适的人选。这些人员的文化水平、技能水平、身心健康水平都是组织需要的。因此，招聘可以保证员工队伍的基本素质保持在组织所期望的水平上。

第三，招聘工作也是一次组织对外公关活动。招聘，特别是外部招聘，应聘人员从一开始就要准备招聘材料，这些材料包括这个组织的基本情况、发展方向与愿景、有关政策与方针等。同时，招聘公告发布出去，除了应聘人员外，其他人员也会注意到有关内容，从而使更多的人了解这个组织，成为宣传自身的一个大好时机。

二、招聘的流程

招聘的流程是指从组织内部出现空缺到候选人正式进入组织工作的整个过程，通常包括制定招聘计划、发布招聘信息、应聘者提出申请、接待和甄别应聘人员、发出录用通知书、对招聘活动进行评估等活动环节。

（一）制定招聘计划

根据人力资源计划来制定招聘计划，具体内容包括：确定招聘目的、确定招聘时间和地点、描述应聘职务和人员的标准和条件、确定发布招聘信息的方式、确定招聘组织人员和参与测试人员、新员工入职时间、招聘经费预算等。

（二）发布招聘信息

指利用各种传播工具及载体发布招聘岗位信息，鼓励和吸引人员参加应聘。在发布招聘信息时要注意信息发布的范围、信息发布的时间、招聘对象的层次等。

（三）应聘者提出申请

应聘者在获取招聘信息后，向招聘单位提出应聘申请。应聘者应提供的资料一般包括应聘申请表、个人简历、相关学历证明和技能证书等。现在，大部分单位招聘时都采取专门的应聘网站和统一的申请模板。

（四）接待和甄别应聘人员

接待和甄别应聘人员，也叫人员选拔过程，其实质是在招聘中对职务申请人的选拔过程，具体环节包括：审查申请表、初选、笔试、面试、与主管人员或人事负责人面谈、确定最终合格人选、通知合格人员进行身体和心理测验、公布最终录用人员。实际操作过程中，招聘单位会根据实际相应减少和增加一些选拔环节，如有些公司会有多轮笔试、面试，有些只有面试没有笔试等。

（五）发出录用通知书

发出录用通知书是招聘单位与入选者正式签订劳动合同并向其发出上班试用通知的过程。通知中通常应写明入选者开始上班时间、地点、部门与向谁报到等。实际操作中，部分单位也会过口头或电子邮件形式通知应聘者相关事宜。

（六）对招聘活动进行评估

招聘的最后一项工作是对本次招聘活动做总结和评价，并将有关资料整理归档。评价指标包括招聘成本核算和录用人员评估等。

以上是员工招聘的一般程序，组织还可以根据自身实际情况对某些环节进行优化，以提高招聘效率和效果。

三、招聘的渠道

人员招聘的渠道主要有内部渠道和外部渠道两种。内部招聘就是从组织内部招聘员工,将现有的员工作为空缺职位的候选者。外部招聘是指从组织外部招聘人员。组织应根据制定的人力资源规划大致明确了解一定时期所需人员的数量和种类,同时对组织内部空缺职位进行的工作分析及对企业外部环境进行分析,从而决定是从内部进行人员选聘还是从外部招聘人员来填补空缺职务。

(一)内部招聘

1. 内部招聘的形式

内部招聘形式主要有:晋升、平级调动、工作轮换和招回原有员工等形式。

(1)晋升:指将组织内部员工调配到较高的职位上。

(2)平级调动:是指内部员工在同级水平职务间的调动。

(3)工作轮换:是指派员工在不同阶段从事不同工作。

(4)招回原有员工:是指将那些暂时离开工作岗位的人员招回至原有工作岗位上。

2. 内部招聘的优点

(1)能够起到激励作用,有利于调动员工的工作积极性。一个人长时间从事某项工作将会导致工作效率下降。员工不论是晋升、平级调动还是工作轮换,都会由于拓展自己的工作范围而使员工感到组织的安全感,从而对组织产生长期兴趣和提高忠诚度,从而起到激励作用,调动员工的积极性。

(2)有利于保证选聘工作的正确性。组织对应聘人员比较了解,能够正确评价他们胜任新职务的能力和资格。

(3)有利于应聘者迅速开展工作。内部应聘者对组织的管理方式、政策、组织文化和工作流程比较熟悉,上岗后能更易适应新岗位。

(4)有利于节约招聘费用。内部招聘组织起来更为简单,无需在其他渠道上发布招聘信息,能够节约招聘费用。

3. 内部招聘的缺点

(1)通过内部招聘会失去从外部获得更为优秀、更为适合人才的机会。

(2)因招聘数量有限,未能成功竞聘的员工可能会失望,从而产生挫败感,可能会归结于招聘的不公正,影响员工士气,甚至影响员工对公司忠诚度。

(3)容易产生"近亲繁殖"现象,甚至在组织内部出现"小集体"、"小山头"的可能性,影响同事矛盾和内部团结。

(二)外部招聘

1. 外部招聘的形式

(1)广告招聘。广告招聘是指通过广播、报纸、杂志、电视等媒体向社会大众传播招聘信息,以详细的工作职责和任职资格的介绍吸引潜在的符合条件的应聘者。目前来看,在人才招聘网站和单位官网上发布招聘信息是最为常用的方式。

(2)人才招聘会。这是一种比较传统也是最常见的招聘方式。招聘会搭建了求职者和用人单位沟通的桥梁，通过直接见面交流的方式，实现了人才和用人单位的双向选择。招聘会一般分为两类：专场招聘会(如医药人才招聘会)和非专场招聘会(如合肥市2017年春季人才招聘会)。

(3)校园招聘。对大多数组织而言，校园招聘是一种较为常用的招聘方式。高校和中职院校为各个用人单位提供了足够数量的高素质人才。在校园招聘的过程中，大型组织可以通过举办大型专场招聘会的方式进行招聘，而一般组织会选择校园网络、公告栏或学校推荐等方式进行招聘。

(4)猎头公司招聘。猎头公司是为用人单位寻找有经验的专业人士或高级人才的服务机构。猎头公司一方面为组织搜寻有经验和特殊才能的高级人才信息；另一方面也为各类高级人才寻找合适的工作。企业招聘到中意的人选后，必须向猎头公司支付一定的费用。

(5)网络招聘。随着互联网技术的发展，网络招聘日益成为组织招聘的主要渠道。同时，互联网不仅仅是一个网上发布招聘广告的媒体，同样也是一个具有多种功能的招聘服务系统。组织一是通过专业的招聘网站来进行招聘。专业的招聘网站同时为用人单位和求职者服务，能够提供大量的招聘信息，并且提供网上的招聘管理和个人求职管理服务。二是通过自身的官方网站，从效益和传播组织的角度，用人单位在自己的网站、公众号等平台上制作精美的招聘网页，都是一个不错的选择。同时，网站也应成为组织与人才互动交流的窗口。

2. 外部招聘的优点

(1)新员工的加入能够带来“新鲜血液”，给组织带来新观念、新思想、新理念、新技术和新方法。

(2)外来者与组织成员间无裙带关系，因而可以较为客观地评价组织工作，洞察存在的问题，同时有利于平息并缓和内部竞争者的紧张关系。

(3)外部招聘是一种有效的与外部进行交流的方式，可以借此宣传组织，树立良好的公众形象。

3. 外部招聘的缺点

(1)招聘费用较高且招聘时间较长，尤其通过猎头公司招聘时，招聘费用就会更高。

(2)最终录用人员需要较长的时间来适应组织环境和工作，易出现“水土不服”现象。

(3)由于信息的不对称，往往造成筛选难度大，可能找到名不副实的求职者。

四、人员甄选

当组织通过不同渠道获得求职者的申请后，接下来的步骤就是从候选人中挑选出单位需要的人才。人员甄选的程序通常如图10-4所示。

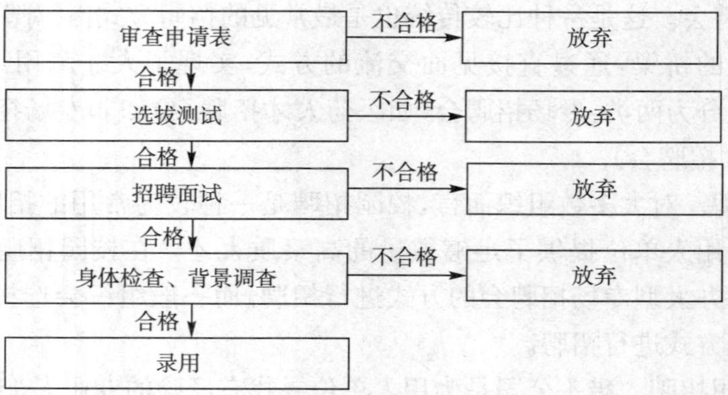

图 10-4 人员甄选程序图

(一)职位申请表

申请表是获得关于候选人教育背景、工作历史和其他与工作相关的个人数据的表格。用人单位可以用最低的成本进行挑选，剔除不合格的申请者后，就可以组织合格者进入下一个甄选环节。

(二)选拔测试

选拔测试是通过一定的方法对求职者的能力和个性进行考察。测试一般有能力测试、心理测试和评价中心测试等。

能力测试主要是测试求职者的专业能力和综合能力。主要判断应聘者特定的知识、专业技术水平和一般能力(如思维能力、语言能力、推理能力、判断能力等)水平，可以预测求职者在从事实际工作中成功的可能性。这项测试用人单位通常是采取笔试的方式进行的。

心理测试是指运用心理学理论和方法，测试应聘者的智力水平和个性特征的一种测试方法。通常包括智力测试、性格测试和心理健康测试，用人单位根据测试结果来预测求职者与拟人职位的符合程度，以达到甄选目的。

评价中心测试也称情景模拟测试，即创设一个模拟的管理系统或工作场景，将被测试者纳入该系统中，采用多种评价技术和手段，观察分析被测试者在模拟的工作情景压力下的心理和行为，以测量其管理能力和潜在能力。

(三)招聘面试

面试是指求职者口头回答面试官的提问，以便用人单位了解求职者的心理素质和潜在能力的一种测试方法。面试是招聘选拔的一个非常重要的环节，通过面对面的交流和沟通，使双方都能加深了解，并能获得更多真实的信息。

面试的形式有多种。根据提问问题的开放程度可以将面试分为结构化、半结构化和非结构化面试。结构化面试指面试时有一套标准的程序，问题多为封闭式问题，所有面试者均回答相同的问题，在公务员招考时常用该类型面试。非结构化面试是指面试不拘泥于固定问题和顺序，所提问题因人而异，根据现场情景和需要与应聘者自由交谈，该面试方法有利于全面地了解应聘者的情况。半结构化面试介于两者之间，主要特征是提问和回答可以不按固定的格式和程序进行，一部分问题是可以探讨的非固定问题，一部分则是事先设计的一系列固定的问题。这是被用人单位广泛采用的面试方式，如"无领导小组讨论"就很典型。

无领导小组讨论（Leaderless Group Discussion）是指由一组应试者组成一个临时工作小组，讨论给定的问题，并做出决策。由于这个小组是临时拼凑的，并不指定谁是负责人，目的就在于考察应试者的表现，尤其是看谁会从中脱颖而出，但并不是一定要成为领导者，因为那需要真正的能力与信心，还需有十足的把握。无领导小组讨论是评价中心技术中经常使用的一种测评技术，采用情景模拟的方式对考生进行集体面试。无领导小组它是通过一定数目的考生组成一组（8～10 人），进行一小时左右时间的与工作有关问题的讨论，讨论过程中不指定谁是领导，也不指定受测者应坐的位置，让受测者自行安排组织，评价者来观测考生的组织协调能力、口头表达能力，辩论的说服能力等各方面的能力和素质是否达到拟任岗位的要求，以及自信程度、进取心、情绪稳定性、反应灵活性等个性特点是否符合拟任岗位的团体气氛，由此来综合评价考生之间的差别。

无领导小组讨论需要注意的问题有：

一是把握讨论方向。讨论中最为重要的部分就是要有人能明确考察要求，并在关键时刻纠正讨论方向。

二是发言积极主动。面试开始后，抢先亮出自己的观点，不仅可以给主考官员留下较深的印象，而且有可能引导和左右其他应试者的思想和见解，将他们的注意力吸引到自己的观点上来，从而争取充当小组中的领导角色。自己的观点表述完以后，还应认真听取别人的意见和看法，以弥补自己发言的不足，从而使自己的应答内容更趋完善。

三是人际关系基础。对方在考虑是否接受你的观点时，会首先考虑你与他的熟悉程度和友善程度，彼此的关系越亲密，就越容易接受你的观点。若他认为彼此是敌对的关系，那么对你的观点的拒绝就是对他的自我保护。

四是说服对方。不要在对方情绪激动的时候力图使他改变观点。因为人在情绪激动时，情感多于理智，过于逼迫反而可能使其更加坚持原有的观点，做出过火的行为，造成难以改变的结果。

五是言词真诚可信。能够设身处地地站在对方立场上考虑问题，理解对方的观点，并且在此基础上，找出彼此的共同点，引导对方接受自己的观点，整个过程中态度要诚挚，用更深入的分析和更充分的证据来说服对方。

六是抓住问题实质。语言的攻击力和威慑力，归根到底来自于语言的真理性和鲜明性。反驳对方的观点不要恶语相加，敌视的态度并不能达到有效反驳的目的。从心理学角度看，敌视的态度会使人产生一种反抗心理，因而很难倾听别人的意见。

七是摆事实讲道理。表述时要立场鲜明，态度严肃，语气坚定，这样可以使对方明确自己的观点，重视自己的意见。

八是先肯定后转折。当对方提出一种观点而你不赞成时，可先肯定对方的说法，再转折一下，最后予以否定。肯定是手段，转折、否定是目的。先予肯定，可使对方在轻松的心理感受中，继续接受信息。尽管最终是转折了，但这样柔和地叙述反对意见，对方较易接受。这样既使自己能从难以反驳的困境中解脱出来，又使对方能在较平和的心境中接受。

九是取长补短。这其实是"后发制人"的策略，在面试开始后，不急于表述自己的看法，而是仔细倾听别人的发言，从中捕捉某些对于自己有用的信息，通过取人之长来补己之短。待自己的应答思路及内容都成熟以后，再精心予以阐述，最终达到基于他人而又高于他人的目的。

（四）身体检查与背景调查

对拟录用人员进行健康状况的检查，由此来判断其是否适宜从事该项工作的身体条件，以及身体状况是否能够承受这份工作的强度。

背景调查也是甄选的一个重要程序。背景调查也称材料核实，就是核实求职者申请材料和个人简历与实际是否相符，以获得求职者更为全面可靠的信息，为最终录用提供决策依据。

五、员工培训

（一）员工培训的含义与分类

1. 员工培训的含义

员工培训是指组织为开展业务及培养人才的需要，采用多种方式对新入职的员工或现有员工进行有目的、有计划的培养和训练的管理活动。其目标是使员工不断地更新知识、提高技能水平，改进员工的动机、态度和行为，使员工适应新的要求，更好实现员工与工作的匹配，从而促进组织效率的提高和组织目标的实现。

2. 员工培训的分类

根据不同的划分标准，通常情况下员工培训可以分为以下类型：

(1)按受训员工是否离开本组织，可以分为内部培训和外部培训。

(2)按受训员工是否离开本岗位，可以分为在职培训和脱岗培训。

(3)按培训目标和内容不同，可以分为专业知识与技能培训、提升培训、职务轮换培训、设置助理职务培训、设置临时职务培训。

(4)按培训对象的不同，可以分为新员工培训、管理人员培训和非管理人员培训。

（二）员工培训的方法

员工培训的方法多种多样，常见的培训方法有以下 6 种。

1. 讲授法

属于传统模式的培训方法，指培训师通过语言表达，系统地向受训者传授有关知识，以更好地切合组织的某些需要。

2. 工作轮换法

让受训员工有机会被安排到不同的部门实地工作，使其获得不同岗位的工作经验，以近距离了解组织的整个情况。

3. 学徒式培训

该方法是通过师傅带徒弟的方式对员工进行技能培训，受训完毕，学徒的技术必须达到一定的水平。

4. 视听技术法

该方法是利用现代视听技术（如录像、幻灯片、投影仪、电视、电影、电脑等工具）对员工进行培训，通过视觉和听觉的官能刺激，使受训员工留下深刻印象。

5. 案例分析法

是针对某个特定的问题，向受训者展示真实性背景，提供大量背景材料，由参训者依据背景材料来分析问题，提出解决问题的方法，从而培训受训者分析问题和解决实际问题能力的培训方法。

6. 角色扮演法

角色扮演法是模拟某种特定的工作情境，指定受训员工扮演某种角色，模拟处理工作事务，从而帮助员工提高处理类似问题的能力。

第四节　绩效与薪酬

绩效是指员工在工作过程中所表现出来的与组织目标相关的并且能够被考核的工作业绩、工作能力和工作态度。工作业绩指的就是工作结果，工作能力和工作态度指的是工作的行为。

绩效考核又称绩效评估，是指考评主体对照工作目标或绩效标准，采用科学的考评方法，评定员工工作任务完成情况、员工工作职责履行程度和员工发展情况，并且将上述结果反馈给员工的活动过程。

一、绩效考核的内容

(一)绩效考核的作用

绩效考核是指对员工在一段时间内的实际工作成果的考评。用一定期间的计划完成工作任务目标来衡量员工实际完成的工作任务成果,考察完成的情况。业绩评估所采用的评估指标主要包括完成工作的任务量大小、完成工作的质量情况、相关职责的完成情况,以及在工作中改进和创新情况等。

通过绩效考核评价,组织可以不断发现当前的工作和员工行为是否按照整体的战略规划进行,从而对可能出现的偏差采取即时的纠正措施。绩效考核的主要作用体现在以下几个方面:

1. 绩效考核是人员聘用的重要依据

通过科学的绩效考核,可以对员工的工作、学习、成长、效率、培训、发展等进行全面的评估,组织可以根据岗位的要求,决定员工的聘用与否。

2. 绩效考核是人员职务调整的重要依据

通过绩效考核,可以评估员工对现有工作的胜任度及其发展潜力,从而可以为组织决定员工的晋升、调岗、降职、辞退等提供重要依据。

3. 绩效考核是人员培训的依据

通过工作绩效评估,可以发现员工的长处与不足,准确把握工作的薄弱环节,并可具体掌握员工本人的培训需要,从而制定适合且有效的培训计划。

4. 绩效考核是确定薪酬的依据

员工薪酬主要以岗位决定,岗位目标的实现是依靠绩效评估来实现。因此,依据绩效确定薪酬,或者依据薪酬衡量绩效,使得薪酬设计不断完善,更符合组织运营的需要。

5. 绩效考核是激励员工的重要手段

通过绩效考核,把员工聘用、职务升降、培训发展、劳动薪酬相结合,使得组织激励机制得到充分运用,有利于组织的健康发展;同时,绩效考核对员工本人而言,也是一次检视自己、了解自己的过程,也便于建立不断自我激励的心理模式。

(二)绩效考核的内容

1. 工作态度考核

工作态度考核主要反映员工对待工作的相关态度,包括工作积极性、工作热情、工作自觉性、工作责任感以及对待组织和相关工作人员的态度等。

2. 工作能力考核

工作能力可以分为三个方面:基础能力、业务能力和素质能力。其中基础能力和业务能力是工作绩效考核中能力评价的范畴,而素质能力考核则需要通过智力测试、体能测试以及心理测试等方法取得参考结果，通过适应性考察来评价。

3. 工作业绩考核

工作业绩是指工作取得的实际成果，如实际完成工作量、工作量完成程度、完成工作效率、工作业绩产生的影响和作用等。

二、绩效考核的方法

（一）主要考核方法

1. 关键绩效指标考核法

关键绩效指标（Key Performance Indicator，KPI）是用于沟通和评估被评价者绩效的定量化或行为化是关键绩效指标的两个基本特征。KPI 可以使部门主管明确部门的主要责任，并以此为基础，明确部门人员的业绩衡量指标，使业绩考评建立在量化的基础之上。建立明确的、切实可行的 KPI 指标体系是做好绩效管理的关键。

2. 360 度考核法

传统的绩效评价主要是被评价者的上级对其进行评价，而 360 度考核评价则有与被评价者有密切关系的人对被评价者进行评价。该方法又称全方位考核法，是指从员工自己、上司、同事、下属、顾客等不同主体处获得反馈意见，并以此进行绩效考核评估的方法。该方法可以避免传统考核过程中极易出现的"光环效应"、"个人偏见"、"偏紧或偏松"及"考核盲点"等现象，可以反映出不同考核者对于同一被考核对象不同的看法，更为全面、客观和可靠。

3. 评分表法

评分表法是先列出一系列绩效因素，然后由考评者对每一个因素按一定的标准对员工进行评分的方法。绩效因素包括工作的数量与质量、职务知识、工作协同与出勤、对事业的忠诚和创新精神等，然后考评者逐一对表中的每一项给出评分，一般是 5 分制或百分制，然后得出一个总分，这个总分就是评价结果。

（二）绩效反馈

绩效考核结果需要向被考核人进行反馈，因为每个人都希望知道自己做得如何，正确的反馈应把真实的情况告诉员工，保证员工能够准确理解反馈的信息。绩效面谈是绩效考核结果反馈的最为主要的方式，要遵循以下几个原则。

1. 对事不对人

反馈时要以考核数据为基础，摆出量化的事实，使考评者信服，而不能一味地责怪和追究考评者的责任与过错；当然要说明被考评者实际取得的绩效与组织要求的目标尚有差距。最后，双方共同来查找差距的原因。

2. 谈具体,避一般

反馈时不做泛泛的、抽象的一般性评价,而要拿出具体结果、具体事例来支持结论,同时说明考评者希望看到的改进结果。

3. 诊断原因更重要

发现问题的最终目的是在于找到解决问题的方法,而解决问题的方法需要针对问题产生的原因,以便对症下药。所以,反馈时不要回避对原因的分析,而要和被考评者一起分析问题产生的原因。

4. 保持双向沟通

在寻找问题产生的原因和探索解决问题的措施时,要坚持"共同"、"双向"的原则,切忌单方面说了算。

5. 制定切实可行的改进计划

找出解决问题的措施后,要上下共同商量拟定针对性的改进计划,同时,该计划要尽量具体、量化和具有操作性。

三、薪酬管理

(一)薪酬

薪酬就是指员工因为雇佣关系的存在而从雇主那里获得的各种直接和间接的经济收入。在组织中,员工的薪酬一般由基本薪酬、激励薪酬和间接薪酬三部分组成。

基本薪酬是指组织根据员工所承担的工作或所具备的技能而支付给他们的较为稳定的经济性报酬。组织可采取基于职位的薪酬制度,即根据员工所承担的工作本身的重要性、难度或者是对组织的价值来确定员工的基本薪酬。另外,也可采取基于技能的薪酬制度,即根据员工完成工作的技能或能力高低来确定基本薪酬。

激励薪酬是薪酬系统中直接与绩效挂钩的部分,也称浮动薪酬或可变薪酬。设置激励薪酬的目的是在绩效和薪酬之间建立起一种直接的联系,而这种绩效既可以是员工个人的绩效,又可以是组织中某一部门、某个团队甚至整个组织的绩效。由于在绩效和薪酬之间建立起了直接联系,因此,对员工具有很强的激励性,对组织绩效目标的达成起着非常积极的作用。

间接薪酬是指给员工提供的各种福利待遇,间接薪酬与基本薪酬和激励薪酬不同,间接薪酬的支付与员工的工作和绩效并没有直接的关系,通常具有普惠性。如保险、带薪休假等。

(二)薪酬管理

薪酬管理是指组织在总体发展战略的指导下,综合考虑内外部各种因素的影响,确定自身的薪酬水平、薪酬结构和薪酬形式,并进行薪酬调整和薪酬控制的整个过程。

全面把握薪酬管理的含义，需要掌握以下几点：

第一，薪酬管理是在企业经营战略的指导下进行的，作为人力资源管理的一项重要职能，薪酬管理必须服从和服务于企业的经营战略，同时要为企业战略的实现提供有力的支持。

第二，薪酬管理不仅仅是给员工发工资，还涉及薪酬确定水平、形式和结构等一系列决策，是一项复杂的活动。

第三，薪酬管理的目的不仅是让员工获得一定的经济收入，还要引导员工的工作行为，激发员工的工作热情，提高他们的工作绩效。

（三）影响薪酬管理的因素

1. 外部因素

（1）国家法律法规及政策。法律法规对组织的行为具有强制性，例如对员工最低工资的规定，员工所得税比例，医疗保险等方面的规定，都会直接影响到薪酬水平和薪酬结构等薪酬管理制度。

（2）当地经济状况。当地经济发展处在较高水平时，员工的薪酬会较高；反之，就会比较低。

（3）人力资源供求状况。当人力资源市场紧张造成供给减少时，组织薪酬水平就会相应提高；反之，组织就可以维持甚至降低薪酬水平。

（4）其他组织的薪酬状况。当其他组织，尤其是竞争对手的薪酬水平提高时，组织一般也会相应提高自己的薪酬水平，否则就可能造成员工的不满与离职。

2. 内部因素

（1）组织的经营状况与财务实力。组织良好的财务实力，是薪酬管理各项决策得以实现的物质基础。

（2）组织文化。薪酬设计与组织文化紧密联系。强调个人英雄主义的组织文化，薪酬差别比较大；提倡集体主义的组织，薪酬差别就较小。

（3）员工所处的岗位。岗位不同，承担的责任就不同，其薪酬也不同。例如：一线销售人员的基本工资往往比较低，但奖金比较高。

（4）员工的个人因素。员工的职位、工龄、能力、贡献等对个人薪酬起着重要的作用。

本章小结

人力资源管理是指在组织的战略目标指导下，运用科学的方法，对人力资源进行规划、选拔、培训和开发、考核与激励等，最终实现组织目标和员工个人价值的过程。

招聘就是指组织采取一系列科学的方法，寻找、吸引具备资格的个人到本组织来任职，从而选出适宜人员予以录用的管理过程。

员工培训是指组织为开展业务及培养人才的需要，采用多种方式对新入职的员工或现有员工进行有目的、有计划的培养和训练的管理活动。

绩效考核又称绩效评估，是指考评主体对照工作目标或绩效标准，采用科学的考评方法，评定员工工作任务完成情况、员工工作职责履行程度和员工发展情况，并且将上述结果反馈给员工的活动过程。

薪酬管理是指组织在总体发展战略的指导下，综合考虑内外部各种因素的影响，确定自身的薪酬水平、薪酬结构和薪酬形式，并进行薪酬调整和薪酬控制的整个过程。

思考与理解

1. 人力资源管理的基本职能是什么？
2. 为什么要重视员工培训？
3. 绩效考核的作用是什么？
4. 影响薪酬管理的因素有哪些？
5. 主要概念：

人力资源、人力资源管理、招聘、绩效、薪酬、薪酬管理。

第十一章 战略管理

教学目标

1. 认识和理解公司愿景和企业目标的内涵，理解企业目的、公司宗旨和经营哲学之间的关系。

2. 认识和理解战略管理的意义、过程。

课程导读

华为的愿景、使命与战略

华为投资控股有限公司（以下简称华为）创办于 1988 年，2016 年销售收入为 5215 亿元，净利润为 370 亿元，研发费用支出为 763 亿元，从事研究与开发的人员约有 8 万人，是全球领先的信息与通信技术解决方案供应商，业务遍及全球 170 多个国家和地区，服务全世界三分之一以上的人口。

华为专注于信息与通信技术领域，坚持稳健经营、持续创新、开放合作，在电信运营商、企业、终端和云计算等领域构筑了端到端的解决方案优势，为运营商客户、企业客户和消费者提供有竞争力的信息与通信技术解决方案、产品和服务，并致力于未来信息社会，构建更美好的全联接世界。华为目前约有 18 万名员工，29 年坚持聚焦在主航道，抵制一切诱惑；坚持不走捷径，拒绝机会主义，踏踏实实，长期投入，厚积薄发；坚持以客户为中心，以奋斗者为本，长期艰苦奋斗，自我批判。

华为在 2016 年度报告的可持续发展部分载明了公司愿景、使命与战略。

公司愿景：消除数字鸿沟，促进经济、社会、环境的和谐与可持续发展。公司使命：构建优秀的可持续发展管理体系，坚持道德和合规经营，持续加强与利益相关方的沟通，促进和谐商业生态环境的保护，确保公司可持续发展，回报客户和社会。公司战略：人人享有通信，人人享有宽带，应对全球挑战；培育当地专业人才，实现知识的传递，增强当地人们实现数字化社会的能力；提供客户化的信息与通信技术应用解决方案，使不同区域、不同需求的人们及不同企业使用信息技术提升经济水平、生活质量、生产效率和竞争力。

导读：

1. 什么是公司愿景、使命与战略？华为是怎么做的？

第一节 战略与愿景

战略管理是管理学科的一个新的重要分支。战略管理在经过 20 世纪 50 年代的长期规划、60 年代的战略规划之后，直到 70 年代才顺应时代要求，真正成为一门体系比较完整的学科。战略管理是企业最高层次的管理。

一、战略的内涵

（一）战略的含义

在我国，“战略”一词自古有之，“战”是指战斗和战争，“略”是指筹略、策略、计谋。在西方，战略一词来源于希腊文 Strategos，其意是将军指挥军队的艺术和科学。20 世纪 60 年代以前，商业领域还没有明确提出“战略”一词。当时，商学院的课程被称为企业经营政策，并把经营政策认为是职能管理的整合。1962 年艾尔弗雷德·钱德勒(Alfred D. Chandler)出版了他的第一部主要著作《战略与结构：美国工业企业史的若干篇章》，首次在商业管理中提出战略的概念。1972 年伊戈尔·安索夫(H. Igor Ansoff) 发表《战略管理概念》一文，正式提出了战略管理这一概念。此后，战略与战略管理在商业领域得到了广泛的重视和应用。

由于战略应用的广泛性、战略过程的动态性和战略背景的复杂性，人们对战略的认识难以达成共识。将战略引入企业管理，目前尚无统一的定义。不同的学者与经理人员给战略赋予了不同的含义。

哈佛大学安德鲁斯(K. Andrews)认为，战略是目标、意图、目的，以及为达到这些目的而制定的主要方针和计划的一种模式，界定着正在或应该从事的经营领域和经营类型。

美国的霍弗(Hofer)和申德尔(Shanghai Bender)认为，战略是组织目前的或计划的资源配置与环境相互作用的基本模式，表明企业如何实现自己的目标。

美国的明茨伯格(Mintzberg)认为，不同场合赋予战略不同内涵，即 5 P：plan，活动前制定的战略是一种计划；ploy，作为威胁和战胜对手的手段，战略是一种计谋；pattern，战略是一种模式，体现为一系列的行为；position，战略是一种定位，确定有别于又优于对手的竞争地位；perspective，战略是一种观念，体现战略家对客观世界固有的认识方式。

我国的一些学者认为，战略是指贯穿于一个系统在一定历史时期内决策或活动中的指导思想，以及在这种指导思想下做出的关系到系统全局发展的重大谋划。这种谋划的重点就是创造一种独特的“定位”，在竞争中做出明确的“取舍”，加强各项活动之间的“配称性”。

综上所述，战略是指管理者从组织发展的全局性和长远性出发，在充分分析环境的基础上确立的目标以及为实现目标而制定的规划和策略。

“争一时之长短”是战术层面，“争一世之雌雄”就是战略层面。战略最本质、最核心的就是战略目标。

（二）战略的特点

一个好的战略主要具有以下几种特点。

1. 指明企业发展方向，专注于企业长远发展

战略考虑的是组织发展的长期方向，立足高远及未雨绸缪是战略决策的本质。通过对经营环境的研究，公司战略将企业的成长和发展纳入到变化的环境之中，为企业指明了发展方向。在公司战略的指引下，企业能够增强其经营活动对外部环境的适应性，正确地选择公司合适的经营领域和竞争优势，提高决策能力和水平。

同时，有了战略目标，不仅使整个公司有了清晰的发展方向，也明确了企业的各个层次、各个部门的奋斗目标，从而就使企业各方面的努力统一到公司的战略方向上来，形成合力，推进企业为实现共同的目标不断前行。

2. 整合和优化企业资源能力，重点在于企业核心能力的培养

一方面，公司战略建立起企业目标系统，使企业能够依据战略需求对其资源和能力进行整合和优化，促使企业凝结为一个和谐一致、高效的有机整体。另一方面，企业资源和能力的水平影响着公司经营范围和竞争优势的选择，公司战略又是整合和完善企业资源能力的动力，企业只有不断提升其资源和能力的水平，才能保障公司面对变化莫测的经营环境选择和实施其最有效的战略。

当企业的资源和能力能够创造出稀有、难以模仿和不可替代的市场价值，它们就会成为企业构建竞争优势、获得超常收益的必要基础，即核心能力。核心能力隐藏在组织经验、知识及文化中，是组织取胜的关键。核心能力不仅很难打造，而且极易过时和退化。能够对核心能力进行有效管理的企业才真正具有竞争力，因此企业必须对其核心能力的有效性进行及时的判断、改进、提升与创新。而核心能力的隐形性，不仅使对手难以识别和模仿，就连企业自身也很难对其形成正确而及时的认知。这意味着在组织文化和战略的层面上认知、建立、完善及发展核心能力已经成为动态竞争背景下的企业建立长期竞争优势的关键。

3. 关注利益相关者的期望

利益相关者是指那些依靠企业的成功运营来实现其自身目标和期望的个人、团体和组织，主要分为三类：一是资本市场利益相关者，即股东、债权人；二是产品市场利益相关者，主要指顾客、供应商、当地社区及工会；三是组织内部利益相关者，即管理者和普通员工。

由于不同的利益相关者对组织有着不同的期望，他们对组织制定及执行什么样的战略不仅有机会、也有能力通过某种方式施加一定的影响力。利益相关者的概念比“顾客第一”的理念更加全面客观地反映了现代企业战略的决策，对企业战略的影响无处不在，并且日益得到人们的认同与重视。如今，利益相关者已经成为现代企业生存与发展的真正主宰，企业则是各利益相关者实现其某种利益和期望的基本工具。组织战略不仅受到环境因素和可用资源的影响，还会受到公司内外那些有权力的人的价值观和期望的影响。从某种角度来看，战略反映了那些对组织最具影响力的人的态度和信念。一个公司无论是倾向于扩展还是巩固自身地位，其活动界限的划分就体现了影响公司战略制定的利益相关方的态度和价值观。

（三）战略的地位与作用

1. 战略的地位

战略统领组织全局的行为，关系组织未来的生存与发展，是一个组织最高当局的中心活动，是整合性和最高层次的管理活动。

2. 战略的作用

战略能使一个组织更加具有前瞻性，变得更加主动，而不那么被动；能避开同质竞争，提高模仿难度，提升价值创造；能促进内部沟通，形成上下共识，吸纳各方智慧，形成思想协同，产生乘数效应，从而使组织持续发展壮大成为可能。

二、战略的内容构成

（一）战略的内容

战略按内在的逻辑联系，其内容构成一般包括以下几部分：

（1）战略思想，是指组织活动过程中处理各种关系的观念和准则。

（2）战略目标，是组织预期要达到的成果水平，包括组织的发展愿景、近短期及中长期的质量与数量水平等。

（3）战略布局，就是针对战略目标所作的时间、空间、产业或项目上的部署。

（4）战略任务，即围绕着战略目标和布局应该完成的主要任务。

（5）战略对策，是指完成战略任务的具体途径、方法和手段。

战略内容构成是否明确清晰，关系到所制定的战略能否真正起到统领全局、指导各项活动有效进行的作用。

（二）战略要素

战略尤其是企业战略必须清晰地反映以下四个方面的要素：

一是经营范围。即企业从事生产经营活动的领域，是企业根据自己所处的环境及具有的实力，确定当前和未来的发展领域（行业），以及在该领域从事生产经营活动的范围，例如，进入汽车行业生产小汽车发动机。

二是资源配置，指企业过去和目前资源与能力的配置水平和模式。资源的配置水平的高低和配置模式的合理性是确保企业生产经营活动获得成功的重要保证。因此，企业在根据外部环境变化采取相应战略时，都要对资源配置进行调整，以支持战略的实施。

三是竞争优势，指企业通过经营范围的决策与一系列要素或能力的配置，所形成的不同而领先于竞争对手的竞争地位。

四是协同作用，指企业从资源配置和经营范围的决策中所能寻求到的各种共同努力的效果，使企业总体资源的收益大于各部分资源收益之和，即产生乘数效应。企业可从投资、作业、销售和管理四个方面产生协同作用。

企业战略要素影响企业效能和效率。效能是指企业实际产出达到期望产出的程度，而效率则指企业实际投入产出比。在企业战略构成要素中，企业的经营范围、资源配置和竞争优势一般决定着企业效能发挥的程度，协同作用则是决定企业效率的重要因素。战略的四个要素存在于企业各个层次的战略之中。企业战略的层次不同，其四个要素的相对重要程度也不同。

三、企业战略体系

企业具有不同的结构和层次，不同层次的不同单位对战略的理解及实施有所不同。一般来说，一个多元化公司的战略是由三个层次的战略构成的战略体系：总体战略（Corporate Strategy）、业务单位战略或竞争战略（Business or Competitive Strategy）和职能战略（Operational Strategy），如图 11-1 所示。

公司战略，也叫公司的总体战略，就是对公司进行总体谋划或布局。它主要是确定公司目标，选择经营领域和业务范围，决定实现目标的思路和途径，配置重要资源，协调各个业务之间的关系。其重点是谋划未来的发展。

经营战略，也叫经营业务单位战略，或叫分战略。它是围绕在选定的业务范围内或在选定的市场与产品区域内如何取得优势而制定的竞争策略组合。业务不同，其战略也会发生相应改变。

职能战略，是为了贯彻实施和支持公司战略与经营战略，针对企业特定的职能部门制定的战略，例如财务战略、技术战略、生产战略、人力资源战略、营销战略等。其重点是提高资源的利用率。

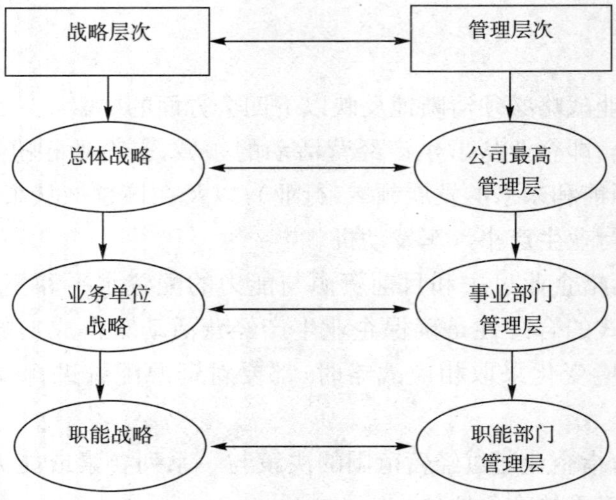

图 11-1　公司战略的结构层次

在三个层次的战略中，高层次的战略是制定低一层次战略的前提和条件，低层次战略是高一层次战略的支撑和保障，从而最终保证总体战略的实现。因此，总体战略的正确与否决定着公司的前途和命运。

四、愿景

战略管理过程起始于一份清晰的愿景和使命陈述。理解愿景和使命的最佳方式，是关注处于创办初期的组织。初创期的新组织往往只有一些创意或信念。当这些创立之初的理念被写成文字时，书面文件中包含的基本思想就构成了愿景和使命陈述的基础。

（一）愿景的含义

亨利·明茨伯格（Henry Mintzberg）在对战略管理思想进行归纳总结时，指出企业家学派最核心的概念就是愿景。愿景是对战略的心理描述，产生于或至少是表现在领导者的头脑之中，战略形成就是一个构筑愿景的过程。

企业愿景可以划分为三个层次：上层是企业针对社会或世界的；中层是企业的经营领域和目的；下层是员工的行动准则或实务指南。企业愿景的本质就是将企业的存在价值提升到极限。

组织存在价值一般是企业为实现幸福的人类社会的手段与工具，在促进全社会幸福和寻找新的财富来源的过程中创造出来的。目前经过发展，其价值又增加了与全球自然环境共生（如 ISO14000 环境管理体系）和对国际社会的责任、贡献两方面，实现了愿景的与时俱进。

组织愿景包括两部分：核心信仰（Core Ideology）、未来前景（Envisioned Future）。它用以规定组织的基本价值观和存在的原因，是组织长期不变的信条，如同把组织聚合起来的黏合剂。其中，核心信仰必须被组织成员共享，它的形成是组织自我认识的一个过程。核心价值观是一个组织最基本和持久的信仰，是组织内成员的共识。

一般来讲，企业的愿景通常包含四个方面的内容：使整个人类社会受惠受益；实现企业的繁荣昌盛；员工能够敬业乐业；使客户心满意足。

综上所述，愿景是指组织期望在环境允许的前提下，通过动员全部可用资源而实现的宏伟目标。企业愿景回答的是"我们想成为什么样的企业"这一问题，是对未来的一种期望，是企业努力经营想要达到的长期目标，是企业拟定使命的基础。

由于企业不仅是领导者的企业，也是员工、合作伙伴和社会的企业，随着企业的发展和壮大，企业必须经历迈向社会化的过程。

（二）设定愿景

愿景通常是指组织希望通过基本战略最终实现的目标。设定组织愿景应当从两个方面入手：

第一，组织目的的确认。组织目的就是组织存在的理由，即组织为什么要存在。一般来说，有什么样的组织目的，就有什么样的组织理念。正确的组织目的会产生良好的理念识别，并引导组织的成功；错误的组织目的会产生不良的理念识别，并最终导致组织的失败。

第二，明确组织使命。组织使命和组织宗旨是同义语，是在组织发展理念指导下，组织为其开展活动的方向、性质、责任所下的定义，它是组织经营哲学的具体化，集中反映了组织的任务和目标，表达了组织的社会态度和行为准则。

现代组织的最高使命是其应该具有的社会责任感，它要求社会组织不仅要考虑到自身的利益，而且能够承担起自己的社会责任。

1. 宏伟的长期目标

构筑企业愿景需要确立企业宏伟的长期目标——即宏大(Big)、惊险(Hairy)与大胆(Audacious)的目标(Goal)。从不同的角度，企业大胆的长期目标有不同的描述方法。例如，从质和量的角度陈述，索尼在20世纪50年代的目标是"成为全球最知名的企业，改变日本产品在世界上的劣质形象"，华为在20世纪90年代的目标是"成为世界一流的通信设备供应商"；从战略竞争者的角度陈述，耐克在20世纪60年代的目标是"粉碎阿迪达斯"，本田在20世纪70年代的目标是"摧毁雅马哈"；从相关角色的角度陈述，斯坦福大学在20世纪40年代的目标是"成为西部的哈佛"；从内部改造的角度陈述，通用电器在20世纪80年代的目标是"通过把大公司的优势与小公司的精干与灵敏结合起来，使公司成为所服务的市场中第一或第二位的公司"。

2. 生动形象的描述

构筑企业愿景需要对预期状态生动形象的描述。例如，亨利·福特(Henry Ford)用生动形象的描述赋予了"使汽车大众化"这一目标以生命："我要为大众生产一种汽车……它价格如此之低，不会有人因为薪水不高而无法拥有它，人们可以和家人一起在上帝赐予的广阔无垠的大自然里陶醉于快乐的时光……当我实现它时，每个人都能买得起它，每个人都将拥有它。马会从我们的马路上消失，汽车理所当然地取代了它……(我将会)给众多的人提供就业机会，而且报酬不菲。”

索尼公司在20世纪50年代对预期状态的生动描述是：“我们生产的产品将分布于世界各地……我们将成为第一家打入美国市场的日本公司，并直接销售我们的产品……对于美国公司失败的技术创新项目，如半导体收音机，我们将会取得成功……50年后，我们的品牌在全世界各地都是知名的……我们崇尚创新和质量，我们可以和任何一家最具创新精神的公司相媲美……‘日本制造’将意味着精美细致，而不是粗制滥造。”愿景的哲学意义体现在“因为你想成为什么，所以你就能成为什么”，而不是“因为你能成为什么，所以你想成为什么。”

五、使命

使命是指组织在社会进步和经济发展中所应担当的角色和责任，即组织存在的理由。企业使命首先是要阐明企业组织的根本性质与存在理由，一般包括三个方面。

(一)企业目的

企业目的是企业组织的根本性质和存在理由的直接体现。组织按其存在理由可以分为两大类：营利组织和非营利组织。以营利为目的而成立的组织，其首要目的是为其所有者带来经济价值，如通过满足客户需求、建立市场份额、降低成本等来增加企业价值；其次的目的是履行社会责任，以保障企业主要经济目标的实现。相反，以非营利目的成立的组织，其首要目的是提高社会福利、促进政治和社会变革，而不是营利。

戴维·帕卡德(David Packard)1960年在给惠普员工所作的演讲中指出，经营目的触及的是一种除了赚钱之外的、公司存在的更深层理由。帕卡德说：“我想讨论一下公司为什么存在的根本缘由。换句话说，我们在这里是为了什么？我想，很多人都以为，公司的存在仅仅是为了赚钱，这是错误的。尽管这确实是公司存在的一个重要理由，但我们要深入下去，去发现我们存在的真正理由。通过调查，我们最终得出这样的结论：一群人联合起来，并以一种机构的形式存在，我们称之为公司；这样他们可以完成一些由一个人完成不了的事情，为社会作出贡献。这种说法虽然听起来显得陈腐过时，但它却是根本……你可以环顾周围(整个经营世界)，并发现人们好像都对赚钱感兴趣，而没有其他兴趣，但其深层的驱动力在很大程度上来自要做一些其他事情的渴望：创造一种产品，提供一种服务。概括而言，人们就是要做一些有价值的事情。”

(二)公司宗旨

公司宗旨旨在阐述公司长期的战略意向，其具体内容主要是说明公司目前和未来所要从事的经营业务范围。彼得·德鲁克(Peter Ferdinand Drucker)认为,提出“公司的业务是什么”,也就等于提出了“公司的宗旨是什么”。公司的业务范围应包括企业的产品(或服务)、顾客对象、市场和技术等。

公司宗旨反映出企业的定位,如生产或销售什么类型的产品或服务给特定的部门,或以什么样的方式满足客户和市场的需求等。在确定企业宗旨时,企业战略管理者需要正确地理解顾客需求的概念,并根据顾客需求来定义。例如,房地产公司宣称:我们为消费者提供的不是房子,而是一种生活方式;物流企业提出:我们为顾客提供的不是运输服务,而是一种竞争力;美国电话电报公司强调通信而非电话;埃克森美孚公司突出能源而非石油和天然气。

(三)经营哲学

经营哲学是公司为其经营活动方式所确立的价值观、基本信念和行为准则,是对企业文化的高度概括。经营哲学主要通过公司对利益相关方的态度、公司提倡的共同价值观、政策和目标以及管理风格等方面体现出来。经营哲学同样影响着公司的经营范围和经营效果。

事实上,关于愿景和使命,理论与实践中有多种界定和表述,有的强调使命,而有的只谈愿景,有的使命和愿景两个词混用。企业使命概念属于广义使命的范畴,如表 11-1 所示。极端广义的使命概念包含企业愿景概念,狭义的使命概念不包括经营哲学。

在实践中,由于愿景与使命的逻辑上的一致性,很多组织都将愿景中宏伟的长期目标纳入到使命陈述之中,并将其作为使命陈述的最后一句话,也是最重要的一句话,以特别突出组织通过坚守宗旨所试图达到的长期目标。

表 11-1 企业使命的范畴界定与比较

分类 \ 要素		企业目的	企业宗旨	经营哲学	企业愿景	
					宏伟的长期目标	生动形象的描述
理论上	狭义的使命	√	√			
	广义的使命	√	√	√		
	极端广义的使命	√	√	√	√	√
实践上	使命+愿景		√		√	

第二节 战略管理

一、战略管理的含义与过程

(一)战略管理的含义

企业战略管理最初是由美国的安索夫(Ansoff)提出的。他认为,企业的战略管理是指将企业的日常业务决策同长期计划决策相结合而形成的一系列经营管理业务。后来斯塔纳(Steiner)则认为,企业战略管理是确定企业使命,根据企业外部环境和内部的经营要素,确定企业目标,保证目标的正确落实,并使企业使命最终得以实现的一个动态过程。可见,战略管理的关键词不是战略而是动态管理。

纵观不同学者和企业家的不同见解,战略管理可以归纳为两种类型,即广义的战略管理和狭义的战略管理。广义的战略管理是指运用战略对整个企业进行管理,管理的客体是企业,其代表人物是安索夫。狭义的战略管理是指对企业战略的管理,管理的客体是战略,其代表人物是斯坦纳。目前,居主流地位的是狭义的战略管理,指对企业战略的制定、实施、评价进行的管理。

1976 年安索夫在其撰写的《从战略规划到战略管理》一书中,将战略管理定义为:"将企业的日常业务决策同长期计划决策相结合而形成的一系列经营管理业务。企业高层管理者为保证企业的持续生存和发展,通过对企业外部环境与内部条件的分析,对企业全部经营活动所进行的根本性和长远性的规划与指导。"他认为,战略管理与以往经营管理的不同之处在于:战略管理是面向未来,动态地、连续地完成从战略决策到战略实现的过程。

斯坦纳在其 1982 年出版的《管理政策与战略》一书中则认为,企业战略管理是确立企业使命,根据企业外部环境和内部经营要素设定企业组织目标,保证目标的正确落实,并使企业使命最终得以实现的一个动态过程。

费雷德·戴维(Fred R. David)在其《战略管理:概念与案例》一书中提出,战略管理是一门关于制定、实施和评价使组织能够实现其目标的跨功能决策的艺术与科学。

由此可见,战略管理是指组织以各主要的利益相关者创造价值为目的,在分析外部环境和自身状况及其变化趋势的基础上,确立企业的使命和目标,制定战略,实施战略,并根据实施过程与结果的反馈,评价、调整或制定新战略的动态过程。

(二)战略管理的过程

1. 战略管理步骤

战略管理过程大致可以归纳为五个相互关联的步骤:

(1)进行战略形势分析。即分析企业所处的外部环境和内部具有的条件,明确企业面临的机会与威胁、优势与劣势。

(2)确立企业的使命和愿景。明确企业为什么要这样做,以及本企业立志要成为什么样的企业。

(3)制定目标和战略。根据企业的使命和战略形势的分析,确定企业的未来发展方向,以及如何实现使命和愿景。

(4)实施战略。以一种高效率和高效果的方式执行选定的战略。

(5)战略控制。对战略实施进行检查,评估该战略是否成功,是否为主要的利益相关者创造了价值,并提供反馈意见,及时调整战略和采取改进措施。

战略管理既起始又归结于价值创造上,其过程中的每一步都集中于一个目的,即创造价值。

2. 战略管理阶段

企业战略管理的五个相互关联的步骤,就是一种过程管理,即需要通过全过程的管理来提高企业战略制定、实施、评价和控制等各项活动的有效性和效率。这个过程可以概括为三个阶段,如图 11-2 所示。

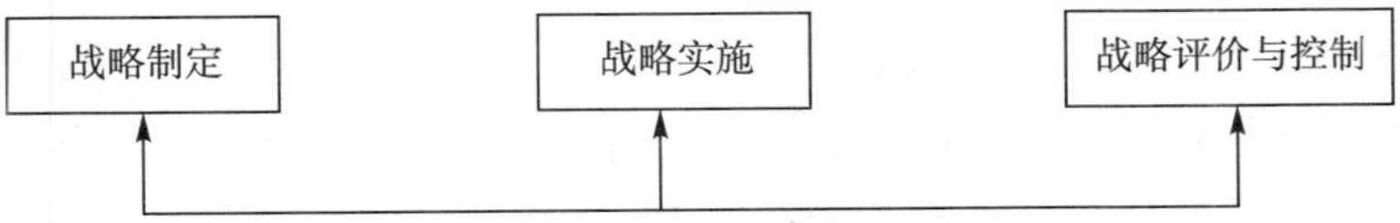

图 11-2 战略管理三个阶段及其相互关系

(1)战略制定。

在战略制定阶段,企业战略管理者需要根据企业战略意图和宗旨、企业的社会责任和企业的价值观对企业的外部环境和内部环境进行理性和科学的分析,对外部机会、威胁和内部优势、劣势进行诊断。在此基础上,重新确定企业的意图和宗旨,并根据企业战略的时间跨度为企业战略意图和宗旨的实现确定阶段性目标和实现该目标的战略。

(2)战略实施。

在战略实施阶段,企业战略管理者主要的任务就是将制定好的战略完整并准确地变成现实的战略。为此,企业战略管理者需要对战略目标进行分解,构建战略实施的计划体系(包括中间计划、行动方案、各种程序和预算),制定相应的职能战略,形成必要的保障机制,包括组织、机制、人员和文化上的支持。

(3)战略评价与控制。

在战略实施的过程中,企业战略管理者需要根据战略实施的不同阶段的实施情况和最终目标的实现情况进行评价和控制,并对战略实施的计划和措施进行及时的调整,对企业管理者的行为进行控制和调整。如果这些过程中的微观调整不能达到效果,那么企业战略管理者将可能终止战略实施的进程,并且重新开始新一轮的战略制定过程。

二、战略管理者

战略管理者不仅是战略制定的决策者，更是战略实施的领导者，对企业战略管理的有效性和效率具有极其重要的作用。在企业经营环境越来越动态化的情况下，环境的可预测性下降，对决策的速度和创新性的要求越来越高。因此，企业战略管理者的构成、决策机制和激励方法等都将影响到企业战略管理的成败，这种作用正在受到越来越多的企业和学者的重视。

企业战略管理者是由企业内部和外部能够对企业战略制定、实施、评价和控制产生重大影响的团体和个人所构成的。这种影响不仅来源于产权和职权，也可以来自于知识和信息。一般来说，企业战略管理者包括企业的董事会、高层管理者、关键的中层管理者以及企业聘请的专业人士或者顾问公司，这些团体及其成员有着各自不同的利益诉求，它们以不同的方式在企业战略管理中发挥各自的作用。

（一）董事会

企业董事会由企业所有者代表及其相关利益团体的代表构成。作为企业的最高决策机构，董事会有责任提出企业的战略意图和宗旨，批准企业战略者为实现企业战略意图和宗旨而制定的企业战略，决议与企业战略实施相关的高层管理者任免、重大投资和融资等事项。发挥董事会在企业战略管理中的作用，需要保持股权的适度集中、完善董事会的决策机制、增加董事会成员的多样化程度以及加强董事的监督和管理。

（二）高层管理者

高层管理者是受企业董事会委托而组建的专门负责企业经营决策的职业化管理团队，通常包括企业的总经理、副总经理及其他被明确规定为企业高层的管理者。作为企业经营决策和管理的团队，高层管理者要根据企业战略意图、宗旨和董事会的具体要求，向董事会提出企业战略，并且在董事会批准后负责企业战略的实施。在战略实施过程中，高层管理者还需要提出年度计划、预算以及重大投资和融资方案等，并在董事会批准后执行。

（三）中层管理者

企业的中层管理者是由高层管理者任命的，专门负责职能部门、产品或市场经营单位的管理。中层管理者不仅具有所负责部门的专业知识，而且对企业内部和外部的相关情况知之甚深。在企业战略制定的过程中，他们可以对企业内外部环境分析、各种战略选择的形成和最终战略的抉择作出重要的贡献。在企业战略实施过程中，企业中层管理者将从配角转为主角，战略实施的有效性和效率在很大程度上取决于企业中层管理者对企业战略的理解和支持，在动态化程度较高的环境条件下，中层管理者通过战略选择和战略实施的参与，充当战略管理者的作用更为明显。

（四）专业人士或团队

专业人士或团队是否能够成为企业战略管理者，取决于企业是否委托专业人士或者团队。外部专业人士或者顾问公司的参与对提高企业战略管理的有效性和效率具有两个方面的好处：首先，专业人士或者团队具有良好的专业知识、掌握行业数据库以及相对比较宽阔的视野。其次，相对组织内部成员，外部专业人士或者顾问公司在战略态势分析和战略制定过程中更能保持相对客观的立场，有助于避免内部战略管理者可能存在的"群体思维"，从而使得战略决策与实施更具有科学性。

三、战略选择

可供一个企业选择的战略有若干种，企业究竟应选择哪一种战略或战略组合？理想的选择是战略应当能够利用外部市场的机会并中和不利环境的影响，同时也能够加强企业内部的优势以及对自身的弱点加以改进。

（一）影响战略选择的因素

在多数情况下，战略评价过程提供给战略决策者的是若干种可行方案，最终需要决策者考虑多种因素，综合权衡，这是主观见之于客观的智力判断过程，而这种判断、选定某一特定战略受下列因素影响。

1. 企业对外部环境的依赖性

任何企业都生存在它的外部环境里，而环境受股东、竞争对手、顾客、政府和社区的影响。企业对其依赖程度越高，企业选择战略的灵活性就越小。例如，企业依赖于少数股东的程度越高，战略选择的灵活性就越小；企业若依赖于少数大顾客，战略选择就得多考虑他们的期望。然而，对环境的依赖性又取决于决策者的主观认识，主观认识不同，选择的战略方案亦不同。

2. 管理者对待风险的态度

管理者不同的风险态度会导致不同的战略选择。敢于承担风险的决策者注重收益而对损失不太敏感，常会选择进攻型战略。而保守型决策者却与之相反，可能采取稳定型或防御型战略，善于在稳定的产业环境中经营。如果管理者确认风险的存在，且试图在高风险战略和低风险战略间寻求平衡，分散风险，则可能倾向选择多元化战略。

3. 企业过去的战略

对大多数企业来说，过去的战略是战略选择过程的起点，这就导致多数新战略的选择受到过去战略的限制。尤其是当决策者要对过去选择战略的执行后果负责任时，他们总是将更多的资源投向过去选择的战略执行中。因此在改变过去的战略时，企业经常需要更换高层管理人员，因为新的管理者较少地受到过去战略的约束。

4. 企业中的权力关系

所谓权力指的是某个人影响另一个人或群体去做某些事情的能力。如果一个权力很大的高层管理者支持某一战略方案，它往往就成为企业所选择的战略，并且会得到一致意见的拥护。由于权力人的品质也涉入到战略选择之中，他喜欢或尊重什么，都与选择什么样的战略有关。

5. 中层管理人员和职能人员

中层管理人员和职能人员由于受个人的视野和所在单位目标、个人利益的影响，他们为战略选择提供的数据资料及评价标准通常带有一定的局限性或片面性，会影响战略的选择。

了解影响战略选择的因素，一方面是正视这些因素的客观存在，另一方面是在战略选择时尽量降低这些因素的影响程度。

(二)战略选择方法

战略选择的方法很多，常用方法一般有：BCG 矩阵法、GE 九象限法、SWOT 模型法。

1. BCG 矩阵法

该方法是由波士顿咨询公司(BCG)首先提出的。它是通过构建市场增长率和市场占有率指标的两维坐标图，根据公司的不同业务市场增长率和市场占有率的高低，选择其战略，如图 11-3 所示。

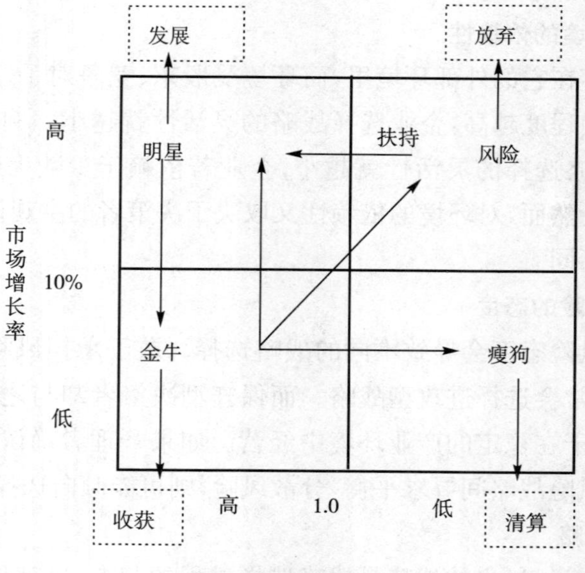

图 11-3 BCG 矩阵

矩阵图反映企业经营的多种业务可能分布在不同的区位中，企业应选择相应的战略。风险业务是指那些相对市场占有率低而市场增长率较高的业务，又可分为有发展前途和无前途两种情况。对有前途的业务应积极扶持发展，使之成为明星业务，无前途的业务则予以放弃。明星业务是指市场增长率和相对市场占有率都较高的业务，其所需要的和所产生的现金数量都很大，通常代表着最优的利润增长和最佳的投资机会，因此应选择发展战略。金牛业务是指市场增长率低，但有较高的相对市场占有率的业务。较高的占有率带来较多的利润和现金，而低的市场增长率只需少量的现金投入，因此它可以产出大量的现金余额用以支持其他需要现金的业务。因此对金牛业务应采取维护竞争地位、扩大市场占有率的积极收获战略。瘦狗业务是指相对市场占有率和市场增长率均低的业务，它常成为资金的陷阱，应采用清算或放弃战略。

2. GE 九象限法

这种方法是由美国通用电气公司与麦肯锡咨询公司共同提出的。它按行业吸引力和经营单位的竞争力，用 3×3 的矩阵来定出各经营单位在总体经营组合中的位置，据此制定出不同的战略，如图 11-4 所示。

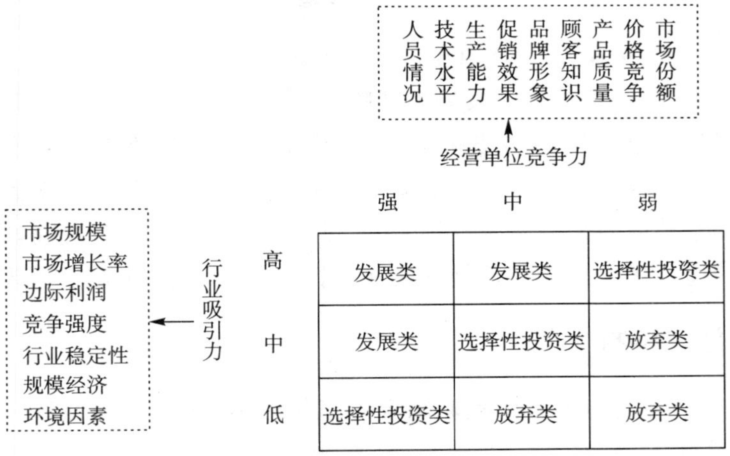

图 11-4 GE 九象限

经营单位所处行业的吸引力按强度分成高、中、低三级，经营单位所具备的竞争能力分成强、中、弱三等，构成一个九象限的矩阵。公司中的每一经营单位都可根据评价放入其中的相应位置。由此公司的所有经营单位总体可归为三类：放弃类（称为红区）、选择性投资类（称为黄区）、发展类（称为绿区）。对不同类型的经营单位应选择不同的战略。

处于发展类经营单位，行业很有发展前途，经营单位又具有较强的竞争地位，公司要采取发展战略，多投资，促其快速发展，巩固其在行业中的地位。对于选择性投资类经营单位，公司要选择其中条件较好的经营单位进行投资，对其余的经营单位则采取收获或放弃战略。收获或放弃类经营单位的行业吸引力和竞争力都较低，公司应采取不发展战略，对一些目前还有利润的经营单位应采取回收资金的收获战略，而对不盈利又占用资金的经营单位应采取放弃战略。

3. SWOT 模型法

即对内外部环境因素或力量进行综合分析，根据得出的评价结果侧重在哪个象限来选择相应的战略，如图 11-5 所示。

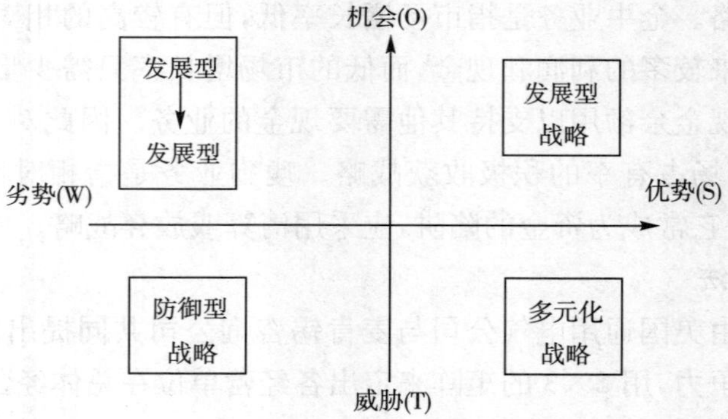

图 11-5 SWOT 模型

综合评价一个公司或某个经营单位，如果某项业务的内外部环境的因素优势和机会占主导，属第一象限，则考虑选择发展型战略；外部机会大，但内部存在较多的弱点，属第二象限，应选择先稳定后发展的战略，即稳定战略是为了整改内部的不足，以提升能力，以更好地发展；处于第三象限，即内部弱势明显而面临的外部威胁又大，这时应考虑采用防御型战略，维持或收缩经营；当优势和威胁并存时，属于第四象限，应选择多元化战略，利用拥有的优势进入新的经营领域或从事新的业务，以分散威胁所带来的风险。

四、战略实施与控制

战略环境分析、组织愿景设计、战略制定等工作内容，在前面相关章节已作阐述，这里主要介绍战略实施与控制。

战略管理过程是否成功在很大程度上取决于战略选择是否有效，但这并不是战略管理过程的结束。一项精心构思的战略还必须予以实施，或付诸行动，而这常常是战略管理出问题和失败之处。根据研究分析，在今天的组织中，光说不做，不能将意图和决策加以贯彻实施的现象是广泛存在的。

公司选择了合适的战略之后，战略管理的重点就转到战略实施与控制阶段。战略实施并非轻而易举的过程，它涉及大量的工作安排、资金和时间。在战略实施过程中，公司中从最高层管理者到作业人员的每一个人，都参与战略的实施。因此，战略实施较之战略分析和战略选择所涉及的问题更多，需要周密计划、认真落实、努力执行和有效控制。

(一)战略实施

1. 战略实施的重要性

战略实施就是执行达到战略目标的战略计划或战略方案,将战略付诸实际行动的过程。制定的战略如果不组织实施,那只不过是纸上谈兵或高管者头脑中的幻想,既浪费时间又浪费精力。战略制定与战略实施之间的关系,如图 11-6 所示。

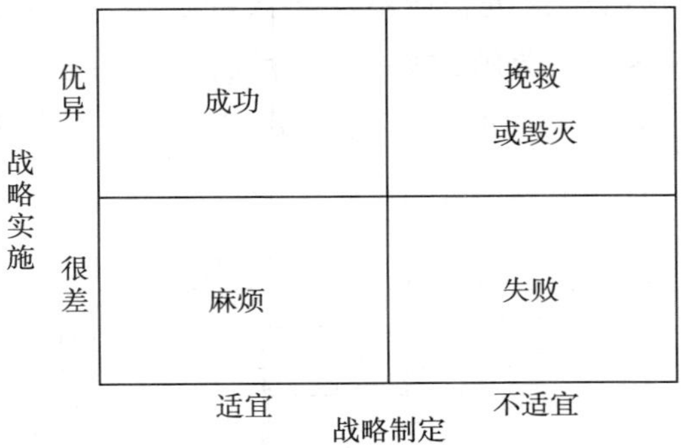

图 11-6 战略制定与战略实施之间的关系

图 11-6 说明,即使是一个合适的战略,如果不能很好地实施,也会给战略带来麻烦。优异的战略实施,可使一个合适的战略取得成功,但在一个不适宜的战略下却会给企业造成风险甚至毁灭。因此,战略制定和战略实施都非常重要,尤其是战略的正确性。

2. 战略实施过程(发动、计划、执行)

在将企业战略转化为战略行动的过程中,须遵循三个原则,经过四个阶段。

(1)战略实施的原则。

①适度的合理性原则。保证基本达到主要的战略目标,某些内容或特征有可能改变,但只要不妨碍总体目标及战略的实现,就是合理的。当各单位或部门之间以及和企业整体利益产生一些矛盾和冲突时,应通过积极协调,在不损害总体目标实现的前提下,来寻求各方都接受的解决办法。

②统一领导和统一指挥原则。战略实施应当在企业高层领导人员统一领导、统一指挥下进行,以保证企业为实现战略目标而卓有成效地运转。统一指挥要求企业每个部门能接受一个上级的指令,避免多头指挥,无所适从,但又要防止小题大做,越级或放大范围去解决。

③权变原则。在战略实施中,环境的不确定性会导致事情的发展偏离先前的设定,以致既定战略的实现成为不可行,这时就需要及时地调整原定的战略,即战略实施的权变问题。遵循权变原则,需要识别和设定战略实施中的关键变量,建立预警系统,并准备不同情况下相应的替代方案。

(2)战略实施的阶段。战略实施经历的阶段,如图 11-7 所示。

①战略发动阶段。这个阶段的目的是将企业战略的理想变为员工的实际行动,调

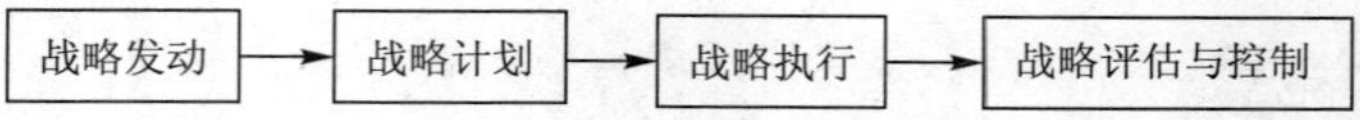

图 11-7 战略实施经历的阶段

动大多数员工实现新战略的积极性与主动性，要求对干部和员工灌输新思想、新观念，提出新口号和新概念。具体要开展的工作包括培训、宣传、思想政治工作、机构及人事调整等，以扫除实施战略的障碍。

②战略计划阶段。该阶段根据企业不同层次的战略，要编制相应的各种战略计划，如图 11-8 所示。工作内容包括分解战略实施阶段、确定阶段目标、制定阶段政策、提出部门措施或策略，并做出相应的时间安排与衔接，以及第一阶段目标的具体化和操作性。

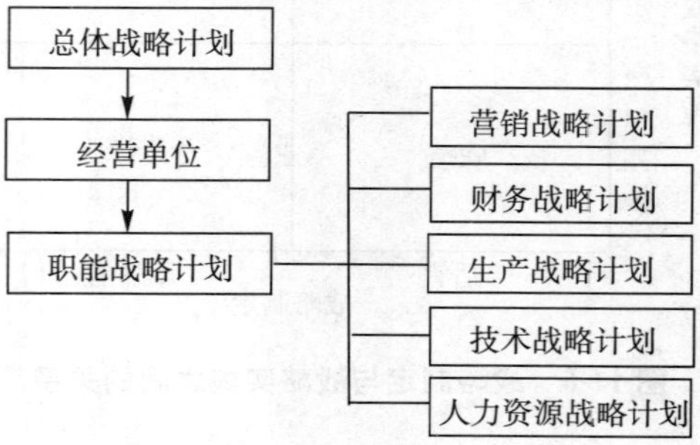

图 11-8 战略计划类型

③战略执行阶段。战略执行阶段的重点工作：一是组织调整和资源分配。即对与执行新战略不相适应的管理组织和作业组织进行及时调整，根据计划在各个层面和不同单位或部门之间合理分配资金、人员、物资等，以保证战略顺利开展，高效执行。二是目标分解和任务落实。即将计划的目标转化为指标水平，纵向层层分解，横向平衡协调，按照责、权、利对等原则，落实到各经营单位、不同部门和岗位个人。三是检查监督和过程调控。检查监督战略执行中有无出现偏离或差错，及时采取措施，努力把问题解决在萌芽状态，将影响或损失降到最低。

④战略评估与控制阶段。在战略实施过程中，一方面由于执行人缺乏必要的能力、认识和信息，对所要做的工作不甚清楚，或不知道如何做得更好，从而出现执行上的偏差；另一方面由于内外部环境的变化与原来的预测评估不同，或当初战略制定存在缺陷，造成战略的局部或整体已不符合现实的环境条件。因此，组织应及时地反馈实施过程中的信息，采取措施，纠正偏差，或调整战略，甚至重新制定战略，以保证实施成效符合企业发展的要求。

(二)战略控制

控制是一项重要的管理职能，指管理者按照计划标准去衡量计划的完成情况，纠正计划执行过程中的偏差，从而确保计划目标的实现。战略控制，就是指企业战略管理者及参与战略实施者根据战略目标和行动方案，对战略的实施状况进行全面的评审，及时发现偏差并纠正偏差的活动。

1. 控制类型

对应公司总体战略、经营单位战略和职能层战略，控制有三种类型：战略控制、战术控制和作业控制。在公司一级，战略控制的重点是使公司内各种各样的活动保持一个整体的平衡。在经营单位这一级，战术控制占主导地位，控制主要是维持和改进经营单位的竞争地位。在各职能部门中，作业控制的重点是提高以职能为基础的优势和能力。依据控制的层次结构，战略管理人员应确保控制的这三个层次能够一体化地融合在一起，根据不同的管理角度或范围，侧重于不同的控制，如图 11-9 所示。

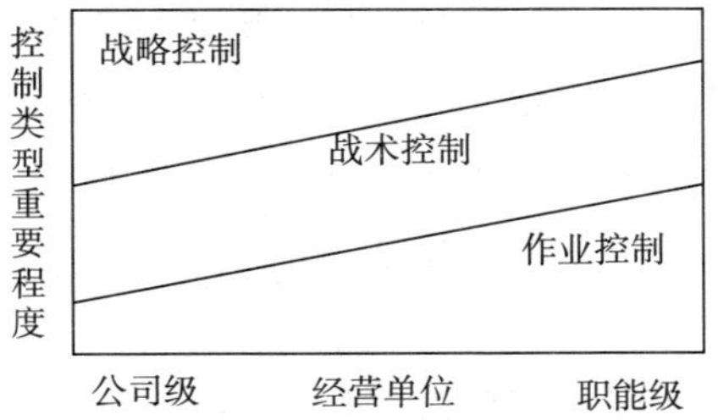

图 11-9 控制结构

2. 控制过程

战略控制过程可以分为五个步骤，即确定控制对象和控制重点、制定控制标准、衡量实际绩效、评价分析及其后续活动（包括采取纠正措施或调整战略），如图 11-10 所示。

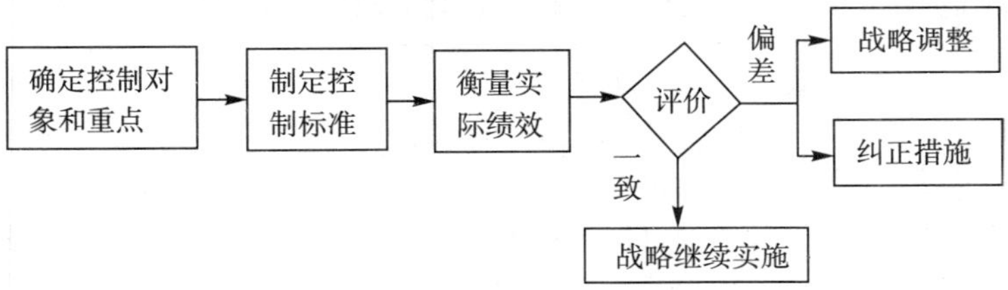

图 11-10 控制过程

（1）确定控制对象和重点。本着有的放矢、减少控制费用的目的，根据战略目标需要完成任务的关键环节，确定具体控制什么及其重点，诸如是控制财务上的成本、利润，还是控制市场营销中的销售额、市场份额或是回货款等。

（2）制定控制标准。一般是把预期的战略目标分解成各项指标水平，作为战略控制的标准，形成评价指标体系。这种评价指标体系的重点应放在那些可以确保战略成功实施的领域里或环节上。

（3）衡量实际绩效。通过企业内部和外部信息反馈，及时收集和处理战略实施过程中的数据资料，了解实际绩效的高低大小。

（4）评价分析。将实际绩效与评价指标水平进行比较，确定两者之间的差距，并尽量分析形成差距的原因及其影响因素。

(5)采取纠正措施。在战略实施过程中,针对形成差距的原因及其影响因素,采取不同的措施。若是属于生产经营执行中的问题,则应及时采取纠正措施,使战略得以顺利实施;如若是外部环境发生变化引起的非可控制问题,则必须对既定的战略作适当的调整,以适应或影响新的环境。

3. 评价方法

战略管理既开始于价值创造又结束于价值创造。传统方法侧重财务评价,现代方法则强调全面的平衡计分评价。财务评价主要测评当前企业业绩水平及其获利的能力,将重点放在所有者和股东的利益上,然而存在一定的局限性,主要反映在:仅考虑财务指标,显得过窄;过于注重所有者,顾客、员工及其他主要利益相关者的价值没有得到适当的评价;财务指标难以全面反映和指出企业的健康状况、未来的表现及价值创造的前景;财务指标的结果未必是可靠的预测。因此,虽然财务测评对于评价当前的业绩是有用的,但要预测未来战略是否成功,需要一种更加平衡和综合的评价和测评方法,即平衡计分法。

平衡计分法从四个角度进行全方位的评价:一是财务角度,用财务方法对所有者的价值创造进行考察;二是顾客角度,重点评价企业与顾客之间的关系,以及企业增进和保持令顾客感到满意的能力;三是企业内部,重点放在员工和管理工作的考察上,强调通过发展和保留那些有能力、有干劲的员工来获得企业的成功,还要考察企业的内部管理,并力图实现更高水平的效率和效能;四是未来角度,评价企业创新和学习能力,解决企业能否继续改进和价值创新。其方法及主要指标如图 11-11 所示。

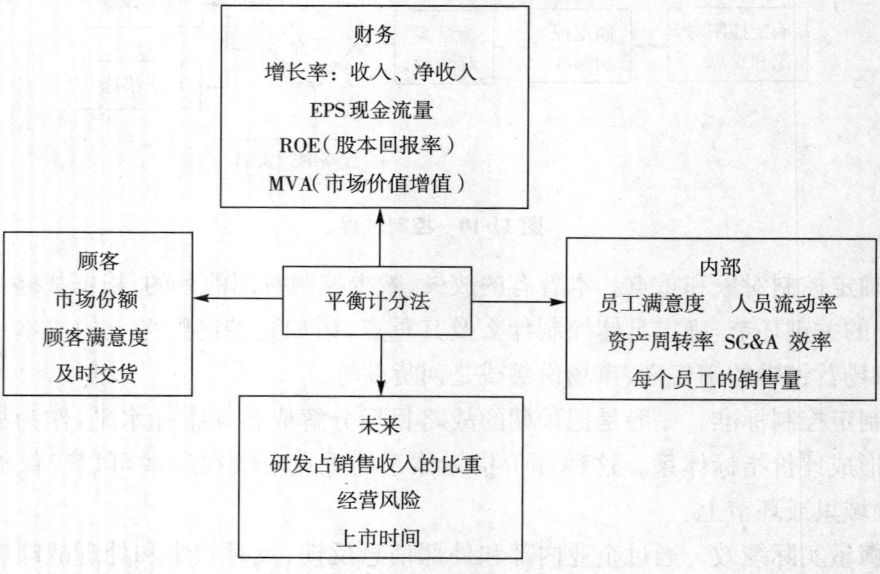

图 11-11 平衡计分法

图 11-11 中主要指标的含义是:

(1)市场价值增值(MVA),是企业股票价格变化的度量。

(2)SG&A 效率,是企业控制销售、一般管理费能力的度量。

(3)经营风险,指诸如专利、合同到期等即将对销售产生威胁的度量。

(4)新产品指数,指在销售总额中新产品所占的百分比。新产品指的是上市不超过四年的那些产品。

(5)上市时间,指公司从开发一种新产品到在市场上推出该产品的时间。

4. 战略控制方式

(1)从控制时间来看,企业的战略控制方式可以分为如下三类:

①事前控制。企业通过预测分析发现战略行动的结果可能会偏离既定的标准,因而在战略实施之前,就确定好控制标准和控制方案,使战略实施朝着既定方向进行。

②同期控制。同期控制又称过程(随时)控制,是指根据战略实施进程及时反馈信息,检测实际绩效,对产生的偏差随时采取相应的纠正措施,将问题处理在萌芽状态,把损失或不利影响减至最小。

③事后控制。这种控制方式是在企业的经营活动之后,将战略活动的结果与控制标准相比较,由相关部门定期地将战略实施结果向上级管理层汇报,由领导者决定是否采取纠正措施。事后控制有利于通过绩效评价总结提高,合理激励,引导企业员工的行为方向。

以上三种控制方式所起的作用不同,因此在战略实施中可根据实际情况选择采用。

(2)从控制的业务来看,企业的战略控制可以分为如下五种:

①财务控制。这种控制方式用途极广,也是企业非常重要的控制方式,包括预算控制和比率控制。

②生产控制。它是指对企业产品品种、数量、质量、成本、交货期及服务等方面的控制,可以分为产前控制、过程控制及产后控制等。

③营销控制。即对销售规模、促销投入、回货款等进行控制。

④质量控制。它包括对生产过程和非生产过程的工作质量和产品质量的控制。产品质量是靠工作质量得以保证的。因此,质量控制的范围包括其他一切控制过程。质量控制是动态的,着眼于事前和未来的质量控制,其难点在于全员质量意识的形成。

⑤成本控制。它是对企业生产经营过程中发生的料、工、费的控制,不仅包括对生产、销售、设计、储备等有形费用的控制,还包括对会议、领导、时间等无形费用的控制。企业要事先进行成本预算,建立各种费用的开支范围、开支标准,并严格执行。成本控制的难点在于企业中大多数部门和单位是非独立核算的,因此缺乏成本意识。

5. 战略控制手段

企业常用的控制手段有巡视法、分析报告法、预算法(收入、支出、现金、负债)、比率分析法(财务比率法、经营比率法)、审计法(外审、内审、管审)、盈亏控制法、网络控制法等。

本章小结

战略是指管理者从组织发展的全局性和长远性出发，在充分分析环境的基础上确立的目标以及为实现目标而制定的规划和策略。

一个多元化公司的战略是由三个层次的战略构成的战略体系，该体系包括：总体战略、业务单位战略或竞争战略和职能战略。

愿景是指组织期望在环境允许的前提下，通过动员全部可用资源而实现的宏伟目标。使命是指组织在社会进步和经济发展中所应担当的角色和责任，即组织存在的理由。企业使命首先是要阐明企业组织的根本性质与存在理由。

战略管理是指组织以各主要的利益相关者创造价值为目的，在分析外部环境和自身状况及其变化趋势的基础上，确立企业的使命和目标，制定战略，实施战略，并根据实施过程与结果的反馈，评价、调整或制定新战略的动态过程。

战略管理过程大致可以归纳为五个相互关联的步骤和三个工作阶段。

思考与理解

1. 什么叫战略？战略管理过程及其内容有哪些？
2. 企业战略的主要类型有哪些？
3. 简述战略选择应注意哪些问题？
4. 简述从控制的业务看企业的战略控制方法。
5. 简述战略管理过程。
6. 主要概念：

战略、愿景、使命、战略管理。

第十二章 电子商务管理

教学目标

1. 认识和理解电子商务管理的概念和内容、电子商务运营管理平台及其整体结构。

2. 认识和理解电子商务物流管理的概念及运作模式，电子商务网络营销管理的概念、策略与方法。

课程导读

阿里巴巴的发展历程

阿里巴巴网络技术有限公司（简称：阿里巴巴集团）是由以曾担任英语教师的马云为首的 18 人团队于 1999 年在杭州创立的，他们相信互联网能够创造公平的竞争环境，让小企业通过创新与科技扩展业务，并在参与国内或全球市场竞争时处于更有利的位置。阿里巴巴集团经营多项业务，另外也从关联公司的业务和服务中取得经营商业生态系统上的支援。集团的业务和关联公司的业务包括：淘宝网、天猫、聚划算、全球速卖通、阿里巴巴国际交易市场、1688、阿里妈妈、阿里云、蚂蚁金服、菜鸟网络等。2014 年 9 月 19 日，阿里巴巴集团在纽约证券交易所正式挂牌上市，股票代码为“BABA”，创始人和董事局主席为马云。2016 年 4 月 6 日，阿里巴巴正式宣布已经成为全球最大的零售交易平台。

在发展初期，阿里巴巴具有明确的市场定位，专做信息流，绕开物流，前瞻性地观望资金流并在恰当的时候介入支付环节。它的运营模式是一个渐进的过程，依据中国电子商务界的发展状况来定位网站，首先抓基础的，然后不断捕捉新的收入机会。从最基础的替企业架设站点，到随之而来的网站推广及对在线贸易资信的辅助服务，交易本身的订单管理不断延伸。其出色的赢利模式符合赢利的强有力、可持续、可拓展等特点。

（资料来源：http://www.alibabagroup.com/cn/about/overview）

导读：

1.案例的启示：阿里巴巴的成功在于逐步地实现了电子商务活动中信息流、物流、资金流的协同与和谐管理，这也正是电子商务管理的实质。

2.什么是电子商务管理？电子商务管理是什么？如何管理？

第一节　电子商务管理概述

一、电子商务管理的概念

人类社会在迈入21世纪的同时，全球也跨入了网络经济时代，由信息革命推动的信息化正在席卷全球。为了适应高科技的发展和经济的全球化，各国都在加紧进行产业结构的调整，国民经济的重心从传统的工业和农业向知识密集型和科技密集型的服务业加速倾斜。现代服务和信息产业正取代传统产业，成为新的经济增长点和支柱产业，促使国家整体的产业结构升级。

由于信息资源共享及管理方法的电子化，电子商务成为企业降低成本、提高效率的必经之路。

电子商务是指基于信息技术之上的，以电子信息工具为手段、以电子信息交换为内容的商务活动。简单地说，电子商务就是“互联网＋商务”。

企业管理是指企业为了有效地实现预期的目标，遵循一定的原则，运用一定的方法对企业生产经营活动中产、供、销各个环节以及人、财、物各种要素进行计划、组织、指挥、协调、控制，以取得最佳经济效益的一系列活动的总称。对于当今企业而言，电子商务管理是指利用现代信息技术和管理的基本功能，针对电子商务活动中的资源、过程、信息等有限资源高效运营，使之获得更有效率产出的管理活动。具体而言，电子商务管理涵盖几个方面的要素，即电子商务管理的前提条件、核心、基础及对象。电子商务管理的前提条件是信息技术，特别是以Internet技术为代表的网络技术应用。电子商务管理的核心是掌握现代信息技术与商务理论及实务的复合型人才，他们是电子商务管理的关键要素。电子商务管理的基础是综合运用网络环境和各类系统化的电子工具。电子商务管理的对象是从事以商品交易为中心的各种商务活动。

二、电子商务管理的产生与发展

(一)电子商务管理的产生背景

社会生产力是影响时代管理发展的主要因素，而生产力又主要取决于科学技术的发展和创新、人类各种文化渗透和融合的程度。当生产力的发展使人类进入电子商务时代时，首先表现的是生活和生产方式的转变，然后产生了适应于电子商务时代的管理——电子商务管理。其产生原因可归纳为以下几个方面。

1. 计算机及网络信息技术的发展

真正使电子商务实现飞跃的是因特网的高速发展。因特网起源于1966年美国国防部建立的ARPANET，这个专用网络到20世纪80年代中期进入了一个爆发式增长阶段。1991年美国政府宣布Internet向社会公众开放，允许在网上开发商业应用系统。自1992年起，Internet进入了商业化阶段，其用户向全世界迅速扩展。1993年WWW(World Wide Web)技术在因特网上出现，使因特网具备了支持电子邮件接收与发送、信息浏览查询及多媒体应用的功能，也使得网上的商业贸易活动变得异常活跃，到1995年因特网上的商业业务信息量首次超过了科教业务信息量。这既是因特网此后产生爆炸性发展的开端，又是第三代电子商务出现的标志。

2. 经济全球化的发展

经济全球化是指世界各国的经济在生产、分配、消费各个领域发生的一体化趋势，它促进了跨国公司的发展，不仅使国际范围内的商务活动变得频繁，而且使国际贸易成为了各国经济发展的重要组成部分。经济全球化促使人们寻找合适的方式来满足这种商务活动，电子商务应运而生，并以其独特的优势成为这场革命中的重要力量，在国际商务活动中扮演着越来越重要的角色。

3. 信用卡和电子金融的普及应用

信用卡以其方便、快捷、安全等优点成为人们消费支付的重要手段，并由此形成了完善的全球性信用卡计算机网络支付与结算系统，使“一卡在手、走遍全球”成为可能，同时也成为电子商务中网上支付的重要手段。各大银行也都看到了电子商务的发展前景，纷纷推出了支持在线交易的电子金融服务。在安全技术的保障下，电子银行的发展解决了电子商务活动中的支付问题，成为促进电子商务发展的强大动力。

4. 电子安全交易协议的制定和安全技术的发展

1997年5月31日，由美国VISA和Mastercard国际组织等联合指定的电子安全交易协议(Secure Electronic Transfer Protocol，SET)出台，该协议得到了大多数厂商的认可和支持，为在网络上进行电子商务活动提供了一个关键的安全环境。计算机和网络安全技术的发展为电子商务的开展提供了技术和安全保障，这些技术包括HTML、XML、数据库技术、动态网页技术、SSL协议、SET协议、加密技术、防火墙技术和数字签名技术等。

5. 政府的支持与推动

自1997年欧盟发布了欧洲电子商务协议，美国随后发布《全球电子商务纲要》以后，电子商务受到了世界各国政府的重视，许多国家的政府开始尝试“网上采购”，这为电子商务的发展提供了有力的支持。同时，各国政府都非常重视电子商务的发展，为电子商务的发展提供良好的生存环境，制定电子商务法律规范和技术标准，保障了电子商务的合法进行和长远发展。

6. 电子商务环境下管理理论的发展

目前，国内外学者在电子商务对管理变革研究方面已经形成了一些新的观点和理论，如业务流程再造、供应链管理、价值链管理等。从总体上来看，在电子商务环境下新型管理理论框架已初露端倪，一种以信息流为直接管理对象，以高效率、低成本、高质量为目标的管理理念正在形成。

（二）电子商务管理的发展

电子商务管理的发展大体可分为萌芽期、形成期和发展期。

1. 电子商务管理的萌芽期

使用电报、电话传递商务信息是最早期的电子商务。这一时期电子商务的主要特点包括：手工填写文件和单据改由电子机械打印，车船邮寄纸面文书改由电子通信传递。这些电子技术的应用节约了信息处理时间，减轻了劳动强度，方便了交易过程。在此阶段，电子商务管理思想开始萌芽。

2. 电子商务管理的形成期

电子商务管理思想是在信息技术迅猛发展和应用、社会经济管理模式不断变革的过程中产生的，它的产生没有一个明显的时间界限。根据信息技术和经济发展状况及管理理论和思想成果，大致可以将它的形成期期定为从 20 世纪 60、70 年代到 20 世纪末期。

20 世纪 60 年代以来，计算机技术及通信技术进一步发展，它们的结合又产生了计算机网络。互联网 Internet 及基于它的电子商务的出现和迅速普及成为此时期最为显著的特征。随着人们对电子商务活动的广泛实践和对电子商务及电子商务管理理论的深入研究，其理论基本成型，故将这一时期划分为电子商务管理思想的形成期。此阶段电子商务的主要特点有：一是“三流”合一并趋向协同。基于 Internet 的电子商务有了计算机技术、通信技术和网络技术的支撑，使得人类第一次能够将商务活动的信息流、资金流和物流集合到一个系统中，并且逐步趋向协同互动。二是信息技术和商务活动已密不可分。商务活动的协同开展离不开信息技术的支持，信息技术又在商务活动不断发展的过程中逐步具备商业观念。三是理论与实践相互促进。四是电子商务管理思想体系初步形成。

3. 电子商务管理的发展期

电子商务管理思想的发展期的主要特征是：虚拟组织和协同商务理论研究的逐步深入和整个电子商务学科体系的建设完善。这一时期主要是从 20 世纪末开始的，随着时间的推移，其实践和理论还将不断发展和完善。

此阶段的主要特点有:以云计算、大数据为基础;以智能化、移动化为形式;从互联网到物联网;平台化、自主化的应用。

三、电子商务管理的内容与性质

(一)电子商务管理的内容

电子商务管理的内容主要涵盖了组织管理、战略管理、信息流管理、物流管理、运营管理、营销管理、安全管理、管理工具与方法等内容。

具体说明如下:电子商务组织管理是维持电子商务活动顺利、有序进行的首要条件;电子商务战略管理是从战略角度来看待电子商务;电子商务信息流管理主要包括电子商务信息流管理与电子商务信息流运营平台等内容;电子商务运营管理就是企业对电子商务运营过程的计划、组织、实施和控制,是与电子商务活动中的商品生产和服务创造密切相关的各项管理活动的总称;电子商务物流管理包括电子商务物流系统、电子商务物流运作模式、电子商务物流运营管理等内容;电子商务营销管理是电子商务活动中实现价值的关键组成部分,包括网络营销的基本概念、网络营销策略与方法、移动网络营销模式、网络营销实施过程、网络营销效果综合评价等内容;电子商务安全管理一般包括制定信息安全政策、风险评估、控制目标与方式选择、制定规范的操作流程、对员工进行安全意识培训等一系列工作;电子商务管理工具与方法主要包括业务流程重组、企业资源计划、客户关系管理、供应链管理及知识管理等。

本章将重点介绍电子商务运营管理、电子商务物流管理和电子商务营销管理部分内容。

(二)电子商务管理的性质

一般的管理既有与生产力、社会化大生产相联系的自然属性,又有与生产关系、社会制度相联系的社会属性。电子商务管理也一样,不同的是其管理过程是建立在现代科技发展的基础上的,对信息技术的要求也更高一些。

1. 电子商务管理的自然属性

电子商务管理的自然属性主要体现在两个方面:一是电子商务管理渗透了电子商务活动的"三流"即资金流、信息流、物流相互协同的过程中的每个细节,是现代电子商务活动运行不可或缺的机制。电子商务管理是电子商务在全球范围内得以顺利进行的必要条件,而且随着新技术的不断运用、经济水平的不断发展、信息和资讯不断膨胀,电子商务管理的作用会越来越重要。二是电子商务管理对于现代电子商务活动具有特殊作用。只有通过电子商务管理,把电子商务活动中的各种要素,包括电子商务的技术核心、电子商务的应用基础、电子商务的活动对象、电子商务的交易内容等要素组合起来,使各种要素发挥各自的作用,才可能使电子商务这一活动产生强大的经济活力,才能为社会创造更大的价值。

2. 电子商务管理的社会属性

虽然电子商务管理是一种新兴的管理类别，所管理的对象是更抽象的信息、资讯及不显现为具体经济形态的生产方式，但这些项目的产生仍然是建立在现有的生产关系和社会制度之上的，电子商务管理仍属于管理的基本范畴。无论经济形态如何变更、生产方式如何更替、交易办法如何多样化，它都必须统一在一个具体的社会制度之下，不可能凌驾于基本的社会制度（如法律法规、经济分配、政治制度）之上。电子商务管理的社会属性就是其作为一种具体经济活动的管理方式，本质上与一个国家或一个社会所奉行的社会制度、经济制度、法律制度、政治制度的内涵是一致的，都旨在维护经济活动更好地运行和发展。

电子商务管理的自然属性和社会属性是相互联系、相互制约的。一方面，电子商务管理的自然属性不可能孤立地存在，它必须存在于一定的社会制度和生产关系之中。同时，其社会属性也不可能脱离自然属性而存在，否则就会成为没有内容的形式。另一方面，这两个属性又是互相制约的。电子商务管理的不断发展和革新要求有一定社会属性的组织形式和生产关系与其相适应。同时，电子商务管理的社会属性必然对具体的管理方法和技术产生影响。

因此，电子商务管理的性质是建立在一定的生产关系和社会制度之上的，通过对参与电子商务活动的各种具体要素进行规范和整理，使电子商务的信息流、物流、资金流即“三流”达到协同与和谐的状态，从而推进电子商务活动产生具体的经济效益，进而推动整个社会经济向前发展。

第二节　电子商务运营管理

一、电子商务运营管理平台

电子商务是一个集成的信息系统，由支持商务活动的各种电子技术手段集合而成。电子商务技术就是指在个人间、企业间和国家间进行无纸化业务的交换中所用到的数据库、网络安全、电子资金转账以及网络等方面的技术。计算机领域新技术、新概念层出不穷，如面向对象技术的出现、Java 技术的应用、多媒体技术的发展、浏览器技术的完善、网络安全技术的提高以及移动互联网技术的发展都极大地推动了电子商务应用的发展。同时，为了加强电子商务中支付和安全，其相应技术也得到了极大的发展。电子商务运营管理平台就是为实现商务活动这一特殊产品而对其所涉及的相关技术设备进行的整合。

电子商务运营管理平台具有以下五个特征：一是共享性，即它是适用商务活动需求而开发的某类型产品所共享的技术集合；二是规范性，即构成电子商务运营管理平台的技术是在企业内部经过规范化和标准化整合的，在实现某类型产品的过程中只需进行较小的调整；三是延展性，即可通过提高、更新平台的核心技术或完善技术平台的中间技术和基础技术来实现它的升级和更新；四是独特性，即它虽然包括通用的基础技术，但其核心是核心技术及特有的技术组合；五是层次性，即它是由处于不同层次的技术整合而成的。

二、电子商务运营管理平台的整体结构

一个完善的电子商务运营管理平台建设应考虑网络硬件、服务器操作系统、数据库选型、网上支付系统、网络数据传输过程中的安全性、身份验证的目录服务及证书机制、电子商务的支撑开发平台及在支撑开发平台上开发的用于建立应用的工具等多个方面的问题。因此，平台所使用的电子商务技术就涉及计算机技术、网络技术、数据库技术在内的各种技术。与此同时，为了保证以电子方式存储和传输的数据信息的安全，由此产生的安全技术、电子支付技术也是电子商务应用环境中较为关键和具有特色的技术。这些技术构成了相应的技术平台，电子商务运营管理就是通过这些平台来实现的。电子商务运营管理平台整体结构，如图 12-1 所示。整个电子商务平台运行的内部机理，由硬件、软件、数据库及中间件组成平台，通过互联网连接到电子商务运营管理平台。

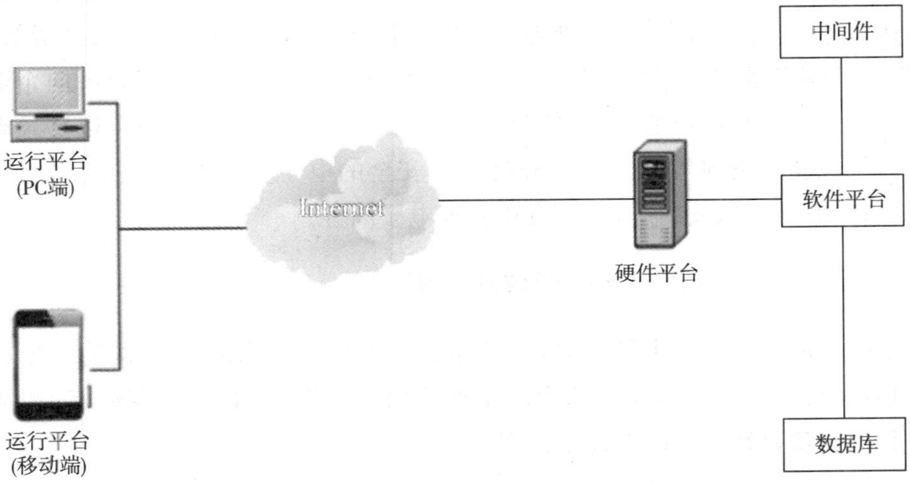

图 12-1 电子商务运营管理平台整体结构

电子商务运营管理平台是企业应用电子商务的第一步，是基于各种电子商务应用系统得以实现。从技术角度看，电子商务运营管理平台的应用系统由三部分组成：企业内部网（Intranet）、企业内部网（Intranet）与互联网（Internet）的连接、电子商务应用系统，如图 12-2 所示。

企业内部网（Intranet）由 Web 服务器、电子邮件服务器、数据库服务器以及电子商

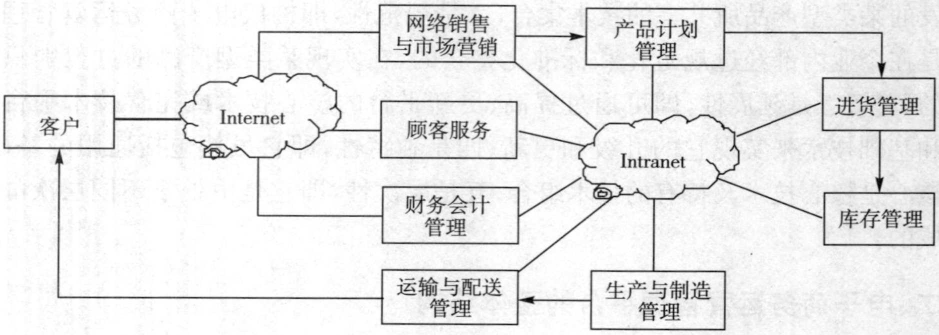

图 12-2 电子商务平台的应用系统组成

务服务器和客户端的 PC 机组成。所有这些服务器和 PC 机都通过先进的网络设备集线器 HUB 或交换器 SWITCH 连接在一起。

为了实现企业与企业之间、企业与用户之间的连接，企业内部网（Intranet）必须与互联网进行连接，但连接后会产生安全性问题。所以，在内部网（Intranet）与互联网连接时，企业必须采用一些安全措施或具有安全功能的设备，即防火墙。

在建立了完善的企业内部网（Intranet）和实现了与互联网之间的安全连接后，企业已经为建立一个好的电子商务系统打下良好基础，再增加电子商务应用系统，就可以进行电子商务。

电子商务应用系统分为两部分：一部分是完成企业内部的业务处理和向企业外部用户提供服务。企业内部的业务处理方面主要包括产品生产计划管理、进货管理、库存管理、生产与制造管理、运输与配送管理、财务会计管理以及销售管理等；向企业外部用户提供服务包括用户可以通过互联网查看产品目录、产品资料，用户可以登录企业电子商务平台下载相关资料等。另一部分是极其安全的电子支付系统，它使得用户可以通过互联网在网上购物、支付等，从而真正实现电子商务。

三、电子商务运营管理的关键成功要素

电子商务运营管理从本质上来讲，就是企业对电子商务运营过程的计划、组织、实施和控制，是与电子商务活动中的商品生产和服务创造密切相关的各项管理活动的总称。其关键成功要素包括以下几个方面。

（一）供应链管理

供应链管理就是对整个供应链系统进行计划、协调、操作、控制和优化的各种活动和过程，其目标是要将顾客所需的正确的产品（Right Product）能够在正确的时间（Right Time），按照正确的数量（Right Quantity）、正确的质量（Right Quality）和正确的状态（Right Status）送到正确的地点（Right Place），并使总成本达到最低化。借助电子商务运营管理平台，能否保证电子商务供应链的有效运作将对企业的电子商务活动产生巨

大影响。

(二)客户关系管理

客户关系管理就是企业为提高核心竞争力,达到竞争制胜、快速成长的目的,树立以客户为中心的发展战略,并在此基础上展开包括判断、选择、争取、发展和保持客户所需的全部商业过程;是企业以客户为重点,通过开展系统化的客户研究,通过优化企业组织体系和业务流程,提高客户满意度和忠诚度,提高企业效率和利润水平的工作实践;也是企业在不断改进与客户关系的全部业务流程,最终在实现电子化、自动化运营目标的过程中,所创造并使用的先进的信息技术、硬软件和优化管理方法、解决方案的总和。在越来越激烈的电子商务竞争环境中,企业只有在电子商务运营管理活动中真正体现"客户至上"的经营理念,不断挖掘客户的个性化需求,建立客户忠诚,才能为电子商务活动的顺利开展提供最重要的客户资源。

(三)科学合理的库存管理

大多数企业的电子商务活动还是以提供实物产品为电子交易的对象,所以用一定的仓库来保管企业的库存显得不可或缺。特别是大量的生产型企业,生产产品需要大量的原材料,为了保证企业生产的连续性,所谓的"零库存"是根本无法实现的,这时如何让企业原材料或产成品的库存保有量时刻处在一个最佳的水平就尤为重要。通过对企业实际生产活动和商务贸易活动的精确考量之后,采取科学的库存管理设备,协调各活动环节的实际需求,制定企业的库存管理办法将为企业的电子商务活动顺利开展节约更多的成本,并提供更精确的保障。

(四)业务流程再造

业务流程再造强调以业务流程为改造对象和中心、以关心客户的需求和满意度为目标,来对现行的业务流程进行根本的再思考和彻底的再设计,并且利用先进的信息技术及现代化的管理手段,最大限度地实现技术上的功能集成和管理上的职能集成,从而实现企业运营管理在成本、质量、服务和速度等方面的巨大改善。为顺应电子商务市场的发展要求,一种可以因需而变的业务流程设计的理念被越来越多的企业关注并采用。企业只有不断地探索适合自身条件的业务流程设计,才能更好地发挥企业所长,最终实现电子商务运营管理的预期目标。

第三节　电子商务物流管理

一、电子商务物流系统的概念

电子商务物流系统是指在实现电子商务特定过程的时间和空间范围内，由所需位移的商品（或服务）、包装设备、装卸搬运机械、运输工具、仓储设施、人员和通讯联系设施等若干相互制约的动态要素所构成的具有特定功能的有机整体。

电子商务物流系统的目标是实现电子商务过程中商品或物质的空间效益和时间效益，在保证商品满足需求的前提下，实现各种物流环节的合理衔接，并取得最佳经济效益。

电子商务物流系统与传统的物流系统并无本质区别，不同之处在于电子商务物流系统突出强调一系列电子化、机械化、自动化工具的应用以及准确、及时的物流信息对物流过程的监督，而且它更强调物流的速度、物流系统信息的通畅和整个物流系统的合理化。随着电子商务交易过程中物流的流动过程拥有通畅的信息流把相应的运输、仓储、配送等业务活动联系起来，使之协调一致，这是提高电子商务物流系统整体运作效率的必要途径。电子商务物流系统既是电子商务系统中的一个子系统或组成部分，也是社会经济大系统的一个子系统。

二、电子商务物流运作模式

物流模式，又称物流管理模式，是指从一定的观念出发，根据现实的需要构件和相应的物流管理系统，形成有目的、有方向的物流网络。对于从事电子商务的企业来说，从企业选择物流模式的角度上划分，目前可供选择的物流模式主要有：企业自建物流模式、第三方物流模式、物流企业联盟模式和物流一体化模式。

（一）自建物流模式

它是以物流系统为核心的由生产企业，经由物流企业、销售企业直至消费者的供应链的整体化和系统化模式。一些大型企业不仅拥有庞大的销售网络，还有覆盖整个销售区域的物流配送网，这些企业从事物流活动不需要新增物流配送投资，因此完全可能利用现有的物流网络和设施完成本企业的物流配送业务。

（二）第三方物流模式

它是指由供需双方之外的第三方去完成物流服务的物流运作方式。第三方就是提供物流交易双方的部分或全部物流功能的外部服务提供者，是物流专业化的一种形式。

企业不拥有自己的任何物流实体，将商品采购、储存和配送都交由第三方完成。第三方物流是现代物流服务发展的必然趋势和物流专业化的重要形式。

(三)物流企业联盟模式

它是指两个或两个以上的经济组织为实现特定的物流目标而采取的长期联合与合作，其目的是实现联盟参与方的“共赢”。物流联盟具有相互依赖、核心专业化、强调合作等特点，它是一种介于自营和外包之间的物流模式，可以降低前两种物流模式的风险。物流联盟是为了达到比单独从事物流活动更好的效果，企业间形成的相互信任、共担风险、共享收益的物流伙伴关系，是企业之间在物流方面通过契约形成的优势互补、要素双向或多向流动的中间组织。

(四)物流一体化模式

它是基于供应链管理的思想，以物流系统为核心，从生产企业，经由物流企业、销售企业，直至消费者的供应链的整体优化和系统化，目的是使产品在供应链内迅速有效地移动，使各参与方企业都能获益，使整个社会获得明显的经济效益。物流一体化是在第三方物流的基础上发展起来的多边共赢的供应链物流模式。在这种模式下，物流企业通过与生产企业建立广泛的代理关系，与销售企业形成较为稳定的契约关系，从而将生产企业的商品或信息进行统一组合处理后，按订单要求配送到店铺。

以上四种电子商务物流模式的优劣势的对比，如表 12-1 所示。

表 12-1 四种电子商务物流模式的比较

模式 优劣势	自建物流模式	第三方物流模式	物流企业联盟模式	物流一体化模式
优势	电子商务企业对物流有较强的控制能力；物流部门与其他职能部门易于协调；企业容易保持物流供应链的稳定。	电子商务企业可以将资源集中于自己的核心业务，从而降低经营成本，提高客户服务水平。	可以降低经营风险和不确定性，减少投资；可从联盟企业获得物流管理经验和物流技术。	可以共享资源，提高整个供应链的竞争力，经济效益明显。
劣势	物流基础设施需要较大的资金投入；需要电子商务企业自身有较强的物流管理能力。	我国第三方物流仍处于发展阶段，尚未成熟，受第三方物流企业物流管理水平、服务能力的制约。	选择和更换物流企业比较困难。	要求第三方物流具有较高的发展水平和较高的物流管理水平。

另外，从电子商务物流的特点出发，比较常见的电子商务物流模式还有电子物流、第四方物流、绿色物流和国际物流等。

三、电子商务物流运营管理

物流系统作为电子商务运作的基础，它的改善可以带来巨大的经济利益。物流系统的合理化运营对于电子商务至关重要，必将成为电子商务企业最重要的竞争领域。与此同时，现代物流技术的发展及应用对电子商务物流运营管理起到十分重要的作用。

（一）物流管理基本技术

1. 条码技术及其应用

条码技术（Bar Code）是在计算机的应用实践中产生和发展起来的一种自动识别技术。条码技术为用户提供了一种对物流中的物品进行标识和描述的方法，借助自动识别技术、POS 系统、EDI 等现代技术手段，企业可以随时了解有关产品在供应链上的位置，并即时作出反应。根据编码方式的不同，条码可以分为一维条码（1D Barcode）和二维条码（2D Barcode）两大类。其中，一维条码包括 UPC 商品条码、EAN 商品条码、Code 条码、交叉 25 码、Code128 条码、EAN-128 码、Codabar（库德巴码）等；目前二维条码主要有 PDF417 码、Code49 码、Code16K 码、QR 码、Data Matrix 码、Code One 码、Maxi Code。条码技术广泛应用于仓储配送、货物运输等物流环节领域。

2. 射频技术及应用

射频技术（Radio Frequency，RF）的基本原理是电磁理论。射频技术的优点有：不局限于视线，识别距离比光学系统远，射频识别卡具有读写能力，可携带大量数据，难以伪造，且具有智能性。射频技术适用于物料跟踪、运载工具和货架识别等要求非接触数据采集和交换的场合，由于 RF 标签具有可读写能力，对于需要频繁改变数据内容的场合尤为适用。射频技术在物流中的应用主要表现在：首先，射频技术可用于物流过程中货物的库存管理；其次，射频技术可用于物流过程中货物的运输管理；最后，射频技术可用于物流过程中货物的分拣管理。

3. 地理信息系统技术及应用

地理信息系统（Geographical Information System，GIS）是在 20 世纪 60 年代迅速发展起来的地理学研究新成果，是多种学科交叉的产物，它以地理空间数据为基础，采用地理模型分析方法，适时地提供多种空间的和动态的地理信息，是一种为地理研究和地理决策服务的计算机技术系统。GIS 的基本功能是将表格型数据（无论它来自数据库、电子表格文件或直接在程序中输入）转换为地理图形显示，然后对显示结果浏览、操作和分析。其显示范围可以从洲际地图到非常详细的街区地图，显示对象包括人口、销售情况、运输线路以及其他内容。GIS 主要由四部分组成：计算机硬件系统、软件系统、空间地理数据库、GIS 系统维护及使用人员。GIS 在仓库规划、铁路运输、车辆监控系统、物流分析等方面广泛应用。

4. 全球定位系统技术及应用

全球定位系统（Global Positioning System，GPS）具有在海、陆、空进行全方位实时三维导航与定位的能力。GPS 具有全天候、高精度、自动化、高效益等显著特点，能在全球绝大多数地方进行全天候、高精度、连续实时的导航定位测量。GPS 在物流领域可应用于汽车自定位、跟踪调度以及铁路运输等方面的管理，也可用于军事物流。

（二）物流运营管理过程

借助现代物流技术与手段，电子商务企业在进行物流运营管理过程中，仍应注重以下五个方面的合理化。

1. 仓储合理化

电子商务企业的流动资金大部分被库存商品所占用，降低库存可以减少占用的流动资金，加快资金周转速度。

(1)实行 ABC 管理。ABC 分类管理方法是首先将库存物资按重要程度分为特别重要的库存（A 类）、一般重要的库存（B 类）和不重要的库存（C 类）三个等级，然后针对不同等级分别进行管理和控制。ABC 分类管理法包括两个步骤：一是进行分类；二是进行管理。

(2)应用预测技术。销售额的估计和出货量的估计需要正确的预测，这是库存管理的关键。由于库存量和缺货率是相互制约的因素，所以要在预测的基础上，制定正确的库存方针，使库存量和缺货率协调取得最好的效果。

(3)科学的库存管理机制。库存管理机制是指使用相关方法、手段、技术、管理及操作方法进行库存控制，严格控制物资规划、订货、进货、入库、储存直至最后出库。这些过程的作用结果，最后实现了在满足销售的情况下合理控制库存的目的。库存控制应综合考虑各种因素，满足以下三个方面的要求：第一，降低采购费和购入价格等综合成本；第二，减少流动资金，降低盘点资产；第三，提高服务水平，建立完善的反馈机制，防止缺货。

2. 运输合理化

运输是物流系统的重要组成部分，这是由电子商务自身跨区域等特点决定的，因此电子商务企业的运输合理化具有重要的意义。合理化的途径主要有以下几个方面。

(1)运输网络的合理配置。应该区别储存型仓库和流通型仓库，合理配置配送中心，中心的设置应该有利于货物直送比率的提高。

(2)选择最佳的运输方式。首先要决定使用水运、铁路、汽车或航空。如果使用汽车还要考虑车型以及使用自有车辆还是委托运输公司。

(3)提高运送效率。努力提高车辆的运行率和装载率，减少空车行驶，缩短等待时间或者装载时间，增加有效的工作时间，减少燃料消耗。

(4)推进共同运输。提倡部门、集体、行业间的合作，以及批发、零售、配送中心之间的配合，提高运输工作的效率，降低运输成本。

3. 配送合理化

配送是物流系统中的重要环节之一。实践中常用的合理配送途径如下。

(1)推行具有一定综合程度的专业化配送。通过采用专业设备、设施及操作程序，取得较好的配送效果，并降低配送过分综合化的复杂程度及难度，从而追求配送合理化。

(2)推行共同配送。通过共同配送，可以以最近的路程、最低的配送成本完成配送，从而追求合理化。

(3)推行准时配送系统。准时配送是配送合理化的重要内容。只有做到了配送准时，企业才有资源把握，可以放心地实施低库存或零库存，有效地安排接货的人力和物力，以追求最高效率的工作。另外，保证供应能力也取决于准时供应。

(4)推行即时配送。即时配送可以体现电子商务企业的竞争优势，因为是电子商务企业快速反应能力的具体化，是物力系统能力的体现。即时配送的成本虽然较高，但它是整个配送合理化的重要环节，此外，在 B2B 业务中，即时配送也是企业实行零库存的重要手段。

4. 物流成本合理化

(1)物流成本预测和计划。成本预测是对物流成本指标和计划指标的实现进行测算平衡、寻找价格的物流成本的有关技术经济措施，以引导成本计划的制定。而物流成本计划是成本控制的主要依据。

(2)物流成本计算。在计划开始执行后，对产生的生产消耗进行归纳，并以适当方法进行计算。

(3)物流成本控制。采取各种方法严格控制和管理日常的物流成本支出，使物流成本减到最低限度，以达到预期的物流成本目标。

(4)物流成本分析。对计算结果进行分析，检查和考核成本计划的完成情况，找出影响成本升降的主、客观因素，总结经验，发现问题。

(5)物流成本信息反馈。收集有关数据和资料并提供给决策部门，使其掌握情况并加强成本控制，保证目标的实现。

(6)物流成本决策。根据物流成本信息反馈的结果，决定采取以最少消耗获得最大效果的最优方案，以指导今后的工作更好地进入物流成本管理的下一个循环过程。

5. 建立健全物流信息系统

信息系统的水平是物流现代化的标志，为了有效地对物流系统进行管理和控制，企业必须建立完善的信息系统。电子商务物流信息系统建设一般要具备以下几方面内容。

(1)即时有效的物流管理系统。它需要提供即时准确的物流信息，充分满足物流系统各项作业需求，并能整合相关的硬件与软件系统，提供格式化的表单，由进货入库到出库运送的各个作业环节，均能做到灵活管理与控制。

(2)运输规划与安排系统。鉴于电子商务跨地区的特点，物流系统的运输规划及安排就显得非常重要。在运输作业及管理需求上，它要能提供全面性的运输作业信息管理，能够有效地处理运(配)送时间、运(配)送路线、人员薪资和运货账款、相关设备及客户订单等管理事项。同时，该系统亦能提供在整体运输作业中全程的管理功能，包括装卸和车辆专用场管理及回程载运管理等。

(3)订货管理系统。订货管理是一套完整的账务处理系统,它能处理物流中心每项货品的销售过程,控制每项货品的明确资料。该过程包括从电子商务客户下达订单开始到开立账单,直到信息进入仓储管理系统进行配送业务。

(4)物流运作决策支持系统。它的设计是针对进一步提高物流作业水平的一套决策支持系统。这个系统通过界面连接物流管理系统,成为一个高层管理者实现管理控制的工具。它能协助管理人员,在复杂的物流作业决策上,迅速而有效地做出正确的决定。

第四节 网络营销管理

一、网络营销的概念

网络营销也称"网络市场营销"(Cyber-Marketing、Internet Marketing、e-Marketing、Network Marketing),广义地说,凡是以互联网为主要手段进行的,为达到一定营销目标的营销活动,都可称之为网络营销。这里从营销的角度为网络营销下一个比较合理的定义:网络营销是企业整体营销战略的一个组成部分,是为实现企业总体经营目标所进行的、以互联网为基本手段、营造网上经营环境以及实施各种营销策略的各种活动。据此定义,网络营销的核心思想就是"营造网上经营环境"。

所谓"网上经营环境",是指企业内部和外部与开展网上经营活动相关的环境,包括企业网站、顾客、网络服务商、合作伙伴、供应商、销售商等网络环境。网络营销的开展就是对企业网上经营环境的营造过程,对于网络营销的外部环境,企业自己无法去改变它,因此需要有充分的了解、学习、适应并合理选择、利用宏观网络营销资源,尽可能达成与环境的协调,营造和谐的外部环境;对于网络营销的内部环境,企业则在很大程度上是可以自己掌握和控制的。对于各种可以影响网络营销效果的因素,企业都可以通过自己的努力得以改善。努力创造并充分利用有价值的网络营销资源,只有这样才能真正让网络营销发挥其应有的作用。

二、网络营销策略与方法

(一)搜索引擎营销

这是目前最常用、最为成熟的一种网络营销方法。如何充分利用搜索引擎为企业做好网络推广,是每一个企业都应该重视的问题。因此,在主要的搜索引擎(如百度)上注册并获得最理想的排名,是网站设计过程中就要考虑的问题之一。网站正式发布后尽快提交到主要的搜索引擎,是网络营销的基本任务,并且还要根据企业需要选择购买关键词、品牌专区等形式,让企业能被更多用户搜索到并点击进入企业营销信息窗口。

(二)病毒性营销

病毒性营销并非真的以传播病毒的方式开展营销,而是通过用户的口碑宣传网络,让信息像病毒一样传播和扩散,通过快速复制的方式传向数以千计甚至百万计的受众。一个有效的病毒性营销战略可以归纳为六项基本要素:提供有价值的产品或服务;使传递信息的方式简单易行;信息传递范围很容易从小向大规模扩散;利用公众的积极性和行为;利用现有的通信网络;利用别人的资源。

(三)网络广告

在所有与产品推广和提升品牌形象有关的网络营销手段中,网络广告的作用最为直接。标准标志广告(BANNER)曾经是网上广告的主流,进入 2001 年之后,网络广告开展了一场轰轰烈烈的创新运动,新的广告形式不断涌现。新型广告由于克服了标准条幅广告承载信息量有限、交互性差等弱点,因此获得了相对较高的点击率。而在移动互联网时代,网络广告在新媒体上以更丰富的形式出现,视频广告成为现阶段网络广告的新宠,特别是微电影、微视频的出现和手机智能应用的丰富让视频网络广告更具有即时性。

(四)信息发布

信息发布既是网络营销的基本职能,又是一种实用的操作手段;既适用于无站点网络营销,又适用于有站点网络营销。如果有企业站点,最重要的是将有价值的信息及时发布在自己的网站上。研究表明,大多数消费者访问企业的网站是为了查找公司联系信息或产品基本信息,网站提供的有效信息越详细,用户的满意程度越高。在企业无站点的情况下,只能利用其他网站提供的信息发布机会来发布信息,相对有站点的情况有一定的局限性。在其他网站发布企业信息既有免费方式,也有付费方式,可供发布信息的渠道有供求信息平台、分类广告、黄页服务、网络社区、微信和 QQ 群等。新闻、供求信息、邮件列表、电子杂志、网络广告等都是网络营销信息发布的主要方式。

(五)许可 E-mail 营销

许可 E-mail 营销已不是现阶段的主要营销,但在客户关系管理、传递企业品牌、发送促销信息等方面还起着重要的作用,仍是企业营销策略的重要组成部分。利用 E-mail 做营销是必须经过用户许可的,这是保证营销有效的前提。基于用户许可的 E-mail 营销可以减少广告对用户的滋扰,增加潜在客户定位的准确度,增强与客户的关系,提高品牌忠诚度等。开展 E-mail 营销的基础是拥有潜在用户的 E-mail 地址,可以是企业从用户、潜在用户资料中自行收集整理,也可以利用第三方的潜在用户资源,如利用电子邮箱服务商网易的用户资源。

(六)网络会员制营销

网络会员制营销的英文是“affiliate program”,一个网络会员制营销计划应该包含一个提供这种程序的商业网站和若干个会员网站。商业网站通过各种利益协议和电脑程序与各会员网站联系起来,将商家的分销渠道扩展到地球的各个角落,同时为会员网站提供一个简易的赚钱途径,如百度联盟、GOOGLE ADENCE。

(七)网上商店

从企业整体营销策略和顾客的角度考虑,网上商店的作用主要表现在两个方面:一是网上商店为企业扩展网上销售渠道提供了便利的条件;二是建立在知名电子商务平台上的网上商店增加了顾客的信任度,从功能上来说,对不具备电子商务功能的企业网站也是一种有效的补充,对提升企业形象并直接增加销售量产生良好效果,尤其是将企业网站与网上商店相结合,效果更为明显。

(八)网上拍卖

网上拍卖是电子商务领域比较成功的一种商业模式,这种方式较简单,只要在网站进行注册,然后按照提示就可以发布产品拍卖信息。不过在国内,网上商店的交易量远超过网上拍卖。但对特定的产品,它应该是一种很好的营销模式。无论是否拥有企业网站,都可以利用网上商店与网上拍卖等方式开展网上销售工作,互联网已经成为企业新型的销售渠道。

(九)网络事件营销

网络事件营销又可称为“网络新闻营销”,是病毒性营销另一种全新的表现形式。它具体表现为:企业通过策划、组织和利用具有名人效应、新闻价值以及社会影响的人物或事件,通过网站发布,吸引媒体、社会团体和消费者的兴趣与关注,以求提高企业或产品的知名度、美誉度,树立良好品牌形象,并最终达到产品或服务的销售目的。网络事件营销是近年来国内外十分流行的一种公关传播与市场推广手段,集新闻效应、广告效应、公共关系、形象传播、客户关系于一体,并为新产品推介、品牌展示创造机会,建立品牌识别和品牌定位,形成一种快速提升品牌知名度与美誉度的营销手段。在“人人皆媒体”的时代,媒介传播效率大大提高,内容本身的重要性得以凸显。优质的内容、事件网络是事件营销的关键。

(十)数据营销

数据营销(Database Marketing Service,DMS)是在 IT、Internet 与 Database 技术发展上逐渐兴起和成熟起来的一种市场营销推广手段,它不仅是一种营销方法、工具、技术和平台，更是企业经营的一种全新价值理念。它通过收集和积累与经营相关的大量信息，尤其是消费者信息，经过处理后可给予顾客更加个性化的服务支持和营销设计，使“一对一的顾客关系管理”成为可能。

三、移动网络营销模式

移动网络营销是基于移动互联网的企业营销环境打造的，它也可以理解成“网络营销”的一个技术性延伸。目前移动网络营销模式主要有以下几类。

（一）彩信短信

这一类通常是早期的营销者所做的，在短信业务刚开始兴起时就出现的。但随着时代与技术的发展，这一类信息的用户参与度不高，反馈信息不多，并且容易引起消费者的反感。短信运营商也开始对这些广告信息进行管理，用户也会屏蔽。

（二）移动广告

移动广告是通过移动设备访问移动应用或移动网页时显示的广告，其广告形式包括：图片、文字、插播广告、html5 链接、视频、重力感应广告等。

（三）终端植入模式

终端植入模式主要将营销内容以彩图、视频、游戏、铃声音乐和各种多媒体形式植入到手机终端，如彩图可以设置成待机屏保、桌面背景、手机开关机画面和来电画面等。

（四）定位广告模式

定位广告是基于 GPS 定位技术所开展的业务，该业务方式为产业链各方成员所看好，因此将其作为一种独立的商业模式，并且有很好的发展前景。

（五）众筹模式

众筹模式主要是通过移动互联网发布筹款项目并募集资金，让目标受众参与到产品和项目中来，成为利益共同体，最大限度是实现产品和目标顾客的有效互动。

（六）自媒体营销

自媒体营销是通过营销者（个体或企业）的微信、QQ 空间、播客平台等自我展现的移动媒体平台（自媒体），以聚合听众（粉丝）为主要手段，将每一个听众（粉丝）作为潜在的营销对象，营销者利用更新自媒体平台向粉丝传播营销信息、产品信息。

（七）虚拟体验营销

随着 VR 技术的成熟，用户通过手机上可以随时享有置身其境的体验，通过虚拟的仿真感受，了解产品和服务。

(八)媒体嫁接

传统媒体也在逐步探索移动端的传播模式，如报纸、传统出版行业加手机订阅，电视加移动终端视频等。

(九)微店营销

微店是一个基于移动互联网，将消费者、品牌商和零售商共同连接起来、共同建设和成长的平台。消费者可以通过微店实现精准购物，而商户及店员则可通过微店发布促销信息、商品资讯，对顾客进行一对一的贴心服务。

(十)移动网站式营销

越来越多的企业为移动终端开发专用网站。通常，移动终端的网站可分为两类：WAP 版网站和触屏版网站。

1. WAP 版网站

因为传统智能手机屏幕较小，且某些智能机不具备多点触控功能，WAP 版网站通常较为简洁、简单，并适合使用手机键盘操作等特点，但采用高端智能手机访问的用户体验稍微差一些。

2. 触屏版网站

触屏版网站主要针对高端智能手机(大屏幕触屏手机)或平板电脑，支持苹果、安卓等所有操作系统、支持所有主流手机浏览器的访问，可给用户呈现华丽的网页视觉效果。随着高端触屏手机的普及，手机触屏版网站成为主流并逐渐取代 WAP 网站。

(十一)公众平台式营销

近年来，借助微信、微博、手机 QQ 等公众平台进行营销的方式颇受企业青睐，公众平台注册简单、操作便捷、运营成本低、针对性高，互动性强，适合各类企业对目标客户进行精准化营销。

1. 微信营销

2011 年初，腾讯继手机 QQ 后推出一款手机即时通讯工具——微信，同时也提供社交网络服务。用户可以发送语音、文字、图片和视频信息，同时可向关注自己的“好友”分享心情和经历等信息。微信拥有腾讯庞大的用户基数，且其实时性、互动性、用户的有效性、到达率、精准度都十分突出。目前，商家进行微信营销的模式主要有微信公众号营销、朋友圈营销、微信代理营销等。

2. 手机 QQ 营销

手机 QQ 营销也是移动电子商务营销的重要方式之一，其方式主要是通过空间和

QQ群进行营销。代理商和商家可以通过搜索相关的QQ群进行产品宣传，也可以为老客户建立档案和用户群，在这些群里可以发布产品的信息和促销活动，并且可以招聘校园代理或者是QQ代理拓宽营销渠道。

（十二）移动APP营销

随着智能手机的流行，手机APP一般特指智能终端的第三方应用程序。移动APP营销就是通过APP应用程序进行商业信息的推广和宣传。目前，主要的APP营销模式有植入广告模式、网站移植模式和用户体验模式。

四、网络营销实施过程

网络营销的实施是一项系统工程，涉及资金、人员、物资、技术多个方面，不单单是技术方面问题，更多的是管理和组织方面问题，而且涉及企业高层的战略决策和业务管理流程。网络营销计划和方案制定需要企业管理高层组织实施，因为实施影响的不仅仅是某个业务和某个部门，它将影响到企业各个层面和整个业务流程，而且深刻影响着与企业相关联的其他企业。网络营销实施过程可分为以下三方面。

（一）网络营销规划制定

网络营销规划需要制定目标规划、技术规划、组织规划、管理规划等内容。目标规划，即在确定使用该战略的同时，识别与之相联系的营销渠道和组织，提出改进的目标和方法；技术规划，即网络营销很重要的一点是要有强大的技术投入和支持，因此资金投入和系统购买安装，以及人员培训都应统筹安排；组织规划，即实现数据库营销后，公司的组织需要进行调整以配合该策略的实施，如增加技术支持部门、数据采集处理部门，同时调整原有的营销部门等；管理规划，即组织变化后必然要求管理的变化，公司的管理必须适应网络营销需要。

（二）网络营销规划执行

网络营销规划执行内容有：一是应注意控制，评估是否充分发挥该战略竞争优势，是否有改进余地；二是要对执行规划的问题及时识别和加以改进；三是对技术的评估和采用。

（三）网络营销效果评估

公司对实施的阶段效果和最终效果都要进行全面客观的评估，为改正下一阶段的规划和制定下一步营销战略提供指导性建议。具体效果评估参见下部分内容。

五、网络营销效果综合评价

网络营销必不可少的一项工作是对其效果进行评价，可分为事后评价和网络营销活动过程中的控制。事后评价反映了网络营销活动的综合效果，过程控制则是网络营销目标得以实现的保证，因此，网络营销的评价应该将事后评价与过程评价相结合。按照网络营销效果评价指标的评价范畴可以分为两大类指标：网络营销绩效的财务指标和网络营销效果综合评测指标。

（一）网络营销绩效的财务指标

营销经理们习惯使用一组为数不多的财务指标来监视网络营销绩效。这些测量指标包括：销售额、营业收入、毛利、利润、营销开支、市场份额、相对的投资收益率。财务指标反映了最近的计划期的战略选择，而且在某种程度上反映了所有从前的计划期的积累。

（二）网络营销综合效果评价

网络营销的总体效果应该是各种效果的总和，即网络营销的根本目的在于企业整体效益的最大化。仅是财务指标不能全面反映网络营销的效果，网络营销的价值可能体现在其他方面，如在网站推广、企业品牌提升、顾客关系和顾客服务、对销售的促进等方面。因此，公司需要用全面的观点看待网络营销的效果，而不仅仅局限于销售额等某些个别指标。

一个完整的网络营销方案包括网站规划和建设以及各种网络营销方法的实施，因此，对网络营销效果的综合评价包括网站建设、网站推广、网站流量、各种网络营销活动效果等方面，并结合相关的网络营销绩效财务指标进行全面的分析。

1. 关于网站建设的评价

网站是网络营销的基本工具和根据地，一个企业网站的功能和基本内容是否完善，是评价网站设计的最重要指标。此外在网站的设计方面，有一些通用的指标，如主页下载时间（在不同接入情形下）、有无死链接、拼写错误、不同浏览器的适应性、对搜索引擎的友好程度（META 标签合理与否）等。

2. 关于网站推广和网络品牌的评价

网站推广的力度在一定程度上说明了网络营销人员为之付出劳动的多少，可以进行量化。这些指标主要有：

（1）网站被主流搜索引擎收录和排名状况。一般来说，登记的搜索引擎越多，对增加访问量越有效果。同时，搜索引擎的排名也很重要，一些网站虽然在搜索引擎注册了，但排名在第三名之后，甚至在几百名之后，同样起不到多大作用。

（2）被其他高品质网站链接的数量。被其他高品质网站链接的数量越多，对搜索结果排名越有利，而且访问者还可以直接从链接的网页进入你的网站。实践证明，在其他高品质网站作链接对网站推广起到重要作用。

（3）用户数量。用户数量是一个网站价值的重要体现，在一定程度上反映了网站的内容为用户提供的价值，而且用户也就是潜在的顾客，因此用户数量直接反映了一个网站的潜在价值。

3. 网站流量评价指标

通过对流量的仔细分析，才能发现网络营销活动是怎样在网站的各个细节对用户起作用，最终达到网络营销的总体效果。

(1)网站流量统计指标常用来对网站效果进行评价，主要指标包括：独立访问者数量(Unique Visitors)；重复访问者数量(Repeat Visitors)；页面浏览数(Page Views)；每个访问者的页面浏览数(Page Views per User)；某些具体文件/页面的统计指标，如页面显示次数、文件下载次数等。

(2)用户行为指标主要反映用户是如何来到网站的，在网站上停留了多长时间，访问了哪些页面等。

(3)用户浏览网站的方式指用户浏览网站所用的浏览器类别，所用的终端配置，登录网站的接口，浏览网站的习惯等。

4. 各种网络营销活动反应率指标的评价

在网络营销活动中，有些活动如促销活动、事件营销活动的效果通常采用对每项活动的反应率指标来进行评价。

(三)网站统计报告

网站统计报告是了解网站运营状况、改进网络营销策略的基本依据。从网站访问统计信息中可以挖掘出很多有价值的信息，所以经常查看并进行系统分析，对于有效开展网络营销、及时发现网络营销过程中的问题具有重要作用。

一般来说，在网站开始运营的初期，出于个人兴趣，网站访问量处于快速增长阶段，每天都能从统计信息中发现惊喜，这时通常查看网站流量统计数据的频率较高，有时甚至每天数次。此后，随着网站推广运营的深入，当网站运营到稳定阶段，网站访问量增长放缓，网站访问量比较稳定，对网站用户行为也有较多的认识，这时对网站访问统计分析关注越来越少。

(四)如何获得网站流量分析资料

获取网站访问统计资料通常有两种方法：一种是利用网站访问日志做简单的分析；另一种是利用统计分析工具，可以通过在自己的网站服务器端安装统计分析软件来进行网站流量监测，或者采用第三方提供的网站流量分析服务。两种方法各有利弊，采用第一种方法可以方便地获得详细的网站统计信息，并且除了访问统计软件的费用之外无需其他直接的费用，但这些资料在自己的服务器上，因此在向第三方提供有关数据时缺乏说服力；第二种方法则正好具有这种优势，但通常要为这种服务付费，虽然也有一些免费网站流量统计服务，但在功能方面会有一定的限制，或者通常需要在网站上出现服务商的标识甚至广告，或者要求成为服务商的会员等。此外，企业也可以根据需要自行开发网站流量统计系统。具体采取哪种形式或者哪些形式的组合，可根据企业网络营销的实际需要决定。

本章小结

电子商务是指基于信息技术之上的，以电子信息工具为手段、以电子信息交换为内容的商务活动。简单地说，电子商务就是“互联网＋商务”。

电子商务管理是指利用现代信息技术和管理的基本功能，针对电子商务活动中的资源、过程、信息等有限资源高效运营，使之获得更有效率产出的管理活动。

电子商务管理随着电子商务实践的发展而发展。

电子商务物流系统是指在实现电子商务特定过程中，由所需位移的商品(或服务)、包装设备、装卸搬运机械、运输工具、仓储设施、人员和通讯联系设施等若干相互制约的动态要素所构成的具有特定功能的有机整体。

网络营销是企业整体营销战略的一个组成部分，是为实现企业总体经营目标所进行的、以互联网为基本手段、营造网上经营环境、实施各种营销策略的各种活动。

思考与理解

1. 电子商务管理的实质是什么？如何理解？
2. 如何理解电子商务运营管理的关键成功要素？
3. 电子商务物流运作模式有哪些？如何进行电子商务物流合理化运营？
4. 网络营销存在哪些策略与方法？如何进行应用？
5. 主要概念：

电子商务、电子商务管理、物流管理、网络营销。

第十三章 运营管理

教学目标

1. 认识并理解流程、流程视图、嵌套流程的内涵，认识核心流程与支持流程的关系，理解流程、价值链、企业绩效的关系。

2. 理解服务性流程与制造流程的关键性差异、运营管理和价值链管理。

3. 了解运营管理面临的形势与挑战及其发展趋势。

课程导读

苹果公司的运营管理

苹果在希腊神话中是智慧的象征，当初亚当和夏娃就是吃了苹果才变得有思想，现在引申为科技的未知领域。苹果公司的标志是咬了一口的苹果，表明了他们勇于向科技进军、探索未知领域的理想。

乔布斯通过主持一系列周会，向员工灌输一种责任文化，这些周会为整个公司的运营定下了节拍。周一，他与高层管理团队开会，讨论业绩、战略以及回顾公司几乎所有项目的进展。周三，他召开营销和传播会议。乔布斯在 2008 年接受《财富》杂志采访时说："周一，我们考察整个公司，关注开发中的每件产品。我提出日程表，其中 80% 的内容与上周完全一样，我们每周就按照计划走下去。苹果没有特别多的流程，但这是我们一成不变去做的少数事情。"领导制定工作流程是一回事，团队如实反馈流程对他们的影响完全是另一回事。前苹果设计师安德鲁·波洛夫斯基(Andrew Borovsky)说："从设计方面看，让每位底层设计师得到高管的直接反馈是件极难的事。通常，你不是得到肯定的回复，就是被告知别再做蠢事。"

问责思维遍布苹果公司各个层级。在苹果公司，谁负责什么，永远不会搞混。公司内部甚至对此有个术语，叫做直接责任人(Directly Responsible Individual)，简称 DRI。DRI 的名字经常出现在会议进程表上，每个人都知道谁是负责人。一位前员工说："苹果每次务实会议都会出一份行动清单，在每一次行动的旁边都注明 DRI。”在苹果，到处可以听到这个常用词，如果有人想了解某个项目的直接联系人，就会问：“谁是那个项目的 DRI?”

简约也是苹果组织结构的关键。组织流程图简单得令人难以置信，没有其他公司爱用的虚线图或责任矩阵图。苹果没有委员会，整体管理的概念在这里不受欢迎，只有一个人——首席财务官掌握“损益表”，对造成盈亏的费用开支负责。以下极端案例可用来说明苹果的做法与众不同：绝大多数公司把损益情况看作对管理人员问责的最有力依据，而苹果彻底颠覆了这一金科玉律，它认为损益表让人分心，只有首席财务官才会考虑。结果，形成了这样一种指挥控制结构：创意在高层而不是在低层分享。乔布斯经常将苹果与竞争对手索尼公司(Sony)比较，他说，索尼的部门太多，创造不出 iPad。苹果没有这么多部门，而是分成各种职能。一位观察家在解读乔布斯对苹果运营方法的说明时说：“起作用的并非协同效应，而是我们拥有一支统一的团队。”

对苹果来说，这样做的结果是，即使公司规模很大，也能够迅捷地行动。一位前高管将这一方法形容为“持续的路线校正”。这位前高管说：“如果高管团队决定改变方向，马上就能改。大家都以为这是一个隆重推出的战略，其实不是。”比如，据说苹果的管理层曾在某款产品推出前两小时更改其定价。当公司遗漏了一个看来很明显的创意，比如没有预见到为打算给 iPhone 编写程序的第三方软件开发商开设网络软件商店的必要性，它会马上转向，抓住这一机遇。

对乔布斯来说，“领头 100 人”会议是重要的管理手段。他和他的第一助手借这个会议把苹果的发展方向告诉一个极有影响力的团队。这个精心编排的活动，还给乔布斯提供了一个与苹果下一代领导人分享其宏大愿景的机会。“领头 100 人”会议既是在公司以外进行的战略演习，也是打造公司传统文化的行动。

苹果把专门化视为规范，这导致苹果员工不会被授予本专业领域之外的职能。例如，管理苹果在线商店的高管珍妮弗·拜利(Jennifer Bailey)无权过问网站上的照片，全公司的图片都由平面艺术部负责。权力很大的苹果零售主管罗恩·约翰逊(Ron Johnson)管不着本店的库存，而是由有供应链管理背景的蒂姆·库克掌管全公司的库存。

导读：

1. 苹果公司的运营管理基于责任文化、简约有效的流程设计、柔性统一的团队、员工专业化能力的认同等方面，因而能够在竞争中获得成功。

2. 什么是运营管理？不同的组织应如何进行运营管理？

运营管理涉及提供人们日常使用的产品和服务的流程。流程是组织用以完成工作

并实现目标的基本活动。例如，快递公司必须从商品始发地接收包裹，按照目的地进行分拣，通过空中或地面运输将其运送到目的地，跟踪整个进展过程，向顾客收取服务费。快递公司的投递过程为我们提供了一个流程设计的范例：许多流程是为满足顾客需要而产生的。运营系统涉及企业所有部门操作流程之间的协调。

每一个组织机构，不论是公共事业单位还是私营公司，不论从事制造业还是服务业，都必须对流程进行管理以增加顾客价值。管理人员可以通过选择恰当的技术和战略，设计和运行流程，从而为企业带来竞争优势。

第一节　运营管理概述

一、运营管理的基本概念

（一）流程

流程（Process）是一种或一组活动，这些活动利用一个或多个输入要素，对其进行转换并使其增值，向顾客提供一种或多种产出。每一种业务都由一系列流程构成。运营管理选择“流程”而不是部门甚至是企业作为分析对象，是因为企业的流程视图与企业的实际工作方式之间的联系更为密切。部门显然具有自己的目标组合以及为了实现这些目标而拥有的一系列生产能力资源，而且其管理人员和员工要为其绩效负责。某些流程可以完全由一个部门完成，如记账流程就可以在会计部门内完成。然而，流程的概念可以更广泛一些。一个流程可以有自己的目标组合，可以含有跨部门边界的工作流程，也可能需要来自几个部门的资源。例如，产品开发就是这样的一种流程，它可能需要设计、营销以及运营部门之间的协调。

可见，流程是组织通过将输入要素转换为交付给顾客的产出而增加顾客价值的用以工作并达到其目标的基础活动。

（二）流程视图

采用组织机构的流程视图是十分必要的，因为组织的有效性是由其流程的有效性决定的。为了更好地理解流程，我们以发生在一家广告公司的事情为例。假设客户与广告公司的客户经理联系，要求为下一届“中国诗词大赛”做一个令人难忘的广告。客户经理收集了所有相关的信息，并把信息发送给一个创意设计小组和一个媒体策划小组，这两个小组负责制做客户可以接受的广告布局图并制定媒体宣传计划。该客户经理还应将这些信息传送给会计部门，会计部门会设立一个用于记账的户头。创意设计小组将广告画面传送给一个制作小组，该制作小组为了广告的刊登而进行最后的画面制作，并按照媒体策划小组设计的方案(客户已认可)将广告画面传送给所选择的媒体。设计小组、媒体小组、制作小组将他们的应计费工时数和支出项目送到会计部门,然后由会计部门准备一份经客户经理批准的付款通知,再送给客户以便让客户付款。

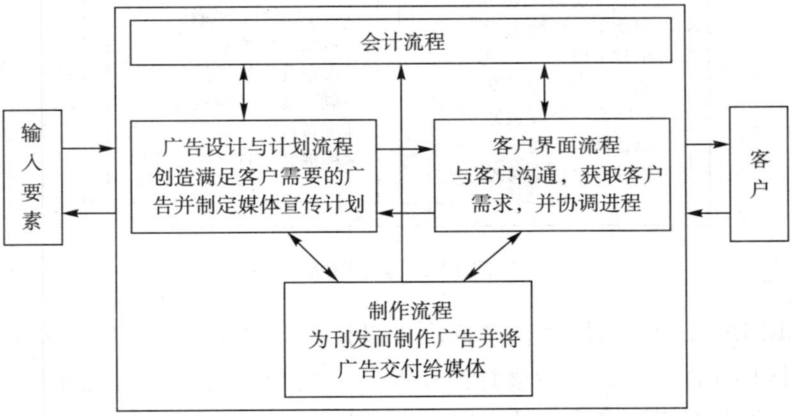

图 13-1 广告公司流程图

图 13-1 从两个层面上给出了该广告公司的流程视图。粗线框表示把广告公司作为一个整体流程,从这一层面上看,广告公司需要外部资源的输入,并为外部客户制作广告。来自外部资源的输入要素是广告公司流程所使用的资源,包括员工、管理人员、资金、设备、设施、材料、服务、土地和能源,输出要素则是为其客户制作的“中国诗词大赛”广告。在粗线框的里面,我们可以看到更为详细的流程视图:该公司有四个流程(许多其他流程没有表示出来)。客户界面流程包括广告公司客户经理及其与客户的互动。广告设计与计划流程要为“中国诗词大赛”赛期以及随后的展示创作一则广告和相应的宣传计划。而在制作流程中则需要寻找男女演员,制作布景和道具,协调广告制作中所有相关的计划,拍摄广告内容,以及制作音像资料并准时将广告交付给媒体。图中的箭头指出了流程之间的信息流和工作流,还标出了对绩效的反馈。

对这四个流程进行观察,我们可以看到每一个流程都有输入和输出。在流程层面上,我们看到输入既可以是前面提到的外部资源,也可以是从其他流程得到的完成流程任务所需的特定输入。例如,广告设计与计划流程从客户界面流程接收有关广告要求的详细信息,而制作流程则从广告设计与计划流程接收广告画面和媒体计划信息。广告的计费工时是制作流程的输出,而一份完整的客户付款通知则是会计流程的输出。显然,在主要流程和支持流程之间,一个流程的输出就是另一个流程的输入,因而一个流程出现问题会对另一个流程造成严重的影响。

(三)嵌套流程

广告公司的流程视图是很有用的,但是,即使在如此详细程度的层面上,也许还是不能得到有关正在发生的情况的足够清晰的图像。

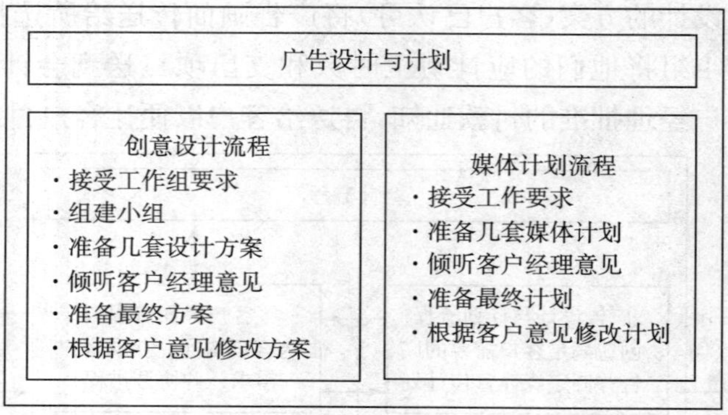

图 13-2　嵌套流程

现在让我们展开更多的层面。考虑广告设计与计划流程，图 13-2 表示这个流程实际上涉及两个不同的流程。创意设计流程是从广告公司客户经理那里接收工作订单，接着创意设计负责人开始组建设计小组。工作订单包括广告的目的、广告的整体信息、支持广告主张的证据以及意向中的广告受众等细节。设计小组提出几套设计方案，从客户经理处得到反馈意见，拿出最终的设计方案并通过客户界面流程从客户处收集反馈意见，必要时对设计进行修改。这一流程具有独立于媒体计划流程的输入和输出集合。媒体计划流程的工作订单包括创意负责人工作订单中的信息以及广告规模和期望的广告持续时间等信息，这些信息到达媒体计划负责人处后，由他来选择媒体计划小组成员。媒体计划人员准备几套计划方案，从广告公司客户经理那里获得反馈，制定最终计划，再从客户处获得反馈，必要时对计划进行修改。

像广告设计与计划这样的流程可以分解为子流程，而这些子流程又可以进一步分解。例如，“准备广告设计”本身就是一个创意设计流程中的流程。我们把这种流程中的流程称为嵌套流程。将一个流程中的一部分与另一部分划分开来可能是很有用的，有几个方面的理由可以说明这一点。一个人或一个部门也许不能完成流程的所有部分，或者是流程的不同部分对技能有不同的要求。广告设计与计划流程的情况就是这样，具有创意的广告设计所要求的技能与有效的媒体计划所要求的技能是完全不同的。另一个原因是流程中提供服务的那一部分需要大量的顾客接触，这要求专门的员工技能和态度，而流程的另一部分对顾客来说却是不可观察的。最后，流程中的某些部分可以设计成例行工作，而其他部分则可能要与客户化工作相吻合。嵌套流程的概念强调了对业务中活动之间的相互联系以及每个流程输入输出特点的理解。

(四)顾客—供应商关系

企业应该以顾客为中心进行流程设计。流程向其顾客提供产出，通常是服务(可以是信息的形式)。组织中的每一个流程和每一个人都拥有顾客。其中有些是外部顾客，它可以是购买企业最终服务或产品的终端用户或中间顾客(如制造商、金融机构或零售商),广告公司的客户就是外部顾客的一个例子。另一些是内部顾客,它可以是依赖来自其他员工或流程的输入来完成自己工作的员工或流程,如制作流程就是广告设计与计划流程的一个内部顾客。无论是对内部顾客还是外部顾客,企业都必须从关心顾客的角度来设计和管理流程。对所有管理者来说,一个永恒的问题就是:这个流程是否达到或超出了顾客的期望。

类似地,一个组织的每一个流程和每一个人都依赖于供应商。外部供应商可以是提供资源、服务、产品和原材料以满足企业近期或长期需要的其他企业或个人。例如,随着时间的推移,广告公司需要银行贷款、办公用品、计算机设备、软件和新的人员以支持流程的需要。流程也有内部供应商,它可以是向流程提供重要信息或原材料的员工或流程。在前述的广告公司流程中,广告设计与计划流程向制作流程提供广告设计和媒体计划。要想成为一个有效的管理者,了解流程之间的顾客一供应商关系是十分重要的。

(五)服务流程与制造流程

从产出的性质及顾客接触程度来看,流程主要有两种类型:服务流程与制造流程。这也是服务流程与制造流程之间的两点重要区别。

从流程产出的性质看,一方面,服务流程倾向于提供隐形的、不易储存的产出,我们称之为服务。例如,一家银行融资部的产出可能是汽车贷款。服务流程的产出一般不能以持有产成品库存的形式来应对顾客需求的不稳定性。另一方面,制造流程生产物质的、经久耐用的产出品,我们称之为产品。例如,一条装配线生产汽车。如果有必要,制造流程的产出可以根据对未来需求的预测来生产、储存和运输。流程产出的性质在很大程度上依赖于对流程的有效设计。

服务流程与制造流程的第二个重要区别是同顾客接触的程度。服务流程有较高的顾客接触度。顾客在流程中可能像在超级市场购物那样扮演着主动角色,或者像在医疗门诊那样与服务提供者密切接触以对特定的服务要求进行沟通。制造流程的顾客接触较少,而将与顾客的主要接触机会留给经销商或分销商。如洗衣机是根据对零售需求的预测进行生产的,除间接通过市场调查和市场焦点小组获取信息之外,其流程很少需要来自最终消费者的信息。但是,在顾客接触度础上区分服务流程与制造流程并不是一种理想的方法。某些服务流程是具有低顾客接触度的嵌套流程,如保险提供者的公司总部是设计并产生保险产品及条款的地方;而另一些则可能有较高的顾客接触度,如保险公司的分支机构,保险经纪人每天在那里与顾客打交道。同样,一些制造流程也需要高度的顾客接触,如对 Ford Explorer 这样一款特定型号汽车的独特发动机部件的生产就属于这种情况,在开始大规模生产之前,必须由福特公司对部件的质量进行检验。供应商可以通过对流程成功地进行一些试运行来做到这一点。福特公司和供应商之间必须密切配合,直到质量达到甚至超过要求为止,这一点就像每周的发货必须与福特公司的装配计划协调一样。其重点是管理者在设计流程时必须认识到需要与顾客接触的程度。

虽然存在将服务流程与制造流程进行区分的趋势,但这两者之间仍有许多相同之处。从企业层面看,服务提供者不仅仅只提供服务,制造商也不仅仅只提供产品。例如,一家餐馆的主顾会同时期望得到良好的服务和可口的食品。为业务需要而购买计算机的顾客期望得到好的产品,同时也期望得到好的保修、维护、更换以及金融服务。在流程层次上,服务流程与制造流程的管理者都必须关心流程设计、质量、生产率、生产能力、员工配置水平、预测、选址和布局问题。而且,虽然服务流程不使用产成品库存,但是却储存其输入要素。例如,医院需要保持药品供应和医院流程运营所需的日常医疗材料的库存。而有些制造流程并不储存其产品,因为这些产品十分昂贵。小批量客户定制产品(如女式西服)或货架寿命很短的产品(如日报)就属于这种情况。在掌握了这两类流程所有不同点和相同点之后,对采用企业流程视图的重要性就十分清楚了。宇通企业集团的流程再造就是一个典型案例(见"课程资源")。

(六)价值链、核心流程与支持流程

大多数的服务或产品是通过一系列相互关联的商业活动创造的。虽然企业的流程视图有助于我们理解服务或产品的创造方式以及交叉职能之间协调的重要性,但是却无法解释流程的战略意义。流程视图中所缺少的战略解释就是流程必须为其顾客增加价值。一个企业流程的累积作用是一个价值链(Value Chain),这是一个创造服务或产品的相互关联的流程序列。也可以在活动层次上理解价值链的概念:流程中的每一个活动应该在前而活动的基础上增加价值。在企业流程视图的概念中加入价值链的概念是很重要的。由于流程要消耗资源,因此对流程的评价不仅需要根据其增加的价值来进行,而且要根据其在创造这种价值的过程中对员工、管理人员、设备、设施、原材料、服务、土地和能源的消耗来衡量。

价值链的概念强调了流程与业务绩效之间的相互联系。在价值链中松散的联系会影响到价值链所提供的价值。价值链的概念还将注意力集中到价值链中流程的类型上。例如,一类流程是核心流程(Core Process),是向外部顾客交付价值的一系列活动。这些流程与外部顾客相互作用并与他们建立关系,开发新的服务或产品;与外部供应商相互作用,为外部顾客生产产品或提供服务。这类流程的实例包括预约登记、新款汽车设计、网上采购、贷款处理等。另一类流程是支持流程(Support Process),为核心流程提供必需的资源和输入要素,因而对于企业管理来说是必不可少的。这类流程的实例包括预算、招聘和进度安排等。有时对哪些流程是核心流程而哪些流程是支持流程存在不同看法。一般来说,直接涉及外部顾客的服务或产品的流程就是核心流程。

图 13-3 给出了一个企业中核心流程与支持流程的联系,重点关注四个核心流程。

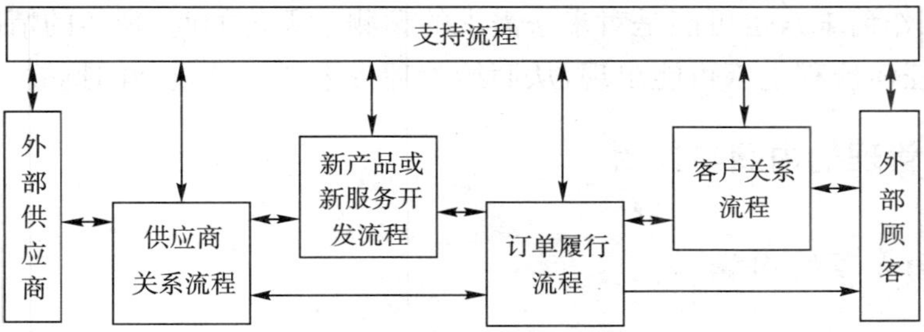

图 13-3 工作流和信息流的内部价值链联系

一是客户关系流程，有时称为客户关系管理。客户关系流程识别、吸引外部顾客并与其建立联系，并且促使顾客发出订单。像营销和销售这样的传统职能可以是该流程的一部分。广告公司的客户界面流程就是客户关系流程的一个实例。

二是新服务或产品开发流程，即设计和开发新的服务或产品。这些服务或产品可以根据外部顾客的要求进行开发，或者根据通过客户关系流程从市场上收集到的输入信息进行构思。广告公司的广告设计与计划流程就是新服务或产品开发流程的一个实例。

三是订单履行流程。订单履行流程包括为外部顾客创造并交付服务或产品所需要的活动。广告公司的制作流程就是订单履行流程的一个实例。

四是供应商关系流程。供应商关系流程选择服务、原材料和信息供应商，并促使这些物品及时而有效地进入企业。有效地与供应商合作可以为企业的服务或产品增加重大的价值。增加价值的方法包括：必须进行协商以得到公平的价格，必须安排进度以便准时交付，听取来自新服务或产品开发流程的关键供应商的观点和建议。

企业还有许多支持流程。会计（实际上是付款通知准备）流程被用作广告公司中的一个例子。支持流程提供能够使核心能力发挥作用的关键资源、能力或其他输入要素。表 13-1 给出了一些支持流程的例子。

表 13-1 支持流程

筹资	为组织的日常工作和战略实施提供资金准备。
预算	决定一个时期公司资金分配的流程。
招聘与雇佣	获得为组织工作的员工。
评估与薪酬	对员工的工作及其对公司的贡献进行评估并支付报酬。
人力资源支持和开发	为员工的当前工作、未来技能以及知识需要做准备。
规章制度	保证公司活动都遵守法律法规的流程。
信息系统	传送与处理数据和信息以支持公司的运营及决策。
创业管理和职能管理	提供战略方向并确保业务工作有效实施的体系和活动。

流程的运转是根据内部顾客或外部顾客提出的需求所启动的，认识到这一点至关重要。这些需求可能是实际的工作订单（如广告公司中由客户经理向创意设计流程负

责人发出的工作请求),也可能是对未来需求的预测。无论如何,现实的情况是这些需求在任何时间、任何流程上都可能出现,从而给管理带来了非常复杂的挑战。

二、运营管理的内涵与作用

(一)运营管理的内涵

运营管理(Operations Management)是指对流程进行系统化的设计、指挥和控制,使这些流程把输入要素有效地转化为提供给内部顾客和外部顾客的服务或产品。从广义上讲,运营管理是一个企业所有部门工作的基础,因为这些部门都是由许多流程组成的。如果你希望管理一个部门或你所在领域的一个具体流程,或者你仅仅是想知道如何将你所在的流程融入到企业的整体结构之中,那么你就必须掌握运营管理的基本原理。就此而言,我们所有人的工作中至少都有一小部分是运营管理。从狭义方面来说,运营部门指一个(或多个)与订单履行流程相关的特定部门。运营理人员负责监督为外部顾客创造并交付服务或产品所需的流程。从价值链的讨论可以清楚地看出,运营管理人员与企业的其他领域是密切相关的。

(二)运营管理的作用

1. 作为一种职能的运营管理

当企业成长到一定规模时,必须设置不同的部门来负责某些特定的流程。通常,这些部门都围绕职能(有时也称为职能领域)进行设置。图 13-4 表明运营管理是一个组织中的几大职能之一。每一种职能都是专业化的,有自己的知识和技能领域、基本职责、流程和决策范围。但不管如何划分,部门与职能之间都有着相互的关联。如前所述,有许多流程是整个企业层面的,并且跨越了部门之间的边界。因此,合作和有效的沟通是达成组织目标不可缺少的前提。

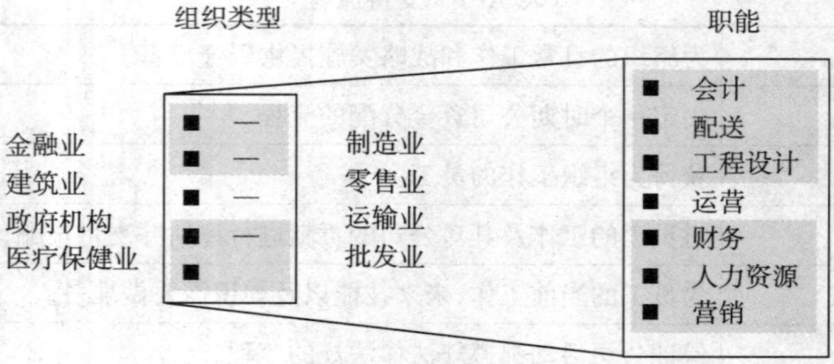

图 13-4 作为一种管理职能的运营管理

在大型组织中,运营(或生产)部门通常负责将输入要素实际转化成最终服务或产品;会计部门负责收集、汇总并解释财务信息;配送部门负责输入要素与产品的运输、存储和处理;工程设计部门从事服务和产品的设计并确定生产方式;财务部门负责对公司的资产进行监管和投资；人力资源（或人事）部门负责招聘和培训员工；营销部门负责为公司的产品创造需求。

有一些组织从来不需要履行某些职能，当需要时，它们可以通过与其他组织签订合同来得到这种职能的服务。例如，法律服务或工程设计不必保留一个内设的部门，这样做可以节省资金。在小型的企业中，企业所有者可能会亲自管理一个或多个职能部门，如营销部门或运营部门。

2. 作为一组决策的运营管理

决策制定是包括运营管理在内的所有管理活动中最基本的活动。尽管每一种情况的特点不同，但决策过程通常都包括以下几个基本步骤：(1)识别并清楚地界定问题；(2)收集对可能的备选方案进行分析所需的信息；(3)选择最有吸引力的备选方案；(4)实施所选定的方案。有些决策是战略性的，而其他决策则可能是战术性的。与战术计划相比，战略计划更侧重于公司的未来发展。因此，战略决策是非结构化的，具有长期影响；战术决策是结构化、程序化和重复性的，具有短期效应。但是，将运营管理人员与其他管理人员区分开来的是其制定或参与制定的决策类型。

在战略层次上，运营管理人员的工作是开发新的能力和维护现有的能力，以期在现在和未来为企业外部顾客提供最好的服务。运营管理人员设计具有战略意义的新流程，并深入地参与到使外部供应商、外部顾客与公司内部流程相联系的价值链的开发和组织之中。运营管理人员通常对企业的关键绩效指标（如成本、质量等相关指标）负责。这些决策具备战略意义，因为它们所影响的正是企业用以获取竞争优势的流程。

然而，战略决策也不是万能的。我们一定不能忽略这样一个事实：如果战术决策不能对战略决策提供支持的话，那么再伟大的战略决策也毫无意义。运营管理人员也要参与到许多重要的战术决策之中，包括流程改造与绩效测评、项目管理与计划、生产计划与员工安置计划的制定、库存管理和资源规划。

运营管理者的决策应该反映公司层面战略。为了对企业的目标形成支持，运营职能的计划、政策及行动应该与其他职能领域的计划、政策及行动相联系，这些联系可以用企业的流程视图来表示。不管你是想成为一个狭义上的运营管理者，还是只想运用运营管理的原理成为一名更加有效的管理者，其中一个十分重要的问题是必须认识到对人员、资金、信息和物料的有效管理是决定任何流程成败的关键。

3. 作为跨职能协调必要手段的运营管理

运营管理者需要在组织之间以及组织内部建立和维持牢固的关系。这里，我们的重点是组织内部各部门之间的关系，这种关系需要跨职能部门的协调。

通常，管理者会允许在各职能领域及部门之间设置一些人为的屏障。在这种情况下，各项工作或任务依次按照从市场营销到工程设计再到生产运营顺序进行。结果导致缓慢而低效的决策，这是因为各部门都仅仅基于自身有限的视野，而不是从企业整体的角度出发来进行决策。现在许多组织都在尝试用流程视图的方法，用更多跨职能部门的协调和更加扁平的组织结构来取代以往的序贯决策。

(1)跨职能部门的协调。

在各流程之间实现跨职能部门的协调是有效管理所必需的。例如,考虑其他职能领域是如何与运营职能相互作用的。联系最为密切的也许就是营销职能,这一职能旨在明确客户对新服务和新产品的需要以及对现有服务和产品的需求状况。运营管理者必须将企业的人力资源与财力资源结合起来,以有效地应对顾客的需求。运营管理者必须考虑设施的选址或迁址问题以便服务于新的市场,服务性组织的布局设计必须与营销部门所要传达给顾客的形象相匹配。营销和销售部门向顾客所做的交货承诺必须与企业当前的运营能力相联系。运营管理者在编制产出率与生产能力计划时则必须以市场需求预测为导向。

运营管理者还需要来自会计职能的反馈信息以了解当前的绩效状况。财务指标有助于运营管理者对劳动力成本、新技术带来的长期效益以及质量的改进做出评价。会计部门可以通过多指标跟踪方法帮助运营管理者对生产系统的重要现象进行监测,运营管理者则可以从中找出问题所在并采取补救措施。会计部门还会因订单履行流程而对运营职能产生影响,这一流程从接到顾客发出的订单开始,以运营职能按照订单向外部顾客发出货物并向会计部门提供记账信息而结束。

在对公司的资本资产进行保值与增值的过程中,财务职能会影响到运营部门关于新技术投资、布局再设计、能力扩张甚至库存水平等的决策。类似地,人力资源部门与运营部门相互作用,实施员工的招聘及培训,并协助进行与新流程及工作设计有关的轮岗工作。人力资源部门还可以帮助运营部门进行员工的选拔,使员工更容易转入和转出运营职能,因此应该鼓励跨职能部门间的相互了解。另外,工程设计部门也对运营职能有重大影响。在新服务或产品的设计中,工程设计部门要在技术方面进行权衡,必须保证其设计不会造成高昂的成本或超出企业的运营能力。

(2)实现跨职能部门协调的方法。

有好几种方法可以用来实现跨职能部门的协调。每个组织都应选择适当的方法组合,使各部门员工都向着同一方向努力。

由管理层制定统一的战略作为出发点,为每个部门提供一种愿景,明确为了实现组织的整体战略各部门必须做哪些工作。

以组织的流程视图为导向来对组织结构和管理层级进行再设计,从而促进跨职能部门之间的协调。根据专业领域来划分部门界限往往会导致视野狭窄并产生“内战”,从而无法形成集成的整体。一种较好的选择可能是围绕主要产品系列或流程来进行组织机构的设置。

目标设置过程和薪酬体系可以促进跨职能部门的协调。通过特别工作组或专门委员会方式将企业不同职能领域的人员集中在一起制定决策和解决问题,也可以促进跨职能部门的协调。

信息系统的改进也可以推动跨职能部门的协调。信息必须在一定程度上按每一个职能管理者的需要进行整理。然而，通过信息共享可以使组织中不同部门管理者的工作更加协调一致，并使他们能够制定出与组织总体目标相一致的决策。

非正式社交体系是可用于促进各职能部门之间相互了解的另一种重要手段。企业自助餐厅、健身房以及社会活动，如同公司的培训和开发计划所能做到的一样，有助于增进员工之间的友谊。

员工的选拔和晋升机制通过鼓励员工拥有宽阔的视角和共同的目标，也有助于促进跨职能部门的协调。当然，员工首先应该能够胜任其自身技能领域的工作。

这些方法的最佳组合取决于各组织的具体情况。一些组织需要比其他组织更多的内部协调。当职能部门过于分散（由于组织结构或地理距离的原因）、组织庞大以及许多服务或产品是客户化定制时，就最需要这种职能部门之间的协调。在与顾客有频繁接触并直接向顾客提供服务的服务性组织里，职能部门之间的协调也是至关重要的。

4. 作为竞争武器的运营管理

在全球化时代，企业与政府部门的领导人越来越认识到在战略决策的制定过程中全员参与的重要性。因为组织通常会在运营中投入大量的人力和财力，所以运营活动是迎接全球化竞争的一项重要职能。

在很大程度上，由于来自国外的竞争和新技术的涌现，人们逐渐意识到企业不仅要通过提供新服务和新产品、富有创意的营销以及富有技巧的筹资手段来参与竞争，而且要通过独特的运营能力以及对核心流程的有效管理来参与竞争。能够以低价提供优质服务和产品的组织才是强有力的竞争者。

第二节 价值链管理

一、价值链管理的内涵

每一个组织要想继续生存和繁荣，都需要顾客来使用它的服务或购买它的产品。顾客想要从自己购买或使用的产品和服务中获得某种价值，而且是由这些顾客来决定什么具有价值。组织必须提供这种价值来吸引和留住这些顾客。价值（Value）是顾客愿意放弃资源（通常是金钱）来换取的产品或服务的性能属性。价值是通过把原材料和其他各种资源转化为最终用户在特定时间、特定地点、以特定方式需要的某种产品或服务而提供给顾客的。不过，把各种资源转化为顾客重视并愿意购买的某种东西看似非常简单，但却包括由大量不同的参与者（供应商、制造商，甚至包括顾客）实施的一大串相互关联的工作活动，也就是说，它包含了整个价值链。价值链（Value Chain）是整个组织在从原材料到成品的每个步骤中依次能够增加价值的工作活动集合。完整的价值链可以涵盖从供应商的供应商到顾客的顾客。

价值链管理(Value Chain Management)是沿着整个价值链来有序管理各种工作活动和信息的完整过程。与内部导向的、主要关注原材料供应(资源)高效流人组织的供应链管理形成对照,价值链管理是外部导向的,重点关注流入及流出组织的产品和服务。此外,供应链管理是以效率为导向(它的目标是降低成本和提高生产率),而价值链管理是以效果为导向,致力于为顾客创造最大的价值。

二、价值链管理的目标

谁在价值链中拥有权力?是提供所需资源和原材料的供应商吗?毕竟,它们有能力决定价格和质量。是把这些资源加工成有价值的产品或服务的制造商吗?在创造产品或服务的过程中,它们的贡献是显而易见的。是在顾客有需要时能够确保顾客购买到这些产品或服务的销售商吗?实际上,它们都不是。在价值链管理中,顾客才是掌握着最终权力的人,是顾客来定义什么是价值以及如何创造和提供价值。通过价值链管理,管理者希望找到这种独特的组合:以最快的速度真正满足顾客的独特需求,并且提供竞争对手无法匹配的低廉价格。

因此,价值链管理的目标是创建一种价值链战略来满足和超越顾客的需求和欲望以及实现价值链中所有成员之间充分、无缝的整合。一条好的价值链可以使价值链中的所有参与者像团队那样密切合作,而且每个参与者都能为整个过程增添某种价值要素。例如:更快速的组装、更精确的信息、更好的客服等。价值链中不同成员之间协作越好,向顾客提供的解决方案就越好。当顾客所要求的价值被创造出来,而且顾客的需求和欲望得到满足时,价值链中的所有成员都会受益。

三、价值链管理的要求

成功的价值链管理主要有六项要求:协调与协作、技术投资、组织过程、领导、员工、组织文化和态度。如图 13-5 所示。

(一)协调与协作

为了使价值链实现其目标,即满足和超越顾客的需求和欲望,价值链中各成员之间必须保持协作关系。每个合作伙伴必须找出那些自己可能不重视但顾客却重视的事情。在创建协调和协作时,价值链中的各个合作伙伴就谁在价值链中做什么事情、共享信息并采取灵活措施是非常重要的步骤。共享信息和分析结果要求各合作伙伴之间进行更加开放的沟通。

(二)技术投资

不对信息技术进行大量投资,就不可能实现成功的价值链管理。这种技术投资带来的回报是信息技术可以用来重组价值链，从而更好地服务最终顾客。例如，快递公司使用一种由软件、数据库、扫描系统和机器人技术构成的快递分拣系统等贯穿价值链的全面信息技术投入，帮助其完成了工作流程的改进。

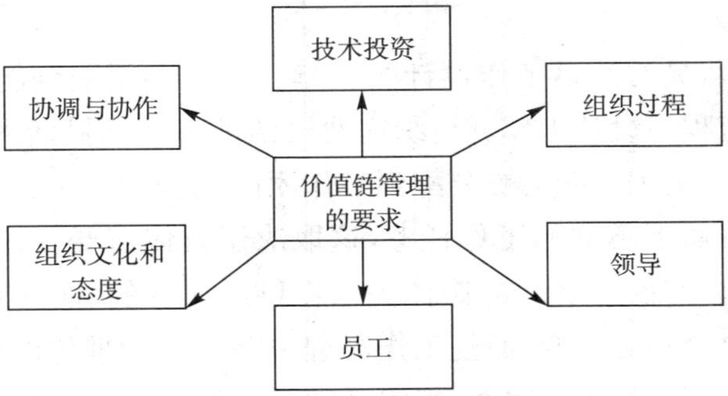

图 13-5 价值链管理的主要要求

（三）组织过程

价值链管理从根本上改变了组织过程（Organizational Process）——组织完成其工作的方式。当管理者决定利用价值链管理来管理运营时，应对原有的组织过程从头到尾实施批判性的评估，以观察价值是在哪里增加的，不能增加价值的工作活动应当剔除。在每个组织过程中，管理者都应当询问诸如“内部知识在哪里可以发挥杠杆作用以改进材料和信息的流动？”“我们如何改进自己的产品以满足顾客和供应商的需要？”“我们如何改进材料和信息的流动？”“我们如何改进客服质量？”之类的问题。

（四）领导

没有坚定的、强有力的领导，就不可能实现成功的价值链管理。从组织的最高管理层到最低管理层，管理者都必须支持、推动和促进价值链管理的建立和持续运行。管理者必须严肃认真地确定组织创造的价值是什么，如何最好地提供这种价值以及组织付出的努力获得多大成功。如果没有组织的领导者对价值链管理的高度承诺和认同，就不可能形成一种全神贯注于为顾客提供超额价值的企业文化。

此外，很重要的一点是管理者需要指出组织在实施价值链管理的过程中需要开展哪些工作活动。从最理想的情况来讲，管理者可以首先提出一种愿景或使命宣言来表示组织将致力于为顾客创造和提供最大的价值。而且，管理者应当清晰、明确地指出组织期望每个员工在价值链中扮演的角色。然而，清晰、明确的期望不仅仅对内部合作伙伴非常重要，还应当扩展到外部合作伙伴。

（五）员工

员工是一个组织最重要的资源。没有员工，组织就无法制造产品或提供服务；没有员工，组织根本就无法实施有组织的努力来追求共同目标。因此，毋庸置疑的是，员工在价值链管理中扮演着非常重要的角色。

对价值链管理的三项主要的人力资源要求是：灵活的工作设计方法；有效的招聘过程；持续的员工培训。

在价值链管理中，灵活性是工作设计的关键。组织必须围绕能够为顾客创造和提供价值的那些工作流程来设计工作。组织需要灵活的工作和灵活的员工。在一个实施价值链管理的组织中，员工可能会被分配到工作团队去处理某个特定流程，也可能会被要求在不同的工作日从事不同的工作任务，这取决于具体需要。在这样一种工作环境中，价值是通过各个合作伙伴之间的协作关系提供给顾客的，而随着顾客需求的改变，这些协作关系可能也会随之改变，而且工作流程也并不是标准化的或一成不变的，因而员工的灵活应变能力至关重要。因此，组织必须精心设计自己的招聘过程，以识别那些能够学习和调整的员工。对灵活性的需要也要求组织大量投资于持续的员工培训。无论员工培训是否包括学习如何使用信息技术软件，如何改进原材料在价值链中的流动，如何识别能够增加价值的工作活动，如何更快地制定更好的决策，或者如何改进任何其他的工作活动，管理者都必须确保员工具有必需的知识和工具来有效率、有效果地开展自己的工作。

（六）组织文化和态度

价值链管理的最后一项要求是具有一种能够提供支持的组织文化和态度。为价值链管理的成功实施提供支持的组织文化态度包括共享、协作、开放、灵活、相互尊重以及信任。在价值链中，不仅组织内部的合作伙伴应当具有这样的态度，组织外部的合作伙伴也应当如此。

四、价值链管理的障碍

价值链管理能够带来的好处确实非常吸引人，但管理者在管理价值链时必须克服几种障碍，其中包括组织障碍、文化态度、能力要求和人员。如图 13-6 所示。

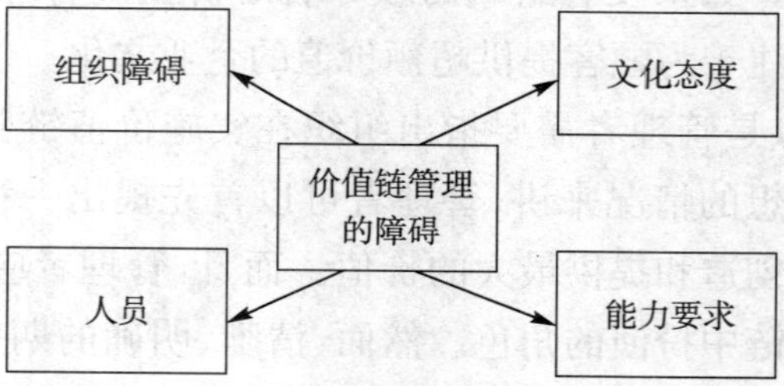

图 13-6　价值链管理的障碍

(一)组织障碍

组织障碍属于最难应付的障碍,它包括拒绝或不愿意共享信息,不愿意改变现状,以及安全事项。如果没有信息共享,就不可能实现密切的协调和协作。而如果员工拒绝或不愿意改变现状,就会影响组织推行价值链管理的努力程度并妨碍其成功实施。最后,因为价值链管理在很大程度上依赖于切实有效的信息技术设施,所以组织需要强调和解决系统安全和网络安全事项。

(二)文化态度

不支持价值链管理的文化态度,尤其是在信任和控制方面,也会成为价值链管理的障碍。信任是一个关键事项,无论是缺乏信任还是太多信任,都会妨碍价值链管理。为了使价值链管理变得有效,价值链中的所有合作伙伴必须相互信任。相互尊重和诚实对待每个合作伙伴的工作活动也是至关重要的。如果没有建立信任关系,那么合作伙伴将不愿意共享信息、能力和流程。但是太多信任也会成为一个问题。任何组织都非常容易被窃取知识产权(Intellectual Property),即对一个组织有效率、有效果的运行及竞争力至关重要的专利信息。你需要信任你的价值链中的合作伙伴,这样才能让组织中有价值的资产得到充分利用。对价值链管理造成障碍的另一种文化态度是这样一种信念:当一个组织与内部及外部合作伙伴进行协作时,它就再也无法掌控自己的命运。但是,这种想法并不正确。即使是在价值链管理中开展密切协作(这对价值链管理至关重要),组织仍然能够控制关键的决策,如顾客重视什么、他们想要获得多少价值以及什么销售渠道具有重要意义。

(三)能力要求

从成功实施价值链管理的六项要求中我们知道,价值链中的合作伙伴需要具备多种能力。其中几种能力,如协调和协作、改进产品以满足顾客和供应商的能力,对内部和外部的合作伙伴实施教育和培训的能力并不是轻易可以获得的,但它们对开发和利用价值链具有举足轻重的作用。本节讨论的这些公司中,有许多公司为了更加有效率、有效果地管理价值链,对自己的能力和组织过程进行了批判性的而且常常是非常艰难的自我评估。

(四)人员

价值链管理的最后一个障碍是组织中的人员。没有他们坚定不移地承诺和执行,价值链管理是不会取得成功的。如果员工拒绝采用灵活的工作设计和安排以何种方式工作以及与谁一起工作,价值链中的协调和协作将难以实现。此外,价值链管理需要组织中的员工投入大量时间和精力。管理者必须激励员工付出极大的努力,而这并非易事。

第三节 运营管理的趋势

目前有几种商业趋势对运营管理产生了重大影响，即生产率改进、全球化竞争、技术变革、道德规范、环境保护等。

一、生产率改进

生产率(Productivity)是衡量经济、行业、企业以及流程绩效的一个基本尺度，是创造的产出值(服务和产品)与所使用的投入资源价值(包括工资、设备成本等)的比值。

$$生产率=\frac{产出}{投入}$$

在服务行业和制造行业之间开展生产率的改进是很有趣的，甚至是令人吃惊的。例如在美国，服务业的从业人员迅速增长，超过了制造业，但生产率的增长却要慢得多。行业滞后的生产率延缓了经济的增长。其他主要工业化国家，如日本和德国，也经历了同样的问题，但这些问题现在有了改进的迹象。跨国投资的热潮能够通过使企业面临更强劲的竞争从而刺激生产率的增长。服务提供商在信息技术方面所增加的投资，也会促进生产率的提高，但生产率的改进是服务提供商特别关心的问题。如果生产率的增长停滞，那么无论你生活在世界的哪一个地方，其整体生活水平也不会得到相应的提高。

作为一个管理者，你如何衡量流程的生产率？有许多衡量生产率的方法都是可行的，且这些方法也大致相同。例如，产出值可以用顾客所付的费用来度量，或者可以简单地用生产的产品数或服务的顾客数来度量。投入值可以用生产产品或服务顾客的成本来判断，或者简单地用工作小时数来计算。

通常，管理者会选择一些合理的指标并监测这些指标的变化趋势以发现需要改进的地方。例如，保险公司的管理者可能用每周每个员工所处理保险单的数量来衡量办公室的生产率，地毯公司的管理者可能用每小时安装的地毯平方数来衡量安装者的生产率。这两种方法都反映了劳动生产率，它是每人或每小时工作的产出指标，类似的方法可用于机器生产率。同时考虑多种输入也是有可能的。多因素生产率是衡量生产过程中使用一种以上资源所提供产出的指标。例如，多因素生产率可能是由产出值除以劳动力、原材料与一般管理成本的总和。当要使用这种衡量方法时，必须要把各种数量转换成一种通用的度量单位。下面以“生产率计算法”为例。

计算下列部门的生产率：

(1)3 名员工每星期处理 600 份保险单，每周工作 5 天，每天工作 8 小时。

(2)一个工人小组生产 400 件产品，以每件 10 美元的标准成本(未加上其他支出和利润)来定价。会计部门所记录这项工作的实际成本是:劳动力 400 美元,原材料 1000 美元,一般管理成本 300 美元。

解:

(1)劳动生产率$=\frac{\text{处理的保险单数量}}{\text{人时数}}=\frac{600\text{ 份保单}}{3\text{ 人}\times 40\text{ 小时/人}}=5$ 份保单/小时

(2)多因素生产率$=\frac{\text{以标准成本计算的数量}}{\text{劳动力成本}+\text{原材料成本}+\text{一般管理成本}}$

$=\frac{400\text{ 件}\times 10\text{ 美元/件}}{400\text{ 美元}+1000\text{ 美元}+300\text{ 美元}}=2.35$

决策点:必须将这些指标值与前期绩效水平及未来目标进行比较。若未能达到期望值,则应该对流程进行研究以寻找改进的机会。

流程的管理方法对生产率的改进起着非常重要的作用。管理人员必须从价值链的层面上研究生产率,因为这是各个流程所形成的整体绩效,正是这种整体绩效造成了服务和产品之间的差异。具有挑战意义的是要相对于投入成本而提高产出值。如果流程可以用同样的投入量产生出更多产品或质量更高的产品,那么生产率就提高了。在减少资源使用的情况下,如果能保持同等的产出水平,那么生产率也提高了。但是,价值链的绩效依赖于对整个价值链中所有流程的有效管理和协调。

二、全球化竞争

经济全球化对组织的影响是全方位的,它从根本上改变的组织的资源配置和产业的地理分布。经济全球化的实质是分工的全球化,是企业价值链在全球的重新布局。企业都已接受了这样一个事实:要想获得成功,就一定要用全球化的视野来看待顾客、供应商、设施选址以及竞争对手。

在这种情况下,组织如何重新定位自己的产品和服务,如何获取竞争优势,如何主动的纳入全球化分工体系,以及如何确定组织在全球化分工链条中的地,才能提供能在全球市场上竞争的服务和产品,并且要设计出支持这些服务和产品的流程,是运营管理者面临的重要挑战和需要思考的问题。

三、快速的技术变革

运营管理的一个重要趋势就是技术变革的进程正在加速。技术变革影响着新服务和新产品的设计,并且影响着企业的流程。例如:电子商务正在改变着企业组织与其顾客及供应商相互交往的方式;计算机已经在工艺管理、生产计划和进度安排、数据处理和通信等方面对组织产生了巨大影响;在新材料、新方法和新设备方面的技术进步也极大地影响着竞争和生产率。显然,技术进步已经并将继续带来许多好处。然而,技术进步也给管理造成了负担,管理部门必须了解这些变化,以对它们带来的好处和风险迅速做出评估。如何应用新技术才能发挥其最佳优势呢?对流程应该在多大程度上进行改造？这部分要积极做出反应。而且，引进任何新技术都会有风险，员工对新技术的态度取决于对这种变革的控制方式。对技术的正确选择和有效管理可以为企业带来竞争优势。

近年来，“中国制造 2025”战略“互联网＋”行动计划德国“工业 4.0”战略、物联网、云计算、大数据等带来的一系列技术变革，更需要各个企业组织重新思考其商业及运营模式的变革。

四、道德规范及环境问题

与以往任何时候相比，现在的企业面临更多的道德困惑，而日益增长的全球化压力以及快速的技术变革又进一步地加深了这种困惑。公司正在为新的运营机构选址，在其他国家拥有更多的供应商和客户。当可以根据不同的规则从事商业活动时，就引发了潜在的道德问题。一些国家更加关注奢侈享乐、利益冲突、行贿受贿、少数民族歧视、妇女歧视、最低工资水平、危险工作场所和工人权利等问题。管理者必须决定在这种情况下对流程的设计和运行是否要使其在满足当地标准的基础上更先进一些。此外，技术变革引发了诸如互联网上的数据保护和客户隐私方面的争论。在一个电子的世界里，企业与客户的地理距离十分遥远，因此信誉就变得更加重要了。

因此，运营管理者应更加关注以下几方面的问题：组织应有责任心，不光是为了获利而生产产品和提供服务；帮助解决重要的社会问题；对更多的人负责，而不仅仅只是对股东负责；在简单的市场交易之外，还要有积极的社会影响；提供更多的人文价值服务，而不仅仅提供经济价值服务。

环境问题也越来越多地影响着企业的运营，如有毒废弃物、有害饮用水、空气污染和全球变暖等环境问题，都引起了更多的重视。过去，许多人只把环境问题看成生活质量问题，而到了 21 世纪，许多人把它看成生存问题。人们对干净、健康环境的关注度日益提高。

对道德规范以及环境问题的思考正在成为每个管理者工作的一部分。因此，组织设计和运行流程时，在考虑生产率、质量、成本和利润这些传统绩效指标的同时，还要考虑诚实正直，要尊重员工、尊重顾客。

本章小结

每一个组织都必须对流程以及完成这些流程的运营情况进行管理。流程是组织用以工作并达到其目标的基础活动，通过将输入要素转换为交付给顾客的产出而增加了顾客价值。

流程的概念不仅应用于整个组织，也可应用于每个部门及个人的工作。一个流程可以被分解为若干个子流程，而子流程又可以进一步分解。流程中的流程称为嵌套流程。

运营管理者参与战略层和战术层的决策。运营管理者必须处理好组织内部和组织之间的关系。为了将运营成功地用作竞争武器,必须要考虑跨职能协调问题。

价值链是整个组织在从原材料到成品的每个步骤中依次能够增加价值的工作活动集合。价值链管理是沿着整个价值链来有序管理各种工作活动和信息的完整过程。

生产率的改进、激烈的全球化竞争、快速的技术变革、道德规范及环境问题等构成了对运营管理者的重大挑战。

思考与理解

1. 如何区别制造流程与服务流程?

2. 核心流程与支持流程的相互关系及作用?

3. 什么是价值链管理?价值链管理的目标是什么?

4. 主要概念:

流程、流程视图、服务流程、制造流程、嵌套流程、价值链、运营管理。

第十四章 财务管理

教学目标

1. 理解现代企业财务管理的目标，资金时间价值，投资风险与投资风险价值。

2. 掌握资金时间价值的计算，风险基本指标，各种投资决策指标的计算方法和评判标准，偿债能力、营运能力和盈利能力三方面的分析评价指标。

3. 了解各种筹资方式，投资项目可行性研究的步骤，企业利润的基本构成。

课程导读

在长江中路15号，有家“新天地烘焙”蛋糕店。这家蛋糕店的主人是位大学毕业自主创业的年轻人。2016年7月，陶立群毕业后决定开个蛋糕店。他白天顶着烈日逛市区大大小小的蛋糕店，看门道、想问题，晚上则躲在房间里查资料，了解市场行情。2个多月后，陶立群就把《新天地烘焙蛋糕店可行性策划书》放在了父母面前。以下是蛋糕店创业计划书的部分内容：第一，市场分析(略)。第二，设备投资(模拟方案以10平方米左右的小店为例)：启动资产大约需9.5万元，其中房租5000元；门面装修约2000元；机器设备最大的投资为8万元(包括制作蛋糕的全套用具)。第三，首期进货款：面粉、奶油等原材料，约6000元；蛋糕的制作方法可购买光盘自学，一般17盘含70项目技术共200元/套。第四，经济效益估算：月销售额(平均)约21000元。据有关内行人士评估，这样一家小型蛋糕店的经营在走上正轨以后，每月销售额可达21000元，每月支出平均14000元房租，月利润可达7000元左右。按此估算，一年左右即可收回投资。

陶立群的父母被感动了，他们拿出积蓄支持儿子创业。2016年年底，第一家“新天地烘焙蛋糕店”在长江中路15号正式开张，陶立群做起了小老板。

2017年5月，陶立群又开出第二家连锁店。现在只有20多岁的他，已成为市里小有名气的创业青年，还被评为市创业之星。

导读：

1.“新天地烘焙”蛋糕店的成功，是建立在一系列调研、预测、分析和评估的基础上，后期投资连锁店相信陶立群也进行了一系列的财务决策。

2.财务管理对企业是否重要？体现在哪些方面？

第一节 财务观念

一、财务与财务管理的目标观念

(一)财务的概念

财务是指企业再生产过程中的资金运动以及由于资金运动而产生的企业与各方面的经济利益关系。

资金运动又称财务活动，是指企业从事筹资、投资和分配活动的统称。筹资活动是指企业通过一定渠道，采用一定方式筹集生产经营所需资金的过程。投资活动是指企业把筹集到的资金在企业内部进行调配使用以及对外投资的过程。企业所拥有的各类资产，如流动资产、固定资产、无形资产、对外投资等都是通过投资活动形成的。分配活动广义上是指企业对一定时期内形成的营业收入所进行的分割，狭义上是指企业对一定时期内形成的利润在国家、投资者、企业等相关利益主体之间所进行的分割。

经济利益关系又称企业财务关系，是指企业在财务活动中与各有关方面产生的经济利益关系。企业在接受投资者的投资和企业对外投资的过程中，与投资方、受资方之间形成了所有权和经营权关系；企业因为向外借款而与债权人之间形成了债权债务关系；企业与政府税务机关之间存在着无偿的、强制的、固定的纳税关系；企业与往来客户之间因为时常存在预收货款、延期付款等业务而发生了信用与结算关系；企业内部各部门之间存在着利益分配关系：企业与员工之间存在着雇佣劳动关系。

(二)财务管理

财务管理，又称理财，简单地说就是组织企业的资金运动、处理企业财务关系的一项经济管理工作。财务管理是以企业财务活动为对象，对企业资金实行决策、计划和控制，其实质是利用价值形式对企业生产经营活动进行综合性的管理。财务管理主要内容包括资金筹集管理、投资管理、利润及其分配管理以及成本费用管理；此外，还包括企业设立、合并、分立、改组、解散、破产的财务处理，它们构成企业财务管理不可分割的统一体。

财务管理在企业管理中是独立的，又是一项综合性的管理工作。财务管理区别于其他管理的特点在于它是一种价值管理，是对企业再生产过程中的价值运动所进行的管理。企业各方面生产经营活动的质量和效果，大都可以从资金运动中综合地反映出来，而通过合理地组织资金运动，又可以对企业各方面的生产经营活动积极地加以促进。财务管理的各项价值指标是企业经济决策的主要依据，而及时组织资金供应、节约使用资金、控制生产消耗、大力增加收入、合理分配收益则能推动各部门增产节约、增收节支。总之，搞好财务管理对于改善企业经营管理、提高经济效益具有重要的作用。

（三）财务管理目标

财务管理目标，简称理财目标，是指财务管理工作要达到的最根本的目的。这是从事理财工作首先要树立的基本观念，也是每一项具体的财务管理工作的指导思想，财务管理工作的每一个环节都必须围绕着这个目标而展开。

企业的生存、发展获利是财务管理的根本目的。企业要能在市场竞争中生存下去，最基本的条件是能够以收抵支、到期偿债。因此，力求以收抵支，到期偿债，减少破产风险，使企业长期稳定地生存下去，是理财的首要目的。企业的发展集中表现为收入的不断扩大，因而筹集到企业发展所需的资金，是理财的第二个目的。获利是建立企业的出发点，只有获利，企业才有存在的价值，因而如何充分有效地利用企业的资源，使企业的资金获得最大的回报，是理财的第三个目的。

站在“投资者”的角度，确立财务管理目标可能更加复杂。投资者之所以进行投资，其根本目的就是尽最大可能获利。从总体上说，实现企业经济效益最大化，从而使投资者最大可能地获利，是为“投资者”理财的最终目的。但在不同的经济体制和不同的经济发展水平条件下，对于“经济效益”有不同的理解。就目前来说，理论界对于理财目标有“利润最大化”、“资本利润率最大化或每股收益最大化”、“企业价值最大化或股东财富最大化”三种不同的说法。

在传统生产经营观念的条件下，追求利润最大化，从而使投资者最大可能地获利有其合理性。但现代企业资本经营的观念认为，资本本身也成了一种商品，投资者不应只是通过企业的生产经营活动而获取利润，而是应该去增加企业本身的价值。即通过资本运作，使整个企业的价值得到尽可能大的增值，从而获取最大的投资收益。目前国际国内关于理财目标比较公认的看法是企业价值最大化或股东财富最大化。

企业追求利润最大化、资本利润率或每股收益最大化的获利观念显得直观明了。但是，让投资者在企业的生产经营所赚取的利润中获得收益的分配，这只是一种狭隘的获利观念，它没有考虑资金的时间价值和投资的风险价值，片面追求利润，还可能导致企业的短期行为。

追求企业价值最大化或股东财富最大化，摆脱了传统生产经营的狭隘观念束缚，进入了现代市场经济条件下资本经营的广阔天地。投资者建立企业的目的在于创造尽可能多的财富，这种财富首先表现为企业价值，即企业本身值多少钱，而不仅仅是从事生产经营活动能赚取多少钱，比如在股份公司的理财过程中，能够使其股票价格不断升值，让股东从不断升值的股票中获取收益。

企业价值，是市场对企业的客观评价。追求企业价值最大化，已经考虑了资金的时间价值和投资的风险价值：追求股东财富最大化，体现了对企业资产保值增值的要求，有利于克服管理上的片面性和短期行为，有利于社会资源的合理配置，从而有利于实现社会效益的最大化。

二、资金时间价值观念

（一）资金时间价值的概念

同一笔资金在不同时点上的价值量是不相等的。资金时间价值（Time Value of Money）是指在不考虑通货膨胀和风险因素条件下，资金在周转使用过程中随时间推移而产生的价值增值。资金在投入生产经营活动后，使用者通过对资金的有效运作，会创造社会财富，从而也为资金自身带来价值的增值。资金使用的时间越长，实现的增值也越大。借贷关系的普遍存在，资金的所有权和使用相分离，是资金时间价值存在的前提。

资金时间价值有两种表现形式，即时间价值额和时间价值率。时间价值额是资金在运用过程中所增加的价值量，时间价值率是在没有通货膨胀和风险因素条件下的社会平均投资报酬率。通常，投资报酬率由三部分组成，即：

投资报酬率＝无风险报酬率＋风险报酬率＋通货膨胀贴补率

其中，无风险报酬率就是资金时间价值率。

（二）资金时间价值的计算方法

资金时间价值的计算，实质上是不同时点上资金价值的换算。资金时间价值的计算方法有两种：一是现值计算法：二是终值计算法。现值是指未来资金的现在价值，又称贴现值。终值是指未来期终的资金价值，即将来的价值，是本金在若干期后加上应计利息的总数。现值与终值在换算过程中的差额，即为利息或贴息。现值、终值、利息三者之间的关系为：

现值＋利息＝终值

终值－利息＝现值

计算利息的方法有两种，即单利和复利。单利是指计息的本金始终保持不变的计算方法；复利是指前面各期的利息不断加入本金再计息，即“利滚利”或者分期计息的计算方法。由于单利计息的使用机会不多，而且不符合数学和经济学逻辑，因此，本文只介绍复利计息的方法。

1. 复利终值和复利现值

(1)复利终值。

复利终值是一定金额的本金经过若干期以后按复利计算的本息之和。

设本金(即现值)为P,终值(即本息之和)为F,利率为i,期数为n,复利终值的计算公式就是:

$$F = P \times (1+i)^n$$

例如:某企业向银行借入100万元,期限5年,利率8%,到期一次还本付息,一共需还多少?

这里把借入款项的时间视为现在,即借款额为现值,把到期本息之和看成终值,代入公式得:

$$F = P \times (1+i)^n = 100 \times (1+8\%)^5 = 146.9(\text{万元})$$

(2)复利现值。

复利现值就是未来某一时点上的一定数量的资金,按一定利率复利贴现后的现在价值。其计算公式为:

$$P = F \times (1+i)^{-n}$$

例如:一张面值为10000元,期限3年的无息债券,以7%的利率贴现发行,其发行价为多少?

本题的意思是3年后终值是10000元,复利利率7%,求现值。代入公式得:

$$P = F \times (1+i)^{-n} = 10000 \times (1+7\%)^{-3} = 8163(\text{元})$$

2. 年金

年金是指各期等额的现金流量。它具有两个特点:间隔的时间相等和每期的金额相等。用符号A表示年金。

(1)年金终值。

年金终值是各期期末等额的现金流量按复利计算的若干期后的本息之和。设F_A为年金终值,其计算公式为:

$$F_A = A \times \sum_{t=1}^{n} (1+i)^{t-1} = A \times \frac{(1+i)^n - 1}{i}$$

例如:某人每年年底存入银行10000元,连续存5年,复利为6%。问:到第5年底本息之和为多少?

代入公式得:

$$F_A = A \times \frac{(1+i)^n - 1}{i} = 10000 \times \frac{(1+6\%)^5 - 1}{6\%} = 56371(\text{元})$$

(2)年金现值。

年金现值是若干期每期期末等额的现金流量按复利贴现后的现值之和。设为P_A为年金现值,其计算公式为:

$$F_A = A \times \sum_{t=1}^{n}(1+\mathrm{i})^{-\mathrm{t}} = A \times \frac{1-(1+\mathrm{i})^{-\mathrm{n}}}{i}$$

例如:2017 年初,某公司欲收购一家企业。经预测,该企业每年可获净收益 800 万元(假设均于每年底一次性实现),经营期 8 年,贴现率为 10%。问:未来所有净收益的现值是多少?

本题中每年末的 800 万元视为年金,未来所有净收益的现值就是每年净收益的复利现值之和。代入年金现值公式就是:

$$F_A = 800 \times \frac{1-(1+10\%)^{-8}}{10\%} = 4268(万元)$$

(3)永续年金现值。

永续年金现值是未来无限期内各期等额的现金流量按一定利率折现后的现值之和。

在年金现值公式中,当 $\mathrm{n} \rightarrow \infty$时,$(1+\mathrm{i})^{-\mathrm{n}} = 0$,得:永续年金现值 $P = \frac{A}{i}$

例如:设甲股票每年股利均为 0.6 元,若市场利率为 6%,其永久投资价值是多少?

代入公式得:永久投资价值 P=0.6/6%=10(元)。

三、投资风险价值观念

(一)投资风险

一般来说,风险是指在一定条件下和一定时期内发生的各种结果的变动程度。如果企业的一项行动有多种可能的结果,其将来的财务后果是不确定的,就叫有风险。财务活动经常是在有风险的情况下进行的。风险越大,收益也可能越大,否则就不值得去冒险。投资风险就是某项投资在未来获取预期收益或遭受意外损失的可能性。企业在进行筹资决策或投资决策时,如果未来结果只有一种,那就是确定的,也就不存在风险;如果决策的结果有多种可能的情况出现,就有可能偏离预期目标,那就存在着风险。偏离预期目标的程度越大,则风险越大。

一般来说,投资人对意外损失的关切,要比对意外收益强烈得多。因此人们研究风险时侧重于减少损失,主要从不利的方面来考察风险,经常把风险看成是不利事件发生的可能性。从财务的角度来看,风险主要指无法达到预期报酬的可能性。

(二)风险的种类

通常把企业所面临的风险划分为经营风险和财务风险两类。

1. 经营风险

经营风险是指由于生产经营方面的原因,给企业的预期收益带来的不确定性。这种风险源于企业外部因素和企业内部因素两大方面。

企业外部因素主要有国际、国内的政治经济形势,产品的市场供求状况与价格状况，国家财税政策、金融政策和产业政策等。这些因素未来变动情况的不可测性，会造成企业经营业绩的不确定性。

企业内部因素主要有管理者与员工的素质，企业及其产品的市场形象、市场占有率，工艺装备的技术水平，产品质量水平，成本水平等。这些因素的变化情况的不可测性，也会造成企业经营业绩的不确定性。

在财务管理中，常用经营杠杆系数 DOL 来衡量企业经营风险的大小。

2. 财务风险

财务风险，又称筹资风险，是指由于负债筹资引起的，企业到期不能还本付息的可能性。企业负债的利息是固定的，无论盈亏，到期都要按债务合同的规定向债权人偿还利息和本金。

短期内，如果企业的营业收入不足以偿付债务本息，会产生债务危机；如果企业长期的全部资金利润率低于负债利率时，就没有偿还债务的能力，长此以往，会造成资不抵债乃至破产。企业的资金利润率越高，债务利息率越低，则财务风险越小；资金利润率越低，债务利息率越高或负债越多，则财务风险越大。

当负债利率低于资金利润率时，负债的增加会大幅度提高企业净资产的收益率；当负债利率高于资金利润率时，负债的增加会大幅度降低企业净资产的收益率。这种现象称为负债的财务杠杆作用。

此外，在企业资金结构中，所有者权益与负债的比率大小，也影响着财务风险的大小。负债比率越高，企业的偿债压力越大，财务风险就越大。负债比率越低，财务风险越小。如果负债为 0，则不存在财务风险。

在财务管理中，常用财务杠杆系数 DFL 来衡量企业财务风险的大小。限于篇幅，DFL 和前述 DOL 不再展开讨论。

3. 风险的衡量

一个现象可能的变动范围越大，则稳定性越差。稳定性越差，意味着风险越大。同理，投资报酬率的变动范围越大，则投资风险越大。在统计上，用标准差或标准离差率去测度一个现象变动范围的大小。财务上也就用标准离差率作为衡量风险大小的指标。

例如：某企业有 A、B 两个投资项目可供选择，预测其可能的收益分布见表 14-1。

表 14-1 投资收益

市场状况	概率%(P)	投资报酬率%(x)	
		A 项目	B 项目
繁荣	40	35	25
一般	40	15	15
萧条	20	—5	2
合计	100		

要求计算期望投资报酬率、投资报酬率的标准差和标准离差率，并进行比较选优。

首先，计算期望投资报酬率 $\bar{x}$，$\bar{x}=\sum xp$。

$\bar{x}_A=0.35\times40\%+0.15\times40\%+(-0.05)\times20\%=19\%$

$\bar{x}_B=0.25\times40\%+0.15\times40\%+0.05\times20\%=17\%$

其次，计算投资报酬率的标准差 σ，$\sigma=\sqrt{\sum(x-\bar{x})^2P}$

代入数据求得：$\sigma_A=14.97\%$，$\sigma_B=7.48\%$(计算过程略)

当不同投资项目的期望投资报酬率相等时，标准差越大，风险越大。但期望投资报酬率不相等时，要用标准离差率进行比较。

再次，计算标准离差率 V_σ，$V_\sigma=\frac{\sigma}{\bar{x}}$。

代入数据求得：$V_A=14.97\%\div19\%=78.79\%$；$V_B=7.48\%\div17\%=44\%$。

显然，A 项目的标准离差率大于 B 项目的标准离差率，所以，A 项目的风险较大。

最后，进行比较选优。通过前面的计算结果可知，A 项目的期望投资报酬率较大，但投资风险也较大，根据风险与收益对等的原则，当期望投资报酬率相等时，应当选择风险较小的项目；当风险相等时，应当选择报酬率较高的项目。但本案两者都不相等，就需要做进一步的比较才能确定。

假设已经选择了 B 项目，要不要改为 A 项目呢？如果把 B 项目改为 A 项目，投资报酬率增长了(19%－17%)÷17%＝11.76%，而投资风险则增长了(78.79%－44%)÷44%＝79%，显然，风险的增长远远超过了收益的增长。已经选定的 B 项目没有理由改为 A 项目。因此，从理性的角度出发，应该选择 B 项目。当然，不同投资者的风险偏好程度不同，实际中有不同的选择。

4. 风险与报酬的关系

每个投资者都力求以尽可能低的风险，获取尽可能高的报酬。在市场经济条件下，风险低而报酬高的项目，会吸引更多的投资，结果会引起激烈的竞争，导致产品价格的下降，使得风险上升或报酬降低；而风险高报酬低的投资项目，会使投资人撤离投资，从而缓解竞争压力，导致产品价格上升，使得风险降低或报酬上升。众多投资者反复选择的结果，最终会使风险与报酬走向均衡。

投资的风险价值(Risk Value of Investment)，又称投资风险报酬、投资风险收益，是指投资人因冒险进行投资而要求获得超过资金时间价值部分的额外报酬。投资项目的风险程度越高，投资人所要求获得的报酬率也就越大；投资项目的风险水平越低，投资人所能够获得的报酬率也就越小。如果投资于没有风险的项目，则只能获得无风险报酬。在不考虑通货膨胀的前提下，投资报酬率的公式为：

投资报酬率＝资金时间价值率＋风险报酬率

用坐标图直观表示，见图 14-1。

图中，横坐标表示风险程度 V，纵坐标表示报酬率 K，与 V 轴平行的线条与横轴的

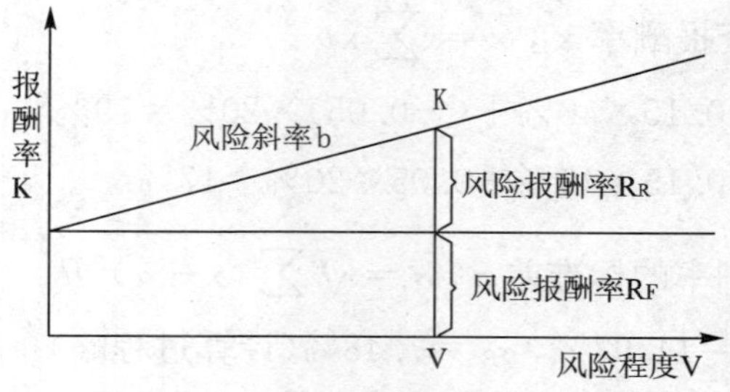

图 14-1　投资报酬率示意图

高度表示无风险报酬率 R_F，斜线的斜率表示风险斜率 b，横线到斜线的距离表示风险报酬率 R_R。根据三角形定理，得 $R_R=V\times b$，即：风险报酬率＝风险程度×风险斜率。

$K=R_F+R_R$，即：投资报酬率＝无风险报酬率＋风险报酬率

风险斜率 b 是投资决策中常用的指标。其确定方法有多种，一般根据同类项目进行测算。

例如：设国债利率为 5%，甲项目的期望投资报酬率为 21%，标准离差率为 40%。其同类项目的平均投资报酬率为 18%，平均标准离差率为 30%。试分析甲项目的风险与报酬状况。

分析：我们把国债利率看成无风险报酬率 R_F。所谓“同类项目”，是指它们的风险斜率 b 值相等，即用同类项目的 b 值作甲项目的 b 值。

由于 $R_R=V\times b$，得：同类项目的 $b=R_R\div V=(18\%-5\%)\div 30\%=43.33\%$。

则：甲项目应该得到的风险报酬率 $R_R=V\times b=40\%\times 43.33\%=17.33\%$。

甲项目应该得到的投资报酬率 $K=R_F+R_R=5\%+17.33\%=22.33\%$。

甲项目的期望投资报酬率为 21%，这是各种可能投资报酬率及其概率的加权算术平均数。根据其风险程度测算，应该得到的投资报酬率为 22.33%，大于 21%。显然，甲项目的风险大于收益，不能投资。如果其期望投资报酬率正好为 22.33%，此时风险与收益均衡，进行投资既无风险也无收益；如果其期望投资报酬率大于 22.33%，则收益大于风险，可以进行投资。

第二节　筹资管理

企业筹资就是要解决资金来源问题。通过一定的资金渠道，采取一定的筹资方式，组织资金的供应，保证企业生产经营活动的需要，是企业财务管理的一项重要内容。企业资金筹集是指企业向外部有关单位或个人及从企业内部筹措和集中生产经营所需资金的财务活动。企业筹集资金的基本要求是：合理确定资金的需要量，控制资金投放时间；周密研究投资方向，大力提高投资效果；认真选择筹措来源，力求降低资金成本；适当安排自有资金比例，合理进行负债经营。

一、筹资规模的预测

筹资规模是指企业一定时期内筹集资金的总量。企业的筹资活动不仅与投资者以及债权人的权益有关，而且与整个社会的经济秩序紧密相关。

实践中，筹资规模的预测方法很多。有的是依靠管理者个人的经验、判断和预见能力来预测。这种方法简单，但精确性较差，只适用于不太重要的项目或缺乏历史资料时的预测。有的是以历史资料为依据，采用数学模型进行预测。使用这种方法预测的结果科学而精确，常用的主要有销售百分比法和回归分析法。

（一）销售百分比法

销售百分比法是假设费用、资产、负债与销售收入存在稳定的百分比关系，根据预计销售额和相应的百分比预计资产、负债和所有者权益，然后利用会计等式确定融资需求的方法。

1. 内部筹资量的预测——预计利润表法

预计利润表法是根据基期利润表及其各项目与销售额的比率关系，来预计企业的留用利润的一种方法，它将企业的预计留利作为预计的内部筹资量。其步骤为：第一，取得实际利润表，并计算利润表各项目与销售额间的百分比；第二，取得预测年度的销售额，并以此乘以第一步取得的百分比，测算出预计利润表各项目的测定数，编制预计利润表；第三，根据预计利润表确定当期留用利润额，作为预计的内部筹资量。

2. 外部筹资量的预测——预计资产负债表法

资产负债表法是根据基期资产负债表及部分项目与销售额之间的比例关系，编制出预计资产负债表，并据以预测资金需要量的方法。在资产负债表中，一些资产和负债类的项目如现金、应收账款、存货、应付账款、应付费用等，与销售额存在着稳定的比例关系，会随着销售额的变动而变动，我们称这样一些项目为敏感项目；其他如对外投资、固定资产净值、短期借款、长期负债、实收资本等项目，在短期内都不会随销售规模的扩大而增加，故将其归为非敏感项目，在编制预计资产负债表时我们假定这些项目不发生变化。

（二）回归分析法

回归分析法是在假定筹资量与产量之间存在线性关系的基础之上，利用历史资料和线性模型来预测资金需要量的方法。其基本模型为：

$y=a+bx$

式中：y 为预测期资金需要量；x 为产量；a，b 为参数，可按下列公式计算得出：

$$a=\frac{\sum y-b\sum x}{n}$$

$$b=\frac{n\sum xy-\sum x\sum y}{n\sum x^2-(\sum x)^2}$$

二、筹资方式

企业要进行生产经营活动或者扩大再生产，首先需要筹集资金。企业通过何种渠道，用什么手段和方法筹集所需的资金，是首先要解决的问题。企业筹集资金的来源，我们称之为筹资渠道。筹资渠道有国家财政、银行、非银行金融机构、企业事业单位、居民、外商和本企业。筹集资金的具体形式，即企业取得资金的手段和方法，我们称之为筹资方式，主要有吸收直接投资、发行股票、内部积累、银行借款、发行债券、融资租赁和商业信用。前三者构成了企业的自有资金，它反映所有者的权益，又称主权资金，其出资人是企业的所有者，拥有对企业的所有权，企业则可以独立支配其所占有的财产，拥有出资者投资形成的全部法人财产权；后四者构成了企业的借入资金，它反映债权人的权益，又称负债资金。借入资金的出资人是企业的债权人，对企业拥有债权，有权要求企业按期还本付息。自有资金和借入资金共同构成了企业的全部资产。下面着重介绍企业的筹资方式。

（一）吸收直接投资

吸收直接投资，简称吸收投资，是指企业按照“共同投资、共同经营、共担风险、共享利润”的原则吸收国家、企业事业单位、个人、外商投入资金的一种筹资方式。出资者是企业的所有者，可通过一定方式参与企业经营决策，并按出资比例或协议分享利润、分担损失。这是企业最早采用、也是最普遍采用的一种筹资方式。就目前来说，它是非股份制企业筹集资本金的主要方式。

吸收投资的特点是：吸收投资所筹集的资金属于企业的自有资金，一部分构成企业的注册资本，超额部分构成了资本公积。与负债相比，吸收投资能提高企业的信誉和举债能力，且风险由投资者承担，企业不承担财务风险；吸收投资能直接获得现金、先进设备或先进技术，与间接融资相比，能尽快形成生产力。但是，由于没有证券作为媒介，产权关系有时不够明晰，也不便于产权的转移变动。

（二）发行股票

股票是股份有限公司为募集自有资金而发行的有价证券，是对公司资产的所有权凭证。股票持有人为企业的股东。股东按照企业组织章程，参与或监督企业的经营管理，分享红利，并依法承担以持股额为限的经营亏损责任。发行股票使得大量的社会闲散资金得到集中和运用，并把一部分消费资金转化为生产资金，它是企业筹集无限期使用资金的一种重要途径。

1. 股票的种类

按照股东的权利和义务不同，股票分为普通股和优先股。普通股符合一般股权的基本标准，是公司资本结构中最基本的部分。其特点是：股东拥有公司的投资决策权、经营管理权；股利分配的顺序排在最后，而且每期的股利额不固定；在公司解散或破产时普通股股东的剩余财产索求权也排在最后。优先股是较普通股拥有某些优先权利，同时也有一定限制的股票。其特点是：股东不拥有公司的自由竞争决策权和经营管理权，不能参加股东大会；股利分配的顺序排在普通股的前面，而且通常是每期固定的；在公司破产或解散时优先股股东的剩余财产索求权也排在普通股股东的前面。

按照投资主体不同，股票分为国家股、法人股、个人股和外资股。国家股是有权代表国家投资的部门或机构以国有资产向公司投资形式的股份。法人股为企业单位以其依法可支配的财产向公司投资形式的股份，或者具有法人资格的事业单位和社会团体以国家允许用于经营的资产向公司投资形式的股份。个人股为社会个人以其合法财产投入公司所形式的股份。外资股为外国和我国香港、澳门、台湾地区投资者以购买人民币特种股票（B股）向公司投资形式的股份。

按照股份认购的先后顺序不同，分为发起人股和社会公众股。发起人股是公司设立前由发起人认缴的股份。社会公众股是公司设立时向社会公开发行的股票。

按发行对象和上市地区不同，分为A股、B股和H股。A股是指在境内发行并在上海或深圳证券交易所上市交易的人民币普通股。B股是指在上海或深圳证券交易所上市交易的人民币特种股票。其中，上交所的B股以美元标价，深交所的B股以港元标价。H股是指在海外发行并上市的股票，H是“海外”一词拼音的第一个字母。

2. 股票的价值形式

票面价值简称面值，是指每股所代表的注册资本。我国所有上市公司股票的面值均为人民币1元。

账面价值是指某一特定时点上每股所拥有的公司净资产。

发行价格是指每股实际筹集的资金。我国的股票通常是溢价发行，其面值部分构成公司的注册资本，超出面值部分作为资本公积。

市场价值是指股票在证券市场上进行交易过程中的价格。它是一个变动非常频繁的数值，直接反映股票市场的行情。

清算价值是指公司清算时每股的剩余资产价值。

3. 股票发行价格的确定

我国发行股票的历史还不长，1984年才在深圳发行了新中国成立以来的第一只股票“深发展”，在20世纪90年代以前，都是平价发行。后来，发起人股通常以面值或略高于面值认购，社会公众股则是高溢价发行。其定价方式也经历了好几次演变，近年来，基本上以“市盈法”定价。

所谓市盈率，就是股价与每股收益的比值，用公式表示：

$$市盈率 = \frac{股价}{每股收益}$$

根据此式，可以得到：股价＝每股收益×市盈率

把股价换为股票的发行价格，每股收益以发行公司过去3年的平均每股收益或预计未来3年平均每股收益为标准，市盈率则根据发行公司的行业特征、发行数量及注册资本的规模；市场利率水平和股票行市状况等因素确定一个具体数值，报国务院证券监督管理委员会批准即可。

比如某公司过去3年的平均每股收益为0.5元，经国务院证券监督管理委员会批准，以20倍的市盈率发行股票。则：股票的发行价格＝0.5×20＝10元。

4. 发行股票筹资的特点

发行股票筹资的优点有：所筹集的是自有资金，可实现企业注册资本规模的迅速扩张和举债能力的大幅度提高；无需还本，是企业可永久占用的资金；没有固定的财务负担，企业的经营风险和财务风险由人数众多的股东承担。其缺点主要是容易分散股东对公司的控制权，而且股票的筹资成本与其他负债的筹资方式相比，要高出许多，使得企业的资金成本升高。

（三）内部积累

企业内部积累主要是指税后利润分配所形成的公积金。企业的税后利润并不全部分配给投资者，而应按规定的最低比例提取法定公积金。此项公积金可用于购建固定资产、进行固定资产更新、增加流动资产储备、采取新的生产技术措施和试制新产品、进行科学研究和产品开发等。企业内部积累补充了所有者权益，利用这种筹资方式，不必向外部单位办理各种手续，简便易行，而且不必直接支付筹资用资的费用，经济合理。

企业利润的分配一般在年终或会计期末结算后进行。在利润未被分配以前，随着企业经营的进行而不断实现的利润，也可作为企业资金的一项补充来源。企业年终的未分配利润也有这种功能。

此外，企业因计提折旧而从销售收入中转化而来的货币资金，虽然没有增加企业的资金总量，但却能增加企业可以周转使用的营运资金。因而也可视为一种筹资方式。

（四）银行借款

银行借款是企业根据合同向各种金融机构借入的，需要按期还本付息的款项。利用银行长期和短期借款是企业非常重要的筹资方式。

1. 长期借款与短期借款

长期借款是指使用期限超过一年的借款。从其用途来看，主要有：①固定资产投资借款，此项借款用于固定资产的新建、扩建、改建等基本建设项目；②更新改造借款，此项借款用于企业对原有设备进行更新或技术改造；③科研开发借款，此项借款用于企业采

用新技术，研究开发新产品。

短期借款是指使用期限在一年以内的借款。从其用途看，主要有：①生产周转借款，此项借款用于补充企业营运资金的不足部分，企业计划年度流动资金的计划占用额，扣除年初营运资金(用于流动资产的自有资金)的差额，就是生产周转借款的需要量，企业可在此范围内申请办理。这种借款可以短借长占，循环使用。②临时借款，此项借款是企业由于临时性或季节性等原因需要超计划储备物资而向银行申请的借款，一般使用期限不超过6个月。③结算借款，此项借款是企业以应收账款作抵押的借款。此外，企业采用延期收款或分期收款销售产品时，为解决企业垫付资金困难，可向银行申请卖方信贷。此项借款可按销售收入回收的进度分次归还。

2. 银行借款的信用条件

补偿性余额是指银行从其放贷的安全性出发，要求借款企业按照借款额的一定比例，经常性地在银行保持的存款余额。补偿性余额给借款企业带来了两个问题，一是可使用的资金减少了，二是使得实际借款利率上升了。补偿性余额约为借款的10%～20%，其目的是降低银行贷款风险，以便补偿银行损失。

信用额度是企业与银行约定的非正式的最高借款限额。在信用额度内，企业可随时按需要提出借款要求，但银行并无必须按最高借款限额保证贷款的法律义务。

周转信贷协议是企业与银行约定的正式的借款最高限额。在限额之内，企业可随时提出借款要求，银行对周转信贷额度协议负有必须履行的法律义务，并因此向企业收取一定的承诺费用。承诺费用一般按照借款不足部分的一定比例支付。

与其他筹资方式相比，银行借款具有筹资速度快、借款弹性大、筹资成本低等优点，但银行借款的限制性条款很多，制约了企业的生产经营和借款使用的自由度；到期还本付息的压力大，增加了企业的财务风险。

(五)发行债券

债券是经济主体为举债而发行约期还本付息的有价证券，是债权债务凭证。由国家发行的为国债，由金融单位发行的为金融债，企业发行的债券称为公司债券。债券持有人无权参与企业的投资和经营决策。

债券发行方式分为公募发行和私募发行两种。公募发行是指不以特定的投资者为募集对象而向社会公众公开发行，这是各国通常使用的发行方式。公募发行又有直接公募和间接公募之分。债券发行人不通过中介机构，直接向公众公开募集即为直接公募；经由中介机构公开募集即为间接公募。私募发行是指向特定的少数投资者为募集对象的发行方式。这里的“特定投资者”一般是指与发行者有某种关系的对象。一类是个人投资者，如发行企业的产品消费者或发行企业的内部职工；另一类是机构投资者，如金融机构和与发行人有密切关系的企业单位。

发行债券筹资的优点主要有：①资金成本低。与股票相比，发行债券的筹资费用较少，而且债券利息在税前支付，具有节税功能。②保障控制权。债券持有人无权参与企业的投资和经营决策，发行债券不会分散所有者对企业的控制权。③具有财务杠杆作用。当企业的资金利润率高于债券利率时，发行债券筹资会使净资产收益率大幅度提高，当企业的资金利润率低于债券利率时，发行债券筹资会使净资产收益率大幅度降低。

发行债券筹资的缺点有：①财务风险大。债券需要承担到期还本付息的义务。在企业经营不景气时，会给企业带来沉重的财务负担，甚至可能会导致企业走向破产。②限制条件较多。发行债券所附加的条件，限制了企业通过发行债券筹资的可能性，同时还会影响企业资金的使用和后续举债能力。③筹资数量有限。累计债券总额不超过公司净资产的40%的规定，限制了企业利用债券筹资的数量。而且发行条件严格，绝大多数中小企业没有发行资格。

（六）融资租赁

1. 租赁的含义和种类

租赁是承租人以支付租金的形式取得一定期限内某资产使用权的一种信用行为，通常分为经营租赁和融资租赁两种形式。经营租赁是典型的传统租赁形式，它是由资产所有权单位在短期内提供设备，并提供维修、保养、人员培训等的一种服务性业务，又称服务性租赁，带有临时性和短期性的特点。它是以财产短期的使用权为目的，但从企业不必先付款购买设备即可享有设备使用权来看，也有短期筹资的作用。

融资租赁是现代租赁的主要形式，它是指由租赁公司按承租单位要求出资购买设备，在较长的契约或合同期内提供给承租单位使用的信用业务。它是以融通资金为主要目的的租赁，其借贷对象是实物。融资租赁是融资与融物相结合的、带有商品销售性质的借贷活动，是企业筹资的一种新方式。与经营租赁相比，融资租赁的特点是：①租期长，通常为设备物理寿命的一半以上；②稳定性强，租赁期内承租人得连续付租，一般不得中途退租；③租期满后，一般由出租人将设备作价转让给承租人；④租赁期间，设备的维修保养由承租人负责。

2. 融资租赁的形式

（1）直接租赁。承租人直接向出租人租入设备，并向出租人支付租金。直接租赁的出租人是制造厂商或租赁公司。

（2）杠杆租赁。这种租赁形式涉及承租人、出租人和资金出借人三方当事者，出租人通常只支付购买资产所需资金的20%～30%，其余部分以该项资产作担保，向资金出借人借入。

（3）售后租赁。首先承租人把自己的设备作价出售给出租人，再从出租人处租回来，在合同期内向出租人支付租金。这种租赁方式实际上相当于抵押贷款。

3. 融资租赁的优缺点

融资租赁属于“借鸡下蛋，卖蛋还钱”的筹资方式，其优点主要是：①筹资速度快。融资租赁集“融资”与“融物”于一身，可使企业在筹资的同时获取所需资产，尽快形成生产力。②筹资风险小。因技术进步所引起的设备陈旧风险由出租人负担，并且由于租金在整个租期内分摊，而使得企业的财务压力大大减轻。③租金在税前扣除，能享受节税利益。融资租赁的主要缺点是成本高，租金总额远远高于资产的市场价格。

（七）商业信用

商业信用是指企业之间在商品交易中以预收货款或延期付款等方式而发生的直接借贷关系，是企业之间相互提供的融资形式。商业信用是由商品交换过程中货与钱在空间上和时间上的分离而产生的，其主要形式不外乎两种，先取货后付钱，先收钱后交货，这是一种很古老的筹资方式。

1. 商业信用的形式

(1)应付账款。应付账款就是赊购商品，这是典型的商业信用形式，也是最古老的筹资方式。为了促使购买单位按期或及早付款，销售方往往规定相应的信用条件。如[1/10，n/30]，其含义是在 10 天内付款，可享受 1%的现金折扣，过了 10 天就没有折扣，最迟在第 30 天付款。

(2)商业汇票。商业汇票是指企业之间根据购销合同进行延期付款的商品交易时所开具的反映债权债务关系的票据。商业票据可由销货方签发，也可由购货方签发，到期日由销货方要求购货方付款。商业汇票必须经过承兑，即由有关方在汇票上签章，表示承认到期付款。根据承兑人不同，商业汇票分为商业承兑汇票和银行承兑汇票两种。商业汇票期限一般为 1～6 个月，最长不超过 9 个月。

(3)预收货款。预收货款是指销货单位按照合同或协议规定，在发出商品之前向购货单位预先收取部分或全部价款的信用行为。它等于企业向购货方预借的一笔款项，以后再用品偿还。在商品供不应求或者生产周期较长，且售价较高时，采用预收货款方式，可以缓和企业资金短缺的矛盾。

(4)票据贴现。票据贴现是指持票人把未到期的商业票据转让给银行，贴付一定的利息以取得银行资金的一种借贷行为。它是商业信用发展的产物，实为一种银行信用。银行在贴现商业票据时，所付金额要低于票面金额，其差额为贴现息。贴现息与票面额的比率，为贴现率。银行通过贴现把款项贷给销货单位，到期向购货单位收款，因此要收取一定的利息。贴现率由银行参照流动资金贷款利率确定。采用票据贴现形式，企业一方面给予购买单位以临时资金融通，另一方面在本身需用资金时又可以及时得到资金。

2. 商业信用的优缺点

企业利用商业信用筹资的主要优点是：①取得商业信用十分方便。随着商品购销就可享受信用、归还款项。②与其他筹资方式相比，几乎没有什么限制条件。③资金成本低。大多数商业信用没有现金折扣，企业不需要支付或支付很低的成本。商业信用的缺点是资金可占用的时间较短，众多企业过滥利用商业信用，容易产生“三角债”。

三、资金成本

(一)资金成本的概念

资金成本是企业为筹集资金和使用资金所付出的代价。它由筹资费用和资金占用费用两部分构成,筹资费用是企业筹集资金时所付出的各种费用,比如发行股票筹资,需要支付验资费、申请费、审核费、公告费、印刷费、经纪人佣金等;资金占用费是指按资金占用时间的长短而支付的费用,比如股票股利、债券利息、银行借款利息等。资金成本的基础是资金的时间价值,但两者在数量上是不一致的,资金成本既包括资金的时间价值,又包括投资风险价值。

资金成本的高低,通常用资金成本率表示。其基本计算公式为:

$$资金成本率=\frac{资金占用费}{筹资总额-筹资费用}\times 100\%$$

资金成本是在市场经济条件下,由于资金所有权和资金使用权分离而形成的一种财务概念。资金成本是企业选择资金来源和筹资方式的基本依据;是评价投资项目可行性的主要经济标准;是考核企业经营业绩的最低尺度。它可在许多方面加以应用,而主要用于企业的筹资决策和投资决策。

(二)个别资金成本的计算

1. 债券的资金成本

债券资金成本是在企业发行债券过程和使用发行债券所筹集的资金的期限内所支付的代价。其算式为:

$$债券资金成本率=\frac{每年债息额\times(1-所得税率)}{发行总额-发行费用}\times 100\%$$

例如:甲企业发行面值 1000 元的债券 50000 张,期限 3 年,票面利率 8%,发行价 1050 元,发行费用率为发行价的 3%。企业所得税率为 25%。

$$则:债券资金成本率=\frac{1000\times 50000\times 8\%\times(1-25\%)}{1000\times 50000-1000\times 50000\times 3\%}\times 100\%=6.19\%$$

2. 银行借款的资金成本

银行借款资金成本是企业向银行借款的过程中和使用银行借款的期限内所付出的代价。通常银行借款的筹资费用可以忽略不计,与债券一样,其利息也构成企业的财务费用,从税前列支。用算式表示即为:

$$银行借款资金成本率=\frac{借款额\times利率\times(1-所得税率)}{借款额}\times 100\%$$

$$=利率\times(1-所得税率)\times 100\%$$

例如:甲企业向银行借入 5000 万元,期限 3 年,利率 7%。企业所得税率为 25%。

则:银行借款资金成本率=7%×(1-25%)×100%=5.25%

3. 优先股的资金成本

优先股是企业的主权资本,企业所支付的优先股股利属于税后利润的分配,不能抵扣所得税。其计算公式为:

$$优先股资金成本率=\frac{优先股股利额}{发行总额-筹资费用}\times 100\%$$

例如:甲企业以12%的股利率发行优先股100万股,每股面值10元,发行价12元,筹资费用为发行额的5%。

$$则:优先股资金成本率=\frac{100\times 10\times 12\%}{100\times 12-100\times 12\times 5\%}\times 100\%=10.53\%$$

4. 普通股的资金成本

普通股由于发行时没有约定股利的支付比例,其资金成本的估计就有困难。估计方法有许多种,比较常用的方法是"股利折现法"其计算公式为:

$$普通股资金成本率=\frac{预计第一年股利}{发行总额-筹资费用}+预计以后每年股利增长率$$

例如:甲企业发行面值1元的普通股5000万股,每股发行价6元,发行费用率为发行额的10%。预计第一年每股股利为0.5元,以后每年增长8%。

$$则:普通股资金成本率=\frac{5000\times 0.5}{5000\times 6\times (1-10\%)}+8\%=17.26\%$$

5. 留存收益的资金成本

一般认为,留存收益是普通股的投资者用自己应该分得的利润对企业的再投入。从投资者角度考虑,把应该分得的利润继续留在了企业而造成了机会收益的丧失。从而,就以投资者的机会成本作为企业使用这笔资金的成本。所以,把留存收益的资金成本视同普通股的资金成本,其差别只是企业的留存收益无需支付筹资费用。

(三)综合资金成本

一个企业有多种资金来源,既有投资者投入的所有者权益,又有向债权人借入的负债。而各种不同来源、不同筹资方式所取得的资金,其成本率高低是不同的,甚至相差好几倍,所以就有必要计算企业全部资金的总成本。综合资金成本率就是企业全部资金的个别资金成本率以各种资金所占比重进行加权而求得的平均值。其计算公式为:

$$综合资金成本率=\sum 个别资金成本率\times 比重$$

假设上述债券、银行借款、优先股、普通股均为同一家企业甲的全部资金构成,则经计算,各种资金所占比重分别为:债券11.14%,银行借款12.14%,优先股2.91%,普通股72.82%。

得:甲企业的综合资金成本率

=5.26%×12.14%+4.69%×12.14%+10.53%×2.91%+17.26%×72.82%

=14.08%

第三节 投资管理

投资管理是企业财务管理中最重要的内容之一，它不仅关系到企业的生存和发展，也对社会经济发展和技术进步起到重要作用。企业投资的类型很多，按照投资期限的长短，可分为长期投资和短期投资；按照投资的范围可分为对内投资和对外投资；按照投资的内容可分为固定资产投资、流动资产投资和有价证券投资；按照产权关系可分为债权投资和股权投资等。本节主要介绍长期投资的决策方法。

一、投资项目的可行性研究

一般投资项目的建设程序分为三个时期，即投资前时期、项目建设时期和生产经营时期。投资前时期的重点工作是进行可行性研究和资金的筹措。可行性研究是在项目正式开始之前，在深入调查研究和科学预测的基础上，分析判断投资项目在技术上是否先进、经济上是否合理，能否达到预期目标，为决策者提供决策依据的一种论证方法，是防止决策失误的重要措施。

（一）可行性研究的步骤

投资项目可行性研究通常分为四个阶段。

第一阶段，机会研究。机会研究是对投资项目的初步构想和建议所作的战略性分析，其任务是寻找投资机会，选择投资方向，提出轮廓性建议。这个阶段的工作比较粗糙，主要是利用现有资料和经验进行评估。

第二阶段，初步可行性研究。在调查研究的基础上，进一步分析投资项目的条件和前景，就项目中的关键问题，通过市场调查、技术考察、模拟试验等方法进行深入分析研究，确定该项目是否有必要作进一步的详细研究。

第三阶段，详细可行性研究。详细可行性研究是在初步可行性研究的基础上，经过广泛调查，掌握足够资料，对项目进行系统分析和全面评价，提出可行性研究报告，为投资决策提供若干个可供选择的方案。

第四阶段，评价和决策。评价和决策是对详细可行性研究提供的方案，进行综合分析和评价，确定项目是否可行，选择出最优方案，并写出项目评价报告。

（二）可行性研究的主要内容

1. 市场调查研究

分析产品的市场供需情况，分析判断产品的有效需求量，预测项目投资后的产品销售量。

2. 原材料及供应的调查研究

列出所需的原材料、燃料、配件的数量及质量要求，来源渠道，分析供应的可靠程度，估算产品成本。

3. 厂址、布局的调查研究

分析生产经营对厂址的要求，合理生产布局对厂址选择的约束，如电力供应、运输方式对厂址的要求等。

4. 环境保护的调查研究

了解生产过程污染物质的情况，核算治理成本，确定有效的治理办法。

5. 项目技术设计的调查研究

分析项目所要达到的技术水平，技术获得方式，所需设备、工艺装备的技术水平，技术的可靠性、成熟性和先进性的论证。

6. 项目的经济评价

计算总投资费用，计算生产成本，项目经济效益的综合评价，项目投资风险分析。

二、投资项目现金流量的估计

在投资项目的评价分析过程中，最重要也是最困难的问题就是估计投资项目的现金流量。现金流量是指投资项目所引起的，在未来一定时期内所发生的，按年计算的现金流入量和现金流出量。

现金流出量由固定资产投资、垫支流动资产等初始投资以及项目投产后的付现成本(不含固定资产折旧和递延资产等的摊销)、各项税金等构成。

现金流入量包括项目投产后各年的营业收入、项目终结时垫支流动资产的收回和固定资产的残值或变价收入。

每年的现金流入量减去现金流入量，称为净现金流量。

净现金流量 NCF ＝现金流入量－现金流出量

＝营业收入－付现成本－所得税

＝净利润＋折旧

例如:某投资项目预计第一年投资 500 万元，第二年投资 500 万元。第三年建成投产，资本化利息 100 万元。投产前垫支流动资产 400 万元。项目经营期 8 年，每年营业收入 1000 万元，付现成本 600 万元。经营期结束后，固定资产残值 100 万元，垫支的流动资产全额收回。所得税率为 25％。试估算现金流量。

该项目建设期为 2 年，经营期为 8 年，整个计算期为 10 年。为了计算方便，假设投资都在年初一次性发生，而营业收入、付现成本、税金则在各年末一次性发生；折旧年限与经营年限相等。则：

原始投资＝500＋500＝1000(万元)

投资总额＝500＋500＋100＋400＝1500(万元)

每年折旧额＝(固定资产原值－净残值)÷年限

＝(500＋500＋100－100)÷8＝125(万元)

每年净利润＝(营业收入－付现成本－折旧)×(1－所得税率)

＝(1000－600－125)×(1－25%)＝206.25(万元)

每年所得税＝(营业收入－付现成本－折旧)×所得税率

＝(1000－600－125)×25%＝68.75(万元)

于是,经营期每年净现金流量＝净利润＋折旧＝206.25＋125＝331.25(万元)

或者,经营期每年净现金流量＝营业收入－付现成本－所得税

＝1000－600－68.75＝331.25(万元)

得:第一年初现金净流量 NCF_0＝－500(万元)

第二年初现金净流量 NCF_1＝－500(万元)

第三年初现金净流量 NCF_2＝－400(万元)(注意:资本化利息不是现实的现金流量)

第三年末到第九年末每年的现金净流量 NCF_{3-9}＝331.25(万元)

三、投资决策评价指标

投资决策评价指标是通过对投资项目经济效益的分析和测算,确定投资项目取舍或选优的经济标准,通常分为不考虑资金时间价值的非贴现指标和考虑资金时间价值的贴现指标两大类。

(一)非贴现指标

1. 投资平均报酬率

投资平均报酬率是经营期内平均每年的净利润与原始投资额的比率,是表示投资项目盈利能力强弱的指标。投资平均报酬率越高,说明项目的盈利能力越强。

$$投资平均报酬率 = \frac{平均每年净利润}{原始投资额}$$

这个指标的分子也可用平均每年净现金流量来计算,分母也可用投资总额或平均投资额。当然不同的分子分母所得的结果是不一样的。

该指标由于没有考虑资金时间价值,在实际进行决策时只能供参考,不是最终起决定作用的指标。

2. 投资回收期

投资回收期是指收回全部投资所需的时间,通常以年为单位。如果投资项目的每年净现金流量相等,则其算式为:

$$投资回收期 = \frac{原始投资额}{每年净现金流量}$$

如果经营期每年的净现金流量不相等,则不能直接相除得到。只能从有收益的第一年开始,逐年累加,一直加到等于原始投资额时的时间即为投资回收期。

这个指标的评价标准是：项目的投资回收期应短于投资者的期望投资回收期，或者不包含建设期的投资回收期小于经营期的一半、包含建设期的投资回收期小于整个计算期的一半，项目才可行，而且越短经济效益越好，投资风险越小。

投资回收期指标很常用，但由于没有考虑资金时间价值，并且回收期过后的各年现金净流量或净收益全被忽略了，所以也只是一个参考性的评价指标，不能起到最终的决定作用。

（二）贴现指标

1. 净现值

净现值是项目计算期内每年净现金流量按一定折现率贴现后的现值之和。公式为：

$$净现值\ NPV = \sum_{t=0}^{n} NCF_t \times (1+i)^{-t}$$

式中，NCF 为净现金流量，n 为项目计算期，i 为折现率。折现率以企业的资金成本率、必要的投资报酬率或者机会成本率为标准。

净现值指标的决策标准是：投资项目的净现值大于零，方案可行；净现值小于零，方案不可行。若干个投资方案（或项目）相比，在原始投资额相等并且计算期相同的条件下，净现值大者为优。

2. 现值指数

现值指数是投资项目经营期现金净流入量现值与投资额现值之比。公式为：

$$现值指数\ PI = \frac{经营期现金净流量之和}{投资额现值之和}$$

现值指数的决策标准是：当投资项目的现值指数大于 1 时，方案可行；现值指数小于 1，方案不可行。将若干个投资方案或项目相比，在计算期相等时，现值指数越大，经济效益越好。现值指数就是把净现值指标的绝对数（差额）形式改为相对数（比率）形式，避免了投资额不相等的不同项目之间无法进行比较的缺陷。但是，计算期不等的投资项目之间还是不能用现值指数进行比较。

3. 内含报酬率

内含报酬率是指当净现值等于零或现值指数等于 1 时的折现率。

净现值和现值指数这两个指标只是说明投资项目可行与否，它们无法说明投资项目的报酬率有多高，而且当不同项目的投资额大小、计算期长短不同时，不能进行比较选优。内含报酬率指标能够直接说明投资项目的报酬率是多少，并且不同投资额和不同计算期的项目的优劣也能够进行比较。其决策标准是：内含报酬率大于设定的折现率，方案可行；不同项目进行比较选优时，内含报酬率大者为优。

第四节 利润管理

一、利润构成

利润是企业在一定时期的经营成果，是劳动者创造的剩余产品价值的一部分。它集中反映了企业在生产经营活动各方面的效益，是一项重要的综合性指标。企业的利润形成主要由经营活动产生的营业利润、投资活动带来的净收益以及营业外收支净额三部分构成。

营业利润是企业从事生产经营活动所取得的净收益，由主营业务利润和其他业务利润扣除财务费用、管理费用和营业费用后形成。

投资净收益是指企业投资收益扣除投资损失后的数额。投资收益包括对外投资分得的利润、股利和债券利息，投资到期收回或中途转让取得款项高于账面价值的差额，以及按权益法核算的股权投资在被投资企业增加的净资产中所拥有的数额等。投资损失包括投资到期收回或中途转让取得的款项低于账面价值的差额，以及按权益法核算的股权投资在被投资企业减少的净资产中所分担的数额等。

营业外收支净额是指与企业生产经营无直接关系的收入与支出的差额。营业外收入是指与企业生产经营活动无直接关系的各项收入，包括固定资产盘赢净收入、出售固定资产净收益、对方违约的罚款收入、教育费附加返还款，因债权人原因确实无法支付的应付款项等。营业外支出是与企业生产经营活动无直接关系的各项支出，包括固定资产盘亏、报废、毁损和出售的净损失，非季节性和非大修理期间的停工损失，职工子弟学校和技工学校经费，非常损失，公益救济性捐赠，赔偿金，违约金等。

二、利润的分配顺序

正确处理国家、企业、投资者和企业员工之间的分配关系，是一个十分重要的问题。它直接关系到国家宏观调控的财力和企业的活力乃至整个国民经济体系和运行机制的效率，也关系到企业理财目标的实现程度。

《企业财务通则》规定：企业利润总额按照国家规定作相应的调整后，首先要依法缴纳所得税，然后按照以下顺序对税后利润进行分配：

弥补被没收的财物损失，支付各种税收的滞纳金和罚款。

弥补企业以前年度的亏损。注意：这里指 5 年以前的亏损，5 年以内的亏损在税前利润中弥补。

提取法定盈余公积金。法定盈余公积金按照税后利润扣除前两项后的 10%提取，盈余公积金已达注册资本的 50%时可不再提取。盈余公积金是资本的储备形式，可用于转增资本金；在企业当年无利润时，可用于利润分配，但分配比例不得大于资本金的6%，且分配以后，盈余公积金不得少于资本金的25%；也可用于弥补以前年度亏损。

向投资者分配利润。企业以前年度未分配利润可以并入本年度向投资者分配。在股份制企业，首先支付优先股股利，然后提取任意公积金，最后分配给普通股股东股利。

股份制企业的利润，首先应按国家税法规定交纳所得税，税后利润应按下列顺序分配：弥补亏损；提取法定盈余公积金；支付优先股股利；提取任意盈余公积金；支付普通股股利。

三、股利政策

股利是股份支付给持股人的公司盈余。股利政策是指股份制企业对可向投资者分配的利润的分留比例的选择。在企业的利润分配顺序和分配比例中，国家已经作了明确规定，企业可作自由选择的空间很小。只有在任意公积金和普通股股利两者的比例安排上有自由选择的余地，我们把这种比例的安排称为股利政策，其核心是处理企业与投资者、当前利益与可持续发展的关系。

股利政策受到企业的经营环境、经营方针、股东要求等诸多因素的影响，不同企业有不同的股利政策，同一企业在不同的发展阶段也有不同的股利政策。一般说来，股份制企业常用的股利政策有以下四种。

（一）剩余股利政策

当企业有收益较高的投资机会、或因扩大生产经营规模需要较多的资金时，可采用剩余股利政策，即将企业的税后可分配利润首先用做内部融资，在满足企业投资或者进行资本结构调整的需要后，把剩余部分用于向普通股股东分配股利。

这种股利政策有利于企业规模的扩张、资本结构的优化和现金流量的安排，即有利于企业本身的可持续发展。但由于股利多少与经营业绩没有直接关系，经营业绩好，每股盈利多，每股股利却不一定多。而且有些年份股利多，有些年份股利少。企业传递给市场的形象是经营状况不稳定，不稳定就意味着风险大，所以就不利于股票价格的稳步上扬，从而不利于股东财富最大化这个现代企业财务管理目标的实现。

（二）固定股利政策

固定股利政策的每股股利不随企业盈利的增减而变化，不管企业盈利多少，每股股利都相同，即使有时有所调整，变化幅度也不大。

这种股利政策传递给市场的信息是企业的经营状况很稳定。现实的和潜在的投资者会认为每年股利相同，企业经营稳健。经营稳健就意味着投资风险小，从而有利于股票市场价格的稳步上扬。当某些年份经营业绩好，每股盈余丰厚，企业能很轻易支付固定的股利。但如果由于市场变化或经营状况不好而盈利水平下降，企业支付固定的股利就会发生困难，不利于企业现金流量的安排，也不利于投资机会的满足和资本结构的优化。

（三）固定比例股利政策

固定比例股利政策又称变动股利政策，企业事先确定一个固定的分留比例，在可分配利润中，每年以这个比例来支付普通股股利，即每股股利随盈利水平的变动而变动。

这种股利政策使得每年股利的多少直接与盈利水平挂钩，能使股利支付与企业盈利水平很好地结合起来。当企业的经营状况和盈利水平处于稳定或稳定增长的时期，有利于股票价格的稳步上扬。如果企业经营状况不稳，盈利水平时好时坏，则既不利于企业财务管理目标的实现，又不利于企业的财务安排。

（四）正常股利加额外分红的股利政策

正常股利加额外分红的股利政策是介于固定股利政策和剩余股利政策之间的一种股利政策。

这种股利政策企业一般每年按一个较低的数额向股东支付固定的股利，当企业年度中盈利水平较高或者没有新的投资机会和资本结构调整的需要时，就向股东支付较多的额外股利，否则，就少支付或不支付额外股利。这种股利政策具有较大的灵活性，既能保持一个稳定的基数，又能实现股利与盈利之间较好的配合；既能给市场一个"稳定"的信号，又有利于企业的财务安排。它具有剩余股利政策和固定股利政策的优点，同时又避免了它们的缺点。因而，这是企业较为普遍采用的股利政策。

第五节　财务分析

财务分析是指利用财务报表及其他有关资料，计算出一系列财务指标，对企业财务状况和经营成果进行比较和评价，以利于企业经营者、投资者、债权人和国家税务机关掌握企业财务活动情况和进行投资与经营决策的一项管理工作。财务分析的基本要素包括财务分析的主体、依据、方法、客体和目的等。概括起来，企业财务分析包括偿债能力分析、营运能力分析、赢利能力分析和发展能力分析等几方面。

一、偿债能力分析

偿债能力是反映企业财务状况和财务风险水平的项重要标志。企业的负债包括长期负债和流动负债。长期负债是指偿还期在一年以上的负债，主要由银行长期借款、长期债券、融资租赁等构成；流动负债是指偿还期在一年以内的负债，主要有银行短期借款、商业信用、应付工资、应付税金等以及剩余偿还期短于一年的长期负债。

企业偿还流动负债的能力是由流动资产的变现能力所决定的，除货币资金以外，变现能力强的流动资产还有有价证券、应收票据及应收账款。如果货币资金及变现能力强的流动资产的数额与流动负债的数额基本一致，或前者大于后者，说明企业是有偿债能力的，如果后者大于前者，则反映出企业的偿债能力差。企业偿还长期负债的能力一方面取决于负债与资产总额的比例，另一方面取决于企业的获利能力。获利能力强，且资产总额大于负债总额，为有偿债能力，否则，偿债能力差。反映企业偿债能力的指标有以下几项。

（一）流动比率

$$\text{流动比率} = \frac{\text{流动资产}}{\text{流动负债}}$$

流动资产是指在一年或一个营业周期内能够变现或者被耗用的资产。包括：现金、银行存款、短期投资、应收票据、应收账款和存货等。前四项合计为速动资产。

流动比率是评价企业短期偿债能力的指标。它说明企业每 1 元流动负债有多少流动资产作为支付的保证。一般认为，流动比率等于 2 或 200％时为理想状态。当该指标小于 2 时，企业可能面临无法清偿到期债务的困难；当该指标大于 2 时，又说明企业的流动资产的资金来源中，所有者权益或长期债务这些资金成本较高的资金过多，而资金成本较低的短期债务过少，使企业的资金成本总体水平提高，并且可能持有不能盈利的闲置流动资产，从而降低企业的财务运作效率，降低盈利水平。值得指出的是，不同行业、同一行业的不同企业、同一企业的不同时期，其流动比率是有差别的。

（二）速动比率

$$\text{速动比率} = \frac{\text{速动资产}}{\text{流动负债}}$$

速动资产是指那些不需要变现或者变现过程较短、可以很快用来偿还债务的流动资产。为了计算方便，通常把流动资产减去存货后的余额视为速动资产。

速动比率是评价企业流动资产中可以很快变现用于偿付流动负债能力的指标，它是对流动比率的补充。一般认为，速动比率等于 1 或 100％为理想状态，即每 1 元流动负债有 1 元现款或近似于现款的资产作保证。如果该指标大于 1，说明企业有足够的能力偿还短期债务，同时也表明拥有较多的不能盈利的现款和应收账款等，资产的使用效率不高；如果该指标小于 1，则说明企业短期偿债能力差，将依赖出售存货或借入新债来偿还到期债务。

（三）资产负债率

$$\text{资产负债率} = \frac{\text{资产总额}}{\text{负债总额}}$$

式中的负债总额由流动负债和长期负债构成，资产总额包括流动资产、固定资产、长期投资、无形资产、递延资产和其他资产。

资产负债率表明全部资产中负债所占的比重，它不仅能评价企业用全部资产偿还全部债务的能力大小，而且是衡量企业负债经营能力和安全程度高低的指标。

企业的资产由所有者权益和负债构成，因此，资产总额应该大于负债总额，否则就是资不抵债，因而资产负债率应该小于1。当企业的总资产收益率高于负债利率时，企业的所有者会因为负债经营的代价较低而大幅度增加收益，因而所有者总是倾向于提高资产负债率，得到更多的财务杠杆利益。而债权人则希望企业的资产负债率低一些，以减小资金出借的风险。所以，资产负债率不宜过高，也不应该过低，一般认为保持在50%左右为好。

(四)净资产负债率

$$净资产负债率=\frac{负债总额}{净资产总额}$$

式中，净资产总额等于资产总额减负债总额。净资产负债率是说明企业用全部净资产偿还全部债务能力的指标，与资产负债率基本都是衡量企业负债经营是否安全有利的指标。当资产负债率为50%时，净资产负债率为100%。

(五)利息保障倍数

$$利息保障倍数=\frac{息税前利润}{利息支出}$$

式中，息税前利润是指损益表中未扣除利息费用和所得税之前的利润，它可以用"利润总额加利息费用"来测算；利息支出是指本期发生的全部应付利息，不仅包括财务费用中的利息费用，还应包括计入固定资产成本的资本化利息。资本化利息虽然不在损益表中扣除，但仍然是要偿还的。利息保障倍数的重点是衡量企业支付利息的能力，没有足够的息税前利润，资本化利息的支付就会发生困难。

上述五项指标中，前两项指标说明企业短期偿债能力，后三项指标说明企业长期偿债能力。

二、营运能力分析

营运能力是指企业资金的使用效率，即各种资金的周转速度快慢。计算营运能力指标的资料由损益表和资产负债表提供。利用利润表和资产负债表的信息进行比较分析，有助于评价企业的营运能力，进行经营决策和投资决策。反映企业营运能力的指标主要有以下几项。

(一)应收账款周转率

应收账款周转速度的快慢也有两种表示方法。

1. 应收账款周转次数 $=\frac{\text{销售收入净额}}{\text{应收账款平均余额}}$

应收账款平均余额=(期初应收账款余额+期末应收账款余额)÷2

式中的销售收入净额,有时用赊销收入净额表示。当我们把现销收入看成赊欠期为0天的赊销收入,全部销售收入就都是赊销收入了。

2. 应收账款周转天数 $=\frac{\text{计算期天数}}{\text{周转次数}}=\frac{\text{计算期天数}\times\text{应收账款平均余额}}{\text{销售收入净额}}$

应收账款周转率是分析企业资产流动情况的一项指标。衡量应收账款周转率的标准是企业对销售对象提供的信用政策和收账政策。如果实际收账期与标准收账期有较大的不利差异,则说明企业有过多的营运资金占用在应收账款上,而且可能发生较多的坏账损失。

(二)流动资产周转率

流动资产周转速度的快慢可用周转次数或周转天数表示。

1. 流动资产周转次数 $=\frac{\text{销售收入净额}}{\text{流动资产平均余额}}$

式中,销售收入净额为销售收入减去销售退回、销售折让和现金折扣后的金额;流动资产平均余额是指一定时期内流动资产占用额的平均值,在占用比较稳定的情况下,用期初占用额加期末占用额再除以2求得。否则,要对各期的占用额计算序时平均数。一定时期内,流动资产周转次数越多,其使用效率越高。

2. 流动资产周转天数 $=\frac{\text{计算期天数}}{\text{周转次数}}=\frac{\text{计算期天数}\times\text{流动资产平均余额}}{\text{销售收入净额}}$

周转天数是每周转一次所需要的时间。周转天数越少,说明资产的使用效率越高。式中计算期天数1个月按30天、1个季度按90天、1年按360天计算。

(三)存货周转率

存货周转速度的快慢可用存货周转次数或存货周转天数表示:

存货周转次数 $=\frac{\text{销售成本}}{\text{平均存货}}$

存货周转天数 $=\frac{\text{计算期天数}}{\text{周转次数}}=\frac{\text{计算期天数}\times\text{平均存货}}{\text{销售成本}}$

因行业和产品特点不同而不同,衡量企业存货周转速度没有一个绝对标准。一般地,存货周转天数越少,周转次数越多,说明资产的使用效率越高。

三、盈利能力分析

企业的盈利水平高低,直接说明经济效益的好坏,决定着企业的生存与发展,也最终决定着企业市场价值的大小和股东财富的多少。反映企业盈利能力的指标主要有以下几项。

(一)销售利润率

销售利润率是指企业在一定时期内销售利润与销售收入净额的比率,是指企业每百元销售额所能实现的利润额多少,说明销售收入盈利水平的高低。

$$销售利润率=\frac{销售利润}{销售收入净额}\times 100\%$$

(二)成本费用利润率

成本费用利润率是一定时期内产品销售利润与成本费用总额的比率,是每百元成本费用所能实现的利润多少,说明企业投入的成本费用盈利水平的高低。

$$成本费用利润率=\frac{产品销售利润}{成本费用总额}\times 100\%$$

(三)净资产利润率

净资产利润率是指一定时期内企业的净利润与平均净资产的比率。净资产即所有者权益,这个指标反映了投资者投入资产的报酬率高低。

$$净资产利润率=\frac{净利润}{平均净资产}\times 100\%$$

(四)总资产利润率

总资产利润率是指一定时期内企业的利润总额与全部资产平均总额的比率,反映了企业全部资产的总盈利水平的高低。

$$总资产利润率=\frac{利润总额}{平均总资产}\times 100\%$$

本章小结

财务是指企业再生产过程中的资金运动以及由于资金运动而产生的企业与各方面的经济利益关系。现代企业财务管理的目标是企业价值最大化或股东财富最大化。

资金在使用中随时间推移而产生的价值增值称为资金时间价值。不同时点上的同一笔资金的时间价值是不同的,管理中必须重视这一点。

投资风险是指未来投资收益或损失的可能性。企业的风险分为经营风险和财务风险两类。衡量风险大小的基本指标是标准离差率。

企业筹集资金的具体手段和方法称为筹资方式。

资金成本是企业为筹集资金和使用资金而支付给资金所有者的费用。在投资决策和筹资决策中具有重要意义。学习中应掌握各种资金成本的选择方法。

投资决策是企业管理的重要内容。利润分配关系到企业有关各方的经济利益和理财目标的实现程度。

财务分析是对企业一定时期内或一定时点上的财务状况的检查、比较和评价。应掌握偿债能力、营运能力和盈利能力三方面的分析评价指标。

思考与理解

1. 如何理解现代财务管理目标?
2. 什么是投资风险价值?如何理解风险与报酬的关系?
3. 什么是资金成本?有何作用?
4. 投资决策指标有哪些?评判标准各是什么?
5. 企业财务分析主要有哪几个方面?各有哪些指标?
6. 主要概念:

财务管理、资金时间价值、投资风险、融资租赁、商业信用、净现值、流动比率、速动比率、资产负债率、流动资产周转率。

参考文献

[1] 周三多,陈传明,贾良定. 管理学——原理与方法(第六版)[M]. 上海:复旦大学出版社,2014.

[2] 杨荣明,吴自爱. 电子商务实用教程[M]. 合肥:安徽大学出版社,2014.

[3] 安世明. 管理学(第 2 版)[M]. 北京:北京交通大学出版社,2013.

[4] 吴价宝. 管理学原理[M]. 北京:高等教育出版社,2011.

[5] 黎友焕. 企业社会责任[M]. 广州:华南理工大学出版社,2010.

[6] 朱友发,司树宏. 管理学基础[M]. 北京:北京师范大学出版社,2010.

[7] 钱钶,刘春斌,梅艺华. 管理学基础[M]. 北京:北京理工大学出版社,2010.

[8] 季辉,林维柏. 管理学基础(第三版)[M]. 重庆:重庆大学出版社,2011.

[9] 王学东. 电子商务管理[M]. 北京:电子工业出版社,2011.

[10] 周学锋. 管理学[M]. 合肥:安徽大学出版社,2012.

[11] 孙成志,刘明霞,林波. 管理学(第四版)[M]. 大连:东北财经大学出版社,2010.

[12] 汪洁. 管理学基础[M]. 北京:清华大学出版社,2009.

[13] 刘松博,龙静. 组织理论与设计(第 2 版)[M]. 北京:中国人民大学出版社,2009.

[14] 王凤彬,李东. 管理学(第 4 版)[M]. 北京:中国人民大学出版社,2011.

[15] 秦志华. 人力资源管理(第 3 版)[M]. 北京:中国人民大学出版社,2009.

[16] 潘开灵,邓旭东. 管理学(第 2 版)[M]. 北京:科学出版社,2010.

[17] 赵涛,齐二石. 管理学(第 3 版)[M]. 天津:天津大学出版社,2010.

[18] 郭跃进. 管理学[M]. 北京:经济管理出版社,2005.

[19] 杨明刚. 现代实用管理学[M]. 上海:华东理工大学出版社,2005.

[20] 卜军,姜英来. 管理学基础[M]. 大连:大连理工大学出版社,2005.

[21] 艾理生. 赢在激励[M]. 北京:地震出版社,2005.

[22] 孙晓红,闫涛. 管理学[M]. 大连:东北财经大学出版社,2005.

[23] 李晓光. 管理学原理[M]. 北京:中国财政经济出版社,2005.

[24] 张云初,王清. 企业文化资源[M]. 深圳:海天出版社,2005.

[25] 侯贵松. 企业文化怎样落地[M]. 北京：中国纺织出版社，2005.
[26] 孙凤芝，赵善伦. 管理学原理[M]. 青岛：中国海洋大学出版社，2004.
[27] 刘秋华. 管理学[M]. 北京：高等教育出版社，2004.
[28] 王绪君. 管理学基础[M]. 北京：中央广播电视大学出版社，2004.
[29] 周三多. 管理学[M]. 北京：高等教育出版社，2004.
[30] 王毅捷. 管理学案例 100[M]. 上海：上海交通大学出版社，2004.
[31] 周树清. 管理——企业管理 1001 法[M]. 北京：中国国际广播出版社，2004.
[32] 林志刚. 如何与上级沟通[M]. 北京：北京大学出版社，2004.
[33] 罗争玉. 企业的文化管理[M]. 广州：广东经济出版社，2004.
[34] 张石森，欧阳云. 哈佛经典管理法则全书[M]. 呼和浩特：远方出版社，2003.
[35] 黄煜峰，荣晓华. 管理学原理[M]. 大连：东北财经大学出版社，2003.
[36] 陈传明，周小虎. 管理学[M]. 北京：清华大学出版社，2003.
[37] 孙泽厚. 管理心理与行为学[M]. 武汉：武汉理工大学出版社，2003.
[38] 陈莞，倪德玲. 最实用的管理工具[M]. 北京：经济科学出版社，2003.
[39] 王俊柳，邓二林. 管理学教程[M]. 北京：清华大学出版社，2003.
[40] 刘光明. 企业文化案例[M]. 北京：经济管理出版社，2003.
[41] 吴金法. 现代企业管理学[M]. 北京：电子工业出版社，2003.
[42] 单凤儒. 管理学基础[M]. 北京：高等教育出版社，2003.
[43] 王利平. 管理学原理[M]. 北京：中国人民大学出版社，2003.
[44] 郭克沙. 人力资源——MBA 课程全新读本[M]. 北京：商务印书馆，2003.
[45] 斯蒂芬 · P. 罗宾斯. 管理学(第十一版)[M]. 北京：清华大学出版社，2003.
[46] 林志扬. 管理学原理[M]. 厦门：厦门大学出版社，2002.
[47] 王敏，郭丽华. 现代企业管理手册[M]. 北京：中国人事出版社，2002.
[48] 于文明，侯书森. MBA 企业战略管理精华读本[M]. 合肥：安徽人民出版社，2002.
[49] 苏珊. 企业家的素质[M]. 北京：北京工业大学出版社，2002.
[50] 魏杰. 企业文化塑造[M]. 北京：中国发展出版社，2002.
[51] 杨文士，张雁. 管理学原理[M]. 北京：中国人民大学出版社，2002.
[52] 周健临. 管理学教程[M]. 上海：上海财经大学出版社，2002.
[53] 黄津孚. 现代企业管理原理(第四版)[M]. 北京：首都经济贸易大学出版社，2002.
[54] 王世良. 生产与运作管理教程——理论、方法、案例[M]. 杭州：浙江大学出版社，2002.
[55] 刘金胜. 薪酬管理实务手册[M]. 北京：机械工业出版社，2002.

[56] 郑晓明. 现代人力资源管理导论[M]. 北京:机械工业出版社,2002.

[57] 董速建,董群惠. 现代企业管理[M]. 北京:经济管理出版社,2002.

[58] 斯蒂芬·P. 罗宾斯. 组织行为学(第七版)[M]. 北京:中国人民大学出版社,2002.

[59] 索志林. 新编管理学教程[M]. 哈尔滨:哈尔滨出版社,2001.

[60] 王春利. 管理学基础[M]. 北京:首都经济贸易大学出版社,2001.

[61] 许庆瑞. 管理学[M]. 北京:高等教育出版社,2001.

[62] 杨杜. 现代管理理论[M]. 北京:中国人民大学出版社,2001.

[63] 李鹏,袁霞辉. 一次读完 25 本管理学经典[M]. 长春:吉林人民出版社,2001.

[64] 陈忠卫,王晶晶. 企业战略管理[M]. 北京:中国统计出版社,2001.

[65] 蔡树堂. 企业战略管理[M]. 北京:石油工业出版社,2001.

[66] 范亚东,田玉兰,史秀云. 管理学原理[M]. 哈尔滨:哈尔滨出版社,2001.

[67] 吴照云. 管理学原理[M]. 北京:经济管理出版社,2001.

[68] 颜建军,胡泳. 海尔中国造[M]. 海口:三环出版社,2001.

[69] 彼得·S. 潘德,罗伯特·P. 纽曼. 管理法——追求卓越的阶梯[M]. 北京:机械工业出版社,2001.

[70] 弗雷德·R. 戴维. 战略管理[M]. 北京:经济科学出版社,2001.

[71] 周祖城. 管理与伦理[M]. 北京:清华大学出版社,2000.

[72] 陈佳贵. 跨文化管理[M]. 广州:广东经济出版社,2000.

[73] 汪克夷. 管理学[M]. 大连:大连理工大学出版社,2000.

[74] 孙彤. 组织行为学[M]. 北京:高等教育出版社,2000.

[75] 黄卫平,刘莉,傅浙铭. 管理中的沟通技能[M]. 深圳:海天出版社,2000.

[76] 李仕模. 第五代管理[M]. 中国物价出版社,2000.

[77] 彼得·圣吉. 第五项修炼——学习型组织的艺术与实务[M]. 上海:三联出版社,2000.

[78] 侯炳辉. 企业信息化领导手册[M]. 北京:北京出版社,1999.

[79] 刘文军,宋宏涛. 500 强成功在中国[M]. 北京:兵器工业出版社,1999.

[80] 张一弛. 人力资源管理教程[M]. 北京:北京大学出版社,1999.

[81] 陈荣秋. 生产与运作管理[M]. 北京:高等教育出版社,1999.

[82] 杨锡怀. 企业战略管理——理论与案例[M]. 北京:高等教育出版社,1999.

[83] 宋维明. 管理学概论[M]. 北京:中国林业出版社,1999.

[84] 周健林,唐如青. 管理学教程[M]. 上海:上海财经大学出版社,1999.

[85] 蔡富有,赵启厚. 国外知识经济动态[M]. 北京:中国经济出版社,1999.

[86] 周秀淦,宋亚非. 现代企业管理原理(第三版)[M]. 北京:中国财政经济出版

社,1998.

[87] F. X. 贝尔等. 企业管理学[M]. 上海:复旦大学出版社,1998.

[88] 斯蒂芬·P. 罗宾斯. 管理学(第四版)[M]. 北京:中国人民大学出版社,1997.

[89] 迈克尔·波特. 竞争优势[M]. 北京:华夏出版社,1997.

[90] D. A. 雷恩. 管理思想的演变[M]. 北京:中国社会科学出版社,1995.

[91] 哈罗德·孔茨,海因茨·韦里克. 管理学(第九版)[M]. 北京:经济科学出版社,1993.

[92] P. F. 德鲁克. 有效管理者[M]. 北京:中国财政经济出版社,1988.

[93] 娄迎军. 我国电子商务人力资源管理现状及对策[J]. 中国管理信息化,2017(02).

[94] 尤肃川. 电子商务企业服务创新管理机制研究[D]. 上海:东华大学博士论文,2016.

[95] 谭子雁. "格雷·斯隆"医院——扁平化组织的经典案例[J]. 经营与管理,2016(03).

[96] 李响. 浅谈企业经营管理者思想道德建设[J]. 经营管理者,2014.

[97] 吕卫华. 虚拟企业研究回顾与展望[J]. 科学管理研究,2014(05).

[98] 孔令夷. 供应链电子商务协同管理研究进展[J]. 生态经济,2013(07).

[99] 陈晔. 企业管理者素质对企业发展的影响[J]. 管理观察,2013.

[100] 李育颖. 如何实现企业的管理道德和社会责任[J]. 企业管理,2011.

[101] 夏瑜. 略伦优秀管理者应具备的道德品质[J]. 商场现代化,2011.

[102] 王晓梅. 基于知识管理的企业电子商务研究[J]. 生产力研究,2012(10).

后　记

《管理学实用教程》作为安徽省高等院校十三五规划的精品教材终于成书出版了。教材编写团队是在中国特色社会主义新时代背景下，依据应用型本科院校人才培养目标定位，在学习、借鉴和协作的基础上完成教材编写工作的。

《管理学实用教程》是由池州学院杨荣明教授总体策划。教材主编：杨荣明；副主编：王丹，张汀，苏飞。

参与《管理学实用教程》编写的教师分工如下：

杨荣明编写第一章、第二章，操贝蒂编写第三章，张汀编写第四章，胡刚编写第五章，王丹编写第六章、第七章，苏飞编写第八章，章麓编写第九章，陈周庆编写第十章，吴自爱编写第十一章，王剑程编写第十二章，谭庆编写第十三章、第十四章。最后，由杨荣明统稿，并编写教学资源。王丹、张汀和苏飞协助制作教学课件。

《管理学实用教程》教学定位准确，体系设计科学，课程资源丰富，教学课程规范，适合应用型本科相关专业教学。同时，教材兼顾了各种管理方法的应用，一样适用于各类、各层次的相关专业教育和培训。

在本教材策划、设计、编写和出版过程中，得到了池州学院、安徽大学出版社以及编写教师的大力支持，在此一并致谢。

编　者

2017 年 11 月 13 日